RAPPORT MORAL SUR L'ARGENT DANS LE MONDE EN 2002

ASSOCIATION D'ÉCONOMIE FINANCIÈRE

Créée en 1987 à l'initiative de la Caisse des dépôts et consignations, sous le patronage du ministère de l'Économie et des Finances et de la Banque de France, et avec le concours des grands établissements et institutions de la Place financière de Paris, l'AEF a pour objectif d'organiser un lien étroit et régulier entre les milieux de la recherche économique et financière, et les professionnels de la finance.

Les statuts lui fixent trois objectifs : réaliser des études et travaux de recherche ; développer une activité éditoriale ; organiser des opérations de promotion (séminaires, colloques et autres manifestations).

L'AEF publie la *Revue d'économie financière* depuis 1987, ainsi que le *Rapport moral sur l'argent dans le monde* depuis 1994. Elle a aussi créé les collections « Bibliothèque d'économie financière » et « Finance et société » qui comprennent des ouvrages traitant de thèmes juridiques, économiques ou sociaux. Par ailleurs, l'AEF a été l'éditeur d'ouvrages réalisés par des établissements, tels que la Caisse des dépôts et consignations, la Direction du Trésor, la CNP, ou encore le Crédit lyonnais.

Association d'économie financière
282, bd Saint-Germain, 75007 Paris
Tél. : (33) 01 40 49 91 33
ou (33) 01 58 50 95 10 (à partir de mars 2003)
Fax : (33) 01 40 49 91 04
ou (33) 01 58 50 05 17 (à partir de mars 2003)
rapport_moral@club-internet.fr
www.aef.asso.fr

ISBN : 2-911144-73-2

Illustration de couverture : © Robert Macaire boursier, Daumier, IMA.G.ICO

ASSOCIATION
D'ECONOMIE
FINANCIERE

RAPPORT MORAL
SUR
L'ARGENT DANS LE MONDE
EN 2002

Rapport Moral sur l'Argent dans le Monde en 2002

Le ***Rapport moral sur l'argent dans le monde,*** édité annuellement par l'Association d'économie financière, avec l'aide de la Caisse des dépôts et consignations, fournit une large synthèse des grands débats qui ont traversé le monde de la finance au cours de l'année écoulée. L'ambition, en donnant la parole à des témoins d'origines très diverses, est de montrer comment la sphère financière répond, ou tente de répondre, aux multiples défis que nous lancent aujourd'hui la crise financière, la mondialisation et les incertitudes de la conjoncture économique et politique internationale. Selon la démarche originale du *Rapport moral*, ces réponses, tout en préservant le dynamisme et l'efficacité des mécanismes de marché, doivent aussi prendre en compte ce que l'on appelle de plus en plus souvent la recherche du bien commun, c'est-à-dire les valeurs de la cohésion sociale, de l'éthique, de la solidarité avec les pays les plus pauvres ou le souci de l'intérêt des générations futures.

L'originalité du *Rapport moral* est de rappeler, à travers toutes ces contributions très diversifiées, que les métiers de la banque et de la finance, métiers de service, ont une contribution particulière à apporter au développement équilibré de notre société.

Après l'introduction centrée sur la problématique de l'éthique et de la responsabilité dans la sphère financière et le rappel traditionnel des principaux événements des douze derniers mois, le *Rapport moral* traite cette année deux grands thèmes.

La crise financière et ses suites

Après un retour sur les facteurs explicatifs de la crise, sont traités successivement les problèmes comptables, les conflits d'intérêts dans les différents métiers de la finance, les problématiques de la régulation et du gouvernement d'entreprise. Les témoignages des responsables de la régulation, des professionnels et des universitaires illustrent l'ampleur de l'introspection et la richesse des débats, dans le monde de la finance, pour trouver un équilibre, dans la fixation des nouvelles normes, entre ce qui relève de la réglementation imposée et de la responsabilité collective et individuelle des acteurs.

Les grands dossiers d'éthique financière

Cette partie traite du thème d'une économie plus responsable et plus solidaire autour de cinq grands dossiers d'éthique financière qui ont connu, en 2002, une actualité particulière. Tour à tour, sont abordés les problématiques de l'interdépendance des économies, de la délinquance financière internationale, de la responsabilité sociale des entreprises, de l'économie solidaire, et de la contribution de la finance au lien social. Sur ces différents sujets, des progrès sont enregistrés, encore bien modestes par rapport aux défis que doit relever notre économie désormais mondialisée.

Sans équivalent en France et dans la plupart des autres pays, l'édition annuelle du ***Rapport moral sur l'argent dans le monde*** constitue un instrument de réflexion et de travail indispensable pour tous ceux (professionnels de la finance, décideurs publics, chercheurs, enseignants, particuliers...) qui s'intéressent à l'actualité financière, mais aussi aux enjeux fondamentaux de notre système financier, dans ses composantes nationales et internationales.

Le ***Rapport moral sur l'argent dans le monde en 2002*** est une œuvre collective, supervisé par un comité de pilotage animé par Antoine Mérieux, et composé d'André Bossard, François Champarnaud, Benoît Jolivet, Patrick Mordacq, Olivier Pastré, Yves Ullmo et Thierry Walrafen.

Le secrétariat de rédaction et la recherche documentaire ont été réalisés par Françoise Coscuella, et la relecture des épreuves par Isabelle Daragon.

Enfin, cet ouvrage n'aurait pu être réalisé sans la contribution bénévole de plus de quarante auteurs, à qui l'Association d'économie financière adresse ses plus vifs remerciements.

Le *Rapport moral sur l'argent dans le monde en 2001* a reçu, en juin 2002, le prix Louis Villermé de l'Académie des sciences morales et politiques, qui distingue chaque année un ouvrage d'économie traitant des problèmes de société.

SOMMAIRE

AVANT-PROPOS

FRANCIS MAYER*

Alors que vient de s'achever une année 2002 dominée par la crise financière, l'Association d'économie financière publie, avec l'aide de la Caisse des dépôts et consignations, son neuvième *Rapport moral sur l'argent dans le monde.* Derrière ce titre ambitieux, s'exprime une démarche originale qui rencontre chaque année un intérêt croissant : l'objectif est de présenter une synthèse, certes non exhaustive mais aussi large que possible, des grands débats qui ont traversé la sphère financière au cours de l'année écoulée, en ouvrant nos colonnes sans parti pris à des responsables des professions financières, des universités et des autorités en charge de la régulation.

Il ne s'agit pas ici de technique, même si cette dimension n'est pas absente. Conformément à la finalité même d'un rapport moral, il s'agit d'examiner, à partir de ces témoignages, dans quelle mesure l'activité et les pratiques de notre système financier réussissent à concilier l'indispensable profitabilité avec d'autres principes parfois un peu perdus de vue, tels la durabilité, l'équité ou la solidarité.

Une telle démarche pendant longtemps n'allait pas de soi. La croyance largement répandue dans l'efficience des marchés, la référence longtemps exclusive au *return on equity* comme critère d'efficacité de l'action, ont longtemps éloigné les opérateurs de la finance des débats de société. L'explosion des opérations financières, qui ont crû beaucoup plus vite que l'économie sous-jacente, et leur forte technicité, difficilement compréhensible par les non-professionnels, ont aussi contribué à donner le sentiment d'une déconnexion entre la sphère financière et la sphère réelle. Même si la finance aime à se définir comme une activité de service, assurant aux agents économiques la meilleure affectation des capitaux disponibles, elle s'intéressait peu à la finalité ou aux conséquences sociales de son action.

Les dernières années et la crise ont changé la donne : les soubresauts que connaissent les marchés financiers depuis maintenant trois ans traduisent vraisemblablement l'entrée progressive de notre système économique dans un nouveau régime de croissance qui remet en cause un certain nombre

* Directeur général du groupe Caisse des dépôts.

de conventions sur lesquelles avaient fonctionné les marchés dans la période récente : ainsi, la convention boursière articulée sur un taux de rentabilité des capitaux propres de 15 % apparaît aujourd'hui clairement comme ayant été le fruit de circonstances exceptionnelles ; de même, la convention qui donne à l'entreprise le seul objectif de maximisation de la valeur créée pour les actionnaires apparaît aujourd'hui très réductrice...

La série de scandales et de dérapages qui a affecté la sphère financière a, par ailleurs, créé une crise de confiance durable chez les investisseurs, mais aussi chez les opérateurs eux-mêmes, quant à la pertinence de règles jusque-là peu contestées ou, dans certains cas, la pertinence des divers contrôles régissant les industries financières. De multiples questions se sont faites jour, portant notamment sur la qualité de l'information disponible sur les marchés financiers ou sur les conditions de traitement, par les principaux acteurs, des conflits d'intérêts dont l'intermédiation financière est, par essence, porteuse.

Dans une économie désormais mondialisée, les marchés financiers et les principales industries financières sont aujourd'hui confrontés, quant à leur vocation et à leur mode de fonctionnement, à un problème de légitimité que la seule modification des règles ne suffira pas à restaurer.

Pour répondre à ces défis, le débat est maintenant engagé. Comme le montre, par exemple, la multiplication des démarches éthiques dans les entreprises, les réflexions en cours sur l'investissement socialement responsable ou, au niveau international, sur la production de biens publics mondiaux, la période actuelle est fertile en nouvelles idées, et des solutions innovantes émergent progressivement pour mettre les puissants outils de la finance au service d'un modèle plus exigeant de développement.

La Caisse des dépôts et consignations, grand groupe public de services financiers, investi de missions d'intérêt général, et qui met en œuvre un programme « Finance et cohésion sociale », prend sa part dans ces débats, mais ceux-ci sont aussi l'affaire de tous les acteurs de la finance.

Dans ce contexte, la seule ambition du *Rapport moral sur l'argent dans le monde* est de faciliter le débat collectif. Cette édition 2002 est centrée sur le thème de la crise financière et celui d'une économie plus responsable et plus solidaire. En donnant largement la parole aux différents acteurs du monde de la finance, qui évoquent chacun dans son domaine, sans esprit partisan, les problèmes rencontrés et les solutions proposées, il m'apparaît constituer un outil précieux pour tous ceux qui s'intéressent aux enjeux fondamentaux de notre système financier.

INTRODUCTION

LE RETOUR DE L'ÉTHIQUE

ANTOINE MÉRIEUX*

LE SYMBOLE ENRON

L'année 2002 aura sans doute marqué, pour le monde de la finance, la fin d'une illusion. La chute continue des indices boursiers, alimentée par un certain nombre de scandales, la découverte de multiples dérives dans la pratique et le contrôle des professions financières, la dégradation de la conjoncture économique mondiale sur fond de crise irakienne, auront illustré les limites d'un modèle de développement fondé sur la toute puissance des marchés financiers. Ce modèle, qui aura présidé à une grande transformation de l'économie autour des nouvelles technologies de l'information, aura montré, au tournant du siècle, sa fragilité et son incapacité à répondre seul aux besoins d'une économie mondiale de plus en plus interdépendante.

On attendait, en début d'année, que l'économie mondiale souffre surtout des retombées du 11 septembre 2001, mais les attentats n'ont pas eu sur l'économie des conséquences aussi immédiates qu'on pouvait craindre ; on peut même dire que les mesures de soutien prises à cette occasion par les banques centrales et par les États sont venues, dans un premier temps, soutenir à point nommé une demande qui commençait déjà à s'effriter. Ces événements n'ont pas non plus influencé autant qu'on pouvait l'escompter l'action collective au niveau international. Si les intérêts communs à l'ensemble des peuples de la planète se sont affirmés à l'occasion de grandes rencontres internationales, telles Monterrey ou Johannesburg, si le principe d'une coresponsabilité face à la production ou la défense des biens publics globaux est de plus en plus reconnu, le terrain enregistre peu de progrès : parmi de nombreux exemples, il faut relever la lenteur de la réforme de l'architecture financière internationale ; malgré la pression montante, les paradis fiscaux et autres centres *off shore*, sièges privilégiés de la délinquance financière, demeurent très fréquentés ; le regain espéré de solidarité internationale des pays les plus riches vers les plus pauvres tarde aussi à se manifester.

À la fin de cette année 2002, les risques de déstabilisation liés à une

---

* Délégué général de l'Association d'économie financière.

guerre en Irak jugée probable et au maintien de la menace du terrorisme international semblent boucher l'horizon des prévisions économiques. Dans la finance comme ailleurs, ce sont les principes de précaution et de l'aversion au risque qui semblent inspirer les acteurs, la priorité allant à la restauration de la crédibilité d'un système fortement entamée au cours des deux années écoulées.

On considérera ainsi, avec le recul, que le véritable tournant pour l'économie mondiale aura été non pas le 11 septembre mais une date passée largement inaperçue à l'époque : le 4 décembre 2001, date de la mise en faillite d'Enron et de la découverte des malversations de ses dirigeants. Premier d'une série de scandales qui ont ébranlé la planète financière, jusqu'ici si sûre de la pertinence de son modèle et de ses règles, la chute d'Enron a fait apparaître au grand jour les failles dans la réglementation des professions financières, l'insuffisance des garde-fous et de l'autorégulation, ces *checks and balances* longtemps donnés en exemple. Ils ont aussi mis en évidence les libertés prises par de nombreux acteurs avec les valeurs d'intégrité fondatrices du système. Au-delà de la nécessaire réforme des règles, c'est la question de l'éthique et de la responsabilité qui est ainsi posée avec acuité au monde de l'entreprise et de la finance.

UNE CRISE DE LA RÉGULATION

Alors que les marchés financiers continuent leur mutation, la multiplicité des crises et des dérives touchant des grandes entreprises, voire certains pays émergents comme le Brésil ou l'Argentine, a créé une profonde crise de défiance vis-à-vis de la sphère financière, et une demande de rerégulation. Les mesures de répression rapides, telles la condamnation massive des grandes banques américaines, en fin d'année 2002, à payer une amende d'un montant historique de 1,4 milliard de dollars, ont certes valeur d'exemple, mais elles ne suffiront clairement pas à rétablir la confiance.

De nombreuses questions se posent : à quel niveau, national, européen, ou international, faut-il prévoir les réformes ? Comment coordonner ces réponses, sachant que les Américains, avec la loi Sarbanes-Oxley, n'ont pas donné l'exemple de la concertation ? Quelle part réserver à la réglementation et à l'autorégulation ? Quel équilibre trouver entre le nécessaire renforcement de la sécurité des marchés et le souci de ne pas trop entraver le dynamisme des acteurs ?

Même si nos systèmes de régulation financière et de gouvernance, en France et en Europe, n'ont pas montré les mêmes faiblesses qu'ailleurs, ils doivent être logiquement soumis à la critique à tous les niveaux. Au niveau institutionnel, le projet de loi de sécurité financière devrait créer prochainement en France une autorité de régulation forte, à la mesure des enjeux sur les marchés financiers. Les règles régissant les acteurs qui concourent à la chaîne de l'information (comptables, commissaires aux comptes, analystes financiers, agences de notation) sont réexaminées. Un important travail de clarification et d'harmonisation des normes comptables, dont l'hétérogénéité est incompatible avec l'effacement des frontières dans le monde de la finance, est engagé. Enfin, l'organisation interne et la gouvernance des entreprises sont remises en chantier, en particulier dans le secteur financier qui doit gérer de multiples conflits d'intérêts.

En dénominateur commun à toutes ces réformes, figurent notamment deux questions :
- celle de la ligne de partage à trouver dans la mise en œuvre des nouvelles règles, entre ce qui relève de la réglementation, de la discipline collective d'une profession et de l'éthique individuelle ;
- celle de l'évolution de notre modèle d'entreprise, qui doit de plus en plus conjuguer rentabilité et responsabilité.

L'ÉTHIQUE EN QUESTION

Pourquoi l'éthique, après avoir connu un certain effacement, fait-elle aujourd'hui un tel retour en force au sein des entreprises ? Est-ce un phénomène cyclique ou un effet de mode, la préoccupation éthique réapparaissant à chaque période de ralentissement économique propice à faire émerger les scandales financiers, le reflux de l'argent, et la plus grande vigilance des investisseurs faisant réapparaître les bavures étouffées pendant la phase d'euphorie ? Ou sommes-nous en face d'une mutation plus profonde des conventions qui sous-tendent notre modèle économique ?

L'importance d'un comportement éthique de la part des dirigeants et des personnels des entreprises n'est pas une découverte. On peut même dire que l'existence de normes éthiques, invitant au respect individuel et collectif de valeurs, telles l'intégrité, l'équité, a toujours existé dans l'entreprise depuis l'origine du capitalisme, même si ces valeurs pouvaient elles-mêmes évoluer, être plus ou moins exigeantes selon la société. L'éthique constituait une norme souvent transgressée, mais aussi une corde de rappel du système et un des principaux ingrédients de la confiance dans les relations entre agents économiques. Un climat de confiance a toujours constitué, comme l'a rappelé Alain Peyrefitte[1], avec le capital et le travail, un des principaux facteurs de croissance, un facteur résiduel que les économistes ont eu tendance à sous-estimer car ils ne pouvaient le quantifier.

Parmi ces valeurs, une certaine forme d'ascèse de vie, le culte du travail, répandus dans les pays protestants, ont pu aussi, comme l'a observé Max Weber, constituer un terreau propice à l'accumulation initiale du capital et à l'éclosion de vocations d'entrepreneurs à l'aube du capitalisme.

Dans le même temps, une tension a toujours existé entre éthique et esprit d'entreprise. La main invisible n'est pas douce. Selon la dure loi du marché, les forts remplacent les faibles sans ménagement, la destruction créatrice est souvent violente et coûteuse en termes humains, et dans des conditions de concurrence le plus souvent éloignées du modèle idéal rêvé par les pères de l'économie libérale. De même, dans la recherche de l'enrichissement, ressort des plus efficaces pour la mobilisation des agents économiques, la poursuite de la fin fait parfois bon marché des moyens. Un des principaux problèmes de notre système capitaliste a ainsi toujours été de concilier respect des valeurs individuelles et collectives et efficacité économique.

L'État et le droit ont été mobilisés pour gérer ces conflits : l'entreprise a été progressivement enserrée dans un corps de règles destinées à protéger les intérêts des différents partenaires, à pallier les insuffisances des marchés, telles l'asymétrie d'information, à prévenir les conflits d'intérêts, à faire droit dans un certain nombre de cas à l'intérêt général. L'empire de l'État de droit, qui s'est ainsi progressivement étendu, a paru faire reculer le champ du libre arbitre propre à l'éthique : respecter la lettre des règles, ne pas s'exposer à des condamnations pénales, pouvaient paraître suffisants à tout dirigeant d'entreprise. Dans certains cas, l'omniprésence du droit a pu ainsi favoriser une forme de déresponsabilisation des agents économiques.

Ce relatif retrait de l'éthique ne semble aujourd'hui plus de mise, dans la période de questionnement de notre modèle de développement que nous connaissons. La règle de droit, même pertinente, ne suffit pas à assurer le bon comportement des agents économiques ; comme l'ont montré les scandales récents dans le monde financier, le respect de la lettre des textes ne garantit pas l'honnêteté des comportements : Enron n'était-il pas un modèle de gouvernement d'entreprise ?

Dans un certain nombre de domaines nouveaux, la règle de droit n'existe pas ou elle est largement inadaptée. Face à la transformation des conditions des transactions et à la compression du temps créées par Internet, le droit est souvent dépassé ou la justice dans l'incapacité de sanctionner. La mondialisation crée de nouveaux problèmes et de nouveaux risques à l'échelle du globe, que les ordres juridiques nationaux sont impuissants à traiter. Le déficit institutionnel et de régulation au niveau mondial, notamment dans le domaine de la finance, de l'environnement, de la santé, du commerce, crée des incertitudes que les entreprises doivent apprendre à gérer ; des zones de non-droit favorisent la délinquance financière internationale, qui a véritablement explosé, menaçant en retour de contaminer nos sociétés. Face à l'insuffisance ou à la carence du droit, les entreprises se trouvent ainsi investies de nouvelles responsabilités, alors même que les attentes de la société à leur endroit évoluent profondément.

DE L'ÉTHIQUE À LA RESPONSABILITÉ

Le modèle un moment triomphant du capitalisme financier américain, faisant de la création de valeur pour l'actionnaire et du *return on equity* le seul critère de la bonne gestion, est aujourd'hui remis en cause, même aux États-Unis ; ce modèle a certes fait la preuve de son efficacité pour mobiliser dans des délais très court les ressources financières et les talents en faveur de jeunes entreprises, de l'innovation, des restructurations. Cette vision réductrice de l'entreprise avait le mérite de la simplicité, mais elle a clairement montré ses limites. Les attentes exagérées de rendement des investisseurs se sont avérées contre-productives, car elles ont favorisé la recherche de résultats à court terme par tous moyens, au détriment finalement de la santé à long terme des entreprises, et cette myopie collective a alimenté la bulle financière.

Une conception plus ambitieuse de l'entreprise, qui prend en compte la richesse de ses liens et de ses responsabilités vis-à-vis de l'ensemble de ses partenaires et de la société dans son ensemble, tend aujourd'hui à s'affirmer. L'entreprise ne va certes pas se transformer en oeuvre de bienfaisance : sa capacité bénéficiaire reste incontestablement le premier critère de sa bonne gestion, mais il n'est plus le seul. Face aux nouveaux contre-pouvoirs que représentent les consommateurs, l'opinion publique et les organisations non gouvernementales (ONG), la santé à long terme d'une société dépend de plus en plus de l'image qu'elle se construit, des valeurs et de la culture qu'elle véhicule, des effets directs et indirects de son activité sur le bien commun. L'avancée récente des idées sur le développement durable l'accompagne dans cette voie. L'entreprise, dès qu'elle atteint une certaine taille, doit intégrer dans sa stratégie la nouvelle sensibilité de ses partenaires à la rareté des ressources à l'échelle du monde, à l'évolution des climats, au droit des plus pauvres, qui est en train de modifier progressivement notre modèle de développement.

Juste retour des choses, le marché lui-même l'encourage maintenant dans cette voie : les conséquences de son activité, déclinées sous leur aspect social, sociétal et environnemental, commencent à faire l'objet, non sans quelques tâtonnements, d'une analyse systématique de la part de nouvelles agences de notation sociales, au bénéfice de fonds ou d'investisseurs socialement responsables. Des indices éthiques commencent à se constituer, qui font preuve en général d'une bonne résistance face à la crise, renforçant ainsi la crédibilité de ce mode d'investissement.

Dans ce nouveau contexte, la préoccupation éthique prend, dans les entreprises, une dimension nouvelle : les chartes éthiques et les déontologues se multiplient dans les grandes entreprises ; des codes internationaux de bonne conduite émergent progressivement à l'initiative des entreprises elles-mêmes, ou sous l'égide de l'ONU, de l'OCDE, ou de l'Union européenne. Les règles du gouvernement d'entreprise s'adaptent progressivement pour intégrer ces nouvelles normes. La loi elle-même contribue à la prise de conscience des enjeux, en demandant la présentation obligatoire dans les rapports annuels des sociétés d'un rapport sur les répercussions sociales et environnementales de leur activité.

LE NOUVEAU RAPPORT MORAL POUR L'ANNÉE 2002

Dans le domaine de la gouvernance d'entreprise comme dans celui de la régulation financière, un nouvel équilibre est à trouver dans la fixation de nouvelles normes entre ce qui relève de la réglementation imposée, et ce qui concerne la responsabilité des acteurs, que le marché doit être en mesure d'apprécier et de sanctionner.

Cette question traverse, parallèlement au rappel des faits et aux analyses techniques, tous les développements de la première partie du *Rapport moral sur l'argent dans le monde en 2002,* consacrée cette année à la crise financière et ses suites. Il est particulièrement intéressant de lire comment y répondent, chacun de leur point de vue spécifique, les responsables en charge de la régulation, les universitaires et les professionnels venus de tous les horizons des métiers financiers et qui sont très nombreux à contribuer cette année à cet ouvrage collectif. Ces témoignages abordent en cinq étapes (facteurs explicatifs de la crise, information comptable, conflits d'intérêts, problématique de la régulation, gouvernance d'entreprise) les principales questions soulevées par la crise. Ils illustrent l'ampleur de l'introspection et la richesse des débats qui traversent aujourd'hui, sur ces thèmes, tous les métiers de la finance.

La deuxième partie du *Rapport moral,* fidèle à ce qui fait chaque année l'originalité de l'ouvrage, traite du thème d'une économie plus responsable et plus solidaire, à travers les échos des débats qui ont eu lieu en 2002 autour de cinq grands sujets d'éthique financière. Tour à tour sont abordées les problématiques de l'interdépendance des économies et du long terme, de la lutte contre la délinquance financière internationale, de la responsabilité sociale des entreprises, de l'économie solidaire et du philanthropisme, et enfin de la contribution de la finance au lien social. Dans ces différents domaines aussi, il est réconfortant de constater l'évolution rapide des esprits et l'émergence progressive de nouvelles réponses aux attentes multiples de la société vis-à-vis du monde de la finance. Dans le même temps, ces réponses apparaissent aujourd'hui encore bien modestes face à l'intensité des défis auxquels l'économie, désormais mondialisée, est confrontée au début de ce nouveau siècle pour satisfaire de façon plus harmonieuse les besoins de tous les hommes.

NOTE

1. *La société de confiance,* Odile Jacob.

CHRONOLOGIE

PRINCIPAUX ÉVÉNEMENTS D'OCTOBRE 2001 À SEPTEMBRE 2002

PRINCIPAUX ÉVÉNEMENTS D'OCTOBRE 2001 À SEPTEMBRE 2002

Les références à des dates antérieures au 1er octobre 2001 renvoient à la chronique des principaux événements d'octobre 2000 à septembre 2001 présentée dans le « Rapport moral sur l'argent dans le monde en 2001 » (pp. 19-30) qui se terminait par les conséquences des attentats du 11 septembre aux États-Unis.

OCTOBRE 2001

3/10/01 INTERNATIONAL - Union européenne/Russie
Au sommet de Bruxelles, l'Union européenne et la Russie s'engagent à collaborer pour lutter contre le terrorisme, notamment par des échanges d'informations. L'Union européenne soutiendra la Russie dans son souhait d'adhérer à l'Organisation mondiale du commerce (OMC).

3/10/01 ÉTATS-UNIS - Économie
À New York, le président Bush annonce qu'il proposera au Congrès un plan de relance de l'économie américaine de 60 à 75 Md$, en plus des 58 Md$ votés en septembre 2001 (cf. encadrés 14/09/01 et 21/09/01).

4/10/01 INTERNATIONAL - Surveillance bancaire
La Banque des règlements internationaux (BRI) publie des recommandations aux banques explicitant les diligences à effectuer pour établir l'identité de leurs clients. Le 5, l'Allemagne annonce la création d'un fichier central des comptes bancaires.

6/10/01 INTERNATIONAL - G7
À Washington, première réunion des ministres des Finances du G7 depuis les attentats du 11 septembre. Ils se déclarent prêts à prendre des mesures pour soutenir la croissance et les marchés financiers. Par ailleurs, ils exposent un plan d'action pour lutter contre le financement du terrorisme : appliquer la résolution 1373 de l'ONU (cf. encadré 28/09/01) ; réactiver le Groupe Egmont, structure mise en place en 1995 par 44 pays pour échanger des informations sur l'argent sale et les financements clandestins ; élargir à la lutte contre le financement du terrorisme la mission du Groupe d'action financière internationale (Gafi).

8/10/01 UNION EUROPÉENNE - Statut de la société européenne
À Luxembourg, le Conseil des ministres de l'Union adopte formellement les statuts de la société européenne, qui

donnera aux entreprises opérant dans plusieurs États membres la possibilité de se constituer en société de droit communautaire.

16/10/01 UNION EUROPÉENNE - Blanchiment
À Luxembourg, les États membres signent le projet de protocole à la convention du 29 mai 2000 sur l'entraide judiciaire en matière pénale qui améliore la coopération dans la lutte contre la criminalité économique et financière.

19/10/01 UNION EUROPÉENNE - Sommet de Gand
Les chefs d'État et de gouvernement de l'Union adoptent une déclaration sur la lutte contre le terrorisme et son financement.

19-21/10/01 ASIE - Coopération économique
À Shanghai (Chine), au sommet de l'Apec (Forum de coopération économique dans la région Asie-Pacifique), les pays membres se déclarent résolus à lutter contre le terrorisme. Par ailleurs, ils appellent au lancement d'un nouveau cycle de négociations commerciales.

29-30/10/01 INTERNATIONAL - Financement du terrorisme
À Washington, réunion plénière extraordinaire du Gafi qui étend sa mission à la lutte contre le financement du terrorisme et adresse à ses membres huit recommandations pour empêcher l'accès des terroristes au système financier international (cf. *Rapport moral 2001* pp. 292-296).

NOVEMBRE 2001

6-10/11/01 INTERNATIONAL - Environnement
À Marrakech (Maroc), la 7ème conférence des parties à la Convention des Nations unies sur le changement climatique aboutit à un accord sur la mise en œuvre du protocole de Kyoto, ouvrant ainsi la voie à sa ratification et confirmant l'isolement des États-Unis (cf. 16-27/07/01).

9-14/11/01 INTERNATIONAL - OMC
À Doha (Qatar), deux ans après l'échec de Seattle, la conférence ministérielle de l'OMC (142 membres) lance un nouveau cycle de négociations commerciales multilatérales dont l'échéance est fixée au 31 décembre 2004. Les pays en développement ont participé activement au programme de travail défini pour ces négociations : « l'Agenda pour le développement » qui affiche l'ambition de faire du commerce un levier de la lutte contre la pauvreté. Par ailleurs, la Chine et Taiwan sont officiellement admis au sein de l'OMC (cf. 17/09/01).

13/11/01 UNION EUROPÉENNE - Blanchiment
Adoption par le Parlement européen de la révision de la directive sur le blanchiment de capitaux de 1991. La notion de blanchiment est élargie à l'ensemble de la criminalité organisée, y compris le terrorisme.

17-18/11/01 INTERNATIONAL - G20/ FMI/Banque mondiale
À Ottawa (Canada), réunion des gouverneurs de banques centrales et des

ministres des Finances du G20, et assemblées générales annuelles du FMI et de la Banque mondiale prévues initialement à Washington fin septembre 2001 et annulées en raison des attentats du 11 septembre (cf. encadré 17/09/01). Deux objectifs prioritaires sont réaffirmés : éviter une récession de la croissance mondiale ; lutter contre le financement du terrorisme (cf. 6/10/01 et 29-30/10/01).

26/11/01 INTERNATIONAL - Restructuration de la dette souveraine

À Washington, Anne Krueger, première directrice générale adjointe du FMI (cf. 1/09/01), propose une nouvelle approche des restructurations de dette souveraine qui inclurait certains éléments des régimes de faillite des entreprises (suspension temporaire des poursuites des créanciers dont l'action collective serait organisée).

28/11/01 INTERNATIONAL - Onusida

Publication du rapport 2001 d'Onusida, le programme des Nations unies contre le sida. La pandémie continue de se propager ; elle menace le développement et la stabilité sociale sur une échelle sans précédent. L'Afrique subsaharienne est la plus touchée avec 28 millions de personnes porteuses du virus sur 40 millions dans le monde ; l'espérance de vie y est tombée à 47 ans.

DÉCEMBRE 2001

2/12/01 ÉTATS-UNIS - Faillite frauduleuse

Enron se déclare en faillite. Le retentissement qu'aura l'événement s'explique par son ampleur, avec 63 Md$ d'actifs c'est un record, mais surtout par son contexte. Acteur majeur sur les marchés de l'énergie, l'entreprise était réputée pour son imagination créatrice, notamment en matière financière. L'enquête judiciaire déclenchée par le parquet fédéral et les investigations diligentées par le Congrès feront apparaître que des manipulations comptables systématiques, acceptées par les commissaires aux comptes sans que ni les autorités de surveillance, ni les analystes les décèlent, permettaient à cette société cotée de présenter des recettes et des résultats artificiellement gonflés.

6/12/01 INTERNATIONAL - Mondialisation

Dans son rapport *Globalisation, croissance et pauvreté*, la Banque mondiale souligne les progrès économiques de 24 pays en développement, tels la Chine, l'Inde, le Mexique ou le Vietnam, grâce à leur intégration dans l'économie mondiale. Elle propose un plan d'action en 7 points en faveur des pays pauvres peu favorisés par la mondialisation, notamment le lancement d'un cycle du développement dans le cadre des négociations de l'OMC.

10/12/01 FRANCE - Assurance

Le gouvernement et les assureurs parviennent à un accord pour protéger les entreprises françaises contre les dégâts liés au terrorisme : l'État prendra en charge les sinistres au-delà de 1,5 Md€.

14-15/12/01 UNION EUROPÉENNE - Sommet de Laeken

À Laeken (Belgique), les chefs d'État et de gouvernement européens lancent, un an après le sommet de Nice, la

Convention sur l'avenir de l'Europe chargée de préparer la réforme de l'architecture européenne pour permettre l'élargissement de l'Union (cf. 11/12/00).

24/12/01 ARGENTINE - Crise financière
L'Argentine annonce la suspension des paiements de sa dette publique s'élevant à 132 Md$ et constituant un record historique mondial.

28/12/01 UNION EUROPÉENNE - Blanchiment
Publiées au Journal officiel des Communautés, les modifications à la directive sur le blanchiment entrent en vigueur (cf. 13/11/01).

JANVIER 2002

1/01/02 UNION EUROPÉENNE - Monnaie unique
Les billets et les pièces en euro sont mis en circulation. Les espèces en monnaie nationale des pays membres continueront à être reçues en paiement pendant quelques semaines. Cette période transitoire prendra fin au plus tard le 28 février 2002. À compter du 1er mars, l'euro sera la seule monnaie à avoir cours légal dans les douze États membres participants (Allemagne, Autriche, Belgique, Espagne, Finlande, France, Grèce, Irlande, Italie, Luxembourg, Pays-Bas et Portugal, soit pour 300 millions d'Européens) (cf. 1/01/01).

5/01/02 ARGENTINE - Crise financière
Dans un climat d'explosion sociale, le Parlement argentin adopte le projet de loi d'urgence économique qui met fin à la parité peso-dollar, en vigueur depuis 1991. Le lendemain, le peso est dévalué de 30 %. (cf. 24/12/01).

9-11/01/02 INTERNATIONAL - Financement du terrorisme
À Zurich, le groupe Wolfsberg, regroupant 12 banques internationales, présente un nouveau code de bonne conduite contre le financement du terrorisme, qui complète les « principes de Wolfsberg » sur la lutte contre le blanchiment d'argent (cf. 30/10/00).

15/01/02 FRANCE - Blanchiment
Le ministère de l'Économie annonce la création d'un groupe de travail chargé d'établir un code de bonne conduite sur le contrôle des transactions par chèque.

24/01/02 FRANCE - Mondialisation
Dans un rapport intitulé *Gouvernance mondiale*, le Conseil d'analyse économique propose 4 priorités : remplacer le G7 par une instance plus légitime de gouvernance ; créer une organisation mondiale de l'environnement ; impliquer les sociétés civiles en leur permettant de suivre l'application des accords internationaux ; et intégrer les pays pauvres dans l'économie mondiale par le biais d'un pacte de développement.

31/01/02-04/02/02 INTERNATIONAL - Mondialisation
Le Forum économique mondial, qui se réunit chaque année depuis 1971 à Davos (Suisse), a tenu sa réunion annuelle à New York pour manifester sa solidarité avec la ville meurtrie par les

attentats du 11 septembre. Simultanément, pour la deuxième année consécutive, les opposants au néo-libéralisme, à la recherche d'une société plus juste, plus égalitaire et centrée sur l'humain, se constituaient en Forum social mondial à Porto Alegre (Brésil) (cf. 25-30/01/01).

FÉVRIER 2002

1/02/02 INTERNATIONAL - Blanchiment
À Hong Kong (Chine), réunion plénière du Gafi qui maintient sans changement la liste des 19 pays et territoires non coopératifs dans la lutte contre le blanchiment d'argent (cf. 22/06/01, 7/09/01 et *Rapport moral 2001* pp. 287-292). Les pays membres continueront à appliquer à Nauru les contre-mesures supplémentaires décidées le 5 décembre 2001.

4/02/02 TURQUIE - Aide financière internationale
Pour soutenir le nouveau programme économique, le FMI accorde à la Turquie une nouvelle ligne de crédit de 16 Md$ sur 3 ans, 9 Md$ disponibles immédiatement (cf. 12/07/01).

7/02/02 FRANCE - Pauvreté
Deuxième rapport de l'Observatoire national de la pauvreté et de l'exclusion sociale : stabilisation de la pauvreté malgré la croissance économique (comme en 1997, 7 % des ménages - 4,2 millions de personnes - ont des ressources inférieures au seuil de pauvreté) ; légère amélioration des conditions de vie des familles pauvres ; diminution du nombre des bénéficiaires des minima sociaux (- 3 %) (cf. *Rapport moral 2001* pp. 443-451).

7-8/02/02 UNION EUROPÉENNE - Blanchiment
À Paris, conférence des Parlements de l'Union européenne sur le blanchiment d'argent, initiative du président de l'Assemblée nationale française.

8/02/02 FRANCE - Nepad
Réunis à Paris, autour du président de la République, pour définir le Nouveau partenariat pour le développement de l'Afrique (Nepad), 13 chefs d'État et de gouvernement africains plaident pour une relance de l'aide publique au développement. Le Nepad devrait être entériné par le G8, fin juin au Canada (cf. 27-28/06/02).

8-9/02/02 INTERNATIONAL - G7
À Ottawa (Canada), les ministres des Finances du G7 évoquent trois thèmes principaux : relance de la croissance mondiale ; nécessité de dégager d'autres ressources en faveur de l'Association internationale de développement (AID, groupe de la Banque mondiale), pour mieux favoriser l'intégration économique des pays pauvres ; bilan de quatre mois de lutte contre le financement du terrorisme, jugé positif avec 100 M$ d'actifs gelés depuis le 11 septembre (cf. 6/10/01).

14/02/02 FRANCE - Surendettement
La Banque de France présente les résultats d'une enquête sans précédent (14 600 dossiers étudiés) sur les personnes surendettées : 58 % sont des adultes célibataires ; 5 % ont moins de 25 ans ; 55 % sont des

ouvriers et des employés ; 32 % sont des chômeurs ou des inactifs ; 72 % gagnent moins de 1 525 € par mois.

26/02/02 ALLEMAGNE - Gouvernement d'entreprise
Publication d'un code du gouvernement d'entreprise, le Kodex, préparé par un groupe d'experts présidé par Gerhard Cromme, président de Thyssen-Krupp.

MARS 2002

4/03/02 UNION EUROPÉENNE - Environnement
Les Quinze ratifient le protocole de Kyoto sur le changement climatique (cf. 6-10/11/01).

5/03/02 ÉTATS-UNIS - Assurance
Les compagnies aériennes américaines créent leur propre société d'assurances, Equitime, pour s'assurer contre les risques terroristes.

13/03/02 INTERNATIONAL - Développement
Dans son rapport *Global Development Finance 2002,* la Banque mondiale souligne que la communauté internationale ne pourra probablement pas atteindre l'objectif de réduire de moitié la pauvreté d'ici à 2015. Elle demande aux pays riches d'ouvrir leurs marchés aux pays en développement, et note que les transferts de capitaux ont baissé de 30 Md$ depuis 2000.

15-16/03/02 UNION EUROPÉENNE - Sommet de Barcelone
Les chefs d'État et de gouvernement décident d'augmenter de 0,06 % la moyenne communautaire de l'aide publique au développement, la portant ainsi à 0,39 % de leur PNB à partir de 2006.

18-22/03/02 INTERNATIONAL - Sommet de Monterrey
À Monterrey (Mexique), sommet des Nations unies sur le financement du développement. Les chefs d'État et de gouvernement approuvent le « Consensus de Monterrey » : mobilisation des ressources nationales et internationales ; développement d'un système commercial multilatéral ; renforcement de la coopération financière et technique internationale avec l'objectif que les pays riches consacrent 0,7% de leur PNB à l'aide publique au développement et d'en affecter de 0,15 à 0,20 % aux pays les moins avancés ; allègement de la dette ; participation plus importante des pays en développement à la réforme de l'architecture financière internationale.

25/03/02 BRÉSIL - Aide financière internationale
Le FMI autorise le Brésil à tirer 5 Md$ sur la ligne de crédit d'un total de 16 Md$ accordée en septembre 2001 (cf. 14/09/01).

25/03/02 INTERNATIONAL - Mondialisation
Première réunion de la Commission mondiale pour la dimension sociale de la mondialisation, créée par l'Organisation internationale du travail (OIT) et composée de chefs d'État, de personnalités politiques, d'universitaires, de spécialistes des questions sociales.

Elle a pour objectif de définir des mesures, afin que la mondialisation réduise la pauvreté et le chômage au profit de la croissance et du développement durable. Elle devra remettre son rapport courant 2003.

AVRIL 2002

4/04/02 INTERNATIONAL - Assurance
À Francfort, 6 assureurs et réassureurs (Allianz, Zurich Financial Services, XL Capital Ltd., Swiss Re, Scor et Hannover Re) annoncent la création d'une compagnie, Special Risk Insurance and Reinsurance Luxembourg SA (SRIR), spécialisée dans la couverture des actes terroristes.

10/04/02 ROYAUME-UNI - Assurance
Le Lloyd's de Londres, assureur britannique, annonce une perte record de 5,1 Md€ en 2001 ; les attentats du 11 septembre lui ont coûté 3,25 Md€, représentant le plus gros sinistre de ses trois cents ans d'histoire (cf. encadré 26/09/01).

12-13/04/02 UNION EUROPÉENNE - Conséquence de la faillite d'Enron
À Oviedo (Espagne), rencontre informelle des ministres des Finances de l'Union. Ils chargent un groupe d'experts en droit des entreprises d'établir un rapport sur les conséquences à tirer de la faillite d'Enron (cf. 2/12/01), afin de mettre en place de nouvelles règles de surveillance des activités de commissariat aux comptes et d'analyse financière dans l'Union.

15-16/04/02 AFRIQUE - Développement
À Dakar, la conférence sur le Nepad préconise une mobilisation du secteur privé international en faveur du développement, en contrepartie d'une plus grande responsabilité de la part des entreprises africaines, notamment sur le plan social et juridique (cf. 8/02/02).

18/04/02 INTERNATIONAL - Paradis fiscaux
L'OCDE publie une nouvelle liste noire des paradis fiscaux. Sur les 35 pays de la première liste publiée en juin 2000, subsistent encore : Andorre, îles Marshall, Liberia, Liechtenstein, Monaco, Nauru, Samoa, Vanuatu. Ces pays risquent des sanctions à partir d'avril 2003.

18/04/02 FRANCE - Blanchiment
Le Comité de la réglementation bancaire et financière adopte de nouvelles dispositions pour renforcer les obligations de contrôle des banques, notamment en matière de surveillance des chèques provenant de l'étranger. Ces dispositions reprennent les principales conclusions du groupe de travail créé par le ministère de l'Économie (cf. 15/01/02).

19-21/04/02 INTERNATIONAL - G7/FMI/Banque mondiale
À Washington, réunions de printemps des institutions financières internationales. Le bilan de l'aide au développement est jugé satisfaisant, bien que des efforts supplémentaires doivent être entrepris pour tenter d'atteindre l'objectif de réduire de moitié la pauvreté

d'ici à 2015. Par ailleurs, le plan d'action « Éducation pour tous » de la Banque mondiale, prévoyant l'accès à l'école pour tous les enfants en 2015, est engagé.
Le G7 exprime l'intention que soit mis en place un mécanisme permettant une restructuration ordonnée de la dette des pays en difficulté (cf. 26/11/01), et fait le point sur son plan d'action contre le financement du terrorisme (cf. encadré 25/09/01, 6/10/01 et 8-9/02/02).

24/04/02 ÉTATS-UNIS - Financement du terrorisme
Les États-Unis étendent les mesures fédérales contre le financement du terrorisme. Les organismes financiers, tels que les fonds communs, les opérateurs de système de cartes de crédit, les courtiers en Bourse, doivent se munir de programmes antiblanchiment pour détecter des fonds suspects, recourir à des audits indépendants et mettre en place des procédures pour minimiser les risques.

MAI 2002

4/05/02 FRANCE - Sécurité des cartes de paiement
Création d'un Observatoire de la sécurité des cartes de paiement chargé de proposer des mesures pour améliorer la sécurité des cartes.

8-10/05/02 INTERNATIONAL - ONU
À New York, le sommet mondial de l'ONU pour l'enfance constate les résultats très moyens du plan d'action, adopté lors du sommet de 1990, pour améliorer les conditions de vie, l'éducation et la protection des enfants ; seuls 6 des 27 objectifs fixés sont atteints.

17-19/05/02 INTERNATIONAL - Sommet de Madrid
Deuxième sommet entre l'Union européenne et l'Amérique latine. Les Quinze signent un accord de libre-échange avec le Chili, mais refusent de fixer une date pour la signature d'un même accord avec les pays membres du Mercosur, la Communauté andine (CAN) et les pays d'Amérique centrale et des Caraïbes (cf. 10/11/00).

29/05/02 INTERNATIONAL - Russie/Union européenne
Lors du sommet de Moscou, les Quinze annoncent qu'ils vont accorder à la Russie le statut d'économie de marché, jalon important vers l'adhésion de la Russie à l'OMC (cf. 3/10/01).

JUIN 2002

4/06/02 INTERNATIONAL - Environnement
Le Japon ratifie le protocole de Kyoto (cf. 6-10/11/01). Le 5, l'Australie refuse de le ratifier.

4/06/02 INTERNATIONAL - FAO
En vue du sommet mondial de l'alimentation (cf. 10-13/06/02), l'Organisation des Nations unies pour l'alimentation et l'agriculture (FAO) présente son programme mondial de lutte contre la faim : 24 Md$ d'investissements publics par an sont nécessaires pour réduire de moitié le nombre de personnes sous-alimentées d'ici à 2015 (engagement pris en 1996). Dans les pays en

développement, 800 millions de personnes souffrent de sous-alimentation.

5/06/02 INTERNATIONAL - Développement durable
En vue du sommet mondial de l'environnement de Johannesburg (cf. 4/09/02), le Programme des Nations unies pour l'environnement (PNUE) publie un rapport intitulé *L'industrie, un partenaire pour le développement durable.* De l'industrie lourde aux services, 22 fédérations industrielles mondiales présentent leurs actions en faveur du développement durable pendant les dix dernières années.

7/06/02 UNION EUROPÉENNE - Normes comptables
Le Conseil des ministres adopte un règlement qui impose aux sociétés cotées l'obligation d'établir leurs comptes consolidés selon les normes comptables internationales IAS (International Accounting Standards) à partir du 1er janvier 2005.

10-13/06/02 INTERNATIONAL - Sommet mondial de l'alimentation
À Rome, sous l'égide de la FAO, le sommet mondial de l'alimentation rappelle l'engagement pris en 1996 (cf. 4/06/02).

15-16/06/02 INTERNATIONAL - G7
À Halifax (Canada), les ministres des Finances du G7 préparent le prochain sommet du G8 (cf. 27-28/06/02).

17/06/02 INTERNATIONAL - Coopération économique
Les ministres des Affaires étrangères des Quinze approuvent le mandat donné à la Commission européenne pour négocier des accords de partenariat économique avec 76 pays d'Afrique, des Caraïbes et du Pacifique (ACP). L'accord de Cotonou (Bénin), signé en juin 2000, fixe les principes fondamentaux et le calendrier de ces négociations qui se dérouleront de septembre 2002 à janvier 2008.

18/06/02 INTERNATIONAL - Cnuced
La Conférence des Nations unies pour le commerce et le développement (Cnuced) publie son rapport 2002 sur les pays les moins avancés (PMA).

21/06/02 INTERNATIONAL - Blanchiment
Le Gafi publie son 13ème rapport annuel et met à jour la liste des pays et territoires non coopératifs. La nouvelle liste comporte 15 pays : îles Cook, Dominique, Égypte, Grenade, Guatemala, Indonésie, îles Marshall, Birmanie, Nauru, Nigeria, Niue, Philippines, Russie, Saint-Vincent et les Grenadines, Ukraine. En sortent : Hongrie, Israël, Liban et Saint-Kitts et Nevis. Des sanctions restent appliquées à Nauru et le seront contre le Nigeria à partir du 31 octobre prochain s'il ne prend pas de mesures. (cf. 1/02/02). En matière de lutte contre le financement du terrorisme, le bilan de l'auto-évaluation des pays membres est jugé positif (cf. article de Jochen Sanio pp. 283-289).

21-22/06/02 UNION EUROPÉENNE - Sommet de Séville
Les chefs d'État et de gouvernement des Quinze réaffirment leur volonté de conclure, d'ici à fin 2002, les négocia-

tions d'adhésion avec 10 pays candidats (Chypre, Estonie, Hongrie, Lettonie, Lituanie, Malte, Pologne, République Tchèque, Slovaquie et Slovénie), en vue de l'élargissement de l'Union.

24/06/02 BRÉSIL - Aide financière internationale
Le FMI accorde un nouveau crédit de 10 Md$ au Brésil, dont 5,2 Md$ disponibles immédiatement.

27-28/06/02 INTERNATIONAL - G8
À Kananaskis (Canada), le G8 reste optimiste sur la croissance mondiale. En réponse au Nepad (cf. 15-16/04/02), il adopte un « Plan d'action pour l'Afrique du G8 » et s'engage à contribuer au financement de l'apport d'1 Md$ supplémentaire pour les remises de dette des pays pauvres très endettés touchés par la baisse du cours des matières premières.

28/06/02 TURQUIE - Aide financière internationale
Le FMI accorde une nouvelle tranche de crédits de 1,15 Md$, portant à 17 Md$ le total des crédits (cf. 4/02/02), dont 11 Md$ ont déjà été perçus. La Turquie devient le plus gros débiteur du FMI.

JUILLET 2002

1/07/02 INTERNATIONAL - AID
À Londres, les pays donneurs concluent les négociations de la treizième reconstitution des ressources de l'AID qui disposera de 18 milliards de droits de tirage spéciaux - DTS - (23 Md€ environ), en faveur des pays les plus pauvres pendant trois ans.

5/07/02 AMÉRIQUE LATINE - Sommet du Mercosur
À Buenos Aires (Argentine), les présidents du Mercosur (Argentine, Brésil, Paraguay, Uruguay), du Chili, de la Bolivie et du Mexique accusent le système financier international d'être en partie responsable de la crise argentine et du reste de l'Amérique du Sud. Par ailleurs, le Mexique et le Brésil signent un accord commercial bilatéral.

7-12/07/02 INTERNATIONAL - Lutte contre le sida
À Barcelone, la 14ème Conférence internationale sur le sida, intitulée « Savoir et s'engager pour l'action », constate la progression de la pandémie et que les contributions financières au Fonds mondial pour la lutte contre le sida, la tuberculose et la malaria sont très insuffisantes (cf. 20-22/07/01 et 28/11/01). L'Allemagne est le seul pays à annoncer un financement supplémentaire de 50 M$.

8-9/07/02 AFRIQUE - Sommet de Durban
À Durban (Afrique du Sud), les chefs d'État africains mettent en place, sans Madagascar, une nouvelle institution, l'Union africaine (UA), qui remplace l'Organisation de l'unité africaine (OUA). L'UA, créée sur le modèle de l'Union européenne, prévoit la création d'un comité de surveillance de bonne gouvernance qui permettra d'exclure un État ne respectant pas les décisions prises.

15/07/02 ARGENTINE - Aide financière internationale

Le FMI recule d'un an le remboursement par l'Argentine de 985 M$ venus à échéance le 17 juillet.

21/07/02 ÉTATS-UNIS - Faillite frauduleuse

L'opérateur téléphonique WorldCom se déclare en faillite ; c'est la plus grande faillite de l'histoire des États-Unis avec 104 Md$ d'actifs et 41 Md$ de dette. Le record d'Enron est battu, mais comme Enron, la société, qui avait aussi le cabinet Arthur Andersen comme commissaire aux comptes, avait présenté des résultats artificiellement gonflés.

23/07/02 INTERNATIONAL - OCDE

L'OCDE fait le bilan de l'application sur 25 multinationales, pendant un an, de ses « nouveaux principes directeurs » de bonne gouvernance, révisés en juin 2000. En matière notamment d'environnement, de fiscalité, des Droits de l'homme, de lutte contre la corruption, des dispositifs ont été mis en place, mais les législations nationales en rendent l'application difficile.

23/07/02 UNION EUROPÉENNE - Ceca

Cinquante ans après son entrée en vigueur, le traité de Communauté européenne du charbon et de l'acier (Ceca) arrive à expiration. C'est la pierre angulaire sur laquelle est bâtie la Communauté européenne (CE, traité de Rome 1957) puis l'Union européenne (UE, Maastricht 1992).

24/07/02 INTERNATIONAL - PNUD

Rapport mondial sur le développement humain 2002 du Programme des Nations unies pour le développement (PNUD). La démocratie recule dans nombre de pays, compromettant le développement humain : sur les 80 pays qui ont opté pour la démocratie à la fin du XXème siècle, seuls 47 % sont considérés démocratiques. 33 pays, soit la moitié de la population de la planète, ne pourront pas atteindre la moitié des 8 cibles universelles déterminées dans les objectifs de développement du millénaire, notamment la réduction de la pauvreté et l'accès à tous à l'enseignement primaire.

30/07/02 ÉTATS-UNIS - Réforme financière

Le président Bush signe la loi sur la responsabilité des comptes des entreprises, que vient de voter le Congrès (Corporate Auditing Accountability Act, loi Sarbane-Oxley). C'est la réforme la plus importante depuis les années 1930 en la matière. Un comité indépendant de surveillance des commissaires aux comptes sera créé ; les dirigeants devront certifier sur l'honneur l'exactitude des comptes publiés, les cabinets d'audit ne seront plus autorisés à exercer des activités de conseil dans les sociétés dont ils certifient les comptes.

AOÛT 2002

5/08/02 URUGUAY - Aide financière internationale

Le FMI, la Banque mondiale et la

Banque interaméricaine de développement mobilisent 3,8 Md$ d'aide financière pour l'Uruguay ; 1,5 Md$ est disponible immédiatement.

7/08/02 BRÉSIL - Aide financière internationale

Le FMI ouvre au Brésil une ligne de crédit de 30 Md$, la plus importante jamais accordée en une seule fois par le Fonds ; 6 Md$ pourront être tirés avant fin 2002, le reste dès 2003.

28/08/02 INTERNATIONAL - Corruption

Pour la huitième année consécutive, Transparency International (TI) publie l'indice de perception de la corruption passive. Sur 102 pays étudiés, la Finlande reste le pays le moins corrompu, le Bangladesh le plus corrompu, la France passe de la 23ème à la 25ème place (cf. 27/06/01, *Rapport moral 2001* pp. 365-368). Par ailleurs, publié en avril dernier par TI, l'indice de corruption des pays exportateurs indique que les États-Unis passent de la 9ème à la 13ème place, la France reste à la 12ème place. (cf. *Rapport moral 2002* pp. 315-320).

30/08/02 INTERNATIONAL - OMC

L'OMC autorise l'Union européenne à sanctionner les États-Unis de 4 Md$ de taxes à l'importation en rétorsion contre les subventions fiscales aux exportations américaines. C'est la sanction la plus importante jamais autorisée par l'OMC.

SEPTEMBRE 2002

3-4/09/02 INTERNATIONAL - Forum de stabilité financière

À Toronto (Canada), le Forum de stabilité financière appelle à poursuivre les efforts pour préserver l'intégrité des marchés financiers, notamment en matière de normes comptables et de réformes des professions d'audit. Il demande une plus grande concertation multilatérale, et préconise la mise en place d'une autorité de supervision de la réassurance.

4/09/02 INTERNATIONAL - Développement durable

À Johannesburg (Afrique du Sud), débuté le 26 août, le sommet mondial sur le développement durable, organisé par l'ONU, s'achève sur l'adoption d'un plan d'action aux nombreux objectifs souvent non chiffrés et sans échéance (cf. article de Christian de Perthuis pp. 255-262).

20/09/02 INTERNATIONAL - Financement du terrorisme

Au Cap (Afrique du Sud), la Conférence internationale des autorités de contrôle bancaire commande les mesures suivantes : adoption de procédures de connaissance de la clientèle au sein de chaque juridiction ; partage des informations avec les autres autorités de contrôle.

23/09/02 INTERNATIONAL - Marchés financiers

L'indice CAC 40 atteint 2 794,31 points, se retrouvant ainsi à son plus bas niveau depuis novembre 1997 ; le

Nasdaq, avec 1 184,93 points, revient à son plus bas niveau depuis 1996.

23/09/02 FRANCE - Gouvernement d'entreprise
Le groupe de travail présidé par Daniel Bouton, mandaté par le Medef et l'Association française des entreprises privées (Afep), publie son rapport sur le gouvernement d'entreprise. Le « rapport Bouton » préconise notamment : une évaluation annuelle du conseil d'administration ; l'information complète au comité des rémunérations, notamment sur les divers avantages accordés aux dirigeants ; le renforcement de l'indépendance des commissaires aux comptes ; une meilleure harmonisation des normes comptables internationales.

27/09/02 INTERNATIONAL - G7
À Washington, les ministres des Finances du G7 réaffirment leur engagement dans la lutte contre le financement du terrorisme et demandent au Gafi d'établir un plan d'action pour lutter contre l'utilisation abusive des associations à but non lucratif et renforcer le gel des avoirs des organisations liées au terrorisme (cf. 19-21/04/02).

28-29/09/02 INTERNATIONAL - FMI/Banque mondiale
Assemblées annuelles des institutions financières internationales à Washington. Le FMI annonce qu'il proposera, lors des assemblées du printemps prochain, des mesures pour instaurer un nouveau système de résolution des crises financières (cf. 26/11/01). La Banque mondiale reste optimiste sur le financement du programme d'allègement de la dette des pays pauvres très endettés et demande un rapport sur l'état d'avancement du programme « Éducation pour tous » (cf. 19-21/04/02).

PREMIÈRE PARTIE

LA CRISE FINANCIÈRE ET SES SUITES

Facteurs explicatifs de la crise

Les défaillances de l'information comptable

Les professions financières face aux conflits d'intérêts

Régulation financière et déontologie après Enron

Les ajustements nécessaires de la gouvernance des entreprises

Conclusion de la partie

PRÉSENTATION

PAR ANTOINE MÉRIEUX*

Dans cette première partie, la crise financière et ses suites sont traitées en cinq étapes. Après un retour sur les facteurs explicatifs de la crise, sont traités successivement les problèmes comptables, les conflits d'intérêts dans les différents métiers de la finance, les problématiques de la régulation et du gouvernement d'entreprise, le directeur du Trésor tirant en conclusion les leçons de la crise.

FACTEURS EXPLICATIFS DE LA CRISE

La crise a une forte dimension psychologique, avec notamment ce qu'on a appelé « l'effet Enron ». *Pierre Huel* décrit, en premier lieu, vues de New York, les circonstances de la chute d'Enron, entreprise emblématique de tous les excès de la bulle financière. Le développement exponentiel de cette firme n'a cependant été possible, comme le rappelle *Paul Mentré,* que par la dérégulation profonde et les dysfonctionnements du marché de l'énergie aux États-Unis. *Patrick Artus* donne une lecture macroéconomique des scandales, favorisés par quatre facteurs : chute de la profitabilité des entreprises à la fin des années 1990 ; difficultés du secteur des nouvelles technologies ; non-viabilité de la déréglementation de certaines industries, et vieillissement démographique. *Frédéric Genevrier* constate, enfin, que les promesses de la modernisation de la finance, hier toute puissante, n'ont pas été tenues, et il invite les professions de l'intermédiation financière, pour une part responsables de la plus formidable destruction de valeurs jamais réalisée, à retrouver leur vraie place au service des entreprises.

LES DÉFAILLANCES DE L'INFORMATION COMPTABLE

Élie Cohen s'interroge, en premier lieu, sur les multiples défaillances dans la chaîne informationnelle, notamment en matière comptable, et dans les mécanismes de contrôle, qui

* Délégué général de l'Association d'économie financière.

ont abouti à la crise de confiance. *Pierre-Yves Thoraval* évoque la question particulièrement sensible de la comptabilisation des opérations complexes et hors bilan, qui ont largement contribué à jeter la suspicion sur la fiabilité des informations financières de grands groupes cotés. Enfin, le maintien de trop fortes disparités dans les réglementations nationales, particulièrement en matière d'information financière et de comptabilité, est incompatible avec l'effacement des frontières sur notre planète financière. *Michel Tudel* rappelle ainsi le long cheminement vers des normes comptables internationales entrepris sous l'égide de l'International Accounting Standards Board (IASB), et le grand progrès que représentera la mise en œuvre dans l'Union européenne, au 1er janvier 2005, des normes communes (IAS/IFRS).

LES PROFESSIONS FINANCIÈRES FACE AUX CONFLITS D'INTÉRÊTS

La crise a clairement démontré que l'intermédiation financière était, par essence, porteuse de conflits d'intérêts ; toutes les professions qui s'y rattachent y sont exposées. La présente section donne la parole aux principaux acteurs.

L'expérience du banquier d'investissement est présentée par *André Lévy-Lang*. Pour être traités, les conflits d'intérêts doivent d'abord être clairement identifiés, et c'est du côté de la pratique bancaire et de la concurrence, plus que dans un retour en arrière législatif de type Glass-Steagall Act, qu'il faut rechercher la solution.

Le rôle essentiel des analystes financiers est abordé à travers deux témoignages complémentaires. *Jean-Guy de Wael* porte un diagnostic sans complaisance sur les dérives récentes, à partir d'une présentation des missions et du positionnement des analystes. *Pierre-Yves Gauthier* donne un témoignage, fruit de près de vingt années de pratique de ce métier ; ses recommandations portent moins sur l'indépendance de l'analyse financière, problème connu depuis longtemps, que sur la nécessité pour le régulateur de veiller à préserver la diversité des opinions, exigence fondamentale des marchés, en évitant de créer des barrières à l'entrée de cette profession dans le souci de protéger l'investisseur.

La problématique de l'indépendance des commissaires aux comptes est exposée par *Yves Le Portz*. Il présente l'expérience du Comité de déontologie de l'indépendance des commissaires aux comptes (CDI) qui a contribué très significativement, en France, à encadrer le métier de l'audit.

Les principaux aspects du modèle opératoire des agences de notation sont rappelés par *Éric de Bodard* ; il expose les conditions dans lesquelles elles gèrent les attentes parfois contradictoires de leurs différents clients, qui ne justifient pas, selon lui, une intervention trop lourde du régulateur.

Enfin, dans une interview, *Frédéric Lemaître* s'interroge sur la responsabilité particulière de la presse financière, dépendante souvent de la seule communication des entreprises, dans la diffusion d'une information objective.

RÉGULATION FINANCIÈRE ET DÉONTOLOGIE APRÈS ENRON

La crise de confiance suscite une demande de rerégulation, au niveau national et international ; quelle part donner à la réglementation et à l'autorégulation, à la discipline collective ou à la seule éthique des affaires ? *Christian de Boissieu* présente une réflexion transversale sur les nombreux défis à relever, relève les ambiguïtés derrière l'exigence de transparence de l'information, et s'interroge, enfin, sur la meilleure organisation de la régulation financière. *Michel Prada,* présentant le bilan de l'action de l'Organisation internationale des commissions de valeurs (OICV), montre le chemin parcouru dans la promotion de standards élevés de régulation financière, en particulier par un effort d'harmonisation des règles régissant l'information financière. Relevant le caractère stratégique de la qualité de l'information dans les opérations financières, *Hubert Reynier* rappelle le régime nouveau de responsabilité des intermédiaires financiers, mis en place à l'initiative de la Commissions des opérations de Bourse (COB) au 1er septembre 2002, en le comparant aux pratiques étrangères. *François Champarnaud* s'intéresse aux conditions dans lesquelles l'organisation interne des banques d'investissement, à travers notamment l'instauration de murailles de Chine et l'action des déontologues (ou les *compliance officers* anglo-saxons), peut prévenir ou gérer les multiples conflits d'intérêts auxquels elles sont exposées dans leur activité. Enfin, *Jean-Jacques Perquel* présente le point de vue d'un agent de change, un peu nostalgique de l'époque où le respect de « *my word is my bond* » permettait d'éliminer sur un marché clos les opérateurs indélicats ; il s'inquiète de l'effet négatif de la superposition des réglementations sur le dynamisme des marchés, et plaide pour des règles simples, restaurant la responsabilité des acteurs.

LES AJUSTEMENTS NÉCESSAIRES DE LA GOUVERNANCE DES ENTREPRISES

Les faiblesses dans les pratiques du gouvernement d'entreprise de nombreuses firmes, mises en évidence à l'occasion des récents scandales, ont suscité de longs débats, souvent peu consensuels. *Bernard Field,* sans revenir sur les conclusions du rapport Bouton, s'interroge sur les modalités de leur mise en œuvre, qui devraient éviter, autant qu'il est possible, le recours à la loi. *Patricia Charléty* revient sur le problème posé par les excès observés dans la rémunération des cadres dirigeants. Enfin, pour *Jean-Paul Pollin,* l'hétérogénéité des systèmes européens de gouvernance constitue aujourd'hui un handicap dans la perspective de l'unification des marchés financiers européens ; il milite en faveur d'une convergence de ces modèles, sous-tendue par des choix de société privilégiant dans la gestion des entreprises le long terme et la valorisation du capital humain.

CONCLUSION DE LA PARTIE

Enfin, en conclusion de cette première partie, le directeur du Trésor, *Jean-Pierre Jouyet,* tire les leçons de la crise, qui est aussi une crise de la régulation, et il donne des indications sur le contenu de la future loi de sécurité financière, qui concernera notamment la régulation des marchés et des professions financières et la gouvernance des entreprises.

ENRON, UNE COMPAGNIE ORWELLIENNE

PIERRE UHEL*

Les quatre « valeurs fondamentales » qui formaient la devise d'Enron (respect, intégrité, communication, excellence) apparaissent, avec le recul, comme un parfait exemple de langage du type « 1984 » de George Orwell, où la définition des mots représente l'inverse de leur signification normale.

S'agissant de l'exigence de respect, la formulation était digne du prêche sanctimonieux (« nous traitons les autres comme nous voudrions être traités nous-mêmes »), mais la brutalité dans les relations d'affaires était universellement ressentie par les partenaires d'Enron : « arrogance » est le mot le plus fréquemment utilisé pour décrire le style Enron.

Concernant l'intégrité, la situation de conflit d'intérêts de la direction financière de la firme est clairement établie, la justice devant trancher des éventuels abus de biens sociaux, et la définition « enronienne » de cette intégrité (« nous travaillons avec nos clients ouvertement, honnêtement ») reçoit un éclairage nouveau avec les révélations de manipulations de prix sur le marché californien de l'électricité.

« L'obligation de communiquer » prend un sens ambigüe pour une compagnie accusée d'avoir organisé, pour des analystes bancaires, des visites de « villages à la Potemkine », c'est-à-dire des salles de marchés trépidantes, mais fictives. Quant à l'exigence « de n'être satisfait que par rien moins que d'être les meilleurs dans toutes nos entreprises », elle doit être jugée en fonction de la découverte de la non-rentabilité de nombre d'initiatives d'Enron.

Au-delà du facile constat d'accusation, le problème essentiel posé par la trajectoire d'Enron est de comprendre comment cette société, qui symbolisait à la fois le potentiel créé par la dérégulation du marché de l'énergie et l'innovation permanente érigée en principe entrepreneurial, a pu se développer en une boîte noire comptable,

* Conseiller financier à l'Agence financière de New York.

opaque pour les auditeurs, les agences de notation, les analystes bancaires et, finalement, le marché.

DES DÉBUTS MODESTES, AVANT LA DÉRÉGLEMENTATION DU MARCHÉ DE L'ÉLECTRICITÉ

La compagnie est née formellement en mai 1985 de l'acquisition d'une compagnie texane de transport de gaz (HNG, Houston Natural Gas) par une société de transport gazier plus importante, InterNorth du Nebraska. Kenneth Lay, le président de la firme HNG absorbée, économiste de formation avec une forte expérience professionnelle dans l'industrie gazière, remplaça dans les six mois le dirigeant de InterNorth d'abord comme *chief executive officer* (CEO), ensuite comme président du conseil d'administration. Ce ne sont pas les premiers résultats du nouvel ensemble qui ont pu, à eux seuls, amener les administrateurs à ce choix, puisque la compagnie fut en pertes d'exploitation en 1985/1986.

En avril 1986, InterNorth-HNG fut rebaptisé Enron, après une première proposition malheureuse des consultants (le premier choix, « Enteron », mot technique signifiant conduit de transmission, mais également « intestin » en grec, fut hâtivement raccourci). Enron première manière était principalement un gestionnaire de pipelines, mais développa rapidement des activités d'amont comme d'aval, y compris des usines chimiques de transformation du pétrole et du gaz ou des centrales électriques. Enron tâta même de la négociation de contrats de pétrole à terme dès 1986 (Enron Oil), mais expérimenta une fraude de deux directeurs de *trading* en 1987 (dépassement de limites et pertes camouflées). La société encaissa 142 millions de dollars de pertes en 1987 à ce titre, à rapporter à un profit global de 53 millions cette année-là.

Jusqu'au début des années 1990, Enron ne développa pas de modèle d'affaires radicalement différent de ceux de ses concurrents de l'industrie et des transport du gaz. L'exploitation des pipelines restait le cœur du métier, avec des extensions dans les industries d'amont et d'aval. Même le développement d'une activité de négoce de contrats à terme de livraison à terme de gaz n'était pas une exclusivité d'Enron. À la différence du marché de l'électricité, toujours réglementé en 1990, celui du gaz était libéralisé depuis une décennie, ce qui avait développé une forte activité des marchés de livraison à terme, essentiellement sur le New York Mercantile Exchange (Nymex). La nécessité pour les fournisseurs de gaz de se couvrir pour leurs livraisons à terme amenait logiquement à cette extension.

La transformation d'un *trading* cantonné à des fins de couverture d'une activité industrielle physique en une activité spécialisée de transactions des dérivés à des fins de profit semble cependant avoir été, dès cette époque, une caractéristique spécifique à Enron. Le Nymex, par exemple, utilisait comme contrat standardisé un produit référencé sur le prix de livraison en Louisiane. La société trouva dans la fragmentation régionale du marché des possibilités d'arbitrage, en jouant sur les différences de prix entre points de livraison.

L'activité de *trading* comme centre autonome de profit au sein de la firme fut formalisée par l'instauration d'un *joint-venture* en 1989 avec Banker Trust (BT) et la création du département d'Enron Finance, plus tard Enron Capital&Trade. Les banquiers de BT implantèrent au sein de la société gazière les méthodes de l'activité de *trading* financier. Le marché des dérivés sur énergie était embryonnaire à cette date (lenteur des négociations, difficultés de collecte de l'information sur les prix), mais ces imperfections de marché en faisait justement une opportunité pour l'entrepreneur innovant. Même si l'association avec BT se termina rapidement, l'inflexion dans la stratégie d'entreprise d'Enron était effectuée.

ENRON DEVIENT ENRON

Deux faits de nature très différente ont déclenché, au début des années 1990, la mutation d'Enron : à l'extérieur, la déréglementation progressive du marché de l'électricité et, en interne, l'adoption d'un nouveau modèle d'entreprise sous l'influence d'une nouvelle génération de dirigeants.

Un objectif : l'énergie comme marché libre non organisé (OTC)

Kenneth Lay, formé comme industriel du gaz et entrepreneur à succès de la déréglementation de ce marché, était tout naturellement persuadé des vertus innovatrices d'une libéralisation généralisée à l'ensemble des produits énergétiques. L'électricité constituait un marché particulièrement réglementé, avec des prix fixés par des commissions publiques par région, négociés avec les producteurs/fournisseurs d'électricité à un niveau suffisant pour amortir les investissements lourds nécessaires. La contrepartie des marchés et contrats captifs pour les *utilities* étaient évidemment des plafonds négociés pour les profits. L'absence structurelle de possibilité de stockage constituait un facteur de rigidité et de surinvestissement régional.

La stratégie de *lobbying* fut systématique, Kenneth Lay s'éloignant au fil des ans de la gestion directe de l'entreprise et déléguant ses responsabilités opérationnelles au profit d'un métier principal de relations publiques. Les *public relations* finirent d'ailleurs par constituer une partie essentielle de la culture d'entreprise d'Enron. Les liens avec les milieux politiques furent systématiques et éclectiques : les républicains du Texas furent les principaux bénéficiaires des donations financières d'Enron, mais les invitations de golf au président Clinton en étaient la contrepartie. Le conseil d'administration fut également utilisé pour cette politique.

Au total, les efforts de *lobbying* furent mixtes mais suffisants pour déclencher une dynamique politique de libéralisation, y compris au niveau de la distribution d'électricité et non plus simplement son transport et sa production, dans la seconde moitié des années 1990. Le *lobbysme* n'obtint jamais une loi nationale imposant la déréglementation aux États, mais déclencha, outre le mouvement d'ensemble, une loi de supervision des marchés à terme en 2000 qui favorisait une activité de négociation libre des marchés de l'énergie. Le marché déréglementé de l'énergie non organisé (OTC) devenait de surcroît non supervisé. Le principal échec d'Enron fut peut-être la campagne en faveur de l'adoption du protocole de Kyoto sur la pollution : Enron voyait dans le marché des « droits à polluer » une opportunité d'affaires.

Un contexte d'entreprise « darwinien »

La deuxième mutation fut interne : le développement d'une culture d'entreprise fondée sur la recherche de l'innovation permanente, la réorganisation des structures quasi permanente, la volonté de développement de la créativité des employés et le choix d'une entreprise légère en actifs physiques, sous l'influence d'une génération nouvelle de dirigeants. Le plus célèbre de ceux-ci, le successeur de Kenneth Lay comme CEO pour une brève période en 2001, est sans doute Jeffrey Skilling. Il rejoignit la société en 1990 comme directeur d'Enron Finance, en charge de l'activité de *trading*, bien que n'étant pas financier de Wall Street mais ancien consultant chez McKinsey.

L'option défendue par Jeffrey Skilling fut, dès cette période, de transformer l'opérateur de tuyaux en société de négociations de produits dérivés, de toute nature : une société de type *light assets and assets light*, en visant systématiquement les activités à haute valeur ajoutée intellectuelle. La structure administrative devait être fluide, peu hiérarchique, soumis à des *reengineerings* réguliers, afin de libérer « l'esprit d'innovation ». Le critère de réussite innovante était simple, très « Wall Street » dans son inspiration : la contribution individuelle au résultat financier trimestriel, base des bonus de fin d'année. Pour décrire le modèle d'entreprise Enron, Jeffrey Skilling déclara un jour que l'entreprise était en elle-même un marché où se négociait en permanence l'innovation.

Recherchant systématiquement les activités innovatrices, la société se devait d'attirer les talents humains les plus performants, susceptibles de prospérer dans un environnement institutionnel très exigeant. Le recrutement des plus brillants avait pour contrepartie, dans le modèle d'entreprise, l'élimination des incompétents. L'ancien consultant de McKinsey fut ainsi à l'origine d'une stratégie du personnel de recrutement d'éléments jeunes, de haut niveau universitaire, avec des salaires et surtout des bonus de performance très élevés, complétée par une politique de licenciement des employés inefficients particulièrement dure, même aux normes américaines (le processus du *performance review committee* : élimination annuelle des 10 % des employés aux plus mauvaises performances).

La « sélection darwinienne » concernait également les structures et les dirigeants. Jeffrey Skilling imposa à Enron une « structure plate », éliminant plusieurs niveaux hiérarchiques pour permettre l'*empowerment* des salariés. Kenneth Lay semble avoir favorisé cette évolution jusqu'au sommet en laissant se développer des rivalités entre dirigeants, à la limite du « diviser pour régner ». L'activité internationale de la société fut longtemps la responsabilité de Rebecca Mark (Enron International), mais Kenneth Lay autorisa Jeffrey Skilling à s'occuper de ce domaine, comme de la politique du personnel de l'entreprise, avant même sa nomination comme « président » (numéro deux de la société) en 1997.

La combinaison d'une politique du personnel exigeante, d'une gestion des récompenses pécuniaires fondées sur les résultats de court terme, d'une rotation systématique des employés et, enfin, d'une compétition des responsabilités et des lignes hiérarchiques, contribua à une culture d'entreprise dynamique, sous pression permanente, innovante mais qui, *in fine*, constitua un des facteurs de la chute finale par la dérive vers une culture d'entreprise à horizon temporel court. Soumis à une pression permanente pour obtenir des résultats financiers immédiats et directement intéressé pécuniairement par ces résultats, le personnel, notamment les *traders*, rechercha le gonflement systématique des revenus sans se soucier des conséquences financières de long terme pour l'entreprise. L'absence de contrepoids internes aux initiatives hasardeuses ou franchement douteuses d'un petit noyau de dirigeants est rétroactivement l'un des enseignements du modèle d'entreprise Enron : la « structure plate » ne favorise pas seulement la créativité, elle peut également faciliter les dérives irresponsables d'un petit noyau de chefs charismatiques, mais despotiques.

LA CHUTE FINALE

La chute d'Enron fut un processus rapide, après trois à quatre ans d'emballement de la machine. En 2000, Enron avait réalisé un chiffre d'affaires de plus de 100 milliards de dollars, soit le septième rang américain derrière Citigroup. À la mi-1990, Enron avait tout juste dépassé les 10 milliards de dollars. Une multiplication du chiffre d'affaires par dix en cinq ans est un chiffre impressionnant. Une manière noble de décrire la fuite en avant des dirigeants de la firme serait d'évoquer l'*hubris* des Grecs. Une manière plus prosaïque, mais plus directement évocatrice, serait de rappeler la fable de la grenouille et du bœuf.

La raison la plus profonde de la faillite d'Enron est probablement une croissance trop rapide, non soutenable en terme de liquidité comme de solvabilité, financée par un endettement explosif et partiellement invisible du fait du cantonnement dans des structures de hors-bilan. Le caractère d'entreprise *over-leveraged* est rétroactivement évident : tout le problème vient que le marché ou les régulateurs n'ont pu le diagnostiquer à temps.

En deuxième lieu, les erreurs stratégiques ont également joué : cette entreprise structurellement innovante s'est en fait lourdement trompée à plusieurs reprises. Ensuite, la part des fraudes dans le gonflement des revenus ne peut être exclut *a priori*, notamment dans le métier devenu central de *trading*, de même que l'impact de plus en plus fort sur les comptes des astuces comptables et de l'évasion fiscale. Enfin, le rôle de détonateur dans l'implosion financière de la société en 2001 a été fourni par les caractéristiques des véhicules spéciaux mis en place par la direction financière pour à la fois cantonner hors bilan une partie de la dette et financer l'exploitation courante, structures vulnérables à la crise boursière.

Une croissance déséquilibrée

La croissance du revenu d'exploitation après 1995 est la conséquence de l'explosion de l'activité de *trading* sur le marché déréglementé de l'électricité. Cette explosion généra des revenus et des profits d'exploitation largement virtuels, mais des besoins de crédit bien réels.

De nombreux États, comme la Californie dès 1996, avaient libéralisé leur marché de l'électricité dans la seconde moitié de la décennie. Pour profiter pleinement de ce marché qu'elle avait voulu et préparé, la firme créa, en 1999, Enron Online, pour gérer sur Internet l'activité de *trading* comptant et à terme de contrats d'énergie. Enron Online était une plate-forme de négociation électronique qui acquit, dès l'origine, une position dominante sur le marché non organisé (OTC). Grâce à la clause des *big boys deals* de la loi de 2000 sur la supervision des marchés à terme (exemption de supervision des transactions bilatérales de la part de la Commodity Futures Trade Commission, au prétexte que le marché déréglementé OTC de l'énergie était constitué de partenaires importants qui « savent ce qu'ils font »), Enron Online échappa à toute supervision spécifique, en conservant la forme juridique de l'offre bilatérale pour toutes ses transactions.

Le volume de transactions sur ce marché augmenta moins que les revenus tirés des transactions, au moins virtuellement. La comptabilité des contrats à terme de livraison d'énergie permet, en effet, l'enregistrement immédiat du flux de revenus qui sera généré dans l'avenir, pour des périodes pouvant aller jusqu'à 10 ou 20 ans. Le revenu et le profit sont censés être calculés *mark to market,* mais il s'agit en fait d'un autre cas de *mark to model* : la firme élabore un modèle de coûts pour la période (10 ou 20 ans...), selon un modèle « boîte noire » (propriété de l'entreprise et avec ses hypothèses de prix). Revenus et profits futurs sont donc à la fois calculés en interne, virtuels et immédiatement comptabilisés.

Ces revenus ne correspondent donc pas à des *cash flow* du même ordre de grandeur. Le financement du *trading,* coûteux en terme de crédit à court terme, ne pouvant être assuré par génération interne de liquidités, un recours à l'endettement externe était inévitable.

La nécessité du recours au financement externe fut encore accrue par des erreurs stratégiques d'extension d'activité coûteuses en investissements lourds. L'international et les acquisitions d'actifs à l'étranger offrent une gamme riche d'échecs pour Enron. L'aventure indienne de Dabhol est le cas le plus célèbre, mais les expéditions anglaises et allemandes ne furent pas des succès. L'activité de distribution d'électricité (Enron Energy Services) se révéla une source de déceptions financières, aux États-

Unis comme à l'étranger : les coûts d'entrée en termes de pénétration commerciale se révélèrent prohibitifs. Enfin, les tentatives de diversification de l'activité de *trading* par Enron Online dans des domaines les plus divers (bois et pâtes à papier en 1998/1999, fibres optiques en 1999/2000 et même dérivés de crédit en 2000/2001 : alors même qu'Enron n'avait aucun statut d'établissement financier, la société s'était insérée dans cette activité purement financière, toujours sans supervision spécifique) furent, dans l'ensemble, décevantes.

Le rôle des « special purpose entities » et des filiales

Il s'agit là d'un aspect des activités d'Enron qui reçut une forte attention médiatique, en se focalisant sur la situation de conflit d'intérêts du directeur financier, devenu « partenaire principal » des plus importants des *special purpose entities* (SPE).

Pourtant, la levée de fonds par le canal de ces véhicules, la déconsolidation et la mise hors bilan de l'endettement d'une société par cantonnement dans des entités spécialisées ou encore la titrisation par ce moyen sont des pratiques devenues courantes et normales. Il s'agit là des innovations financières parmi les plus importantes des vingt dernières années. L'utilisation des SPE était inévitable pour une société en croissance aussi rapide qu'Enron en 1996/2000, et les banques d'affaires ont fait leur métier en contribuant à la mise en place de ces structures de financement. Ces opérations sont fortement rentables pour elles. Enron commença classiquement son recours aux SPE pour déconsolider une partie de son endettement de long terme. Une estimation à vérifier est qu'un tiers de l'endettement aurait été ainsi cantonné.

Étape suivante, en 1999/1999, la firme réussit à mettre en place des SPE qui servaient de moyens de financement courant du fonds de roulement (le cas le plus célèbre est Mahonia). Le développement en spirale de ces modes de financement du besoin opérationnel courant aurait dû alerter les banques partenaires, les agences de notation et les régulateurs. Mais la véritable nébuleuse de SPE d'Enron rendait difficile l'identification des problèmes. Le terme « Enron » recouvrait, en effet, une galaxie de près de 3 000 entités : cette prolifération rendait l'opacité financière de cette firme extrême, pour ses partenaires financiers comme pour les régulateurs, peut-être même pour ses propres dirigeants...

Le recours aux SPE pour l'enrichissement des cadres financiers est une marque spécifique à Enron. Le directeur financier a reçu plus de 40 millions de dollars en deux ans pour son rôle de « partenaire » dans ces SPE. Ces caractéristiques sont la base des poursuites judiciaires engagées pour abus de biens sociaux (en se référant à un équivalent juridique français). Les conditions de l'apport de fonds de certains « partenaires extérieurs à la société » (le directeur financier, ses amis et sa famille), nécessaire pour que la part de capital « indépendant » dans ces SPE dépasse le seuil des 3 % déclencheur de la déconsolidation autorisée par les règles US-GAAP, ont été également pittoresques.

Ce ne sont pas cependant les quelques dizaines de millions de dollars ainsi douteusement gagnés par plusieurs cadres de la direction financière qui sont à l'origine du piège financier final. Ces SPE (aux noms généralement évocateurs de la culture cinématographique contemporaine de leurs concepteurs, de type Star Wars) étaient ultimement garantis par la valeur de l'action, utilisée comme apport propre d'Enron. La crise boursière qui a fait passer la valeur de cette action d'un maximum de 81 dollars en mars 2000 à quelques dollars fin novembre 2001, est *in fine* la cause directe de la faillite d'Enron. Le directeur financier avait accepté des clauses de recapitalisation des principaux SPE par versements de fonds supplémentaires d'Enron des *puts* en faveur des SPE, c'est-à-dire des partenaires, en cas de chute de la valeur de l'action. Ces dispositions s'ajoutaient à des clauses de certains emprunts de durcissement des termes financiers en cas de dégradation de notation. La perspective en octobre/novembre d'une réduction de la notation d'Enron par les agences, pourtant retardée pour ne pas « torpiller » le sauvetage de la société par rachat, rendait quasi inévitable la déclaration de faillite.

Pour être complet dans l'évocation de l'imagination financière d'Enron, il faut ajouter que la firme utilisa, de manière quasi industrielle, les filiales et des SPE pour des raisons d'évasion fiscale avec l'aide de ses principaux partenaires bancaires. Une estimation de l'évasion fiscale d'Enron s'élève à 1 milliard de dollars sur la période 1995/2000.

La spirale de faillite se déclencha à l'automne 2001 avec une rectification des comptes annoncée le 16 octobre (perte de 600 millions de dollars sur l'exercice et réduction du capital de 1,2 milliard de dollars pour imputation de pertes consolidées sur SPE) : la fragilité financière devenait visible et publique. La suite est quasi mécanique : campagne de presse ; enquête de la Securities and Exchange Commission (SEC) ; menace de réduction de la notation ; réduction des lignes de crédit par les banques ; élimination progressive des transactions d'Enron Online ; accélération de la chute de l'action ; échec de la fusion avec une firme rivale effrayée par la découverte progressive de l'endettement hors bilan dans les SPE. Le 2 décembre, la firme se déclarait en faillite.

QUELQUES ENSEIGNEMENTS

Seules des leçons provisoires peuvent être raisonnablement établies à ce stade :

- l'aventure d'Enron est inséparable de la dérèglementation OTC du marché de l'énergie. L'absence de supervision a favorisé les fraudes. Le mot n'est pas trop fort dans le cas des pratiques révélées sur le marché de l'énergie californien (congestion physique des lignes ou, au contraire, raréfaction artificielle des livraisons, manipulation concertée des prix). Le marché non organisé de l'énergie (OTC), celui voulu par Enron, en est discrédité. La réponse peut être double : supervision et régulation comme recours aux solutions de marché organisé. Le repli des transactions des *futures* d'énergie sur la Bourse organisée du Nymex est significatif. L'argument essentiel en faveur de l'autorégulation des marchés ne sort pas renforcé par l'aventure d'Enron : la confiance du public dans l'intégrité d'une firme constitue son principal actif, et elle en est donc son meilleur gardien. Le cas Enron montre que la confiance du public et des marchés peut constituer pour l'entreprise un actif à maximiser hors des limites légales ou éthiques : son exploitation peut aller jusqu'à étirer la « créativité comptable » jusqu'à la « tromperie comptable » (les tribunaux trancheront), et le service aux consommateurs jusqu'à l'abus pur et simple ;

- les dispositifs de surveillance réglementaire ou professionnelle ont mal fonctionné. Il n'est pas nécessaire d'épiloguer sur le rôle des commissaires aux comptes d'Enron, Arthur Andersen, qui ont payé leur acceptation de son *aggressive accountings* (terme qui pourrait être requalifié par la justice) par une condamnation judiciaire et une faillite. S'agissant des dispositifs extérieurs, il est également notable de noter que la SEC n'a effectué que des examens partiels et de routine avant l'été 2001. Les agences de notation n'ont pas manifesté une lucidité ou des soupçons, supérieurs. Les analystes bancaires sont restés, on le sait, positifs sur Enron presque jusqu'à la fin. Les conflits d'intérêts ont été souvent évoqués par les auditeurs et les analystes pour expliquer cet aveuglement. Mais, au-delà, un phénomène d'illusion collective se décèle : le jugement des intervenants, des analystes, des notateurs et des régulateurs semble s'être constitué par opinion circulaire auto-entretenue. Il est remarquable de noter que des évaluations hétérodoxes soient apparues dès 2000, relevant l'évidence d'une société en croissance insoutenable et *overleveraged,* malgré l'obscurité des comptes. Mais ces vues hétérodoxes provenaient des « marges », analystes « provinciaux » hors institutions prestigieuses ou journalistes débutants : hors d'un courant principal fonctionnant au consensus, ces *outsiders* ont déclaré que « le roi était nu ».

Au-delà des explications spécifiques, il est nécessaire de s'interroger sur la pertinence des instruments et des mesures comptables. Un chantier s'est ouvert en matière de révision des US-GAAP, évoluant peut-être vers une approche « principielle » et moins strictement analytique. La question du traitement des SPE est une priorité :

- l'amélioration de la gouvernance d'entreprise est évidemment au cœur des enseignements. Aucun système de *checks and balances* n'a fonctionné au sein d'Enron. L'incapacité du conseil d'administration et de son comité d'audit à comprendre la dérive financière de l'institution est patente. La loi Sarbanes-Oxley a ouvert une voie de réformes. Au-delà, le modèle d'entreprise voulu par les dirigeants d'Enron, et magnifié par les consultants des années 1990 sous la rubrique de la *permanent reengineering* et de la structure plate, a montré qu'il favorisait les dérives ;

- enfin, le coût humain pour les retraités d'Enron illustre l'importance d'un cadre protecteur de l'épargne-retraite des salariés. Le fonds de pension d'Enron a été annihilé par la faillite de la firme ; l'essentiel des placements était en actions de l'entreprise. L'impératif de diversification en a été brutalement rappelé.

La faillite d'Enron était la plus importante de l'histoire américaine jusqu'à WorldCom en juillet 2002 (respectivement 62 milliards de dollars et 100 milliards de dollars). Les dérives frauduleuses apparaissent avoir été beaucoup plus nettes dans le cas de WorldCom (création « comptable » de recettes par des procédés simples, afin d'atteindre les estimations trimestrielles de profit des analystes) comparé à Enron, où la fraude comptable présente dans une technologie financière complexe n'est pas directement évidente et fait l'objet de discussions judiciaires serrées. La faillite de WorldCom a eu un impact majeur sur les marchés, déclenchant une crise de confiance boursière majeure, à la différence de l'extinction financière relativement douce d'Enron.

Mais, c'est la fin d'Enron qui a eu un impact médiatique extrême sur l'opinion publique : sans doute la chute d'une entreprise symbolique et symptôme de la fin d'une époque.

La crise d'Enron et le marché énergétique américain

Paul MENTRÉ*

Dans ses aspects financiers, la crise d'Enron et ses conséquences sont désormais bien identifiées. Mais ses aspects énergétiques, au cœur cependant de la stratégie d'Enron et de sa déroute finale, sont souvent moins bien perçus.

Après avoir précisé la chronologie de la crise d'Enron, l'objet de la présente contribution est de rappeler les caractéristiques du marché de l'énergie aux États-Unis, le rôle spécifique qu'a joué Enron dans les difficultés propres qu'a rencontrées ce marché (la crise californienne) et les enseignements à tirer pour l'évolution future.

LA CRISE D'ENRON DANS SA DIMENSION BOURSIÈRE

La crise d'Enron a été marquée en Bourse par l'évolution retracée dans l'encadré 1.

Comme on le sait, les répercussions sur les marchés financiers ont été de trois ordres :

- la constatation des pertes subies par les détenteurs d'actions Enron (fonds de pension, investisseurs institutionnels, salariés d'Enron, dont les comptes retraite individuels gérés par l'entreprise, les comptes 401, étaient pour l'essentiel investis en actions Enron) et par ses créanciers[1], qu'il s'agisse de prêts bancaires ou assimilés (notamment pour Citigroup, JP Morgan et, à un moindre degré, Barclays) ou de structures de déconsolidation, dont certaines garanties directement ou indirectement pour Enron. Se pose à cet égard le problème du partage des pertes entre actionnaires et créanciers (les banques commerciales accusées de soutien abusif et les banques d'investissement accusées de montages financiers périlleux pour l'entreprise et pour les investisseurs) et entre créanciers (avec notamment un procès en cours, dont l'issue devrait être connue dans les prochaines semaines, entre JP Morgan et un groupe d'assureurs sur la portée du transfert

* Ancien délégué général à l'énergie, ancien président du Crédit national.

Encadré 1

Enron et la Bourse

(Chronologie des principaux événements avec entre parenthèses la valeur du cours de l'action Enron aux dates indiquées)

- **14 août 2001** (42 dollars) : démission du président Jeff Skilling, qui avait remplacé six mois auparavant le fondateur Kenneth Lay, rappelé le 14 août 2001 à la présidence du groupe, avant d'en démissionner de nouveau le 23 janvier 2002 ;
- **16 octobre 2001** (32 dollars) : annonce d'une perte nette de 618 millions de dollars au 3ème trimestre ;
- **22 octobre-25 octobre 2001** (22 dollars ; 17 dollars) : annonce le 22 d'une enquête de la Securities and Exchange Commission (SEC) sur les liens entre Enron et les fonds détenus par le directeur financier du groupe, Andrew Fastow, remercié le 25 octobre 2001 (puis, ultérieurement, le 10 octobre 2002, poursuivi pour fraude, blanchiment et conspiration) ;
- **9 novembre-28 novembre 2001** (9 dollars ; 1 dollar) : annonce (le 9 novembre) puis abandon (le 28 novembre) du rachat d'Enron par une autre société de *trading* énergie, Dynegy ;
- **2 décembre 2001** (0,4 dollar) : mise d'Enron sous la protection de la loi sur les faillites ;
- **cours de l'action** alors retirée de la cote par le New York Stock Exchange (Nyse) oscillant ensuite sur le marché OTC entre 0,4 dollar et 0,1 dollar (cours du 15 octobre 2002).

des risques opéré par l'émission d'un bon de garantie)[2] ;
- la mise en cause de la firme d'audit, Andersen, qui a certifié les comptes d'Enron : ouverture le 9 janvier 2002 d'une enquête par le Département de la Justice américain ; procès Andersen devant le tribunal fédéral à Houston, ouvert le 6 mai 2002 et conduisant à la condamnation d'Andersen et de ses associés pour complicité dans la destruction de documents comptables ; abandon des activités d'Andersen aux États-Unis (marqué notamment par le retrait de l'agrément de la SEC) et démantèlement du réseau international Andersen dont les structures nationales, liées entre elles de manière assez lâche, ont été reprises par les autres grands groupes d'audit (en France, Ernst and Young[3]) ;
- la remise en cause, notamment au niveau du Congrès, des règles de fonctionnement et de déontologie des acteurs financiers et des firmes d'audit, remise en cause que rendaient encore plus nécessaires les autres faillites, certaines frauduleuses, qui ont suivi celles d'Enron (notamment WorldCom et Adelphia dont les dirigeants font l'objet de poursuites judiciaires) ; initiée par des auditions au Congrès à

partir de décembre 2001, cette remise en cause a conduit à l'adoption, en juillet 2002, du Sarbanes-Oxley Act (une structure publique de contrôle des firmes d'audit, placée auprès de la SEC, une certification personnelle, assortie de sanctions pénales, de la véracité des comptes, par le *chief executive officer*), à l'ouverture d'enquêtes par la SEC et le General Attorney de l'État de New York sur le comportement des *investment banks*, se traduisant par des amendes et par la recherche, non encore finalisée, d'une séparation entre *investment banking* et analyse financière, dont l'indépendance serait garantie, à un renforcement par le Nyse et le Nasd des règles à respecter en matière de *corporate governance* et notamment de rôle et de composition des comités d'audit par les sociétés cotées sur leurs marchés.

Dans un monde globalisé, ces effets se sont répercutés sur les autres marchés boursiers où ont été recherchées de meilleures disciplines en matière de *corporate governance* (en France, le rapport Bouton, recommandant un renforcement de la place des administrateurs indépendants, catégorie enfin définie avec précision, et du rôle des comités d'audit, et le projet de loi sur la sécurité financière annoncé par le ministre de l'Économie et des Finances), de normes comptables pour lesquelles est recherchée une convergence entre les normes internationales (IAS - International Accounting Standards), que l'Union européenne imposera à partir de 2005, et les normes américaines (FAS - Financial Accounting Standards)[4] et de régulation (avec, par exemple, en France, les recommandations conjointes de la Commission bancaire et de la Commission de contrôle des assurances, en matière de structures de déconsolidation et de transferts associés de risques).

Mais, cette dominante financière de l'évolution de la crise d'Enron ne doit pas faire perdre de vue son contexte initial, celui du marché de l'énergie aux États-Unis, et ses prolongements sur ce marché dont l'évolution préfigure souvent celle appelée à intervenir en Europe.

ENRON DANS LE PAYSAGE ÉNERGÉTIQUE AMÉRICAIN

Comme l'avait rappelé le rapport introductif à la réunion des producteurs-consommateurs de pétrole tenue en liaison avec la guerre du Golfe, les 1er et 2 juillet 1991[5], la formation des prix du pétrole avait été dominée, à partir de 1895, par la fixation unilatérale des prix d'achat par la Standard Oil en 1895, puis par des cartels internationaux, et par la mise en place de quotas de production (aux États-Unis sous l'égide de la Texas Railroad Commission, puis internationalement sous l'égide de l'Opep).

À partir des années 1970, sont apparus des lieux de négociation au comptant du pétrole et des produits raffinés (notamment aux États-Unis à New York, en Europe à Rotterdam, en Asie à Singapour[6]), puis, en 1983, a été lancé à New York un contrat à terme sur le pétrole brut. Au début des années 1990 opéraient trois marchés à terme, celui de New York, le Nymex (un brut, le West Texas Intermediate, trois produits raffinés), celui de

Londres, l'International Petroleum Exchange (un brut, le Brent de la mer du Nord, et trois produits raffinés) et, moins significatif, celui de Singapour, le Simex (un brut, le Dubai, et un produit raffiné). Ces marchés, tant au comptant qu'à terme, ont joué un rôle croissant.

À côté des opérateurs pétroliers, sur le marché au comptant et des marchés organisés, pour les *futures,* sont apparus des négociants, des *traders,* présents notamment aux États-Unis, et des *investment banks,* actives notamment à Londres, offrant, au titre de ce *paper market* (par opposition au *wet market,* le marché physique), des opérations hors marché sous forme, en particulier, de swaps et de référence à des *spreads* entre brut et produits raffinés ou entre produits raffinés. Au début de la décennie 1990, ce marché représentait déjà en termes de transactions (dont les deux tiers sur marchés organisés et un tiers hors marché), quatre à six fois le volume effectif des livraisons physiques de pétrole et de produits raffinés.

Au cours de la décennie 1990, dans un contexte de dérégulation domestique et d'internationalisation, le rôle du marché libre et des opérateurs se couvrant sur ces marchés, mais offrant des produits OTC, n'a cessé de croître. En outre, ce rôle s'est étendu, avec les mêmes techniques, au gaz naturel puis à l'électricité, voire à des produits non énergétiques (outre les produits agricoles et les métaux, à l'origine des marchés à terme, les unités de télécommunications et demain, sans doute, les droits d'émission de CO2 dans le cadre du protocole de Kyoto).

Enron, née de la fusion de compagnies de transport de gaz, s'est inscrite dans ce processus en offrant à ses clients toute la gamme des produits négociables, essentiellement énergétiques, tant au comptant qu'à terme. Comme le notait le président de la Financial Services Authority (FSA) britannique, dans une interview récente (cf. encadré 2), elle a pu le faire dans un « angle mort » de la supervision, puisqu'elle ne relevait pas de la catégorie des acteurs financiers, tous supervisés soit au niveau des États fédérés, soit au niveau de l'État fédéral, soit à ces deux niveaux, ni de la catégorie des marchés organisés soumis au contrôle, selon leur nature, soit de la SEC, soit de la Commodities Future Trading Commission (CFTC).

En 2000, dernier exercice complet, Enron réalisait 90 à 95 % de son chiffre d'affaires dans le *trading* énergie, portant son chiffre d'affaires (calculé pour le *trading* en chiffres bruts et non en marge nette) à 100 milliards de dollars (pour 19 000 salariés), à comparer à 230 milliards de dollars pour la principale compagnie pétrolière américaine Exxon-Mobil (103 000 salariés) ou à 33 milliards de dollars pour une grande banque d'investissement telle Goldman Sachs (employant 19 000 salariés) et à 10 milliards de dollars de chiffres d'affaires d'Enron en 1995 (soit un quasi-doublement chaque année au cours de la période 1995-2000).

Lorsqu'il apparut qu'une part du chiffre d'affaires et une large partie des bénéfices d'Enron résultaient de transactions avec des structures *ad hoc* de déconsolidation (dont les comptes, aux termes de normes FASB - Financial Accounting Standards Board - depuis modifiées, n'avaient pas à être intégrés dans ceux du groupe, à partir du moment où les intérêts tiers y représentaient 3 % au moins du capital, ces tiers étant en l'occurrence le directeur financier, Andrew Fastow, et ses alliés, obtenant à cet effet des prêts d'Enron), la suspicion frappa tour à tour les autres intervenants sur ce marché du *trading* énergie.

Le rôle dominant ainsi joué, illustré par les conséquences de la faillite d'Enron, par les mécanismes de marché et les opérations de courtage sur le marché énergétique nord-américain, résultait de la conjonction de plusieurs facteurs.

En matière pétrolière et gazière, il reflétait l'évolution du marché international, la libération complète des prix domestiques, le développement de l'accès des tiers aux réseaux de transport du gaz (le *trading* pétrole/gaz étant l'élément central du dossier Enron).

En matière d'électricité, la scission imposée aux *utilities* des activités de production, de transport et de distribution (*unbundling*) avait entraîné un développement de la production indépendante d'électricité qui représentait, fin 2001, environ 25 % de la production totale, et s'accompagnant de rapprochements entre grands acteurs, avec une part des dix premiers producteurs passant de 36 % en 1992 à 51 % en 2000. Malgré cette tendance à la concentration, et compte tenu de la libéralisation des marchés imposée par les autorités locales et fédérales, la part des achats sur le marché libre par rapport à la consommation totale d'électricité aux États-Unis atteignait, en 2000, 13 % (30 milliards de dollars sur 230). Sur ce marché libre (*power market*), les principaux intervenants étaient, en 2000, Enron (15,8 %), PG and E (9,9 %), Aquila Energy (9,3 %), Southern Energy (8,1 %), Duke Energy (4,1 %), Reliant Resources (3,9 %), Avista Energy (3,8 %), Citizens Power (3,4 %), El Paso Power (2,9 %), Williams Energy (2,9 %). Certains de ces grands acteurs développaient une présence internationale, notamment en Europe, tels Enron (Scandinavie, Italie, Amérique latine) ou Mirant (Allemagne).

Après la crise d'Enron, UBS-Warburg-Paine Webber, qui avait repris les équipes de *trading* d'Enron[7], en a réduit les activités et les effectifs, Dynegy (lié au groupe Chevron-Texaco) a dû revendre pour 900 millions de dollars, à un groupe conduit par Warren Buffet, les actifs gaziers qu'il avait rachetés à Enron après l'échec de leur projet de fusion, Aquila a décidé d'arrêter ses opérations de *trading* et revend ses actifs électriques au Royaume-Uni. La plupart des autres groupes ont réduit ou arrêté leur activité de *trading*, transféré leurs risques à des entités tierces, ou cédé des actifs.

Tous ont été sévèrement sanctionnés en Bourse, avec les évolutions retracées dans le tableau ci-après.

Au total, l'indice du secteur, l'US Energy Traders Index, sur une base 100 le 15 octobre 2002, est passé en dessous de 60 en mai 2002 et en dessous de 30 en octobre 2002.

Les retraits du marché ou les réductions d'activité ainsi opérés n'ont pas été compensés, et le marché du *trading* énergie s'est globalement fortement contracté aux États-Unis. À l'intérieur de ce marché de moindre dimension, la part des marchés organisés s'est en outre accrue, notamment celle de

Tableau
Évolutions des cours sur un an (en dollars)

	15 octobre 2001	14 octobre 2002	Variation
Dynegy	42,4	0,9	- 98 %
Mirant	27,0	1,2	- 96 %
Williams	29,1	1,9	- 94 %
Reliant	19,1	1,4	- 93 %
El Paso	51,4	6,4	- 88 %
Aquila	30,5	4,0	- 87 %
TXU	45,9	12,9	- 72 %
Xcel	28,9	8,8	- 70 %
Duke	38,3	19,1	- 50 %

l'Intercontinental Exchange (ICE). Cette place de marché en ligne a été créée en 2000 à Atlanta et réunit des compagnies pétrolières et des banques (dont Total-Fina-Elf, Société générale et BNP Paribas). Après la chute d'Enron, elle a vu, en quatre mois, ses activités doubler (4 milliards de dollars échangés par jour), et elle a pris le contrôle de l'International Petroleum Exchange à Londres[8].

LE CAS PARTICULIER DE LA CALIFORNIE

La crise d'Enron a, en outre, permis de porter un nouveau regard sur les circonstances dans lesquelles a pu se développer la crise californienne de l'été 2001. Dans cet État, se conjuguaient depuis plusieurs années une croissance très forte de la demande, liée à la E-économie et à la généralisation de la climatisation, et un blocage, pour des raisons environnementales, de la construction de nouvelles capacités de production. Le coût des importations d'électricité s'est ainsi mis à croître brutalement. Les grands distributeurs (essentiellement la Pacific Gas and Electricity Company, filiale du groupe PG and E), dont les prix au détail étaient réglementés, tombèrent en faillite, et l'État fédéral imposa des plafonds aux prix de gros. L'État californien dû intervenir pour prendre en charge les approvisionnements (soit 7 milliards de dollars sur le premier semestre 2001), puis relever les tarifs pour les usagers finaux afin de rembourser ces achats. La facture correspondante pour les habitants de Californie (où le prix du kWh aura augmenté de 40 % en deux ans), calculée par différence entre les prix de l'électricité sur le marché spot de New York et sur celui de Californie, atteint 70 milliards de dollars soit 5,5 % du PIB de l'État et 0,7 % du PIB américain.

La crise, également marquée par des coupures d'électricité, a conduit à une interrogation sur le fonctionnement du marché de l'électricité aux États-Unis, bien que la dérégulation californienne présentât beaucoup de spécificités. Depuis mars 1998, en effet, tous les consommateurs californiens pouvaient choisir librement leurs fournisseurs d'électricité, cependant que les *utilities* étaient tenues de vendre leur production sur le marché régional (le Californian Power Exchange, Cal PX) et de couvrir leurs besoins, à prix spot, sur ce marché[9]. Dans le même temps, une agence indépendante (l'Independent System Operator - ISO) prenait en charge la gestion des réseaux de transport, et des prix plafonds au détail étaient assignés aux distributeurs d'électricité. La combinaison de prix de gros en forte progression (ils étaient onze fois plus élevés fin 2000 que fin 1999 en Californie, contre un simple doublement dans des États dérégulés au centre ou à l'est des États-Unis) et de prix de détail fixes a entraîné 12 milliards de dollars de pertes pour les deux principales sociétés se retrouvant en défaut de paiement.

Sans remettre en cause le processus de dérégulation conduit sur l'ensemble du territoire américain, mais en le freinant dans certains États, la crise californienne a inspiré beaucoup de propositions de la commission Cheney sur un nouveau programme énergétique américain. Le rapport, présenté en mai 2001, sous-tend l'Energy Bill en voie d'adoption par un Congrès désormais entièrement contrôlé par les républicains. Il prévoit : l'extension des capacités de production par recours au nucléaire (pour lequel sont prévus, en particulier, des procédures de licence moins longues, des limitations de responsabilité pour les électriciens, et l'ouverture, acceptée par le Congrès en juillet 2002, d'un site fédéral de stockage des déchets dans le Nevada) ; l'accélération de la mise en place de structures régionales de transport ; le renforcement des interconnexions entre États, qu'il s'agisse des oléoducs, des gazoducs ou des réseaux de transport d'électricité[10] ; la réduction globale de la dépendance énergétique.

En outre, l'État de Californie a engagé des procédures devant les tribunaux, pour récupérer tout ou partie de ce que lui a coûté la crise, initiative relayée ensuite par la Federal Energy Regulatory Commission (FERC) (dont la passivité pendant la crise a été dénoncée notamment par les démocrates) et par les auditions du Congrès. Dans ce cadre, le rôle et les pratiques de *traders* en électricité, notamment Enron, ont fait l'objet d'un réexamen critique.

L'enquête de l'autorité de tutelle, la FERC, a finalement révélé, sur la base de documents internes d'Enron, que cette entreprise avait tiré profit de la crise californienne soit, dans certains cas, en aggravant la pénurie, soit, dans d'autres cas, en saturant artificiellement le réseau en achetant de l'électricité en Californie (où les prix étaient gelés) pour les revendre ensuite dans d'autres États, quitte à les réimporter ensuite[11]. Élargie en mai 2002 à 120 entreprises, cette enquête et les investigations parallèles du Congrès et de la SEC ont montré que d'autres grands courtiers en énergie, comme Reliant, Dynegy ou CMS Energy[12], s'étaient mutuellement vendus des mégawatts de manière factice, dans le seul but de gonfler artificiellement leurs chiffres d'affaires, faisant ainsi croire à une profondeur et à une liquidité du marché plus amples qu'en réalité.

Bien qu'elle ait profité - vraisemblablement indûment - de la crise californienne en 2000 et au 1er semestre

Encadré 2

Extrait d'une interview d'Howard Davies, président de la Financial Services Authority de Londres

Ne pensez-vous pas que les régulateurs, en général, ont failli à leur mission dans l'affaire Enron ?

La filiale britannique d'Enron était en bonne santé... Par ailleurs, une société réalisant des produits dérivés comme elle le faisait à New York n'aurait pas pu opérer de la sorte au Royaume-Uni. Enron aurait été régulé par la FSA. Les filiales d'Enron ici étaient des sociétés financières - à l'exception de Wessex Water -, et nous n'avons pas eu à nous en plaindre. Mais je vous rappelle que la FSA ne supervise pas l'activité comptable. Pour en revenir à Enron aux États-Unis, il aurait fallu que le groupe soit soumis aux régulations CFTC. Mais je ne suis même pas sûr que l'état de leurs finances aurait été connu complètement. La clé, ce sont les standards comptables. Après tout, certains comptes n'étaient pas apparus sur les résultats. Ceci étant, si vous faites face à une « conspiration », même le régulateur aura du mal à dépister une affaire de ce genre. N'oubliez pas que les agences de notation n'ont commencé à baisser leurs notes que quelques heures avant la chute d'Enron ! Si une société ment à son personnel, à ses actionnaires, à ses comptables et à ses auditeurs, il est difficile pour un régulateur d'intervenir.

Interview parue dans La Tribune du 19 novembre 2002.

Il est rappelé que, créée en 2001, la Financial Services Authority (FSA) assure la supervision de l'ensemble des acteurs du marché financier (banque, assurance, Bourse).

NB : Pour sa part, Andrew Crockett, président de la Banque des règlements internationaux (BRI) et du Financial Stability Board, déclarait, avec plus d'humour, lors d'un colloque à Washington fin septembre 2002, organisé par le FMI et la Bird : « ... comme me l'a indiqué le numéro deux de l'Association européennes de l'audit, la crise d'Enron ne serait pas concevable en Europe, et d'abord parce que l'information ne serait pas disponible... ».

2001, Enron a, *a contrario,* souffert de la décision, en juin 2001, de l'Administration Bush imposant un prix plafond aux livraisons d'électricité entre États, ce qui a entraîné la chute brutale des prix en Californie, au détriment de ceux qui, tel Enron, avaient pris des positions fondées sur des prix durablement élevés. Ces positions ont pu contribuer à sa chute.

Il convient d'attendre le dénouement des enquêtes en cours et des arrêts de justice que pourraient prononcer les tribunaux (qui auront à tracer une frontière subtile entre arbitrages légitimes et arbitrages illégitimes) pour porter un jugement définitif ; mais ces révélations ont affecté tous les courtiers en énergie qui ont donc vu leur capitalisation boursière sévèrement réduite et leurs clients délaisser les opérateurs hors marché et se tourner davantage vers des marchés organisés à contrepartie centrale.

Sous l'effet convergent de la crise d'Enron et de la crise californienne, on voit apparaître, aux États-Unis, une volonté de meilleure intégration des marchés locaux, un recours plus large aux marchés organisés (l'équivalent en France étant Powernext) contribuant notamment à une bonne « découverte » des prix auxquels peuvent se référer les transactions hors marché, un accent mis sur l'affirmation de l'indépendance des régulateurs et le renforcement de leurs moyens.

Ainsi, dans le dossier énergétique comme dans le dossier financier, par delà les artifices comptables et les malversations qu'ils ont pu occulter ou traduire, la crise d'Enron aura un effet durable sur l'organisation future des marchés financiers et des marchés de l'énergie, et notamment du marché de l'électricité, aux États-Unis et dans le monde.

NOTES

1. La loi sur les faillites interdit aux créanciers, dans le cadre du chapitre XI, d'exercer à ce stade des actions directes. Ils n'ont donc pu que constater, après les ventes aux enchères des actifs d'Enron le 29 août et les cessions qui les avaient précédées, l'insuffisance des actifs par rapport au passif recensé.

2. Par ailleurs, Merrill Lynch est accusé d'avoir construit des opérations de prêt sous la forme d'achat-revente de matériels et de produits physiques (des barges pétrolières au Nigeria).

3. En outre, mais sans conséquences législatives, un regard critique est porté sur les agences de notation dont les notations, qui passent brutalement du blanc immaculé au noir le plus profond, accélèrent les crises (cas d'Enron), et sont de plus en plus utilisées dans les contrats de prêts ou émissions d'obligations, à travers les *rating triggers* qui déclenchent des remboursements anticipés ou des relèvements des taux d'intérêt applicables. La SEC pourrait, en particulier, élargir la liste des agences agréées pour les sociétés cotées aux États-Unis, actuellement au nombre de trois (Moody's, S and P et Fitch).

4. Avec notamment le problème, posé partout, du traitement comptable des *stock options* que beaucoup d'entreprises américaines ont décidé de traiter désormais en dépenses courantes.

5. Cf. *Le nouveau marché pétrolier. D'où vient-on ? Où va-t-on ?* sous la direction de Paul Mentré (éditions Rive droite, 1994), avec en annexe le rapport présenté par Paul Mentré, ancien délégué général à l'énergie, au séminaire des 1er et 2 juillet 2001.

6. Des mercuriales (Platt's pour Rotterdam) recensent les prix pratiqués sur ces marchés physiques. Elles ont été de manière croissante utilisées dans les formules de prix pratiquées par les pays producteurs, eux-mêmes de plus en plus exportateurs de produits raffinés (des formules de *net back* où le prix du brut se déduit du cocktail de prix des produits raffinés correspondants). Typiquement, au début des années 1990, les publications spécialisées donnaient des cotations de valeurs de transactions portant sur dix bruts à Houston, treize bruts à Londres, six bruts à Tokyo. En ce qui concerne les produits raffinés, des données étaient publiées pour six à sept produits pour Rotterdam, une dizaine de produits pour Houston, le port de New York et la Côte Ouest des États-Unis, et six à sept produits pour Singapour et Tokyo.

7. Le *trader* américain Sempra Energy Trading (chiffre d'affaires 2001, 8 milliards de dollars) rachetait pour sa part Enron Metals Corporation et devenait, à ce titre, un des acteurs majeurs sur le London Metal Exchange.

8. Au total, entre le 1er trimestre 2001 et le 1er trimestre 2002, les volumes échangés sur l'ICE ont été multipliés par 25. L'ICE reprendra, en outre, sur sa plate-forme électronique, en décembre 2002, les transactions actuellement offertes par l'IPE à la criée sur la place de Londres (ce qui demeure l'option prise à New York par le Nymex).

9. Cette proportion de 100 % des achats sur le marché spot de Californie se comparait à des proportions de 10 à 20 % dans les principaux États dérégulés à l'est des États-Unis.

10. À ce titre, la Federal Energy Regulatory Commission (FERC) a proposé, fin juillet 2002 (pour adoption en février 2003, après recueil des observations présentées avant le 15 novembre, et mise en application en septembre 2004), un plan de réorganisation du marché de gros levant les obstacles à l'investissement dans le réseau de transport d'électricité et assurant un meilleur contrôle des opérations sur le marché des producteurs d'électricité et des *traders*.

11. Par la fourniture momentanée d'un excès d'électricité pour saturer notamment les interconnexions qui alimentaient le nord de la Californie (San Francisco et la Silicon Valley), Enron faisait monter artificiellement les prix à son profit en obtenant de l'opérateur californien, l'ISO, des compensations permettant d'éviter la congestion des lignes. Plus généralement, Enron jouait de l'existence de deux marchés, l'un en temps réel, l'autre à un jour.

12. En particulier, Reliant Resources, l'un des cinq plus grands courtiers, a reconnu avoir réalisé des allers-retours permettant de gonfler le chiffre d'affaires de 10 % entre 1999 et 2001 et de 20 % en 2001. Duke Energy, autre courtier majeur, a reconnu pour sa part avoir réalisé pour 1 milliard de dollars d'allers-retours entre 1999 et 2001. Chez un autre courtier, CMS Energy, ce mécanisme a pu représenter jusqu'à 80 % du chiffre d'affaires.

L'APPROCHE MACROÉCONOMIQUE DES SCANDALES FINANCIERS

Patrick ARTUS*

Les « scandales » financiers se sont multipliés depuis quelques années : manipulation des comptes des entreprises (Enron) ; faillites brutales qui ont spolié les épargnants (Railtrack Swissair, WorldCom) ; conseils biaisés des analystes en actions ; sous-capitalisation massive des fonds de pension en prestations définies de grandes firmes (par exemple General Motors, Ford). La chute spectaculaire, et non anticipée par les investisseurs, des cours boursiers de certaines entreprises (opérateurs de télécoms en particulier) peut aussi être comptée parmi les scandales.

Ces événements peuvent être analysés par une lecture microéconomique ou sociologique, les reliant à l'appétit du gain de certains dirigeants ou conseillers, à l'incompétence de certains analystes. Mais il est peut-être possible de déterminer quelles évolutions macroéconomiques ont sous-tendu ces « scandales », favorisé leur apparition. Nous mentionnerons l'évolution de la profitabilité ; les difficultés du secteur des nouvelles technologies ; la non-viabilité de la déréglementation et privatisation complètes de certaines industries (télécoms, électricité) ; les effets pervers du vieillissement démographique.

CACHER LA PROFITABILITÉ DÉFAILLANTE

La profitabilité des entreprises américaines ne s'est pas améliorée durant les années 1990 (cf. graphique 1) ; la progression de la productivité a été plus rapide que celle des salaires réels (cf. graphique 2) jusqu'en 1997, mais la hausse des profits de la période 1992-1997 a été suivie par une baisse équivalente en raison de la hausse de la consommation de capital fixe, c'est-à-dire de l'amortissement du capital des entreprises. Ceci pose une question importante sur le modèle de croissance aux États-Unis dans les années 1990 : il a impliqué une hausse continuelle de l'intensité capitalistique, donc de l'amortissement du capital, et la profitabilité brute n'a pas augmenté

* Directeur de la recherche et des études de CDC IXIS.

suffisamment pour que la profitabilité nette soit maintenue.

Cette situation, si elle se prolongeait, pourrait signifier l'échec économique d'un modèle de croissance aussi « gourmand » en capital.

Graphique 1
États-Unis : profits après impôts et intérêts et consommation de capital fixe (entreprises non financières, en % du PIB)

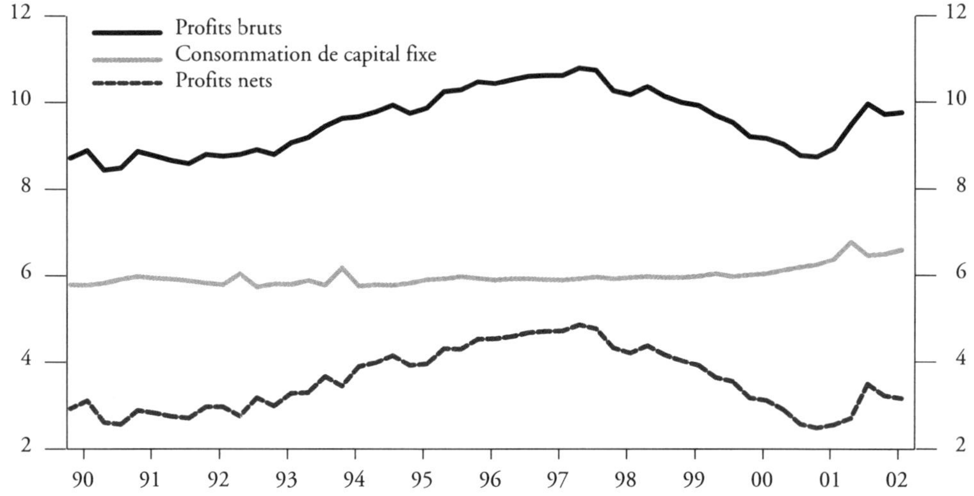

Source : DRI.

Graphique 2
États-Unis : productivité et salaire réel des entreprises non agricoles (100 en 1990)

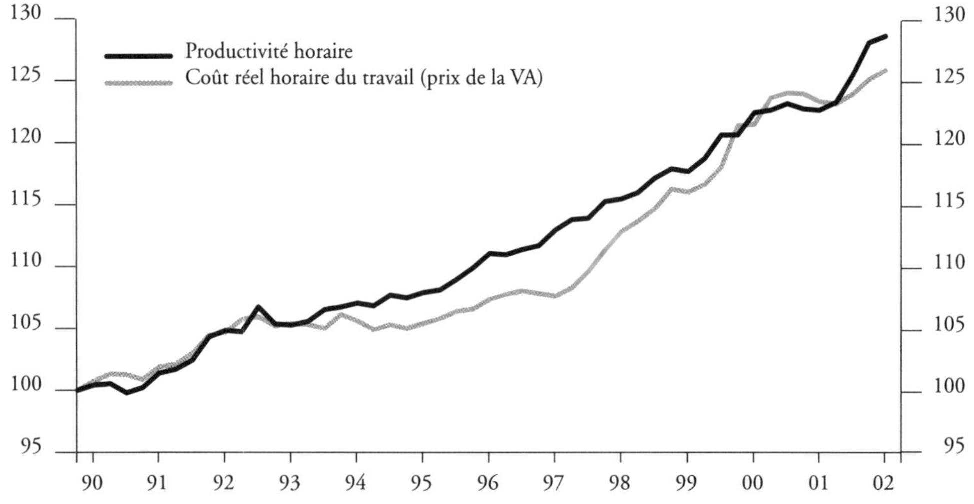

Source : DRI.

Dans d'autres pays, comme la France où l'intensité capitalistique n'a pas beaucoup varié, la profitabilité nette stagne jusqu'à la récession (cf. graphique 3).

Cette évolution de la profitabilité ne correspond absolument pas à la perception des marchés pendant cette période. Avec l'apparition des nouvelles

Graphique 3
France : profits des entreprises non financières (en % du PIB)

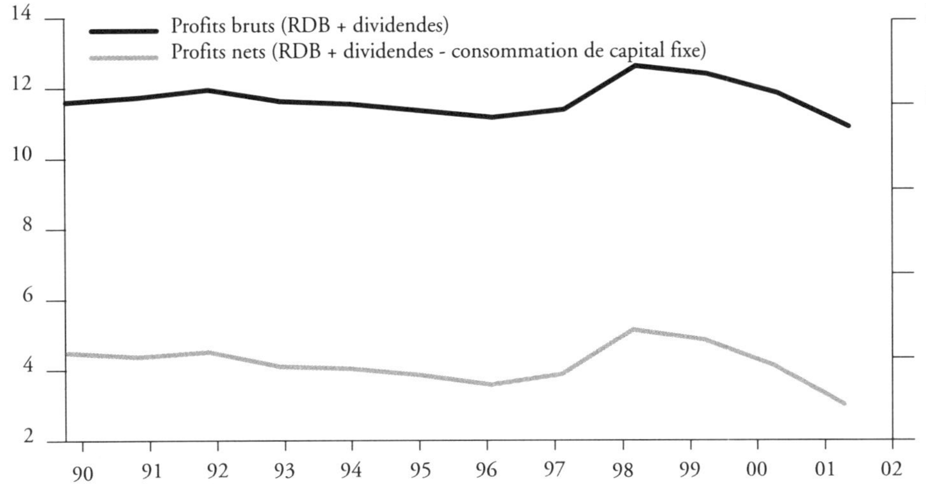

Source : Insee.

Graphique 4a
France : capitalisation boursière et profits nets (en % du PIB)

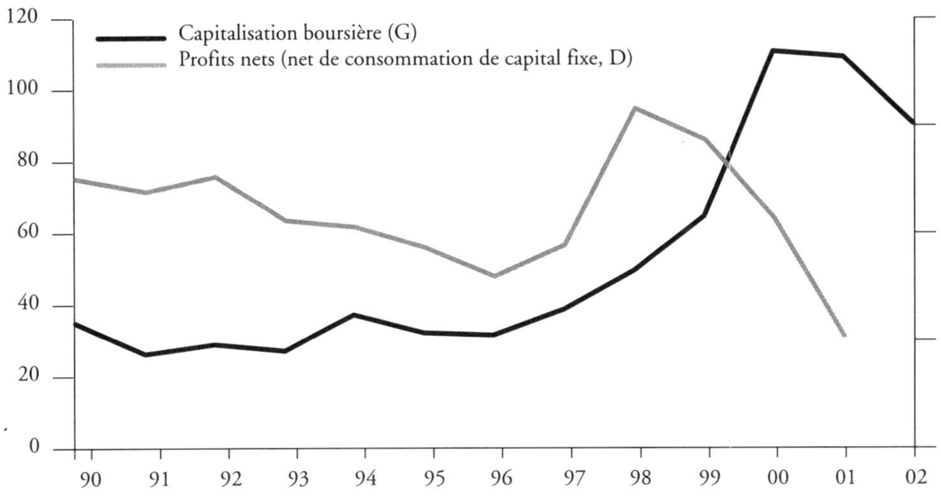

Sources : Insee, Datastream.

technologies, l'augmentation des gains de productivité et de la croissance potentielle aux États-Unis, les marchés financiers ont cru qu'il y aurait aussi une élévation de la profitabilité, ce qui n'a pas été le cas pour les raisons évoquées plus haut. Ceci explique sans doute la hausse très forte de la valorisation boursière par rapport aux profits effectifs (cf. graphiques 4a et 4b).

Graphique 4b
États-Unis : capitalisation boursière et profits nets (en % du PIB)

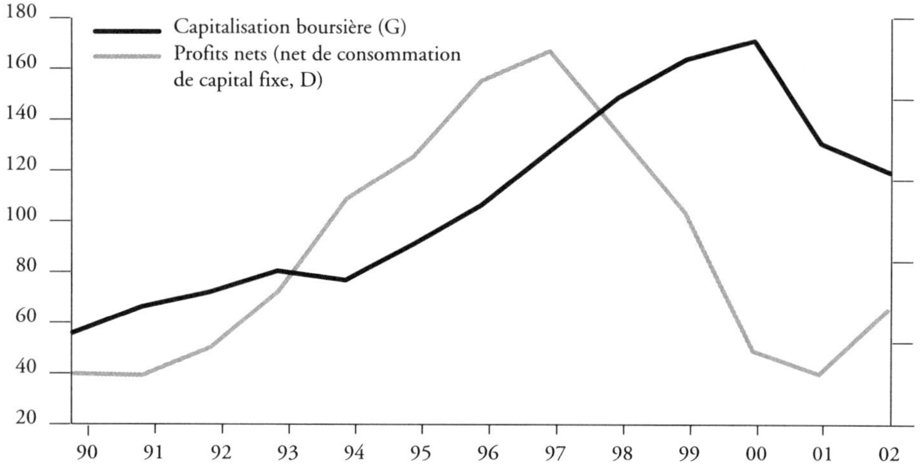

Sources : DRI, Flow of Funds.

Graphique 5
États-Unis : bénéfices par action et profits nets

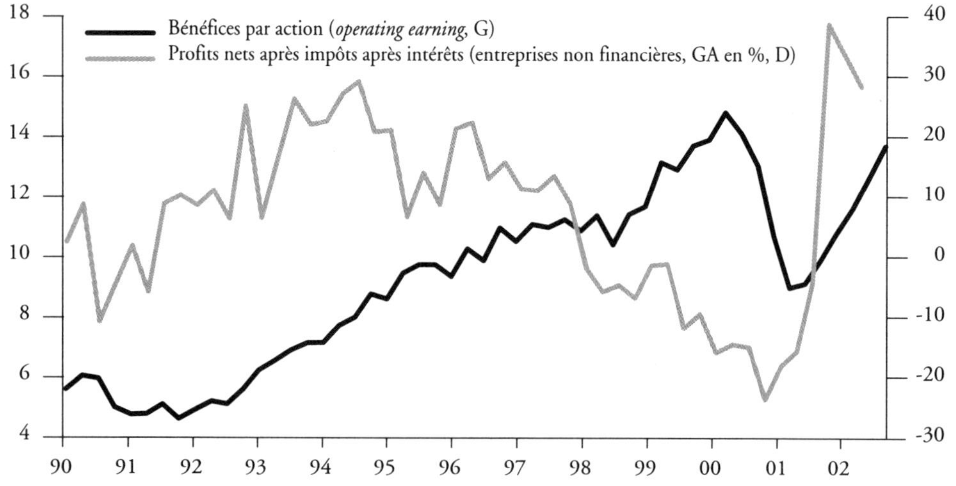

Source : DRI.

Il est ensuite probable que beaucoup d'entreprises ont essayé de ne pas « décevoir » les marchés, d'afficher des progressions des résultats conformes aux attentes, même si les résultats effectifs étaient beaucoup plus faibles, d'où les manipulations de comptes, les artifices comptables (charges d'exploitation transformées en investissements...), les changements de périmètre.

Le graphique 5 montre que la progression des résultats affichés par les sociétés cotées (résultats opérationnels) a été, jusqu'en 2000, beaucoup plus « optimiste » que la progression des résultats macroéconomiques, qui reflète sans doute la tendance de la profitabilité intrinsèque.

De 1998 à la mi-2000, l'observateur des seuls résultats déclarés par les sociétés cotées ne pouvait pas imaginer l'ampleur du recul effectif de la profitabilité.

LES DIFFICULTÉS DU SECTEUR DES NOUVELLES TECHNOLOGIES

Après une croissance extrêmement rapide dans les années 1990, la demande de nouvelles technologies connaît une période de stagnation prolongée.

Le graphique 6 montre que cette stagnation affecte, aux États-Unis, surtout la consommation de télécoms et l'investissement en nouvelles technologies.

Cette situation résulte d'une saturation assez grande des besoins : le taux d'équipement en PC et en Internet est élevé dans beaucoup de pays (entre 60 et 70 % aux États-Unis, en France, en Allemagne, au Royaume-Uni, dans les pays nordiques) ; les développements technologiques dans la téléphonie (UMTS) sont reportés

Graphique 6

États-Unis : investissement et consommation en IT (volume, GA en %)

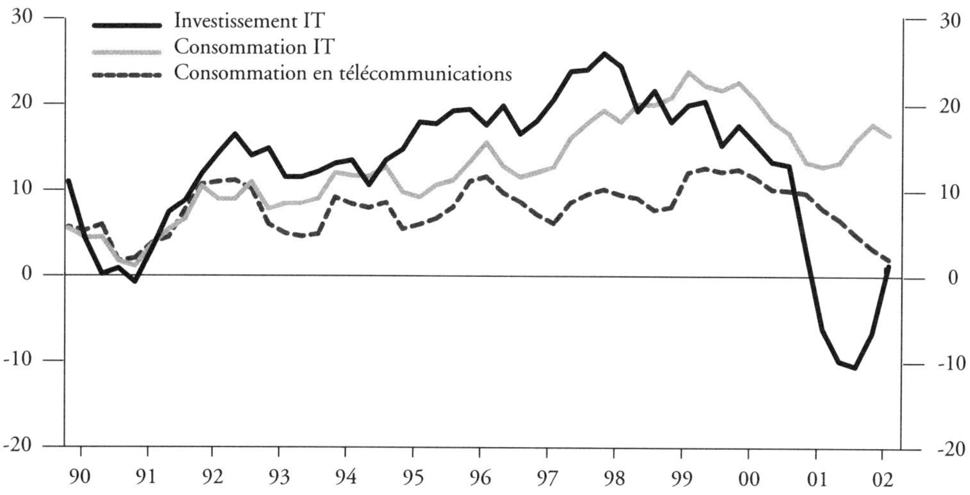

Source : DRI.

à une date assez éloignée (2005 et 2006).

Elle implique une rupture considérable par rapport aux taux de croissance observés dans les années 1990 (cf. graphique 7).

Graphique 7
Production en nouvelles technologies (GA en %)

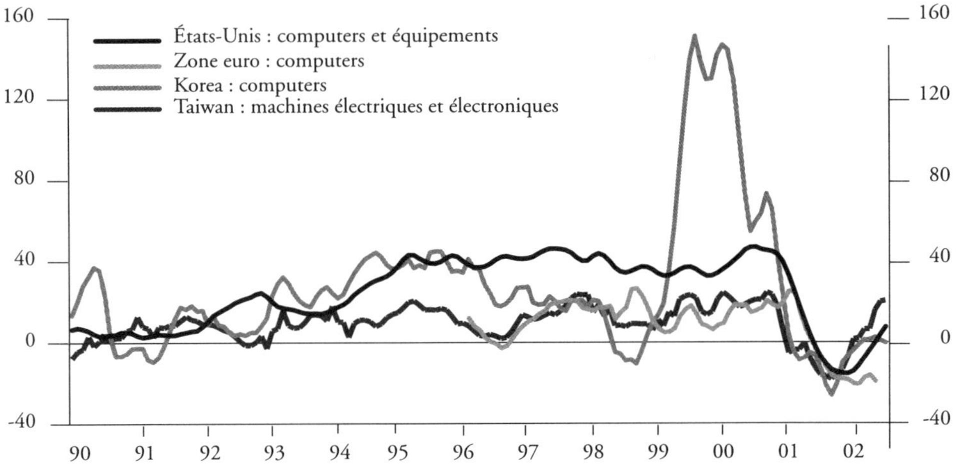

Source : DRI.

Graphique 8
États-Unis : production et capacité industrielles en IT (GA en %)

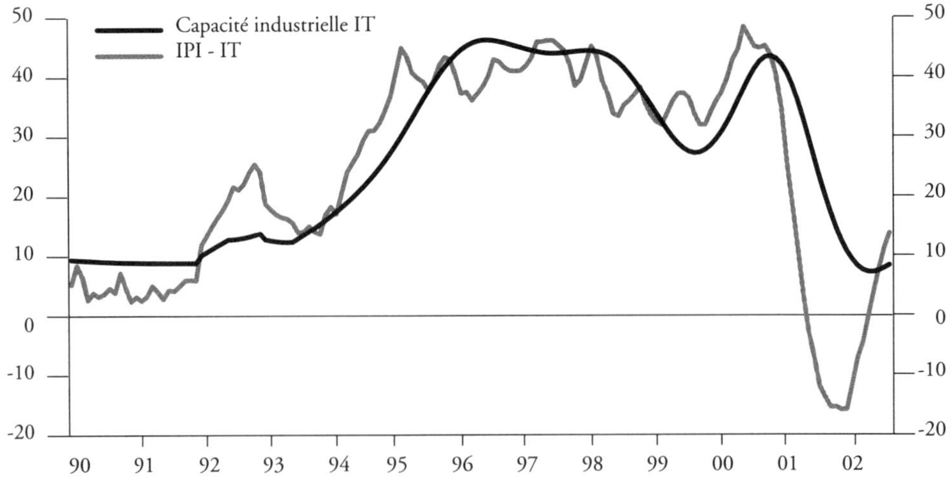

Source : DRI.

Le problème est que l'installation de capacités de production dans les nouvelles technologies, durant les années 1990, s'est faite à partir de prévisions de croissance basées sur la croissance observée, d'où les déboires récents d'un certain nombre d'entreprises.

Le graphique 8 montre que la croissance de la capacité installée en nouvelles technologies est passée de plus de 40 % à moins de 10 % sur la période 1996-2000. Les perspectives de résultat ont aussi été basées sur l'extrapolation des taux de croissance très élevés de la période 1995-2000, d'où les valorisations boursières invraisemblables des secteurs concernés (cf. graphique 9).

Le tableau 1 montre qu'à nouveau en 2002, le marché mondial des PC et des téléphones portables devrait stagner.

Les marchés financiers et même les entreprises ayant cru à la poursuite indéfinie de taux de croissance qui ne pouvaient être que transitoires, le choc (sur la valorisation, sur le besoin de capacité) a été considérable, au moment où les taux de croissance sont révisés. Certaines entreprises de ces secteurs ne se sont pas contentées

Graphique 9
Indices boursiers télécom et technologie de l'information (100 en 90)

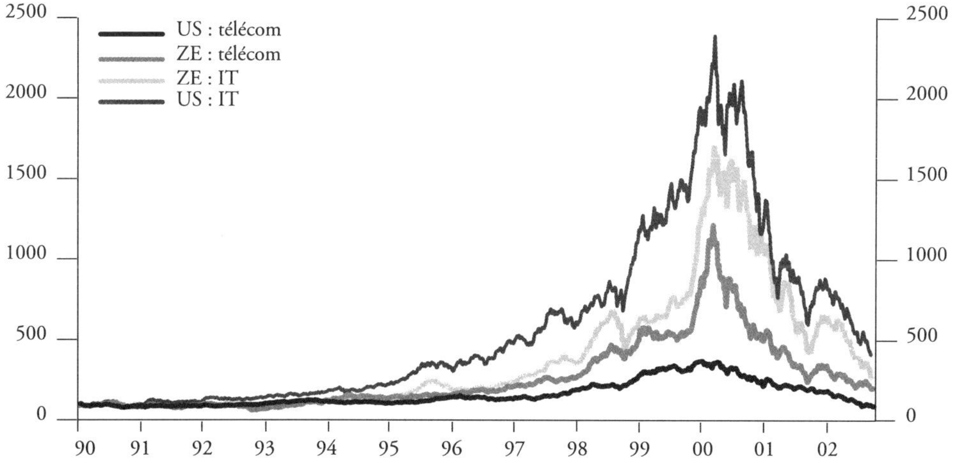

Source : DRI.

Tableau 1
Évolution des marchés mondiaux de technologie

	1999	2000	2001	2002
Nombre de PC vendus (millions)	120,6	139,9	134,1	135,5
Nombre de téléphones mobiles vendus (millions)	288	403	387	400-410

d'appauvrir leurs actionnaires mais, comme dans le cas précédent, ont voulu cacher le fait que les perspectives de croissance et de profit étaient devenues très décevantes, d'où la poursuite de la croissance externe, l'excès d'endettement parfois caché...

Certains analystes n'ont pas, non plus, pu ou voulu avouer que les valorisations qu'ils suggéraient antérieurement n'avaient plus de sens.

FAUT-IL RATIONALISER CERTAINES ACTIVITÉS ?

Dans les secteurs de l'électricité (Enron, British Energy), des transports ferroviaires (Railtrack), des télécoms (WorldCom, Mobilcom), la liste des entreprises défaillantes est impressionnante. Une caractéristique commune de ces secteurs, dans les pays où ces défaillances ont eu lieu, est d'avoir une composante de service public, un besoin en capital important, et d'avoir été privatisés et déréglementés. Or, la théorie nous dit que s'il y a monopole naturel (une situation avec des coûts d'entrée importants, par exemple dus au besoin d'un investissement massif en infrastructures), les entreprises concernées ne peuvent équilibrer leurs comptes que si elles reçoivent des subventions publiques ou si elles peuvent percevoir une rente de monopole.

S'il n'y a pas de subventions (ce qui est le cas en général après privatisation) et si les régulateurs fixent les prix au niveau (bas) qui leur paraît socialement efficace, il est clair que les entreprises vont faire défaut.

Une réflexion apparaît donc, même dans les pays anglo-saxons, sur le retour au secteur public d'un certain nombre d'activités fortement capitalistiques : gestion des voies ferrées, des usines électriques, des infrastructures de télécoms. Si ceci avait été fait plus tôt, l'incitation à manipuler les comptes aurait disparu, et des défauts retentissants auraient été évités.

LES EFFETS PERVERS DU VIEILLISSEMENT DÉMOGRAPHIQUE

Depuis le milieu des années 1980, les grands pays de l'OCDE se trouvent dans une situation inédite : la population en âge d'épargner (les 40 à 60 ans) est très nombreuse, et sait qu'il faut qu'elle prépare sa période de retraite dans un contexte où la génération suivante est de plus petite taille (cf. tableau 2) et où, de plus, l'espérance

Tableau 2
Population (40 à 60 ans/60 ans et plus)

Ratio 40-60 ans/+ de 60 ans	2000	2005	2010	2015	2020	2025	2030
États-Unis	160,68	165,36	149,66	128,34	107,54	94,71	91,06
Zone euro	118,52	121,58	119,50	114,28	104,51	91,43	80,07
Japon	122,95	105,00	87,94	84,87	85,58	83,60	76,92

Source : Census Bureau.

de vie s'est beaucoup allongée (cf. graphique 10).

Cette population a donc été incitée à beaucoup épargner et à rechercher des rendements importants pour son épargne. Dans le même temps, la gestion de l'épargne s'est professionnalisée et est devenue beaucoup plus concurrentielle. Le graphique 11 montre que la détention des actions aux États-Unis est passée des ménages aux investisseurs institutionnels.

Graphique 10
États-Unis : espérance de vie à la naissance

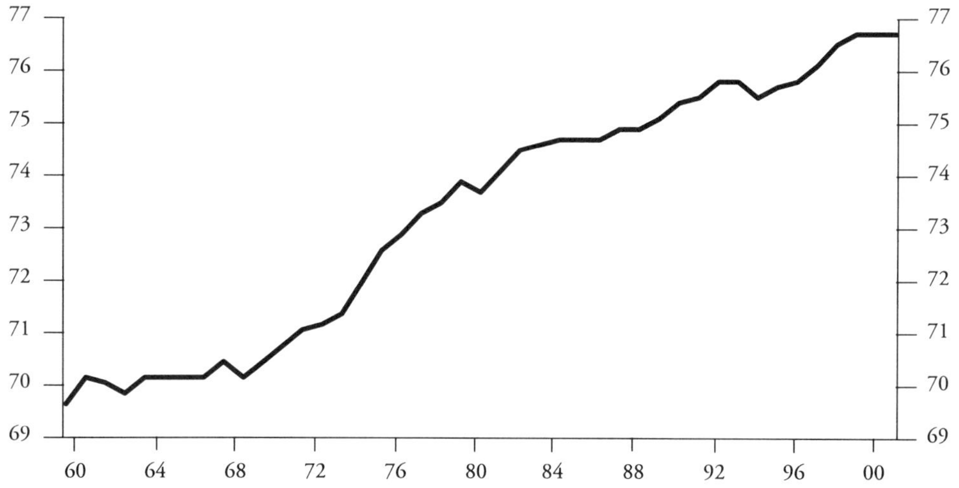

Source : Census Bureau.

Graphique 11
États-Unis : achats nets d'actions (Md$)

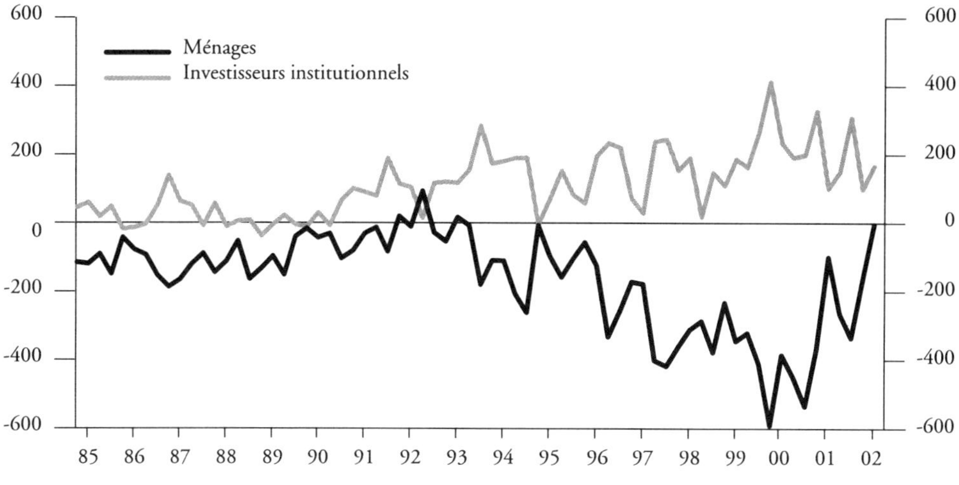

Source : DRI.

Graphique 12
États-Unis : population et PER

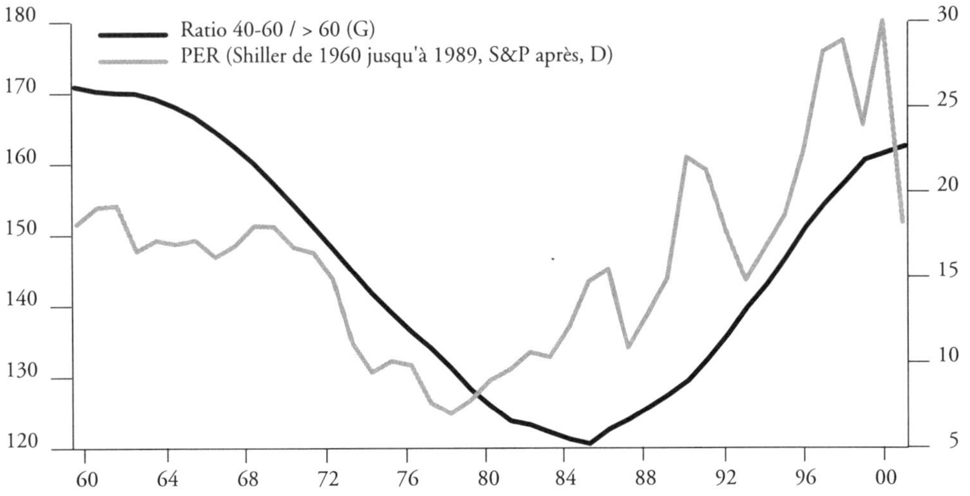

Source : DRI.

Cette situation a eu deux conséquences :
- l'apparition d'une forte demande pour les actifs financiers, faisant monter leurs prix comme cela est le cas dans toutes les périodes de démographie similaire (cf. graphique 12) ;
- avec la concurrence entre les investisseurs institutionnels, il y a recherche de rendements élevés pour essayer d'accroître les parts de marché. Ceci a conduit les banques d'investissement à proposer des actifs sophistiqués et risqués à ces investisseurs ; ceci a canalisé ces investisseurs vers les entreprises où les secteurs, dont ils attendaient les rendements les plus élevés, contribuent ainsi aux anomalies de valorisation.

La professionnalisation de la gestion d'actifs dans une période précédent l'arrivée du vieillissement a certainement conduit à ce que les épargnants ont détenu trop d'actifs risqués par rapport à leur désir réel, et aussi au mimétisme des investissements sur un petit nombre d'actifs financiers.

Probablement, dans le futur, on pourrait observer l'inverse de ce qui vient d'être décrit pour la période 1996-2001 : un retour à une réglementation et une supervision très sévère des entreprises, des analystes, des pratiques comptables ; une réaction très négative des investisseurs à la persistance de rendements financiers faibles ; le retour de l'État et des capitaux publics dans certaines activités de monopole naturel ; le passage à une situation d'excès chronique d'offre et non de demande d'actions avec le vieillissement.

LES PROMESSES NON TENUES

FRÉDÉRIC GENEVRIER*

La modernisation des marchés financiers a nourri une fantastique expansion de l'économie de l'intermédiation. Les acteurs de ces métiers, sociétés de gestion, sociétés de Bourse, banques d'investissement, ont su mobiliser les technologies de l'information pour asseoir ce développement. Mais, les capacités de traitement de l'information mises en place pour rationaliser l'acte d'investissement n'ont pas rempli leurs objectifs. Bien au contraire. L'intermédiation n'a pas su ou pu consommer l'information dont elle était si friande. Sa diffusion en masse l'a emporté sur son analyse, contribuant par là même aux conditions d'émergence de la bulle spéculative.

Ce texte est un témoignage sur une crise dont l'ampleur commence simplement à modifier le comportement des acteurs. Il est avant tout impressionniste. Une conviction l'emporte : la confiance a déserté les marchés financiers. Les promesses des années de modernisation n'ont pas été tenues.

DE LA MODERNISATION À LA « BULLE »

Plus l'information est abondante, plus l'efficience des marchés peut s'exprimer. Jamais les informations disponibles pour les opérateurs n'ont été aussi nombreuses et diversifiées. Jamais les moyens techniques de les traiter n'ont été aussi performants. Et jamais les cours de Bourse n'ont semblé aussi éloignés de la réalité économique qu'ils sont censés exprimer.

La destruction de valeurs, pour partie virtuelle, réalisée par les marchés financiers, depuis trois ans, doit faire sourire plus d'un observateur. Elle alimentera, à n'en pas douter, l'argumentaire des opposants à la création des fonds de pension, voire à la libéralisation des marchés.

Le marché financier a beau être un lieu de confrontations, d'anticipations, il est délicat d'expliquer des écarts de cours de 20 à 30 % dans une seule

* Analyste financier, Tradition (groupe Viel).

séance, ou une division par 20 ou 40 sur deux ans comme pour France Télécom ou Alcatel. Le professionnalisme aurait-il déserté ce lieu ?

L'histoire semblait pourtant très prometteuse. Elle naît à la fin des années 1970. Les marchés financiers connaissent alors une formidable modernisation, concomitante d'une réhabilitation de l'esprit d'entreprise. Le marché revendiquait, aux côtés de l'État, un rôle actif dans l'allocation des ressources d'épargne. La notion de marché se développait dans le temps et l'espace : une valeur cotée entre 12 h 30 et 14 h 30 voyait ses plages horaires toujours agrandies. Quand le temps résistait, c'était l'espace qui s'offrait. Cotée à Paris, une valeur pouvait être cotée à New York, à Tokyo. Pour satisfaire les besoins de nouvelles catégories d'intervenants, une même réalité économique, l'entreprise, pouvait offrir plusieurs types de supports : les actions bien sûr, mais aussi les options, les warrants et les bons de souscription.

L'économie de l'intermédiation, qui est née de ce mouvement, a trouvé dans les technologies de l'information un allié de poids. C'est l'information qui produit les mouvements de ces multiples instruments financiers. Sa masse, sa rapidité de diffusion sont des outils de marketing redoutables. Les repères ont été brouillés. Ajoutés à cela, une appétence plus forte pour le risque, un retour de la croissance et les conditions de la bulle spéculative étaient réunies.

À la perte de repères à la hausse, les marchés financiers mondiaux vivent, depuis le 11 septembre, une perte de repères à la baisse. C'est l'autre facette d'une même dynamique. Il s'alimente d'un contexte économique et mondial inverse. À la croissance sans fin par la productivité, font place les craintes d'une stagnation longue. Les menaces de conflits interétatiques ont remplacé les bénéfices d'un monde en paix et globalisé. L'éclatement de la bulle se traduit avant tout par une crise de confiance majeure. L'ampleur de ce mouvement est patent aux États-Unis, à travers la crise institutionnelle de Wall Street. La seule inconnue est sa durée.

TROP D'INFORMATIONS TUENT L'ANALYSE

Le marché financier est un lieu de confrontations d'une offre et d'une demande de capitaux. Ce jeu a besoin de règles pour fonctionner en toute confiance, pour permettre la meilleure allocation du couple risque/investissement de chaque classe d'acteurs. De manière sommaire, le marché est un lieu où l'on trouve des « spéculateurs » et des « investisseurs ». Ils entretiennent un rapport différent au temps. Mais ce sont les deux faces d'une même pièce. Le marché a intrinsèquement besoin des deux pour s'exprimer.

La baisse des cours a conduit, depuis juillet 2002, à la disparition de la deuxième catégorie : les investisseurs. Les incertitudes géostratégiques ou économiques ne sont pas seules en cause. Les conditions techniques propres à l'exercice du métier d'investisseur, au sein du marché financier, sont devenues très délicates. La confiance a été profondément ébranlée. Les agents de cette confiance, analystes financiers principalement et commissaires aux comptes plus marginalement en Europe, n'ont pas joué leur rôle.

Le marché, tout au long des années 1990, a accru ses capacités de recherche. Elles étaient présentées comme l'expression de la modernisation de la notion d'investissement. L'analyse des données chiffrées, l'accès au plus grand nombre dans des conditions égales, la spécialisation sectorielle étaient autant de gages d'une performance de gestion. Le fameux « tuyau » appartenait à un âge révolu.

Ces moyens objectifs d'aide à l'investissement auraient dû formellement agir comme autant de garde-fous, face à l'engouement pour le phénomène technologique. Au nom de la transparence, une masse considérable d'informations a été fournie aux professionnels du marché. Mais, paradoxalement, elle n'a pas permis d'éclairer le choix de l'investisseur parce que souvent ignorée, parfois transportée mais jamais analysée.

La lecture attentive du rapport annuel de Vivendi aurait sans nul doute permis d'éveiller la vigilance des investisseurs bien avant l'exercice 2001. Les ferments des errements stratégiques n'étaient peut-être pas isolables dès 1997. Mais la difficulté à combiner des endettements et des liquidités était déjà patente. Les commissaires aux comptes avaient, pour les lecteurs attentifs isolés çà et là, quelques précisions juridiques et financières qui devaient mettre sur la voie du doute.

Le charme de Jean-Marie Messier était authentique. Son action, jusqu'en 1997, était pertinente. Mais l'unanimisme qui a accompagné ses initiatives jusqu'au rapprochement avec Seagram et Canal Plus était surprenant. D'autant qu'il a été « reproduit » par les analystes qui travaillaient au sein des équipes de recherche, dont s'étaient dotées les grandes maisons de gestion sur le mode anglo-saxon. Ainsi, le deuxième verrou de la dynamique d'investissement constitué pour échapper à la logique « commerciale » des société de Bourse n'a pas fonctionné. Ce filtre supplémentaire n'a pas joué son rôle ; bien au contraire, il a pu agir comme un amplificateur.

La note d'information de la Commission des opérations de Bourse (COB, visa n° 98-529) sur Alstom, en 1998, donnait beaucoup d'informations sur les risques implicites que constituait cette offre de placement garanti par les tuteurs historiques, Alcatel et Marconi. GE a annoncé clairement sa volonté de retirer la licence d'exploitation des turbines à gaz. La « contrainte ABB » était là. Les actionnaires sortants avaient, préalablement à la cotation, repris le « surplus de fonds propres » dont disposait l'équipe de Pierre Bilger : près de 3 milliards d'euros. Le profil de risque ne s'en trouvait-il pas impacté ?

Il est donc logique que les conditions de l'acte d'investissement subissent une profonde remise en cause. Après tout, l'économie de l'intermédiation, sociétés de Bourse et sociétés de gestion, analystes comme gestionnaires, ont une part de responsabilité dans la plus vaste destruction de valeurs jamais réalisée. L'accroissement fantastique des capacités en matière de recherche n'a pas empêché le marché de connaître une phase de déséquilibre prononcé.

RETOUR DE LA VALEUR TEMPS

Cette crise aura une deuxième conséquence. Le marché financier va devoir retrouver une humilité. Et, avec cela, sa vraie place dans l'économie. C'est-à-dire, juge des conséquences financières de décisions stratégiques engagées par des entrepreneurs.

La dynamique acquise au cours des années 1990 a pu donner au marché un sentiment de dominer l'économie. Habituellement là pour sanctionner des initiatives prises par des entrepreneurs, le monde financier revendiquait implicitement un leadership sur le monde industriel. La finance avait découvert les règles qui dominent le monde de l'économie. Comment expliquer les valorisations qui étaient pratiquées, notamment dans le secteur technologique, sinon par l'abolition de la valeur temps dans l'équation risque/rentabilité qui accompagne tout acte d'investissement ? Cette marginalisation volontaire de ce paramètre était une prétention bien naïve et coupable.

France Télécom a été « valorisée » comme une valeur de croissance, alors qu'elle restait enserrée dans un corset institutionnel et juridique que mentionnait clairement son document de référence. Les acteurs du marché ont ainsi fait croire à Michel Bon qu'il disposait d'une richesse importante. Il s'est laissé abuser en mettant de la dette réelle derrière une valorisation virtuelle. Le sésame était « l'entreprise *value* ». Il a fait la fortune des créanciers, et a consacré la perte d'autonomie stratégique de la maison France Télécom. La principale responsabilité de Michel Bon est là : ne pas avoir protégé la société, dont il avait la charge, des errements du marché financier.

Une maîtrise imparfaite de l'expansion par les acteurs de l'intermédiation financière a peut-être durablement handicapé le statut des marchés financiers dans l'allocation de l'épargne. La crise institutionnelle que traverse Wall Street traduit la difficulté de la profession à amender son organisation et ses pratiques. Le pouvoir acquis par un juge fédéral, Leon Spitzer, et la difficulté de la Securities and Exchange Commission (SEC) à retrouver une légitimité, en sont les meilleures expressions. L'autorégulation a sans nul doute trouvé ses limites. Il y aurait quelque chose au-dessus des marchés !

DÉFAILLANCE DE LA CHAÎNE INFORMATIONNELLE OU CRISE DES MODES DE CONTRÔLE DES ENTREPRISES ?

ÉLIE COHEN*

Par son ampleur, sa complexité et la diversité des enjeux qui lui sont attachés, l'affaire Enron a acquis un statut emblématique. Il est vrai qu'elle semble concentrer un ensemble saisissant de pratiques dont la divulgation est de nature à susciter une crise de confiance majeure. Montages financiers créatifs mais périlleux, utilisation méthodique de montages déconsolidants, surrémunération des cadres dirigeants, surévaluation des résultats, occultation des risques et de l'endettement, ont été largement commentés. Même si l'action judiciaire qui doit confirmer les faits reste encore éloignée de son terme, la révélation de ces pratiques affecte non seulement la réputation de la firme à laquelle elles sont imputées, mais également la crédibilité de l'ensemble des entreprises et de leurs dirigeants et, plus largement, la fiabilité d'un modèle de développement fondé sur la dynamique de l'innovation et l'initiative entrepreneuriale.

LES MAILLONS FAIBLES DE LA CHAÎNE INFORMATIONNELLE

Pour l'instant, les analyses consacrées à cette affaire ont surtout mis l'accent sur les défaillances qui ont pu affecter l'information comptable produite et diffusée par Enron. De nombreux développements ont ainsi été consacrés à l'analyse des manquements intervenus à tous les niveaux de ce qu'il faut bien appeler une chaîne informationnelle. Cette chaîne articule quatre phases qui peuvent se dérouler successivement, même si de multiples interactions et retours en arrière tendent à remettre en cause un schéma chronologique linéaire. En amont de tout enregistrement ou traitement comptable, la réglementation et la normalisation définissent le cadre dans lequel les comptes des entreprises sont établis. En application des problématiques et des règles énoncées par la

* Professeur à l'université Paris-Dauphine.

normalisation en termes plus ou moins contraignants, les services des entreprises procèdent à la saisie et à la mise en forme des informations pertinentes ; au terme d'une procédure hautement formalisée, ils produisent des états de synthèse destinés à divers utilisateurs et notamment aux autorités fiscales et aux acteurs qui opèrent sur les marchés de capitaux. Avant comme après leur diffusion, ces états de synthèse sont soumis à divers contrôles internes ou externes portant sur leur régularité, leur cohérence et leur pertinence. Enfin, après leur diffusion à destination des tiers en général et des investisseurs en particulier, ces informations sont soumises à des analyses et à des interprétations réalisées par de multiples acteurs et notamment par les analystes financiers.

Au-delà d'une mise en cause générique de la comptabilité, on est ainsi conduit à rechercher l'explication des crises qui ont affecté Enron ou d'autres entreprises dans l'analyse précise des défaillances qui ont pu intervenir à chacun des niveaux de cette chaîne informationnelle et qui ont pu réduire sa résistance, même si elles sont restées strictement concentrées sur certains chaînons.

Une défaillance des systèmes de normalisation

L'affaire Enron conduit à se demander si les systèmes de normalisation et de réglementation comptables ne portent pas une responsabilité directe dans le déclenchement des processus conduisant aux défaillances constatées, soit parce qu'elles comporteraient des incitations involontaires, encourageant des comportements opportunistes, soit parce qu'elles ménageraient des marges d'appréciation ouvrant des possibilités de manipulation à des acteurs déloyaux ou malhonnêtes.

Trois arguments sont invoqués à l'appui d'une telle mise en cause de la normalisation comptable.

La marge discrétionnaire portant sur l'évaluation ou sur le mode de comptabilisation de certains éléments est parfois jugée excessive.

On a pu également reprocher aux institutions chargées d'élaborer l'appareil normatif d'accorder une influence excessive aux entreprises et aux professionnels du chiffre ; ceux-ci se trouveraient alors placés dans une situation paradoxale puisqu'ils se verraient en mesure de formuler eux-mêmes les règles qui leur sont applicables.

Enfin, la pluralité des normes internationales est parfois mise en cause car elle ménage des possibilités de jeu supplémentaire et permettrait aux entreprises, quand elles en ont la latitude, de se référer au cadre normatif qui leur est le plus favorable.

Ces remises en cause sont d'autant plus frappantes qu'elles s'appliquent à un domaine qui tend à s'affranchir d'une tradition ancienne de formalisme et dont l'évolution était encore citée, il y a peu, comme une illustration exemplaire de l'efficacité et de la pertinence de l'auto-organisation des professions et des marchés.

Une défaillance des modes de production de l'information comptable

Au-delà des discussions relatives à la normalisation, les mises en cause du mode de production de l'information comptable portent à la fois sur des erreurs et sur des dérapages intentionnels, voire frauduleux, qui affectent la fidélité, la sincérité et, en tout état de cause, la crédibilité de cette information. Les pratiques relevées concernent le plus souvent les indications fournies par les comptes au sujet du patrimoine et des performances de l'entreprise émettrice.

S'agissant du patrimoine et de sa traduction par le bilan, les manipulations ou, plus simplement, les biais informationnels relevés conduisent à donner une image exagérément favorable de la situation nette, soit par la surévaluation des actifs, soit par la sous-évaluation des dettes effectives. En outre, la sous-estimation systématique des risques tend à produire les mêmes effets, qu'elle procède d'une minoration des risques de dépréciation qui pèsent sur certains actifs ou qu'elle soit liée à une quantification exagérément optimiste des risques pour perte et charge.

De façon plus précise, les biais informationnels relevés sur l'actif portent sur la fréquente sous-estimation des risques associés à certains éléments. Ils portent notamment sur l'omission ou la sous-évaluation des provisions pour dépréciation. Or, dans les phases marquées par une conjoncture macroéconomique difficile, un brutal rajustement de telles provisions devient le plus souvent nécessaire pour tenir compte de la montée des risques de défaut identifiés sur des débiteurs fragilisés par la dégradation du climat général des affaires. En outre, dans les périodes de dépréciation des cours sur les marchés d'actifs immobiliers et financiers, il s'avère également nécessaire de constituer ou de rajuster les provisions pour dépréciation, afin de prendre en compte la dévalorisation subie par des actifs acquis au plus haut et dont la valeur comptable est désormais surestimée puisque leur coût historique se trouve remis en cause.

Les biais informationnels les plus fréquents relevés à propos du passif concernent la sous-estimation des engagements contractés par l'entreprise. Cette sous-estimation peut être liée à l'omission pure et simple de certains engagements potentiels qui ne sont pas comptabilisés. Elle peut également être due au fait que des dettes, pourtant identifiées, ne sont pas évaluées à la hauteur des décaissements potentiels qui seront imposés aux entreprises.

S'agissant de l'activité et de sa représentation par les comptes de résultat, les approximations ou les biais relevés tendent naturellement à une surestimation du bénéfice obtenu. Cette surestimation peut être obtenue grâce à une évaluation exagérément optimiste des produits et à une sous-estimation des charges, voire à l'omission de certaines d'entre elles.

Dans la représentation du patrimoine et de l'activité, il est souvent malaisé d'identifier le glissement entre les erreurs d'appréciation ou d'évaluation et la manipulation intentionnelle qui traduit un dérapage éthique ou qui revêt un caractère frauduleux. En effet, il faut rappeler avec netteté que l'utilisation des marges d'appréciation ménagées par les règles comptables est légitime et nécessaire, car elle permet d'introduire une certaine dose de flexibilité et de réalisme dans des démarches nécessairement empreintes de rigueur procédurale et, de ce fait même, constamment menacées par le formalisme. En revanche, la sollicitation systématique de ces marges d'appréciation dans un sens opportuniste et surtout l'introduction délibérée d'éléments mensongers ou l'omission délibérée d'informations pourtant avérées signalent le basculement vers des pratiques douteuses ou inacceptables.

La défaillance des systèmes de contrôle et d'analyse de l'information comptable ?

Aux divers stades de leur élaboration et de leur diffusion, les informations comptables sont soumises à une série de contrôles portant sur leur régularité, leur cohérence et leur pertinence. Mais, des critiques convergentes soulignent la perte d'efficacité que ces contrôles subiraient à cause des conditions mêmes dans lesquelles ils interviennent.

Avant même leur publication, les comptes des sociétés sont soumis au contrôle des commissaires aux comptes. Dans la plupart des pays développés, ces acteurs exercent une profession réglementée dont le statut vise précisément à garantir l'indépendance. Ainsi, dans le cadre de leur mission légale, les « auditeurs » bénéficient des conditions qui leur permettent de se prononcer en toute sérénité sur la régularité, la sincérité et la fidélité des comptes qui sont soumis à leur contrôle. Or, l'affaire Enron a illustré la superposition entre cette fonction d'auditeur, qui s'inscrit dans une logique d'intérêt public, et les missions de conseil développées dans un cadre contractuel par certains cabinets d'audit. Alors que la mission légale relève d'une prescription imposée, le conseil procède d'une approche commerciale et laisse la plus large place au choix des dirigeants des entreprises. Il existe donc un risque manifeste de conflit d'intérêts pour le cabinet d'audit qui peut être incité à une certaine complaisance dans l'accomplissement de ses missions légales en contrepartie de l'accès à des missions contractuelles fortement rémunératrices.

Lorsque les documents comptables sont publiés, de nombreux acteurs se partagent la responsabilité professionnelle d'utiliser et d'interpréter les indications qu'ils fournissent soit pour prendre des décisions pour leur compte propre, soit pour recommander des décisions aux différents acteurs de l'économie et singulièrement aux investisseurs. C'est ainsi que les banques, les agences de notation ou les analystes financiers s'inscrivent dans la chaîne informationnelle, puisqu'ils concourent à l'interprétation des signaux transmis au marché et à leur traduction en comportements et en décisions opératoires. Les critiques majeures adressées à ces différents acteurs portent sur le fait que le niveau de leur activité et de leur rémunération dépend du volume et du montant des transactions ; en conséquence, ces intervenants peuvent avoir, à court terme, un intérêt évident à éviter de formuler des jugements susceptibles de ralentir le rythme des transactions sur un titre en particulier ou sur le marché en général.

En fin de compte, l'examen des différents niveaux de la chaîne informationnelle permet ainsi d'identifier des sources possibles de conflits d'intérêts ou d'incitations à des comportements opportunistes. Le repérage de ces facteurs de dérapage débouche sur des propositions concrètes d'aménagement des règles d'exercice des professions du chiffre et de séparation entre les missions légales de contrôle et les missions contractuelles. À cet égard, on peut affirmer que le processus d'apprentissage et d'adaptation enclenché par l'affaire Enron, et par quelques autres défaillances d'entreprises, progresse rapidement. Il se traduit déjà par des réaménagements substantiels de la chaîne de l'information comptable et financière. Le Sarbanes-Oxley Act de juillet 2002 aux États-Unis ou le projet de loi de sécurité financière en France s'inscrivent clairement dans cette perspective. Si la responsabilité de la chaîne informationnelle était seule en cause dans le déclenchement des crises qui ont défrayé la chronique, les conditions d'une résolution des difficultés en cours et de la prévention efficace de leur réédition seraient, dès à présent, réunies. Mais l'examen attentif de ces cas montre bien que les difficultés vont au-delà de leurs enjeux informationnels. Elles mettent plus profondément en cause la structure et le fonctionnement des dispositifs de contrôle appliqués aux grandes entreprises capitalistes contemporaines.

LES MODES DE CONTRÔLE DES ENTREPRISES

Une défaillance des mécanismes de contrôle ?

La mise en avant d'une défaillance des contrôles internes ou des contrôles externes suggère l'absence de supervision ou le caractère lacunaire des dispositifs mis en place. Pourtant, on a assisté, au cours de la période récente, à un incessant renforcement des procédures et des mécanismes de contrôle appliqués aux entreprises et notamment aux grandes entreprises cotées sur les marchés de capitaux.

Certaines de ces dispositions nouvelles relèvent de dispositions contraignantes instituées par la loi. D'autres relèvent de décisions administratives arrêtées par l'État, des collectivités territoriales ou par des autorités de régulation. D'autres relèvent de mécanismes d'incitation et de recommandations ; c'est le cas pour les codes de bonne pratique émanant d'organisations professionnelles. Enfin, l'action des associations et autres organisations non gouvernementales (ONG), l'attention croissante des médias au comportement des entreprises et à leurs dérapages éventuels, de même que la jurisprudence des tribunaux nationaux et des cours internationales, ont également contribué à la mise en place de dispositifs de supervision ou d'autodiscipline qui produisent un impact significatif sur le comportement des entreprises.

Dans leur ensemble, ces évolutions tendent ainsi à l'extension du champ du contrôle exercé sur les entreprises. Elles se traduisent, en outre, par l'intervention croissante d'acteurs individuels ou institutionnels qui interviennent dans les dispositifs de supervision, et par la diversification du contenu, des modes d'opérationnalisation et des instruments concernés par ces dispositifs. Enfin, les pénalités qui viennent sanctionner les défaillances détectées se situent désormais aussi bien sur le terrain de l'action légale que sur celui de la pression de fait, et connaissent également une diversité et une sévérité croissantes.

S'il faut relever des limites à l'efficacité des contrôles exercés sur les entreprises, ce n'est donc pas à l'absence de supervision qu'il faut les imputer ou à l'inertie des autorités qui en ont la charge. En revanche, il est probable que la pluralité des intervenants dans les dispositifs de supervision à l'œuvre dans les économies contemporaines soulève un problème de cohérence entre les demandes ou les exigences adressées aux entreprises par des acteurs qui sont porteurs de préoccupations et de méthodes d'intervention disparates *a priori*. De même, le respect de procédures et de normes formelles, en réponse aux exigences des dispositifs de supervision, ne peut dispenser les entreprises d'une interrogation sur la pertinence substantielle de leur gestion et sur son efficacité.

Une défaillance des dirigeants ou des modèles de management ?

Si les dirigeants ou les équipes de direction des grandes entreprises voient parfois leur contribution personnelle célébrée et consacrée, leur responsabilité se trouve également mise en avant de façon plus systématique, lorsque les entreprises traversent des difficultés temporaires ou durables.

L'identification des griefs qui sont alors adressés aux dirigeants concernés conduit d'abord à les classer selon la gravité des défaillances reprochées. Celles-ci peuvent s'appliquer, par ordre de gravité croissante, à de simples maladresses, à des erreurs de mise en œuvre de certaines décisions ou politiques, à des erreurs substantielles d'analyse, de conception ou d'évaluation et, dans les cas les plus graves, à des dérapages éthiques, voire à des fautes susceptibles de justifier des poursuites pénales. Par ailleurs, l'ampleur du champ affecté par les défaillances invoquées varie également. Ces dernières peuvent mettre en cause des erreurs circonscrites de communication ou d'information, mais concerner plus largement les modes de gestion et de management appliqués dans certaines composantes de l'entreprise, des choix tactiques et, au niveau le plus large et le plus grave, des choix stratégiques majeurs.

La mise en cause de la responsabilité personnelle des dirigeants est de plus en plus fréquente. Devant la recrudescence des appels qu'elle suscite à l'opinion, aux instances de régulation interne ou aux tribunaux, il est pourtant malaisé de discerner ce qui relève d'une dégradation des pratiques qui offriraient de plus fréquentes justifications à des dénonciations légitimes, et ce qui relève d'une moindre tolérance du monde des affaires et de la société à l'égard de comportements inadéquats, déloyaux voire illégaux. Il reste que les dirigeants se voient soumis à des normes de résultat de plus en plus exigeantes et à un contrôle plus attentif des performances que leur entreprise dégage sous leur direction. Dès lors, la pression qui s'exerce sur eux pour la production de résultats en ligne avec les attentes de leurs actionnaires et des analystes externes, ainsi que la contrainte de communication sur les bonnes et les mauvaises nouvelles qui affectent l'entreprise, peuvent susciter des effets ambigus. Si cette pression favorise la mise sous tension des énergies de l'entreprise, de ses dirigeants et de ses collaborateurs, elle peut également produire des effets pervers en incitant certains dirigeants, plus imprudents ou plus vulnérables, à pren-

Tableau
Les défaillances des pratiques de management : quelques illustrations

	Domaine d'impact des défaillances				
Gravité des défaillances	Stratégie	Tactique	Management et régulation internes	Information de gestion	Communication externe
Maladresses			Communication mal ajustée sur un projet de réorganisation interne	Annonces inadéquates ou intempestives sur les résultats ou les risques	Publication de messages peu crédibles voire dévalorisants
Erreurs de mise en œuvre	Mauvaise intégration des acquisitions				Choix inadéquat des messages, des cibles ou des vecteurs de communication
Erreurs substantielles d'analyse	Acquisitions inadéquates ou surpayées Modèles économiques irréalistes			Surévaluation de certains actifs Sous-évaluation de risques	
Dérapages éthiques			Rémunérations ou avantages excessifs pour les dirigeants Conflits d'intérêts	Diffusion de messages ambigus sur les résultats ou les risques	
Fautes pénales			Délits d'entrave et manquements aux obligations de consultation des instances sociales	Tromperie fautive dans la production ou la diffusion de l'information comptable Dissimulation de risques ou d'engagements Diffusion de fausses informations	Escroquerie

dre des risques inconsidérés en matière de management ou en matière de communication et d'annonces.

En fin de compte, l'affaire Enron et quelques autres affaires à fort retentissement appellent un nécessaire réexamen des normes relatives à la production, à la diffusion de l'information comptable et aux dispositifs de supervision exercés sur les entreprises. Pourtant, ces cas n'illustrent pas seulement une défaillance des mécanismes comptables ou des modes de contrôle. Ils traduisent également la crise de certains modèles de croissance qui, après avoir suscité de folles espérances, imposent de réduire la voilure ou même d'interrompre des activités qui ont déçu les espérances qu'elles avaient fait naître. Le processus d'ajustement qui s'impose exige donc une refonte des dispositifs de gouvernance, mais ses implications s'étendent bien au-delà. Elles concernent la mise en œuvre de certaines innovations introduites dans le passé et dont l'amortissement ou la dépréciation exigeront plusieurs années. Elles portent également sur la poursuite de l'intégration d'acquisitions réalisées à coût élevé, mais dont l'efficacité s'avère décevante, tant en matière de synergies opérationnelles qu'en termes de complémentarité stratégique ou de valorisation boursière. Enfin, la dépréciation de certains actifs corporels, incorporels ou financiers acquis à des niveaux de valorisation trop élevés, leur traduction dans les bilans et dans les comptes de résultat, ainsi que la réduction de l'endettement, continueront également de peser sur les ajustements financiers fondamentaux. Dans tous les processus de dégradation qu'il s'agit aujourd'hui d'apurer, il reste clair que le facteur informationnel a pu produire un effet aggravant ou créer des marges pour des manœuvres imprudentes ou opportunistes. Mais, c'est dans les limites du modèle économique mis en œuvre par certaines entreprises qu'il faut le plus souvent rechercher les facteurs d'impulsion déterminants de leurs défaillances.

Problèmes comptables posés par les produits complexes et de hors-bilan, notamment au titre de la transparence des comptes

Pierre-Yves THORAVAL*

Les remises en cause récentes de la sincérité et de l'exactitude de l'information financière publiée par de grands groupes cotés ont suscité une crise de confiance généralisée de la part des acteurs des marchés financiers. Les conséquences de cette crise sur la stabilité financière et sur la conjoncture économique générale apparaissent très dommageables, contribuant à prolonger le ralentissement économique au plan mondial.

Cette situation révèle à quel point il est important, pour le bon fonctionnement de l'économie, que les entreprises s'astreignent à délivrer une information financière qui donne une image fidèle de leur situation réelle, en particulier lorsqu'elles font appel public à l'épargne, afin de respecter le « contrat de confiance » qu'elles ont passé avec les investisseurs, qu'ils soient actionnaires ou créanciers. Pour atteindre ce but, il est indispensable que les entreprises aient de saines pratiques comptables consistant à respecter, si besoin est, l'esprit autant que la lettre des normes comptables, ces dernières devant être elles-mêmes pertinentes et cohérentes.

Ces normes comptables doivent notamment permettre de traduire, de manière appropriée, les opérations de plus en plus « sophistiquées » que les grandes entreprises et les établissements financiers mettent en place en utilisant des instruments financiers innovants. En effet, ce sont ces montages à caractère financier, qui n'apparaissent généralement pas au bilan et qui comportent des engagements de garantie importants et difficiles à évaluer, dont la traduction comptable est actuellement fortement remise en cause[1].

Ces nouveaux schémas d'opérations soulèvent ainsi au moins trois grands

* Économiste de banque.

types de problèmes en matière de traitement comptable et de représentation financière. Il s'agit tout d'abord de la question de l'information à fournir sur les montants nominaux de ces opérations, afin de déterminer s'il est nécessaire de les faire figurer au bilan individuel ou consolidé des entreprises concernées. Ensuite, l'évaluation des risques et des bénéfices associés à ces opérations apparaît souvent délicate et sujette à interprétation, en l'absence de critères totalement fiables ou objectifs. Enfin, il est nécessaire de s'assurer d'une synchronisation appropriée de la constatation des gains et pertes afférente à des opérations liées dans le cadre de tels montages.

LA QUESTION DES EXPOSITIONS NOMINALES

Faut-il faire figurer les expositions nominales liées aux opérations complexes au sein même des bilans ?

Les opérations complexes initiées par les grandes entreprises font généralement appel à des instruments financiers à terme ou à des engagements dont l'éventuelle réalisation est différée dans le temps, et qui ne se traduisent donc pas par des échanges de flux de trésorerie immédiats. La question se pose alors de déterminer s'il faut néanmoins les enregistrer au bilan de l'entreprise. Cette problématique se présente au niveau des comptes individuels - il s'agit des règles d'entrée et de sortie du bilan -, mais aussi au niveau des comptes consolidés, par le biais de la définition du périmètre de consolidation.

Une première solution consiste à les enregistrer, au niveau des comptes individuels ou consolidés, dans un état financier spécifique dénommé hors-bilan.

En France, les établissements de crédit sont soumis à des règles particulières en matière de comptabilisation des opérations de hors-bilan. Ils enregistrent donc généralement ces engagements de la même façon qu'ils le feraient pour des opérations figurant à leur bilan. Toutefois, cette exigence d'une comptabilisation formalisée de ce type d'engagements ne s'étend pas, en France même, aux autres catégories d'entreprises et n'existe généralement pas dans les autres pays. De plus, l'obligation de publier une information relative à ces engagements sous forme d'un hors-bilan structuré se limite à certains éléments figurant dans les directives européennes (garanties données sous forme d'acceptations, endossements, cautionnements et actifs donnés en garantie, engagements au titre des opérations de mise en pension) qui, compte tenu de l'innovation financière et de l'évolution des pratiques, ne représentent plus qu'une faible part de la totalité des engagements de hors-bilan.

Les réglementations nationales et internationales ont cherché à pallier ces insuffisances en imposant le développement d'informations détaillées en annexe aux comptes publiés.

Ainsi, en France, les règlements du Comité de la réglementation comptable n° 2000-03 et n° 2000-04 relatifs respectivement aux états financiers individuels et consolidés des établissements de crédit ont confirmé et enrichi les exigences en matière d'information à fournir en annexe aux comptes publiés, notamment sur les engagements de hors-bilan. Ils font suite au règlement n° 99-04 qui avait déjà demandé des informations détaillées sur les encours d'opérations de hors-bilan exposant à des risques de marché. Des dispositions équivalentes ont été prises pour les autres types d'entreprises et incluses dans le plan comptable général.

Au niveau international, le besoin de réglementer l'information sur les engagements de hors-bilan a également été pris en compte. La norme IAS 1 sur la présentation des états financiers prévoit ainsi, dans des termes généraux, la nécessité de donner des informations sur les engagements et autres passifs éventuels qui n'apparaissent pas dans les états financiers eux-mêmes. D'autres normes, telles que l'IAS 30 sur les états financiers des banques et institutions financières (en cours de refonte) et l'IAS 32 relative aux instruments financiers, développent des exigences plus détaillées dans leurs domaines respectifs.

Le Comité de Bâle a également émis de nombreuses recommandations sur l'information publiée, notamment depuis 1998. Il travaille actuellement à la finalisation de l'information requise des établissements de crédit au titre du « pilier 3 » du futur dispositif de ratio international de solvabilité, qui prévoit notamment une communication financière précise sur les techniques de réduction des risques, l'activité de titrisation, l'exposition aux différents risques de marché.

Toutefois, on peut se demander si la multiplication des données incluses dans les annexes est un moyen efficace de résoudre le manque d'information lié à la non-comptabilisation des engagements de hors-bilan. Une information trop abondante peut en effet nuire à son efficacité, les lecteurs ne pouvant plus vraiment distinguer l'essentiel de l'accessoire, quand ils ne sont pas découragés par le volume et la technicité des sujets traités. Il est frappant de constater que, dans nombre de cas où l'information financière publiée a été mise en cause, l'information relative aux engagements ayant provoqué les pertes les plus importantes figurait dans les annexes, mais sans que les lecteurs aient pu mesurer véritablement les risques réellement associés à ces engagements.

Dans ce contexte, le débat sur les règles relatives à l'entrée au bilan de montants représentatifs d'une garantie donnée ou d'une prise de position sur un risque financier, ainsi qu'à la sortie du bilan d'actifs ou de passifs dans lesquels le cédant conserve une implication, devient crucial. Ce débat porte également sur les comptes consolidés, l'entrée et la sortie du bilan se matérialisant, dans ce cas, par une entrée ou une sortie du périmètre de consolidation. Il convient de déterminer si, en matière comptable, l'objectif d'un bilan est de refléter l'intégralité des opérations dans lesquelles une entreprise est impliquée en termes de risques et bénéfices (approche *risks and rewards*), s'il doit représenter le risque maximal auquel elle s'expose (approche *continuing involvement* proposée par l'International Accounting Standards Board - IASB - dans son projet d'amendements aux IAS 32 et 39) ou se limiter à retracer les opérations qu'elle contrôle, la matérialisation des risques encourus au titre d'opérations à terme ou de garanties ne pouvant, dans ce cas, se faire que par le biais d'une évaluation appropriée du risque de pertes associé à ces opérations.

Du point de vue d'un superviseur prudentiel, l'approche en *risks and rewards* est la plus sécurisante, permettant au lecteur de visualiser instantanément l'importance des engagements (ou des entités pour ce qui est des comptes consolidés) dans lesquels l'entreprise est fortement impliquée. Cette approche oblige cependant à déterminer quel est le degré d'implication dans les risques et les bénéfices qui entraînent le maintien d'une opération au bilan de l'entreprise. Faut-il avoir la majorité des risques et des bénéfices simultanément ou bien sur un seul de ces critères ? S'agit-il d'une majorité relative ou absolue, voire faut-il détenir l'essentiel des risques et bénéfices (par exemple plus de 97 %) ? Il y a là matière à de nombreuses interprétations. Par ailleurs, une comptabilité fondée sur la notion de *risks and rewards* aura tendance à augmenter la masse des bilans, ce qui pourrait amener le lecteur à surestimer les risques. De plus, l'addition des montants nominaux ne donne pas en soi une information utile sur le degré réel des risques encourus, qui est plus ou moins intense selon l'instrument ou la contrepartie à l'opération.

À l'inverse, l'approche fondée sur la notion de contrôle dissocie l'exposition aux risques et bénéfices de l'entrée ou de la sortie des montants nominaux au bilan. La perte de contrôle formelle, associée généralement à un acte positif, par exemple une cession, permet ainsi de sortir l'élément des comptes, sans tenir compte des implications conservées par le cédant. Ces implications étant le plus souvent matérialisées par des opérations à terme, elles n'apparaissent pas immédiatement au bilan, sauf à estimer dès l'origine que les obligations qu'elles génèrent ne sont pas compensées par une rémunération adéquate. On est alors confronté à la problématique de l'évaluation appropriée de tels engagements et de la date à laquelle les résultats qu'ils génèrent doivent être constatés en comptabilité. Toutefois, la pratique actuelle en matière d'évaluation des engagements de hors-bilan conduit souvent à sous-estimer et à ne pas anticiper suffisamment la matérialisation du risque de pertes liées à ces opérations, de telle sorte que les entreprises et les investisseurs qui leur ont fait confiance sont pris au dépourvu lorsque la perte apparaît brutalement dans les comptes. Ainsi, une approche privilégiant la notion de perte de contrôle risque d'aboutir à une mauvaise appréciation des performances réelles et des risques encourus par une entreprise.

Afin de pallier ce risque, la notion de contrôle pourrait être examinée en substance, et non plus formellement. Toutefois, une telle inflexion aboutit à utiliser des critères proches de ceux relatifs à une approche en *risks and rewards.* C'est ce que prévoit la réglementation française actuelle en matière de consolidation des entités *ad hoc,* qui décline trois critères d'appréciation du contrôle en substance de ce type d'entité - pouvoir de décision et de gestion, droit à la majorité des bénéfices, exposition à la majorité des risques -, ainsi que le SIC 12 de l'IASB. À l'usage, l'interprétation de telles dispositions apparaît complexe, sauf à adopter une attitude très restrictive, ce qui semble être le choix fait par l'IASB. On aboutit dans ce cas à une approche quasi équivalente à celle du *risks and rewards*.

Pour sortir de ce dilemme, l'IASB semble avoir choisi une voie moyenne dans son projet d'amendements aux IAS 32 et 39, fondée sur la notion de *continuing involvement*. Serait ainsi maintenu au bilan le montant de l'exposition maximale qu'un cédant conserverait dans un instrument cédé. Si la garantie porte potentiellement sur l'ensemble de l'opération, celle-ci serait intégralement conservée dans les comptes du cédant. Ce serait le cas si le cédant a la possibilité ou le risque de récupérer l'actif à des conditions prédéterminées. Si la garantie se limite à un montant plafonné, seule une partie de l'actif, correspondant à ce montant, serait maintenue au bilan du cédant. Cette méthode cumule, en les atténuant, les avantages et les inconvénients des deux autres approches. Elle permettrait ainsi de définir provisoirement des règles qui, à défaut d'être totalement satisfaisantes et sous réserve de certains éclaircissements, notamment sur les *pass-through arrangements*[2], représenteraient un compromis entre deux options radicalement opposées. Cela laisserait du temps aux normalisateurs comptables pour approfondir leurs réflexions sur ce sujet et tenter de résoudre les difficultés inhérentes à chaque approche, appréhension des droits aux bénéfices et exposition aux risques, d'une part, évaluation des pertes attendues sur une garantie ou prise de risques, d'autre part.

Enfin, il faut se demander si les règles relatives à l'entrée et à la sortie d'éléments du bilan individuel et celles définissant le périmètre de consolidation d'un groupe doivent suivre la même logique. Une réponse négative induirait que les objectifs poursuivis par la comptabilité sur base individuelle et consolidée seraient différents. Ainsi, si l'accent est mis sur la représentation juridique et patrimoniale, l'approche en perte de contrôle pourrait être privilégiée. Par contre, si l'objectif est plutôt de représenter la situation économique, une approche *risks and rewards* semblerait plus appropriée.

L'ÉVALUATION DES RISQUES ET DES BÉNÉFICES

Comment évaluer correctement les risques et bénéfices tirés de ces opérations ?

Les opérations complexes sont généralement difficiles à évaluer de manière certaine, dans la mesure où elles combinent des instruments dont l'évaluation dépend de la probabilité de réalisation d'événements futurs sur une période déterminée ou de la matérialisation d'un risque sous-jacent, mais non encore visible. Ces opérations à terme, souvent optionnelles, comportent donc de forts éléments d'incertitude pouvant peser de manière significative sur leur évaluation. Cette incertitude est plus ou moins forte, dépendant notamment de l'expérience acquise sur les techniques utilisées et les risques couverts.

Dans le cadre d'opérations de cessions d'actifs représentatifs de créances, souvent accompagnées de garanties contre le risque de défaillance des débiteurs, les établissements de crédit et les agences de notation disposent généralement d'historiques assez étoffés en matière de comportement et de solvabilité de ces débiteurs. Il est donc possible de réaliser des prévisions de pertes attendues relativement fiables, afin de chiffrer le risque de pertes associé à la garantie donnée. Toutefois, il convient de nuancer les résultats que donnerait une projection automatique des tendances passées par une prise en compte d'événements récents susceptibles d'influencer la probabilité et l'importance de la réalisation du risque de contrepartie. Entre autres, l'entreprise doit tenir compte, dans la mesure du possible, des variations de pertes pouvant résulter de son positionnement temporel au sein des cycles économiques.

C'est ce que prévoit par exemple la réglementation américaine pour déterminer le montant des provisions à caractère général des établissements de crédit. L'IASB propose également de faire évoluer dans ce sens les dispositions de l'IAS 39 sur les tests de dépréciation, notamment afin de les appliquer aux portefeuilles de prêts pour lesquels un provisionnement sur base individuelle n'a pas été jugé nécessaire. Cette évolution conforte les travaux menés par le Comité de Bâle sur la notion de pertes attendues dans le cadre du projet de la modernisation du ratio international de solvabilité, ainsi que ceux du Conseil national de la comptabilité sur les risques de crédit avérés et non avérés, mêmes si certaines différences subsistent encore. Toutefois, le champ d'application de l'IAS 39 ne prévoit pas actuellement de soumettre les garanties financières aux dispositions relatives aux tests de dépréciation. Il serait cohérent et judicieux de proposer un traitement identique entre les prêts et les garanties exposant à un risque similaire.

D'autres types de risques sont moins facilement évaluables, soit parce qu'ils sont moins prévisibles, soit parce que la pratique de se couvrir ou de prendre des positions ouvertes sur ces risques est récente.

Ainsi, le risque de propriété lié à l'acquisition d'actions est tributaire d'éléments très divers et difficilement appréhendables. Les performances opérationnelles de l'entreprise elle-même doivent pouvoir être appréciées à travers la pertinence de la stratégie mise en œuvre, la qualité de son exécution et l'évolution prévisible du secteur d'activité concerné. Il faut également se préoccuper de la stratégie financière menée en appui du développement opérationnel, qui peut modifier très sensiblement la performance finale de l'entreprise. Des experts, souvent employés par les établissements financiers, effectuent régulièrement ce type d'analyse financière, afin d'aider les investisseurs à apprécier ce risque. Toutefois, leurs prévisions - difficiles, certes - n'apparaissent pas, *a posteriori,* d'une fiabilité à toute épreuve ; ils font, quant à eux, également l'objet actuellement de fortes interrogations sur leur degré d'indépendance par rapport à leurs employeurs. Enfin, l'appréciation de l'ensemble de ces performances par les marchés financiers peut considérablement varier en fonction des priorités du moment, les intervenants sur ces marchés se focalisant tantôt sur les performances opérationnelles, tantôt sur les perspectives de développement ou, comme actuellement, sur l'endettement et la solvabilité des entreprises.

Des prévisions relatives à l'évolution générale des marchés d'actions sont ainsi extrêmement difficiles à réaliser.

Ainsi, nombre d'entreprises ayant pris des engagements de garantie de cours sur des actions cédées ou non achetées dans le cadre d'opérations complexes, pariant sur une évolution favorable de ces cours et sur des marges de sécurité jugées suffisantes, ont dû, de manière totalement imprévue, honorer leurs obligations dans des conditions très défavorables, entraînant des pertes parfois importantes et un assèchement de leurs liquidités. Le risque de propriété a été très largement sous-estimé par les émetteurs de garanties de cours et il conviendrait d'intégrer et de pondérer plus fortement, dans les modèles d'évaluation, de tels instruments des scénarios « catastrophe », tels que ceux qui se réalisent aujourd'hui.

La difficulté à évaluer d'autres risques est plutôt liée à une pratique récente. Ainsi, les utilisateurs d'instruments financiers indexés sur des événements climatiques ne disposent pas toujours de données historiques, ni de modèles d'évaluation fiabilisés pour apprécier correctement la valeur de ces instruments, et donc pour en fixer la rémunération et évaluer le risque supporté. Dans de telles conditions, l'évaluation comptable devrait intégrer une forte dose de prudence, en utilisant des hypothèses conservatrices et en effectuant des réfactions, notamment pour « risque de modèle ».

De plus, ces instruments complexes sont généralement difficiles à négocier sur des marchés organisés ou assimilables à des marchés organisés, présentant des caractères de liquidité et d'efficacité suffisants. De ce fait, il n'est pas possible de comparer les valeurs résultant de l'application de modèles d'évaluation avec celles qui résulteraient de transactions régulières entre des parties bien informées.

Même lorsqu'un marché existe, il convient de s'assurer qu'il fonctionne correctement. Il doit être suffisamment profond et liquide, animé par de nombreux opérateurs non liés entre eux, permettant de garantir la fixation d'un prix non manipulé et non susceptible de décalage important en cas d'une offre de titres importante. Aux États-Unis, les enquêtes consécutives à certains scandales financiers ont montré qu'un petit nombre d'opérateurs ont pu faire augmenter artificiellement, par des opérations réciproques, les volumes de transactions enregistrés sur des marchés spécialisés sur certains types d'instruments « exotiques », afin de faire croire que ces marchés étaient liquides ou pour fixer arbitrairement une valeur de référence pour ces instruments.

Dans tous les cas où l'évaluation des instruments complexe est incertaine, notamment lorsqu'il n'y a pas de marché organisé ou assimilable à un marché organisé permettant de dénouer rapidement une position dans les conditions affichées par ce marché, une évaluation en valeur de marché (en fait en valeur de modèle - *marked to model* et non *marked to market*) ne devrait pas être autorisée, seules les moins-values latentes devant faire l'objet de provisions. En tout état de cause, le calcul de la valeur de modèle pouvant être utilisée pour effectuer un test de dépréciation devrait s'appuyer sur des hypothèses conservatrices, intégrant notamment, avec une pondération appropriée, des scénarios « catastrophe », ainsi que les risques de liquidité et de modèle.

LA CONSTATATION DES RÉSULTATS

Quel est le rythme approprié de constatation des différents résultats, positifs ou négatifs, générés par des opérations complexes ?

Une question étroitement liée à celle de l'évaluation des opérations complexes est celle de la période la plus appropriée pour enregistrer les résultats générés par ces opérations. En particulier, sur quelles bases peut-on fonder la synchronisation dans l'enregistrement des résultats des différents instruments participant au montage global de l'opération ?

Ces montages comprennent généralement une transaction générant immédiatement une plus-value, tandis que la valorisation des garanties accordées ou des instruments à terme associés ne font pas apparaître, dans le même temps, les risques latents. Ainsi, l'opération améliore dans un premier temps la performance et la situation financière apparente de l'entreprise avant, éventuellement, de révéler des pertes qui peuvent parfois s'avérer plus importantes que le gain initial.

Ce décalage dans le temps entre la constatation des gains et des pertes relatives à une opération complexe résulte souvent d'une sous-estimation et d'une mauvaise anticipation du coût réel du risque auquel l'entreprise est exposée. L'estimation de ce risque en fonction d'un modèle d'évaluation fondé sur des hypothèses prudentes, comme indiqué précédemment, permet d'apporter une première réponse. Si la rémunération du risque est insuffisante pour couvrir son coût estimé, une provision devrait être constatée dès l'origine.

Ceci pose aussi la question des éléments à prendre en compte pour considérer que les pertes liées au risque supporté sont probables, voire certaines. Trop souvent, dans les réglementations comptables actuelles, le fait générateur identifié pour autoriser la constatation d'une perte comptable correspond en fait à une manifestation tardive de la réalisation du risque. D'autres éléments pourraient normalement permettre d'évaluer de manière plus précoce un risque qui existe en fait depuis l'origine. En poussant le raisonnement jusqu'au bout, le fait générateur de la perte estimée est la concrétisation de l'engagement lui-même. Par exemple, tout octroi de garantie contre le risque de défaillance d'un débiteur expose immédiatement à une perte probable, le risque de non-remboursement n'étant jamais nul. De même, une garantie de cours sur une action n'est jamais exempte de risque de pertes, et ce, d'autant plus si cet engagement porte sur une durée relativement longue, compte tenu de la volatilité des marchés. Cette perte peut cependant être contrebalancée par une rémunération adéquate. Mais, il arrive assez fréquemment que celui qui accorde la garantie, estimant le risque quasi nul, ne demande aucune rémunération. Dans ce cas, le risque de pertes n'a clairement aucune contrepartie et doit donc donner lieu à un provisionnement immédiat.

Un autre moyen d'atténuer les décalages dans l'enregistrement des résultats est de bien déterminer la substance économique de l'opération, qui doit primer sur la forme. Ainsi, si la vente d'un actif s'accompagne d'une garantie portant sur les performances futures de cet actif, il pourrait être considéré que la partie du prix de vente correspondant à la rémunération de ces performances futures ne doit pas être comptabilisée immédiatement en résultat, mais rapportée à celui-ci au fur et à mesure de la réalisation de ces performances. Cette approche serait similaire à celle que propose l'IASB dans son projet d'amendements aux normes IAS 32 et 39 en matière de sortie d'actifs. Le vendeur serait toujours impliqué dans la réalisation des performances promises et ne pourrait donc pas sortir de son bilan la composante de l'actif correspondant à cette performance. Par exemple, une entreprise qui vendrait un contrat à long terme, qu'elle viendrait de remporter en incluant dans le prix de vente la marge de bénéfice attendue de ce contrat, devrait, si elle garantissait d'une manière ou d'une autre la réalisation de cette marge, ne constater, en produit, le prix de vente de cette marge, qu'au fur et à mesure de sa réalisation, sur la durée de vie du contrat.

Les scandales financiers remettant en cause la pertinence des normes comptables et d'information financière, jusqu'alors considérées comme de bonne qualité, ont eu le mérite de rappeler l'importance de ce type de réglementation pour le bon fonctionnement des marchés financiers. Ils ont aussi souligné les dangers des montages financiers sophistiqués, dont les avantages pour leurs initiateurs reposaient souvent plus sur l'effet d'affichage comptable obtenu, masquant les risques encourus, que sur l'optimisation supposée de la politique de financement.

Aussi, dans une optique d'amélioration de l'information financière qui devrait limiter le risque de voir de nouveaux scandales éclater, le principe de prudence mérite-t-il d'être remis en avant. En effet, contrairement à ce que certains experts et normalisateurs comptables pourraient penser, ce principe n'est pas contradictoire avec l'objectif de transparence. Il permet de visualiser plus rapidement et de manière plus évidente l'exposition des entreprises à des risques non encore avérés.

Il peut avoir à s'appliquer à la fois dans le domaine de la représentation des expositions aux risques dans les bilans individuels ou consolidés des entreprises, en subordonnant la sortie d'éléments de ces bilans au transfert de tout ou partie de ces risques à des tiers, et dans le domaine de l'évaluation des pertes probables générées par ces expositions, alliant des méthodes d'estimation d'autant plus conservatrices que les incertitudes sur le montant de ces pertes sont fortes et une prise en compte la plus précoce possible permettant d'améliorer le caractère prédictif des états financiers.

Une telle approche résoudrait une part non négligeable des problèmes que posent les opérations financières complexes et innovantes en termes de représentation comptable et d'information financière.

Notes

1. Au-delà des problèmes comptables, seuls traités ici, d'autres risques existent :
- risque juridique et de réputation pour les établissements suspectés de dissimuler leur situation réelle ;
- risque de fraudes internes aux banques lorsque les membres du personnel investissent à titre privé dans des structures complexes ;
- risque de détérioration de l'analyse du crédit qui peut être faite, tant en interne que par des observateurs extérieurs, avec les réactions possibles du marché qui peuvent s'avérer « punitives » ;
- risque également pour les contrôleurs internes, l'opacité et l'empilement des structures rendant difficile la bonne appréhension des zones et des facteurs de danger.

2. Les *pass-through arrangements* permettraient de sortir des actifs du bilan du cédant, alors que celui-ci continue à collecter les flux de trésorerie y afférent, dès lors que le cédant transfère à très brefs délais tous les flux de trésorerie collectés au cessionnaire - et uniquement ceux-ci - et qu'il s'engage à ne pas disposer de ces actifs.

LA FIABILITÉ DES INFORMATIONS COMPTABLES : COMPARABILITÉ DES COMPTES ET CHANGEMENTS DE NORMES, HARMONISATION INTERNATIONALE ET TRAVAUX DE L'IASB

MICHEL TUDEL*

L'année 2002 a marqué l'engagement définitif de l'Union européenne dans le processus de normalisation du marché financier européen, lancé en mars 2000 lors du Conseil européen de Lisbonne. En effet, l'approbation par le Parlement européen du règlement visant à rendre obligatoires les normes IAS/IFRS[1], à compter du 1er janvier 2005, aux comptes consolidés des sociétés cotées européennes lance la voie d'une nouvelle ère comptable en Europe.

Ces normes, qui, rappelons-le, sont établies par l'International Accounting Standards Board (IASB), devraient permettre l'élaboration d'états financiers des sociétés cotées européennes donnant une information fiable, transparente et comparable, répondant aux besoins des investisseurs. Cette nouvelle ère va entraîner des changements importants pour tous les acteurs de la vie économique qui ne s'arrêteront pas en 2005, compte tenu du programme de travail à long terme de l'IASB.

L'IASB : UN ORGANISME PRIVÉ ET INDÉPENDANT NORMALISATEUR

L'International Accounting Standards Committee (IASC)[2], créé en 1973 à l'initiative des organismes professionnels comptables de neuf pays, a, dans un premier temps, essayé de trouver un consensus entre tous les corps de normes comptables nationaux. Ceci a conduit à autoriser, dans les normes comptables internationales, un grand nombre d'options comptables pour permettre la compatibilité des référentiels nationaux souvent au détriment de l'harmonisation et de la comparabilité. Suite à cette première étape, l'IASC a travaillé dans une optique de réduction

* Président de la Compagnie nationale des commissaires aux comptes.

des options comptables pour permettre une plus grande comparabilité, et a ainsi révisé plusieurs normes comptables existantes.

En 1995, l'IASC a établi, avec l'Organisation internationale des commissions de valeurs mobilières (OICV), un programme de travail qui a abouti, en 2000, à l'élaboration d'un dispositif complet de normes comptables internationales fondamentales. L'OICV a ainsi recommandé, en mai 2000, aux différentes Bourses de valeurs du monde, d'accepter que des sociétés étrangères cotées sur leur place boursière publient leurs états financiers en normes IAS.

Une nouvelle constitution de l'IASC a été approuvée en mars 2000, et la nouvelle structure de l'IASC a été mise en place en 2001 pour faire face aux nouveaux enjeux de la normalisation comptable internationale. L'IASC devient l'IASB, et les normes IAS deviennent les normes IFRS (International Financial Reporting Standards), afin de souligner un des objectifs des normes internationales qui est d'améliorer l'information financière des états financiers.

L'IASB est devenu un organisme privé indépendant, financé par des fonds d'organismes professionnels, de sociétés multinationales, de sociétés d'audit, des institutions financières et autres organisations, dont les objectifs sont de :
- formuler et publier, dans l'intérêt général, des normes comptables pour la présentation des états financiers et promouvoir leur application et leur généralisation dans le monde entier ;
- contribuer à l'amélioration et à l'harmonisation des réglementations, des normes comptables et des procédures relatives à la présentation des états financiers.

LES NORMES IAS/IFRS : UN OBJECTIF DE TRANSPARENCE ET DE FIABILITÉ

Dans un environnement économique international, il est de plus en plus nécessaire que les états financiers soient compréhensibles par tous, au-delà des frontières nationales, et permettent une comparabilité.

Jusqu'à présent, il est extrêmement difficile de comparer les états financiers d'entreprises exerçant le même type d'activité dans des pays différents et utilisant des normes comptables différentes pour préparer leurs états financiers. Cet exercice nécessite une bonne connaissance et compréhension des normes comptables nationales que n'ont pas forcément les utilisateurs des états financiers et, qui plus est, ne disposent pas de toutes les informations pour éventuellement corriger les états financiers. Les différences sont telles qu'à niveau de performance égale, les résultats pourront sensiblement varier selon les principes comptables des pays.

Les investisseurs étrangers ont besoin d'une information financière comparable, quel que soit le pays d'implantation de la maison mère, faisant abstraction des divergences des référentiels comptables.

De même, le recours croissant des multinationales aux capitaux étrangers incite des organisations de contrôle de Bourse de valeurs à œuvrer pour une harmonisation internationale des méthodes comptables.

Il est clair qu'aujourd'hui, la communauté financière internationale attend un langage comptable commun qui puisse permettre une compréhension générale des états financiers ainsi que leur comparabilité. Pour cela, il est nécessaire d'utiliser des normes comptables d'une telle qualité qu'elles permettent d'obtenir des états financiers qui donnent une information financière fiable, de qualité, transparente et compréhensible par tous.

L'objectif des normes IAS/IFRS, clairement défini par l'IASB, est de permettre l'élaboration d'états financiers donnant une information fiable, transparente, comparable et utile pour les investisseurs.

Aujourd'hui dans la pratique, deux grands systèmes de normes comptables sont reconnus sur le plan international. D'un côté, les normes IAS/IFRS établies par l'IASB dont la dimension internationale a été reconnue et, de l'autre, les normes américaines US-GAAP qui, de par le nombre d'entreprises qui les appliquent, leur taille, leur puissance économique et financière, leurs implantations géographiques, ont une reconnaissance internationale de fait.

L'harmonisation comptable, nécessaire pour parvenir à un marché européen des services financiers intégré, sera obtenue dans l'Union européenne par l'utilisation des normes IAS/IFRS pour la préparation des états financiers des sociétés cotées européennes à compter du 1er janvier 2005. Cependant, pour l'instant, la Securities and Exchange Commission (SEC) ne reconnaît toujours pas les normes IAS/IFRS, et les sociétés européennes cotées aux États-Unis sont tenues d'établir également leurs états financiers en normes US-GAAP ou, tout du moins, d'établir un tableau de passage.

Afin d'arriver à une harmonisation mondiale, il est nécessaire que les deux systèmes se rapprochent. C'est un des objectifs que s'est fixé l'IASB, en signant notamment un accord avec le Financial Accounting Standards Board (FASB, normalisateur comptable américain), en octobre dernier, prévoyant d'étudier la convergence entre les deux systèmes. Un projet de convergence avec les US-GAAP a ainsi été inscrit au programme de travail de l'IASB qui se déroulera en deux phases :

- une phase à court terme[3] à échéance antérieure à 2005 qui visera à éliminer les points mineurs de divergences, notamment dans le cadre du projet sur les améliorations des normes existantes ou pour les normes qui ne font pas partie d'autres projets et pour lesquelles des solutions de très bonne qualité existent soit dans les normes internationales, soit dans les normes nationales en vigueur ;
- une phase à plus long terme qui s'attaquera aux points de divergences plus profonds, avec pour objectif d'éliminer la nécessité de rapprochement actuellement exigé par la SEC et dont l'échéance sera postérieure à 2005.

QUELS CHANGEMENTS ATTENDRE ?

Si l'adoption des normes IAS/IFRS dans l'Union européenne, à compter du 1er janvier 2005, va permettre la comparabilité des entreprises cotées européennes, cela va entraîner de profonds changements pour les quelques 7 000 sociétés cotées européennes concernées ainsi que pour les utilisateurs de leurs comptes, car ces changements ne se limitent pas au seul aspect comptable.

Le premier changement induit par les normes IAS/IFRS est tout d'abord d'ordre conceptuel. En effet, ces normes reposent sur un cadre conceptuel qui définit les principes généraux sur lesquels tout le corps de règles d'évaluation et de présentation plus spécifiques repose. Il caractérise également et définit ces règles, et fixe les objectifs des états financiers. Cette approche conceptuelle distingue donc les normes IAS/IFRS des normes françaises, car il n'existe actuellement pas de cadre conceptuel dans la réglementation française. Il en va de même avec les normes américaines (US-GAAP) qui reposent sur des règles détaillées et volumineuses. Les normes IAS/IFRS font donc davantage part au jugement de la direction de l'entreprise et de ses auditeurs, et nécessitent donc une très bonne connaissance générale de ces normes.

Le second changement est lié à une conception différente de l'information financière. En effet, l'information financière est destinée en priorité aux investisseurs pour les aider dans leurs prises de décisions économiques. Elle privilégie donc une approche économique de l'entreprise, alors que les règles françaises sont encore empreintes d'un juridisme formel ou sont encore marquées par l'influence de la fiscalité. Cette nouvelle approche économique permet de mieux appréhender la valeur réelle de l'entreprise ainsi que sa performance économique, et d'effectuer des prévisions, notamment par une large utilisation de la juste valeur au détriment du coût historique et de la prééminence de la réalité économique des transactions sur leur apparence. On peut citer, à titre d'exemple, le traitement du crédit-bail qui sera comptabilisé au bilan en normes IAS/IFRS. L'information financière est également plus transparente pour permettre des comparaisons, notamment en éliminant presque complètement les options comptables, en requérant des informations très détaillées dans les notes annexes et l'inscription au bilan de nombreuses opérations pouvant être sorties du bilan en réglementation française (par exemple : davantage de consolidations des entités *ad hoc,* comptabilisation des engagements de retraite).

Le troisième changement est d'ordre pratique car il touche tous les acteurs des états financiers : préparateurs de comptes, commissaires aux comptes, analystes financiers... En effet, la mise en œuvre des normes IAS/IFRS nécessite entre autres mesures :

- d'adapter les systèmes d'information et le *reporting* pour permettre l'élaboration des états financiers et notamment des nombreuses informations devant figurer dans les notes annexes (par exemple pour les informations sectorielles, pour la définition des unités génératrices de trésorerie nécessaires, dans le cadre des tests de perte de valeurs, pour l'identification des frais de recherche et de développement qui devront être comptabilisés à l'actif en normes IAS/IFRS, s'ils remplissent certains critères) ;
- de former le personnel, que ce soit

celui des entreprises, mais aussi des professionnels comptables et de la finance.

Le quatrième changement réside dans la communication financière des entreprises qui vont devoir préparer la communauté financière à une nouvelle lecture de leurs comptes, et particulièrement si l'application des normes IAS/IFRS entraîne des modifications substantielles de leurs résultats. Les ratios de structures financières utilisés par les marchés financiers ainsi que les ratios de performances économiques s'en trouveront significativement modifiés.

Bien que ces changements soient déjà considérables, ils ne s'arrêteront pas là compte tenu des nombreux projets prévus au programme de travail de l'IASB.

UN PROGRAMME DE TRAVAIL DE L'IASB PARTICULIÈREMENT CHARGÉ

Depuis sa réorganisation en 2000, l'IASB s'est fixé un programme de travail particulièrement ambitieux. Des projets ont été définis comme prioritaires avec une échéance antérieure à 2005, d'autres projets ont une échéance plus lointaine.

Les travaux préparés par le staff de l'IASB et validés par le Board font l'objet d'exposés-sondages publiés pour commentaires avec des délais de réponse variant entre 90 et 120 jours.

Les projets prioritaires, qui devraient être finalisés au cours de l'année 2003 ou 2004 et qui devraient donc être appliqués par les sociétés cotées européennes en 2005, concernent les thèmes suivants :

- l'amélioration d'un certain nombre de normes existantes ayant pour objectif de réduire ou éliminer les options existantes et de supprimer les incohérences avec d'autres normes, combinée avec le projet convergence US à court terme ;
- la première application des normes qui définit les conditions d'application des normes IAS/IFRS pour la première fois ;
- les amendements apportés aux normes relatives aux instruments financiers IAS 32 et 39 ;
- la comptabilisation des paiements en actions ;
- les regroupements d'entreprises (phases I et II) qui prévoient notamment la fin de la méthode dérogatoire et de l'amortissement du *goodwill,* et la mise en place de tests de dépréciation systématiques ;
- les amendements à IAS 36 dépréciation des actifs et à IAS 38 actifs incorporels induits par le projet sur les regroupements d'entreprises ;
- la première phase du projet contrat d'assurance.

Le projet *Performance Reporting,* qui suscite de nombreuses réactions, a, quant à lui, été reporté pour une application après 2005, même s'il est émis en 2004. Ce projet, qui présente la performance de l'entreprise en abandonnant complètement l'actuel compte de résultat, redéfinit la notion de performance et introduit la notion de *comprehensive income* qui se définit par la variation entre les actifs et les passifs.

D'autres projets importants, tels que la consolidation et les entités *ad hoc,* la comptabilisation des produits, la phase II des contrats d'assurance ou encore la phase II de la convergence avec les US-GAAP, sont autant de changements majeurs qui risquent de bouleverser les normes actuelles après 2005.

Les problèmes soulevés aujourd'hui par les travaux de l'IASB sont de deux ordres :

- tout d'abord, un problème de calendrier ; quelles seront en effet les normes applicables par les sociétés cotées européennes en 2005 ? En effet, aucune norme amendée ou nouvelle définitive n'a encore été publiée à ce jour ;
- ensuite, un problème d'ordre technique ; certains projets de normes ne sont pas acceptables en l'état actuel (notamment IAS 39), et les changements futurs apportés aux normes actuelles seront-ils acceptables ?

Concernant le problème du calendrier, le Board a décidé, lors de sa réunion en octobre dernier, d'arrêter un calendrier pour les normes qui seront applicables en 2005, afin de permettre aux entreprises cotées européennes de se préparer. Il s'agit essentiellement du programme prioritaire cité précédemment. Les autres normes qui pourraient sortir avant 2005 verront leur date d'application adaptée et reportée après 2005.

Concernant le problème technique, il risque de donner lieu à des débats très tendus notamment sur des sujets comme les instruments financiers, les contrats d'assurance, l'état de performance financière ou la comptabilisation des produits. Les amendements proposés aux normes IAS 32 et 39 ont déjà engendré une levée de boucliers en France.

Quel est donc l'avenir des normes IAS/IFRS une fois établies par l'IASB ? Elles font normalement l'objet d'un processus d'adoption au niveau de l'Union européenne.

Le processus d'adoption des normes IAS/IFRS prévu par le règlement européen soumet l'adoption de ces normes à l'approbation du Comité de réglementation comptable européen créé par le présent règlement. La Commission européenne pourra donc refuser une norme, mais ne pourra pas l'amender. Cette adoption n'ira pas sans difficulté. En effet, il s'avère que, lors de sa réunion du 6 novembre 2002 à Bruxelles, le Comité de réglementation comptable européen ne s'est pas prononcé sur le corps de normes à appliquer à l'horizon 2005, particulièrement suite aux difficultés que soulèvent certaines normes, notamment IAS 32 et 39.

Toutes ces difficultés nécessitent que l'Union européenne puisse exercer une influence sur l'élaboration des normes comptables internationales, sous peine d'arriver à une impasse par un rejet des normes au moment de leur validation par le Comité de réglementation comptable européen, ce qui risque à terme de compromettre l'avenir de l'IASB, car les principes appliqués ne pourront plus être appelés IAS/IFRS. Il convient ici de rappeler que toutes les normes IAS/IFRS doivent être appliquées sans exception, pour que les états financiers puissent être déclarés en conformité avec les normes IAS/IFRS.

Le passage à l'an comptable 2005 devra-t-il se comparer au passage à l'an 2000 ? Tout comme son prédécesseur, cet événement considérable pour la communauté financière et économique nécessite une préparation importante qu'il est nécessaire d'entamer dès aujourd'hui par tous les acteurs concernés, préparateurs de comptes, auditeurs, analystes financiers...

La révolution induite par ce changement préconise-t-elle l'avènement d'une harmonisation mondiale qui verrait la convergence des normes IAS/IFRS et des US-GAAP ? S'il est vrai que les récents scandales intervenus aux États-Unis ont quelque peu ébranlé les certitudes américaines, le chemin est encore long à parcourir et ne doit pas se faire au détriment des spécificités européennes. Compte tenu des projets au programme de travail de l'IASB, il est crucial que l'Union européenne fasse entendre sa voix, afin de participer activement à l'élaboration des normes comptables internationales et de garder son indépendance face au géant américain.

L'élaboration de normes particulièrement complexes, convergentes vers les US-GAAP est-elle propre à assurer une information fiable, de qualité, transparente, compréhensible par tous et utile pour les investisseurs ? Il convient de veiller particulièrement à l'élaboration des normes comptables internationales, afin qu'elles atteignent, en 2005 et au-delà, le but qu'elles se sont fixées.

Notes

1. Lors de sa première réunion en avril 2001, l'IASB a décidé de reprendre à son compte toutes les normes IAS (International Accounting Standards - normes comptables internationales) émises par son prédécesseur. Les normes publiées par l'IASB, à compter de cette date, sont appelées normes IFRS (International Financial Reporting Standards - normes d'information financière internationales).

2. Ancien nom de l'IASB.

3. Ce projet de convergence à court terme devrait amender les douze normes suivantes : IAS 1,2,8,11,12,16,19,20,29,34,35 et 37.

Bibliographie

Textes officiels

International Accounting Standards Committee, *Normes comptables internationales 1999,* Expert-comptable media, 1999, p. 1067.

International Accounting Standards Committee, *Normes comptables internationales,* mise à jour 2000, Expert-comptable media, 2001, p. 137.

International Accounting Standards Board, *International Accounting Standards 2002,* IASCF, 2002.

Règlement européen n° 1606/2002 rendant les normes IAS/IFRS obligatoires dans l'Union européenne au 1er janvier 2005, publié au J.O. des Communautés européennes le 19 juillet 2002.

Site internet

Publications sur le site de l'IASB (www.iasb.org.uk) sur les différents projets.

Articles de presse

Andernack I., *Pourquoi l'Europe a choisi les normes IAS* in Analyse financière, n° 4, 3ème trimestre 2002.
Blanchet J. et Mourvillier P., *Les normes IAS : quels enjeux pour les entreprises ?* in Option finance, n° 680, 11 mars 2002.
Didier-Noaro F., *Comment se préparer à l'échéance de 2005* in Analyse financière, n° 4, 3ème trimestre 2002.

Les conflits d'intérêts dans la banque d'investissement

André LÉVY-LANG*

L'actualité financière des derniers mois a mis en évidence certains des conflits d'intérêts possibles dans les activités de banque d'investissement. La question de l'indépendance des analystes financiers par rapport aux activités de marché de la banque, notamment à l'occasion des introductions en Bourse, est la plus visible. L'utilisation de ces introductions pour favoriser les dirigeants d'entreprises clientes de la banque introductrice a été également citée. Dans les deux cas, il y a eu aux États-Unis des dérives extrêmes et sans doute exceptionnelles. Il ne faut pas condamner l'ensemble du système financier à partir de ces cas particuliers. Mais il ne faut pas non plus ignorer la réalité : les activités de banque d'investissement comportent par nature de nombreuses situations de conflits d'intérêts. Ces conflits doivent être clairement identifiés, et ils peuvent alors être traités. Pour cela , la réponse théorique est simple : l'intérêt du client doit primer. C'est sa mise en œuvre qui est difficile.

Les exemples abondent :
- conflit d'intérêts quand deux clients de la banque appartenant au même secteur industriel sont concurrents pour un projet ou pour une acquisition ;
- conflit d'intérêts quand la banque créancière d'une entreprise en difficulté est aussi détentrice d'une participation et risque d'être sollicitée comme actionnaire ;
- conflit d'intérêts quand la banque conseil de l'acquéreur dans une opération publique d'achat (OPA), donc rémunérée en cas de succès de l'offre, est aussi banque créancière dont le risque de crédit peut être détérioré par ce succès, et situation inverse si la banque conseille l'entreprise cible et que la cession, même à un mauvais prix, est une issue inespérée pour des crédits compromis ;
- conflit d'intérêts entre la banque qui achète ou qui vend, pour le compte d'un client, des titres cotés, quand elle opère aussi pour compte propre sur ces titres.

---

* Ancien président de Paribas, professeur associé à Paris IX Dauphine.

BANQUE MONOPRODUIT ET CONFLIT D'INTÉRÊTS

Pour structurer l'analyse, nous pouvons distinguer les cas où la banque n'a de relations avec l'entreprise que dans un seul domaine d'activité, le conseil ou le crédit par exemple, du cas de la banque à relations multiples. Une vue superficielle du sujet pourrait laisser penser que seul le deuxième cas est source de conflits d'intérêts, et que les banques qui ne pratiquent que le conseil ou que la banque commerciale sont à l'abri de ce risque. Il n'en est rien, mais il est vrai que dans ce cas, il s'agit d'un conflit classique entre fournisseur d'une prestation, la banque, et acheteur, l'entreprise. S'agissant d'un « bien de confiance » (c'est-à-dire dont on ne constate la qualité qu'après usage, avec asymétrie de l'information), les services bancaires sont cependant soumis, même dans ce cas, à l'exigence déontologique de respecter l'intérêt du client. Par exemple, en fusions-acquisitions, la rémunération liée au succès risque d'inciter la banque conseil à pousser son client à payer trop cher une acquisition. En matière de crédit, le risque d'excès est plus limité dans la mesure où la banque reste financièrement exposée. Mais la titrisation des créances et l'utilisation des dérivés de crédit ont pu, tout au moins pendant un temps, pousser certaines banques commerciales à trop prêter en comptant se dégager ensuite de l'essentiel du risque. Dans tous ces cas, c'est la considération du risque de réputation de la banque qui oblige au respect de l'intérêt du client, pour la banque comme pour tout offreur de biens de confiance.

LA BANQUE UNIVERSELLE : SYNERGIES ET CONFLITS D'INTÉRÊTS

Les cas les plus fréquents de conflits d'intérêts résultent cependant de la coexistence de plusieurs activités dans la banque. Cette coexistence est justifiée par les synergies attendues : économie de frais commerciaux ; économies d'échelle pour l'informatique et les études ; offre plus complète aux clients ; effet de portefeuille pour les actionnaires de la banque. La concentration des banques d'investissement aux États-Unis, les rapprochements entre banques commerciales et banques d'investissement indiquent que ces synergies existent. Les conflits d'intérêts sont la conséquence presque inévitable des synergies, et doivent être reconnus et gérés. En effet, qu'il s'agisse d'économies d'échelle ou d'économies de gamme, les synergies découlent d'un partage de moyens entre plusieurs produits ou services offerts par la banque. Or, les intérêts du client et sa relation avec la banque ne sont pas les mêmes pour ces différents services. Ainsi, la relation « débiteur/créancier » est très différente de la relation « investisseur/courtier » ou de la relation « émetteur de titres/banquier chef de file », différente par le degré de concurrence dans l'offre bancaire et par le niveau des marges et des risques. La banque, qui offre tous ces services au même client, plus quelques autres, a la faculté de moduler son offre pour optimiser son propre intérêt, qui ne coïncide pas nécessairement avec celui du client. Concrètement, le cas extrême est celui de l'analyse financière et de la mise en

Bourse d'une entreprise (Initial Public Offering, IPO en jargon de marché) : le marché du courtage, très concurrentiel, ne permet pas en général de couvrir les frais d'une grande équipe d'analyse financière, alors que celui des IPO a été, jusqu'en 2000, très rémunérateur pour les quelques grandes banques américaines qui le dominaient. Résultat : certaines ont utilisé l'analyse financière pour faciliter l'obtention de mandats d'émission, au détriment des clients investisseurs.

Cet exemple est révélateur : quand un service de la banque n'est pas payé à son prix par ses utilisateurs, ce qui était le cas de l'analyse financière, il y a un risque de conflits d'intérêts à travers les péréquations que doit faire la banque pour couvrir son coût. À l'inverse, le même risque existe quand un service est anormalement rentable par rapport à son risque, du fait des conditions particulières de la concurrence, cas du marché primaire américain.

LÉGIFÉRER OU PAS ?

La prise de conscience de ces conflits d'intérêts, par le public américain et le Congrès, a suscité des tentations de légiférer. Ce serait une erreur : la seule solution radicale consisterait à imposer la séparation des activités bancaires en spécialités indépendantes, avec une version 2003 du Glass Steagall Act. Ce serait absurde et impraticable : la loi devrait aller jusqu'à la séparation service par service des métiers bancaires, en faisant éclater toutes les banques actuelles en cellules élémentaires, et une telle loi serait dépassée le lendemain de son vote par la réalité des activités. Il serait, de plus, économiquement néfaste de renoncer aux synergies de la banque universelle.

C'est donc dans la pratique bancaire que doit se trouver la solution, avec comme sanction principale le risque de réputation de la banque. Les autorités de marché ont bien entendu un rôle à jouer dans certains domaines : l'analyse financière ; la gestion pour compte de tiers, notamment pour assurer la protection de l'épargne en vérifiant que les procédures internes des banques permettent l'identification et le traitement des conflits d'intérêts. Les grandes banques françaises ont déjà de telles procédures : séparation hiérarchique des équipes ; indépendance des procédures de rémunération des analystes et des banquiers d'affaires ; autonomie des gestionnaires de fonds pour des tiers ; séparation des activités pour compte propre des activités pour les clients ; identification précoce des conflits potentiels...

L'autre gendarme du système est la concurrence : dans la mesure où elle tend à faire payer chaque service à son prix, elle réduit les possibilités de péréquation dont nous avons vu qu'elles sont souvent à l'origine d'un conflit d'intérêts. Cela veut dire que les acteurs spécialisés, « boutiques » de fusions-acquisitions, courtiers en ligne, analystes indépendants, jouent aussi un rôle utile, même s'il reste quantitativement minoritaire, dans la bonne santé du système - qui est finalement le bien public le plus important à terme.

DÉONTOLOGIE ET PERFORMANCES D'UNE PROFESSION : LE CAS DE L'ANALYSE FINANCIÈRE

JEAN-GUY DE WAEL*

Au cours de ces dernières années, les problèmes de déontologie, de conflits d'intérêts et d'indépendance de plusieurs professions liées à des activités financières ont pris une importance croissante et ont été largement débattus dans la presse.

Certaines de ces professions, dont les performances ont été mises en cause, s'exercent dans le cadre d'une activité salariée au sein d'entreprises, et posent, en conséquence, le problème de l'équilibre entre les devoirs à l'égard de l'employeur et la prise en considération de l'intérêt général.

L'analyse financière est souvent citée à ce titre, mais des problèmes comparables se posent pour les déontologues, les contrôleurs internes ou les directeurs de la comptabilité. En ce qui concerne les directeurs juridiques, leur situation est délicate dans la mesure où, contrairement aux États-Unis, leur statut de salarié est, à ce jour, incompatible avec celui d'avocat.

À la différence des professions qui viennent d'être citées, les commissaires aux comptes, dont l'indépendance et les conflits d'intérêts sont également à l'ordre du jour, exercent leur activité dans le cadre d'entités juridiques distinctes, dont la vocation première est de fournir une prestation précise à la demande d'un client et dans son intérêt, mais aussi dans celui de tiers. Les problèmes d'indépendance ou de conflits d'intérêts, qui peuvent se présenter dans ce dernier cas, tiennent principalement à des liens économiques ou familiaux entre contrôleur et contrôlé, ainsi qu'aux activités des réseaux formés autour du commissaire aux comptes. Ces problèmes sont donc sensiblement différents de ceux qui se posent à l'analyse financière.

On notera que les analystes financiers exercent généralement leur activité au sein d'entreprises dont la vocation principale ne consiste pas à produire de l'analyse financière indé-

* Président d'honneur de la Société française des analystes financiers et de la Fédération européenne des associations d'analystes financiers.

pendante au profit de clients, mais plus généralement à utiliser cette analyse comme support d'autres activités, et notamment l'intermédiation financière ou la gestion de patrimoine. Assez fréquemment, leurs travaux sont destinés à être publiés, contribuant ainsi à leur notoriété personnelle comme à celle de leur employeur.

L'environnement dans lequel travaillent les analystes a sensiblement évolué au cours des dernières décennies. L'information financière s'est considérablement améliorée, et les méthodes comptables répondent mieux à certaines de leurs préoccupations. Leur compétence professionnelle a progressé en raison notamment des actions de formation menées par les associations professionnelles. Et pourtant, au cours de la période récente, leurs performances n'ont pas été satisfaisantes. Alors qu'ils ont pour rôle de contribuer à la rationalité des marchés, ils se sont laissés entraîner par la bulle technologique et n'ont pas réagi à des situations financières risquées. Quels facteurs peuvent expliquer une telle dérive ?

LES MISSIONS DES ANALYSTES FINANCIERS

Le retraitement des comptes publiés

À l'origine de l'analyse financière, l'un des rôles de la profession a consisté à s'assurer de la signification des comptes et à procéder aux retraitements nécessaires. Aujourd'hui, les techniques comptables ont progressé et les retraitements ont pris un caractère beaucoup plus technique que par le passé.

L'examen par l'analyste des méthodes comptables appliquées reste indispensable à la bonne interprétation des comptes et à l'appréciation de leur fiabilité, mais l'impact des retraitements proposés apparaît beaucoup plus limité que par le passé.

En effet, face aux équipes de la profession comptable, les moyens d'investigation d'un analyste sont très faibles et, surtout, ils n'ont pas accès à l'information interne des entreprises. Ces faiblesses contribuent à reporter de manière croissante la responsabilité de l'adéquation des comptes vers les professions du chiffre.

Par ailleurs, même s'il persévérait dans sa volonté de faire reconnaître le bien-fondé de ses retraitements, l'analyste devrait avoir les moyens de faire admettre son interprétation des comptes par les différents acteurs des marchés financiers. Or, ces acteurs sont prioritairement influencés par le « consensus », et ils ont recours à des banques de données mal adaptées à de subtiles modifications des données chiffrées.

Ces différents éléments expliquent partiellement le comportement d'une majorité des analystes qui sont accusés, dans ce domaine, d'être moutonniers et de manquer de courage. En fait, leur problème n'est pas lié à de la négligence ou à l'application de règles déontologiques contraignantes, mais plutôt à une inadéquation des moyens disponibles.

Si des reproches peuvent être faits aux analystes sur leur manque de perspicacité dans l'affaire Enron, la critique consistant à les accuser de ne pas avoir eu suffisamment conscience de pratiques comptables contestables n'est pas celle qui doit retenir l'attention en premier lieu.

Les prévisions des résultats

La prévision des résultats, à court terme mais aussi à moyen et long terme, constitue désormais l'une des composantes principales de l'activité de la profession.

En effet, le jugement des marchés financiers sur les entreprises repose moins sur les données historiques qui sont publiées que sur leurs performances prévisionnelles.

Or, l'évolution de la réglementation, d'abord aux États-Unis et ensuite en Europe, a contribué a faire peser une suspicion particulière sur les données prévisionnelles fournies par les entreprises.

Le management hésite à diffuser des chiffres qui engageraient sa responsabilité. Par ailleurs, en France, les informations figurant à ce titre dans le « document de référence » sont très fréquemment insuffisantes et même inutilisables.

Par ailleurs, le « comité des comptes » n'a pas vocation à élaborer ou à diffuser de prévisions ; les commissaires aux comptes se limitent à un examen de cohérence et de vraisemblance des données. Enfin, la Commission des opérations de Bourse (COB) enregistre les documents « déposés » auprès de ses services par la direction de l'entreprise, mais laisse au management la totale responsabilité de ses déclarations.

Les analystes financiers disposent donc d'un certain nombre de données à l'état brut qu'ils vont exploiter pour déterminer un flux de liquidités disponibles ou une chaîne de dividendes dont les composantes seront actualisées.

Leur source d'information comporte les éléments d'information générale qu'ils trouvent dans des publications professionnelles ainsi que des données historiques et des indications sur l'environnement qui sont fournies par les entreprises. Par hypothèse, l'information disponible ne comporte pas de données chiffrées prévisionnelles, et les analystes ne sont pas autorisés à recourir à des informations privilégiées.

En outre, le travail de l'analyste doit porter sur une appréciation du risque (fiabilité de la prévision, solvabilité future de l'entreprise). Dans ce domaine, les « documents de référence » mentionnent désormais des éléments qui sont généralement intéressants.

Au total, la fonction de prévision des résultats met en œuvre toute la compétence professionnelle et l'habilité des analystes.

Or, cette fonction a montré récemment ses limites. La très grande majorité des analystes n'a pas apprécié correctement la bulle de la technologie. Peu d'analystes ont perçu en temps voulu les problèmes de liquidité et de résultats prévisionnels - y compris les éléments exceptionnels - de France Télécom ou de Vivendi Universal. Ils ont manqué d'esprit critique, mais il est vrai que les présidents des entreprises concernées ont commis une erreur semblable.

Ces circonstances atténuantes n'expliquent pas les insuffisances de leur travail dans le domaine de la prévision. À l'évidence, une réflexion doit être engagée d'urgence pour améliorer les méthodes utilisées, car il y va de la crédibilité de la profession.

L'évaluation des entreprises

L'évaluation des entreprises a pour but de déterminer quelle est la valeur de marché d'une entreprise à une date donnée. Elle permet également de classer par attractivité relative les valeurs composant un échantillon suivi par un intermédiaire financier et, en conséquence, de déterminer les composantes d'une politique d'investissement.

C'est ce deuxième aspect qui présente un intérêt particulier en matière de déontologie, car c'est pour effectuer des sélections de valeurs que travaillent environ la moitié des analystes dans le monde.

Or, les techniques d'évaluation connaissent actuellement une crise qui est encore plus forte que celle des techniques de prévision des résultats.

La bulle technologique a démontré que, malgré tous les progrès de la doctrine et des techniques d'évaluation, le marché boursier peut encore se montrer très irrationnel.

Ce qui peut être reproché aux analystes, c'est de s'être laissés entraîner par l'optimisme ambiant en oubliant ce qu'ils avaient appris au cours de leur formation professionnelle. Ils ont négligé de s'assurer de la cohérence des prévisions cumulées de l'ensemble des entreprises d'un secteur dont la croissance les fascinait. Ils ont oublié que des croissances très rapides sont généralement peu durables.

Mais, au-delà de ces éléments pour lesquels ils ont fait preuve d'un manque de professionnalisme, ils se sont parfois laissés entraîner par les volumes de transactions qu'ils pouvaient susciter et qui leur apportaient non seulement la considération de leurs employeurs, mais aussi de fortes progressions de salaires et de primes.

C'est pour cette raison que la mission d'évaluation confiée à l'analyste - ou plutôt l'utilisation qui en est faite - pose de délicats problèmes de déontologie et d'indépendance.

En effet, si le jugement porté sur l'entreprise est prioritairement destiné à provoquer des opérations sur titres comportant des courtages au profit de l'employeur de l'analyste, un risque majeur de conflit d'intérêts apparaît.

Ce conflit résulte de l'ambiguïté de la position de l'analyste, qui est employé par un intermédiaire financier, mais qui est censé travailler dans l'intérêt du client. Nous verrons ultérieurement comment ce problème pourrait être traité.

L'étude des missions confiées à l'analyste a fait ressortir un certain nombre de points sensibles et d'améliorations à apporter. Leur cadre de travail permet également de mettre en exergue certains problèmes qui ne peuvent pas être négligés dans l'environnement actuel.

LES RELATIONS ENTRE L'ANALYSTE ET L'EMPLOYEUR

Les entreprises employant des analystes financiers font partie de deux groupes principaux :

- d'une part, les entreprises utilisant l'expertise de l'analyste financier pour orienter leurs propres investissements (*buy side*) et qui, de ce fait, ne perçoi-

vent pas de courtage à l'issue des opérations qui sont réalisées ;
- d'autre part, les entreprises d'intermédiation financière au sens large (*sell side*), qu'il s'agisse de sociétés de Bourse ou de banques d'investissement amenées à faire des placements auprès de leur clientèle.

Le « buy side »

Les entreprises qui emploient des analystes pour leurs besoins propres ou qui n'ont pas d'activité d'intermédiation (fonds d'investissement, compagnies d'assurances ou banques de gestion, fonds de retraite, sociétés indépendantes de recherche) privilégient l'intérêt exclusif de leurs clients. Les conflits de déontologie y sont peu fréquents, mais on notera que les groupes, auxquels ces entreprises appartiennent, peuvent, dans certaines circonstances, avoir des intérêts différents de ceux de leurs clients. Ainsi, l'application d'une politique de groupe peut contribuer à infléchir la politique d'investissement (préférence pour des produits du groupe, synergie entre différentes composantes du groupe, mise en commun de moyens financiers), et des conflits d'intérêts peuvent éventuellement se produire. L'indépendance de l'analyse et de la gestion au sein des équipes doit donc être assurée, même si l'environnement déontologique ne semble pas poser de problèmes aigus.

Le « sell side »

Les problèmes déontologiques posés par les entreprises percevant des courtages à l'occasion d'opérations financières réalisées au profit de leurs client, sont plus systématiques et plus difficiles à résoudre.

Il est normal qu'une entreprise commerciale ait recours à un argumentaire pour dynamiser son action commerciale. De même, le souci de maximiser la rentabilité de l'entreprise doit conduire à accroître, dans toute la mesure du possible, le volume des opérations. Enfin, pour effectuer cette tâche, il est normal de s'adresser aux analystes dont on reconnaît la compétence professionnelle dans le domaine de l'expertise financière.

Dans ce contexte, il est indispensable de faire ressortir clairement au profit de qui les analystes travaillent. La réponse traditionnelle consiste à dire qu'ils travaillent au profit du client. Certains ajoutent que le client mécontent ne tarderait pas à manifester sa mauvaise humeur, s'il avait le sentiment que ses intérêts sont négligés.

Toutefois, de lourdes présomptions pèsent sur l'indépendance de jugement de l'analyste et, plus encore, sur son apparence d'indépendance.

Quelles que soient ses qualités, un analyste qui ne se verrait pas reconnaître, directement ou indirectement, un volume suffisant d'affaires serait tôt ou tard considéré comme inadapté aux contraintes de l'entreprise, son talent ne serait pas reconnu, ses rémunérations et ses primes en seraient affectées, et il serait amené à se reconvertir.

L'analyste a, sans conteste, une contrainte implicite de résultat à l'égard de son entreprise.

C'est pourquoi, consciemment ou inconsciemment, il risque d'infléchir son intime conviction pour tenir compte d'autre chose que du seul intérêt du client, ce qui met en cause son indépendance de jugement.

On notera, en outre, que les documents élaborés par l'analyste du *sell side* sont destinés à une large diffusion extérieure. Dans une certaine mesure, le travail de l'analyste peut être comparé à celui d'un journaliste qui aurait pour règle de conduite, non seulement l'indépendance à l'égard de son employeur, mais aussi l'intérêt exclusif du lecteur. La prudence et les garanties demandées à un tel journaliste devraient constituer le minimum de ce qui est exigé de tout analyste.

Au titre de l'homogénéité du discours de l'analyste, quelle que soit sa clientèle, les mêmes règles déontologiques doivent s'appliquer aux travaux destinés à des particuliers comme à ceux diffusés auprès de professionnels, même si ces derniers disposent d'une information plus étendue et d'une compétence plus grande.

Au total, l'analyste parle tout à la fois au nom de l'entreprise et en son nom propre. Il engage ainsi la responsabilité de l'entreprise aussi bien que son propre savoir-faire et sa propre responsabilité, tout au moins morale.

Il est vrai que, dans d'autres secteurs d'activité - les transactions immobilières par exemple -, le conseiller, qui présente le produit au client, n'est pas considéré comme chargé de défendre prioritairement l'intérêt de ce client, mais plutôt celui du vendeur, car c'est le vendeur qui lui a confié un mandat.

Le conflit d'intérêts qui se pose à l'analyste faisant partie d'une équipe d'intermédiation financière semble donc structurel, mais il peut être atténué en prenant un certain nombre de mesures spécifiques.

L'analyste met à la disposition de son employeur sa compétence professionnelle, mais pas nécessairement son nom. Il est vrai que son ego et, dans une certaine mesure, sa rémunération et sa carrière dépendent de sa notoriété personnelle, et qu'il a logiquement le souci d'être connu. Mais, s'il veut suivre la voix de sa conscience, il peut refuser de signer un document qui ne reflète pas son intime conviction. Ce document paraîtra alors sous le seul label de son employeur. Pour rendre cette hypothèse réaliste, il serait préférable de mieux protéger l'analyste dont ce type de comportement pourrait déplaire. Ceci pourrait être amélioré par des règles plus contraignantes que celles qui existent actuellement en matière de déontologie professionnelle.

L'origine des pressions, qui peuvent s'exercer pour infléchir soudainement la position d'un analyste en faveur d'une valeur, se trouve souvent dans l'opportunité commerciale d'une opération qui est proposée à l'intermédiaire financier qui l'emploie (placement de titres). Pour éviter de brusques variations inexpliquées de l'appréciation portée sur la valeur, il faut améliorer la qualité et la régularité des publications en matière de recommandations d'investissement.

Dans ce but, une entreprise d'intermédiation financière devrait être tenue de publier, à bonne fréquence et à bonne régularité, la rentabilité espérée et le niveau de risque estimé de la sélection complète des titres qu'elle propose à sa clientèle. Bien entendu, les évaluations et les recommandations devraient être établies à partir de critères rationnels et systématiques, et non de simples notations favorables ou défavorables non motivées. Par ailleurs, la modification d'une recommandation devrait être signalée et commentée.

En outre, la publication des recommandations, données pour toutes les entreprises faisant partie de l'échantillon suivi par l'intermédiaire financier, devrait être faite simultanément de manière à bien refléter la position de l'intermédiaire financier à une date donnée, et faire ressortir ainsi une hiérarchie dans le choix des valeurs suivies dans l'intérêt du client.

Notons, enfin, qu'il paraît de plus en plus contestable de diffuser des recommandations sur des valeurs individuelles sans les positionner en fonction de leurs performances espérées, mais aussi de leur niveau de risque estimé.

L'importance du courtage reçu par l'employeur, ou la rentabilité de l'opération, ne change en rien l'analyse théorique des règles qui s'imposent à un intermédiaire. Il est vrai que le problème de la rentabilité élevée des prestations réalisées par des banques d'investissement, qui participent à une opération financière, est souvent mentionné. Mais, ces banques ont généralement reçu, du vendeur de titres, un mandat rémunéré. Il y a alors conflit d'intérêts entre les intérêts du vendeur et ceux du client. C'est cette constatation qui conduit à envisager, pour les banques d'investissement, une séparation des fonctions de conseil à la clientèle.

La recherche indépendante

Parmi les réformes évoquées récemment, figure la relance de bureaux d'analyse indépendants qui feraient des recherches et des évaluations, mais s'abstiendraient de percevoir des courtages et de participer à l'intermédiation financière. Le financement de ces entreprises serait assuré par des abonnements extérieurs.

L'évolution des rémunérations des équipes pourrait être liée à l'exactitude et à la rapidité d'ajustement des prévisions des résultats. Les motivations des analystes seraient ainsi préservées, et ces critères de performance constitueraient un heureux substitut à la référence au volume d'activité apporté directement ou indirectement par chaque analyste.

Inévitablement, la composition de l'échantillon des valeurs suivies par les entreprises indépendantes fera l'objet d'âpres négociations, tant en ce qui concerne leur nombre que leur taille. Devront-elles suivre un échantillon représentatif des valeurs du marché ou, au contraire, se verront-elles cantonnées sur les petites valeurs les moins intéressantes et les moins suivies ?

La relance de la recherche indépendante est, *a priori,* séduisante, mais sa mise en œuvre est plus difficile qu'il n'y paraît.

Pour avoir le poids et l'autorité voulue, la recherche indépendante devra avoir un personnel compétent, nombreux, et bénéficiant de rémunérations alignées sur celles du marché.

En conséquence, les budgets de fonctionnement nécessaires seront importants et supposeront d'avoir de nombreux abonnés qui s'engageront sur des périodes pluriannuelles.

Si ces conditions ne sont pas remplies, la dépendance du bureau d'étude par rapport à ses principaux clients restera forte.

LES PROBLÈMES AU NIVEAU DES ANALYSTES

L'analyste financier consacre l'essentiel de ses efforts à donner des opinions motivées dans des domaines prospectifs et incertains : la prévision et l'évaluation. L'erreur fait partie de sa vie quotidienne, mais on ne peut lui en faire le reproche que s'il y a incompétence ou faute.

Pour qu'il puisse porter la responsabilité de ses erreurs, il faut qu'il en assume la charge en toute indépendance. Or, certains éléments d'environnement actuels peuvent le pousser à la faute ou, au contraire, lui éviter des dérives regrettables. Comme nous l'avons vu précédemment, les problèmes se posent de manière plus aiguë, dès l'instant ou des recommandations de valeurs sont diffusées en son nom par un employeur.

Le système de rémunération

Il est probablement vain d'espérer rompre le lien entre le volume d'activité attribué directement ou indirectement à un analyste et l'évolution de sa carrière. La mise en place d'une « mesure de performance technique », portant sur les prévisions de résultats et la performance boursière des valeurs qu'il suit, améliore la situation, mais n'évite pas de tenir compte implicitement de sa contribution à l'activité de la maison.

Enfin, il est difficile d'imaginer que le dernier mot en matière de rémunération n'appartienne pas à l'employeur, et que celui-ci ne tienne pas compte de tous les aspects du comportement des membres de son équipe.

Le droit au silence ou le recours à une autorité extérieure

La tendance à long terme des marchés boursiers est haussière, en raison des performances spécifiques des entreprises (rentabilité = taux d'inflation + taux de rendement sans risque + prime de risque).

Par ailleurs, une opinion favorable est commercialement mieux acceptée par la clientèle et plus facile à défendre qu'une position négative.

En sens inverse, le marché boursier ne s'anime que par la divergence des opinions portées sur les valeurs cotées.

Dès lors, il est normal que les valeurs pour lesquelles un analyste est interrogé suscitent parfois ses réticences.

La situation se complique quand l'analyste prend une position contraire à celle du « consensus » ou, plus encore, quand cette position gêne l'action commerciale de son employeur.

Nous avons vu qu'il devait avoir la possibilité de refuser sa signature, mais qu'une telle position risquait de peser durablement sur ses relations avec son employeur, particulièrement si ce refus se répétait.

Un recours à une autorité intérieure - le déontologue -, à un organisme professionnel - l'Association des analystes financiers -, ou à un organisme de contrôle - l'AMF -, présenterait des avantages de discrétion et de rapidité permettant de régler le problème sans provoquer d'amertume excessive.

La mise en place de telles procédures

ne sera probablement pas immédiate, mais elle est inévitable.

Le cantonnement des activités et les murailles de Chine

L'expérience des murailles de Chine est déjà ancienne. Elle permet à une entreprise de démontrer qu'elle a pris des mesures préventives pour se protéger dans des cas difficiles. L'efficacité de telles mesures n'est pas totale car, au sein d'un même groupe, les contacts formels font facilement place à des échanges informels et amicaux. Par ailleurs, la carrière d'un salarié peut se poursuivre, et même se développer, en traversant des cloisons qui sont parfois poreuses. Enfin, les contrôles sont difficiles à effectuer.

Rien ne peut remplacer la conscience individuelle qui constitue la seule véritable protection contre la circulation d'informations privilégiées.

La détention d'un portefeuille de valeurs gérées en direct

Un analyste, qui a confiance dans ses capacités, a un désir légitime de bénéficier lui-même des conseils qu'il donne aux autres.

Dans la mesure où les positions qu'il prend ne sont pas de nature à déséquilibrer le marché ou sa propre situation financière, son comportement semble logique.

La règle qui consiste non seulement à plafonner ses opérations en fonction de ses moyens financiers et de la taille du marché, mais également à faire passer en priorité les achats des clients et à bloquer ses ventes pour des périodes relativement longues, constitue une mesure efficace.

Et pourtant, l'apparence d'indépendance de l'analyste risque d'être suspectée, et donc sa crédibilité s'en trouvera affectée.

C'est pourquoi, dans un souci de transparence, la meilleure solution est de s'abstenir totalement, et de confier à d'autres le soin de gérer ses investissements.

Les problèmes boursiers récents ont conduit systématiquement à se poser la question de savoir quelles étaient les causes des erreurs imputées à tort ou à raison aux analystes comme à d'autres professions financières.

En ce qui concerne les analystes financiers, il apparaît que la principale cause est liée à un oubli des techniques de base du métier et aux insuffisances des méthodes employées en matière de prévision et d'évaluation. Mais, l'oubli des techniques de base a vraisemblablement été favorisé par l'ambiguïté de la position des analystes du *sell side* qui sont supposés défendre l'intérêt des clients, mais dont la rémunération dépend directement ou indirectement des courtages perçus par leurs employeurs.

Des mesures correctives doivent être prises pour assurer une meilleure transparence du marché, même si certaines de ces mesures sont douloureuses. Dans le contexte actuel, il serait regrettable de se limiter à rechercher des responsabilités sans s'attaquer véritablement à des réformes de fond.

RÔLE ET INDÉPENDANCE DES ANALYSTES FINANCIERS

PIERRE-YVES GAUTHIER*

L'analyste financier[1], star involontaire des années de « bulle TMT », est devenu depuis près de deux ans la cible expiatoire des critiques sur les excès de la Bourse, son indépendance, sa compétence, voire son honnêteté, étant régulièrement mises en cause.

S'interroger sur l'indépendance (et souvent implicitement sur la compétence) des analystes revient inévitablement à s'interroger sur l'économie de l'intermédiation en titres financiers et plus particulièrement les actions. En deux décennies environ, cette « industrie » (on pardonnera cet abus de langage) s'est enrichie de nombre d'acteurs, a quitté le territoire du local avec son autorégulation de proximité pour s'exposer au global avec une régulation largement inspirée du modèle américain, s'est pliée à des modes d'organisation caractéristiques de la domination absolue des intermédiaires anglo-saxons, en bref a embrassé beaucoup tout en étreignant peu.

Les interrogations sur l'indépendance de l'analyse financière ne sont qu'un des reflets visibles de cette mutation.

Aussi, nos conclusions portent moins sur le concept d'indépendance de l'analyste, un problème ancien et bien cerné, certes amplifié par la bulle car les professionnels, éblouis par la hausse, tendent alors à fermer les yeux collectivement. Nos conclusions portent plutôt sur une exigence fondamentale pour les marchés : entretenir la diversité, cette richesse essentielle que le régulateur doit s'attacher à préserver. Outre les risques liés à la domination de quelques acteurs, il faut admettre que le surcroît de protection de l'investisseur voulu par le régulateur et le législateur revient à créer des barrières à l'entrée, au détriment de la diversité des opinions.

Pour juger de l'indépendance de l'analyste financier, il faut au préalable resituer et démonter les mécanismes de la filière de l'intermédiation

---

* Responsable de l'analyse financière Europe, Crédit Lyonnais Securities.
Les réflexions et opinions contenues dans ce texte sont principalement le fruit d'observations sur près de vingt années de pratique du métier d'analyste financier au sein de structures d'intermédiation très diverses. Ces observations ne concernent que la pratique de l'analyse à destination des professionnels de la gestion. Enfin, ces propos n'engagent que l'auteur.

financière. Qui fait quoi et surtout qui rémunère qui ? Ce rappel permet de cerner les manquements éventuels des analystes dans l'exercice de leurs métiers.

LE PRODUIT : L'INFORMATION RETRAITÉE

La matière première d'un marché financier s'appelle information. Cette dernière est immensément abondante. Aussi, son traitement a donné lieu, au cours des dernières décennies, à l'émergence de toute une « industrie de l'information financière » où les strates se sont additionnées et interpénétrées. La technologie a bien entendu joué un rôle considérable dans l'accessibilité à l'information. Cette dimension ne sera pourtant pas abordée ici.

Deux constats, développés dans les lignes qui suivent, s'imposent sur cette notion de traitement de l'information : l'analyste n'est pas seul à « dire le droit » en matière de jugement boursier dans un univers extrêmement concurrentiel ; la matière analysée est devenue plus abstraite.

L'analyste n'est pas seul

Il convient, en effet, de replacer les analystes dans cette cascade d'intervenants, tous professionnels, qui participent au traitement de l'information et, *in fine,* à l'élaboration d'un conseil d'investissement. Il y a quinze-vingt ans, on trouvait peu ou prou, dans cette succession d'intervenants : un commissaire aux comptes certifiant des comptes ; une entreprise qui fait le point sur son activité et ses résultats à un analyste, qui en synthétise le propos à destination d'un vendeur, lequel parle à un gérant mandaté par l'épargnant en bout de chaîne. Rappelons que seul ce dernier, le client, n'est pas un professionnel. Cette distinction répétée entre professionnels et consommateurs de services d'épargne importe, car seul ce dernier n'est pas présumé compétent.

Aujourd'hui, sont venus se greffer, dans cette chaîne de conseils : des relations investisseurs, c'est-à-dire des salariés de l'entreprise cotée ayant pour vocation de structurer la communication financière vers les investisseurs, actionnaires et analystes ; des sociétés de services spécialisées dans la communication financière principalement rémunérées par les émetteurs ; des analystes *buy side,* c'est-à-dire rémunérés par et travaillant pour les sociétés de gestion ; une gamme sans cesse élargie de consultants (expertise sectorielle, gestion éthique, vie juridique des entreprises...) ; un ancien acteur revenu sur le devant de la scène : les agences de *rating* évaluant les risques pour le compte des prêteurs.

La filière a donc vu s'étoffer le nombre de professionnels susceptibles tant d'apporter de la valeur ajoutée sur l'information que de « défendre l'intérêt de leurs clients » aux différents étages du traitement de l'information.

Cette irruption de nouveaux acteurs a aussi consacré le passage de l'information financière, factuelle et objective, à la communication financière, utilisation stratégique de l'information financière dans la promotion d'intérêts catégoriels : dilution de mauvais résultats dans l'expression d'un projet stratégique censé mobiliser le marché sur le moyen terme (sociétés Internet des années 1998-2000) ; personnalisation extrême de certaines recommandations boursières « d'analystes stars », parfois au mépris complet de la réalité financière de l'entreprise ; mise en scène de la présentation des perspectives d'une société proche de certains meetings politiques...

La multiplication des acteurs a également entraîné la segmentation des demandes et le développement du marketing boursier. L'information financière n'est plus qu'un lointain prétexte à diffuser discours et contre-discours dans la plus pure tradition des pratiques politiques. Le brouillage médiatique, qui en est résulté, privilégiait naturellement la forme et la brillance sur le fond et la complexité de l'analyse.

La mise en chiffres de cette multiplication des professionnels à tous les étages illustre à quel point l'univers est concurrentiel donc naturellement générateur de contre-pouvoirs, sauf peut-être dans les fonctions de commissariat aux comptes et d'agence de *rating*. Cette vitalité concurrentielle est remarquable, voire exceptionnelle pour une filière industrielle, et assure aux acteurs, un panel de choix considérable.

La matière analysée est devenue plus abstraite

La globalisation des marchés actions a conduit au développement d'une approche par comparaison sectorielle transfrontières et au recul très net de la connaissance d'une spécificité locale des entreprises sous revue. À titre d'exemple, l'avis de tel analyste anglais basé à Londres a pu sembler aussi pertinent, dans son appréciation des sociétés du secteur automobile, que celui d'un analyste de Stuttgart discutant dans sa langue avec les dirigeants de Daimler. Cette évolution vers une neutralisation de la géographie est reprise ci-après dans une section consacrée à l'uniformatisation de la pensée. Une conséquence de cette distanciation d'avec les entreprises a pu

Tableau 1
Ordres de grandeur du nombre d'intervenants dans l'espace européen (y compris UK)

Fonction	Estimation de l'effectif	Commentaires
Commissaires aux comptes	4-5 à dimension européenne	Environ 200 à envergure nationale
Entreprises cotées	5 000 significatives	-
Investor relations	2 000 environ	-
Analystes	3 000 environ	Sur environ « 250 *brokers* »
Vendeurs	4 000 environ	-
Analystes *buy side*	500 environ	-
Consultants et commmunications financières	Environ 2 500	Environ 100 sociétés
Agences de *rating*	3 à envergure européenne	-

être la tentation de la modélisation en lieu et place du concret propre à la connaissance du terrain, ou la tentation d'application des concepts d'investissement simplificateurs parce que faciles à vendre.

Cette « désincarnation » de l'information est un élément essentiel du processus de politisation du discours de l'analyste. Coupé partiellement de ses racines géographiques, culturelles, voire financières et comptables, le discours de l'analyste a pu ainsi s'inscrire plus librement dans une dynamique de rhétorique creuse et parfois dangereuse. Le poids croissant des instruments dérivés dans les stratégies financières des entreprises et dans les arbitrages entre supports d'investissement a aussi participé à cette abstraction.

Le rôle de l'analyste et les interrogations sur son indépendance doivent ainsi s'appréhender dans ce double contexte : une multiplication des acteurs dans la sphère du traitement de l'information financière ; une mutation rapide de la nature de l'information traitée.

MAIS QUI PAYE QUOI ?

Il convient ici de rappeler - sur un mode nécessairement simplificateur - les modalités de l'économie du courtage, économie fondée sur le principe de commission, à tous les étages de la filière, qu'il s'agisse des gestionnaires ou des *brokers*. Le schéma ci-dessous met les principaux acteurs en évidence.

Schéma
Les principaux acteurs de l'économie du courtage

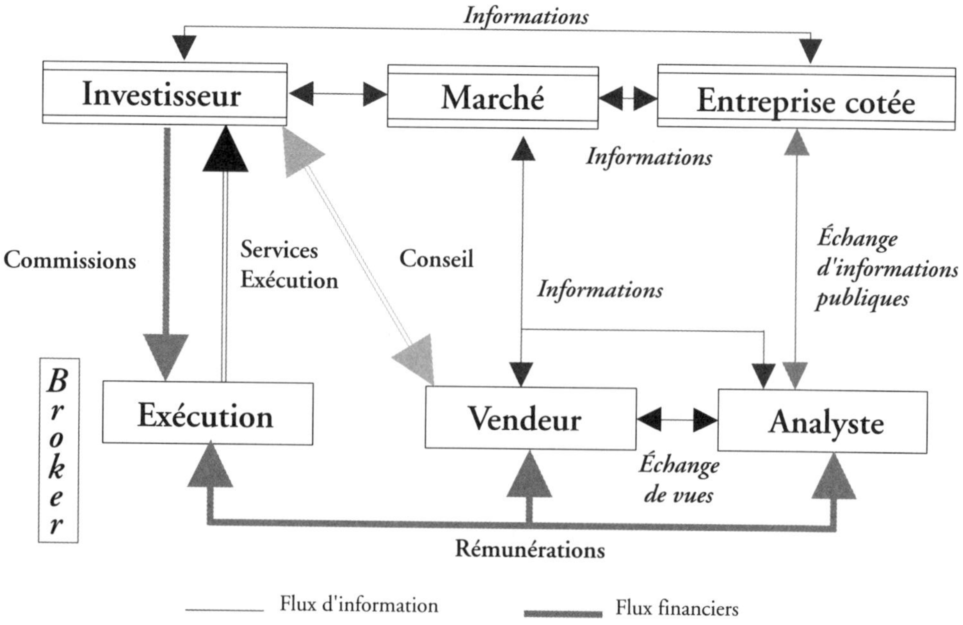

Les principales étapes de la filière sont les suivantes :
1 - un particulier confie son épargne à un gestionnaire (gestion collective ou sur mesure, assurance-vie...) ;
2 - le gestionnaire investit dans différents supports financiers dont les actions ;
3 - le choix des titres actions découle des conseils fournis par un vendeur, lequel se fait l'écho des recommandations et avis de l'analyste (ce modèle ne correspond plus à celui des grandes maisons de gestion) ;
4 - les recommandations sont fondées sur les travaux d'analyse financière ;
5 - ces travaux d'analyse sont distribués « gracieusement » contre l'espoir d'être retenu comme l'intermédiaire dans l'exécution d'une transaction, transaction facturée sous la forme d'une commission.

L'analyse financière est ainsi un acte de marketing : c'est une raison de parler au client, professionnel de l'investissement, de lui offrir du conseil et de la liquidité, avec une ambition essentielle de créer des flux. En effet, les marchés financiers se nourrissent de flux, et les flux sont porteurs de commissions.

L'analyste joue un rôle d'expert-conseiller tant en interne vers les vendeurs qu'en direction des clients investisseurs institutionnels. Son rôle consiste principalement à recueillir de l'information sur des sociétés appartenant à un secteur industriel de façon à en anticiper les résultats futurs. Ces résultats futurs sont le fondement du cours de Bourse. Par son analyse et ses recommandations, l'analyste participe à une chaîne décisionnelle qui aboutit à des achats/ventes de titres actions. Ce sont ces transactions qui génèrent un flux de commissions et donc un chiffre d'affaires pour l'entreprise d'intermédiation qui l'emploie. Cette activité de conseil ne concerne virtuellement qu'une classe d'intervenants : les investisseurs institutionnels.

Il est utile de noter que le gros de la valeur ajoutée dans cette filière est capté par le métier de gestionnaire, du fait de

Tableau 2
Fonction et rémunération

Fonction	Estimation de la rémunération	Commentaires
Broker	0,05 à 0,2 % des capitaux traités	Frottement sur les flux
Société de gestion	0,5 à 1,5 % des capitaux sous gestion	Frottement sur les stocks
Investor relations	Salaire	-
Analystes	Salaire + bonus	-
Vendeurs	Salaire + variable	-
Analystes *buy side*	Salaires + bonus	-
Consultants et communications financières	Honoraires/*retainers*	-
Agences de *rating*	Rémunération contractuelle	-

la facturation fondée sur un pourcentage du stock de richesse. À l'inverse, l'activité d'intermédiation action stricte (*cash equity*[2] secondaire et hors prise de risques) perd structurellement de l'argent du fait du coût de la recherche et constitue, à bien des égards, un *loss leader* pour les banques d'investissement.

IDÉES CONTRE COMMISSIONS

Une « idée », ou conseil en l'espèce, n'a pas de valeur propre. La valeur dérivée découle directement des capitaux mis en mouvement autour de cette idée. L'expression de la rémunération d'une idée ou d'un conseil ne peut être autre que la commission. Ce constat est valable pour beaucoup de professions où la génération d'idées est essentielle : architectes, avocats, banquiers d'affaires, détenteurs de brevets...

Cette rémunération par commission est aussi observée, indirectement il est vrai, pour la recherche qualifiée d'analystes *buy side*, c'est-à-dire travaillant pour les gestionnaires. Compte tenu de son coût, cette recherche internalisée n'est envisageable que pour les plus importantes structures de gestion, structures dont le mode de rémunération est aussi l'application d'une commission sur les encours sous gestion et/ou sur les transactions.

L'idée que la recherche puisse se vendre sous la forme d'un prix fixe ou d'un abonnement ne résiste pas à l'âpreté qui caractérise les marchés financiers. La commission maximise le profit potentiel pour l'émetteur d'un conseil judicieux, et apparaît comme indolore pour le bénéficiaire de ce conseil. Le paiement « en dur » d'un conseil supposerait d'en connaître par avance la valeur, ce qui est par nature impossible. L'idée de donner une autonomie à la recherche (cf. section sur les conflits d'intérêts) et de la rémunérer de façon indépendante, sous forme d'une tarification fixe, ne résiste pas au constat qui précède. Par ailleurs, par la concurrence qui s'installe dans ce modèle, se crée aussi une émulation considérable à la disposition des clients.

La commission est indolore... mais elle impose son *diktat*.

En effet, la commission appelle le court terme et l'économie d'échelle. Le court terme parce que le propre de l'industrie boursière est d'inclure, dans le prix, toute information disponible. Le long terme n'est que la somme de micro-événements court terme à l'instar d'une forme fractale. Il découle, de cette urgence du court terme, une considérable réactivité des capitaux concernés et une incitation proportionnelle des participants à la filière, rémunérés par un frottement sur le capital, à faire tourner ce dernier plutôt plus que moins. Industrie en surcapacité, le conseil financier fait feu de tout bois pour créer du volume alors que les donneurs d'ordre, mesurés minute après minute dans leur performance, ne peuvent se permettre de laisser passer une opportunité, fut-elle à court terme et risquée.

L'autre dimension prégnante de l'économie de la filière est la recherche de taille. La génération d'une idée est certes d'un coût marginal extrêmement faible et donc ouverte à tous. La rémunération de l'idée, on vient de le voir, est proportionnelle aux capitaux en jeu. D'où l'intérêt d'être un « gros » *broker* avec un « gros » réseau de distribution, c'est-à-dire l'accès à de très nombreux clients institutionnels.

Salarié d'une entreprise de courtage, l'analyste financier est ainsi rémunéré pour ses idées, et surtout le marketing de ses idées qui, avec l'appui des vendeurs, permettent de générer des échanges. Plus ces capitaux sont significatifs, plus les rémunérations sont élevées. C'est ainsi qu'un analyste est d'autant mieux rémunéré qu'il travaille sur un marché « profond » (c'est-à-dire les États-Unis), sur un secteur à forte capitalisation boursière (banques, pétrole) et qu'il est appuyé par une solide équipe de vente. Ces rappels sont nécessaires pour porter un jugement critique sur le rôle des analystes. La nature même des marchés financiers est d'être *short-termist*, il paraît donc excessif de le reprocher à la seule profession des analystes.

Les conflits d'intérêts

Avec la déflation de la bulle TMT[3], la recherche d'une responsabilité de certains des acteurs dans cette phase d'illusion collective a réorienté les projecteurs sur un vieux conflit d'intérêts dans les banques d'investissement : l'opposition entre « primaire » et « secondaire ». Cette opposition n'est pas nouvelle. Juger de l'indépendance des analystes à cette aune revient à désigner un bouc émissaire plus qu'à s'interroger sur les raisons du dérapage d'un risque pourtant bien cerné.

L'opposition « primaire/secondaire » découle d'un très simple constat. Dans les activités « primaires » (comprendre introduction en Bourse, augmentation de capital et, par extension simplificatrice, toute forme d'intervention sur le passif des entreprises), le donneur d'ordre à la banque d'investissement est le dirigeant de l'entreprise cotée. Le payeur est donc l'entreprise (le *corporate* dans le franglais du métier).

À l'opposé, dans le métier courant d'intermédiaire (agent de change, *broker* et désormais PSI ou entreprise d'investissement suivant les termes du Conseil des marchés financiers - CMF), le donneur d'ordre et le payeur sont l'investisseur (ou son représentant, le gestionnaire de fonds). C'est pour ces clients qu'est articulée la filière d'intermédiation décrite précédemment, car ces clients « sont » le marché, ce sont eux qui forment les prix par leurs avis et leurs transactions.

Dans l'ordre des choses, l'investisseur devrait légitimement être le premier client. Faux. Car s'immiscent deux réalités bien concrètes qui renversent les priorités : il est plus facile de négocier avec un dirigeant d'entreprise souvent client lié par les financements bancaires qu'avec des milliers d'actionnaires anonymes ; les marges sont dix à vingt fois supérieures dans les transactions « primaires », certes plus rares mais brassant des capitaux considérables.

Quel est le rôle de l'analyste dans cette opposition « primaire/secondaire » ? L'analyste qui tient sa réputation d'une compétence reconnue par le marché secondaire est invité, par la banque qui l'emploie, à mettre à disposition cette compétence pour soutenir l'effort commercial de cette dernière dans l'attribution de mandats. Un tel analyste constitue un formidable levier commercial : le marché lui reconnaît un savoir-faire et un savoir-vendre, l'entreprise cotée lui reconnaît un savoir industriel, l'analyste sait comment les investisseurs réagissent sur le secteur et sur la valeur. Il est le lien naturel entre ce triangle d'acteurs (banque, entreprise, investisseur), et ce lien apparaît d'autant plus nécessaire que l'expertise de l'analyste porte sur des sujets complexes (équipements de télécommunication, biotechnologies, par exemple).

Le conflit d'intérêts découle naturellement du fait que l'analyste étant rémunéré par un établissement qui pratique deux métiers (le primaire et le secondaire) aux intérêts clients contradictoires, la pression est très forte pour privilégier le métier à forte marge, fut-ce au détriment de l'intérêt des actionnaires. Le souci étant ancien et universel, les banques ont toutes retenu des dispositions qui neutralisent l'avis des analystes en direction du marché, lorsque ces analystes sont requis pour intervenir pour le compte du primaire. Qualifiées de mur de Chine, ces dispositions visent à couper du marché les analystes prenant part à des opérations « primaires », puisque ces derniers sont détenteurs d'une information à caractère confidentiel nécessaire dans l'élaboration du mandat primaire. Pour autant, ces dispositions ne répondent pas à deux observations essentielles :

- l'intégrité du marché est fragilisée par le fait qu'un analyste éventuellement réputé et apprécié arrête au moins temporairement de donner un avis dans le marché ;
- compte tenu du chiffre d'affaires en jeu pour son employeur, l'analyste n'est guère enclin à émettre un avis négatif sur le client *corporate* et l'opération en cours. Les mécanismes qui permettraient à l'analyste d'afficher une position d'indépendance sont peu opérationnels compte tenu, là encore, des sommes en jeu.

L'indépendance de l'analyste est ici directement fonction des lignes de *reporting* et du mode de rémunération. Les secousses américaines sur ces thèmes ont bien mis en évidence le fait que les rémunérations des analystes sur cette zone géographique étaient largement dominées par le primaire, et que les structures de management de la recherche, comme de l'activité secondaire, étaient beaucoup trop faibles pour s'opposer à cette primauté du primaire.

Il paraît ici nécessaire de formuler deux observations :

- la première porte sur le constat à ce jour que les établissements européens, y compris ceux qui sont le plus engagés sur le territoire américain, ont su éviter le pire des excès en la matière. Peut-être parce qu'aucun des marchés domestiques européens n'est assez profond pour permettre de multiplier les abus, sans doute aussi parce que les banques d'investissement américaines ont, pour certaines d'entre elles, une importante clientèle d'investisseurs particuliers à la différence des banques européennes qui sont quasiment exclusivement orientées vers les professionnels ;
- la seconde porte sur le fait que les excès observés ne sont pas uniquement nés des pressions exercées sur les analystes, mais bel et bien d'un dévoiement, effarant par son ampleur, d'une chaîne de décideurs qui, par leur comportement, ont bel et bien sciemment attaqué l'intégrité du marché.

Les révélations sur le fait que certains dirigeants d'entreprises nouvellement introduits sur le marché étaient parmi les premiers à recevoir des titres ne peuvent que conforter les observateurs extérieurs sur le fait que le marché était devenu un casino avec des règles du jeu à l'avantage d'une infime minorité.

Il est aussi important d'évoquer le fait que les conflits d'intérêts parcourent largement la sphère des services financiers, et que les analystes n'en sont, ces derniers mois, que la composante la plus visible. Ainsi a-t-on critiqué, avec raison, la profession d'auditeur associant mandat de révision comptable et mandat de conseils en organisation, ainsi commence-t-on à s'inquiéter des tiraillements que pourrait connaître tel gestionnaire, actionnaire de telle entreprise cotée qui serait aussi son client au travers de son fonds de retraite, ainsi, enfin, sont apparues au grand jour les interrogations sur la réelle autonomie de décision des gestions collectives parties de groupes bancaires de services universels. La focalisation sur l'analyse financière doit ici s'apprécier comme le retour de bâton d'une excessive médiatisation.

L'INDÉPENDANCE DE JUGEMENT DES ANALYSTES

L'indépendance de l'analyste peut aussi être abordée comme la capacité de ce dernier à générer une opinion critique, à construire, par le maniement des idées et des concepts appliqués à l'information publique, une nouvelle couche de valeur ajoutée.

Cette aptitude au jugement critique s'est érodée chez l'analyste tout comme chez les autres acteurs de l'intermédiation en Bourse. À l'inverse, la technicité a considérablement progressé, les excès du second cachant la misère du premier. Il s'agit là d'une appréciation difficilement quantifiable et non d'un inventaire systématique sur une profession.

Les causes de cette érosion sont multiples, et les effets désastreux pour la profondeur des marchés.

Première cause : l'urgence inhérente aux marchés financiers. Toute information nouvelle s'intègre instantanément dans le prix d'une action. Il n'y a pas, dans l'industrie du courtage, de bénéfice à traiter plus en profondeur une information, c'est-à-dire se donner le temps et le recul nécessaires à la qualité du jugement. Le marché aura déjà réagi, les opportunités de commissions seront déjà passées. Cette primauté à l'ultra court terme n'est pas nouvelle. C'est la globalisation et la multiplication des acteurs, tous à la recherche de parts de marché, qui en ont changé l'ordre de grandeur. Tendance amplifiée, bien entendu, par la puissance des technologies de l'information. Ainsi, à titre d'exemple, pour une entreprise de 5 à 10 milliards d'euros de capitalisation qui publie ses résultats à 8 h du matin, la prise en compte dans les modèles sera faite dès 8 h 30 - 9 h, avec mise à disposition immédiate sur les systèmes internes. Le document d'accompagnement aura été adressé par E-mail, sans doute par vingt sociétés de courtage différentes, dès 9 h 30 aux clients, les plus exigeants de ces derniers ayant parfois accès aux modèles sous-jacents en temps réel.

Deuxième cause : le consensus. La vitesse passe par des codes de communication acceptés par tous les acteurs. L'un de ces codes est le consensus. Le consensus est une moyenne des attentes des analystes, généralement en matière de résultats de l'entreprise sous revue. Curieuse évolution que celle d'une industrie dont les acteurs calent leur contribution par rapport à une moyenne dont ils sont censés produire indépendamment les sous-jacents. Cette étonnante circularité, cette moyenne molle, définit le repère qui permettra au marché de réagir vite lors de la publication du résultat. Cette référence au consensus est d'autant plus consternante qu'il est avéré que les entreprises, au fait de l'importance de leur communication financière, se sont prises au jeu de le gérer. L'expérience montre, en effet, que la frontière est étroite entre le pilotage neutre et la tentation d'écouter cette moyenne molle et d'essayer de s'en servir comme objectif, fut-il intenable. L'adage selon lequel un dirigeant « trop près de son cours de Bourse » est dangereux pour son entreprise a été largement oublié au moment de la bulle.

Ainsi, tout doucement mais forcés par l'urgence propre à toute la filière financière, beaucoup d'analystes ont glissé vers le rôle de porte-voix d'une vérité unique, émanant trop de l'entreprise. Dans la course poursuite qui consiste à formuler des analyses sur des résultats publiés maintenant tous les trimestres, l'analyste n'a d'autre levier que de normaliser son discours.

Les limites de cette normalisation ont, bien entendu, été mises en évidence au moment des grands scandales américains.

Derrière le consensus, se cache un autre épouvantail des marchés financiers actions : le *benchmark*. Cette commodité consiste à juger une performance sur un indice de référence. Cette obligation d'ancrage a conduit à de considérables dégâts dans les patrimoines, amplifiant le caractère moutonnier de tous les acteurs, voire conduisant à l'accident collectif, comme ce fut le cas lors de la cotation de France Télécom avec une pondération à 100 %[4]. Fort heureusement, le *benchmark* porte les germes de sa propre destruction avec la multiplication des *benchmarks* telle que la création d'indices (à la mode, comme les indices technologiques au plus haut de la bulle TMT) et l'illustration de l'aberration d'une telle approche lorsque les valeurs baissent. Alors, le client final, l'épargnant, se retrouve riche, parfois, d'une performance relative, mais, en termes d'argent à la banque, fort dépourvu.

Troisième cause : l'uniformisation de la pensée. La recherche du consensus n'en est qu'un aspect particulièrement saillant. Beaucoup plus dommageables et cachés sont des mécanismes qui imposent *de facto* des standards de référentiel ou des méthodes d'analyse qui nuisent à la qualité du raisonnement. Ainsi en va-t-il des comptes trimestriels dont la pertinence reste un sujet de discussion pour tous ceux qui les démontent. Les comptes trimestriels focalisent l'attention sur des cycles trop courts pour beaucoup d'industries. Ainsi en va-t-il des choix de présentation comptable, parfois en vue de mettre en évidence des soldes de gestion à la mode qui s'avèrent, avec l'expérience, complètement disqualifiés (référence trop systématique à l'EBITDA par exemple). Ainsi en va-t-il de la préoccupation obsessive de valorisation de la croissance. S'il ne fait aucun doute que la valeur d'une action correspond à l'actualisation de son flux de dividendes, et donc que la vitesse, à laquelle peuvent croître ces dividendes, est un facteur essentiel de la valorisation, l'absence d'un jugement critique sur la façon de financer la croissance est un sujet de consternation. Cette uniformisation de la pensée a été largement amplifiée par l'approche sectorielle laquelle, en resserrant davantage encore l'expertise de l'analyste sur une unique industrie, interdit tout enrichissement par comparaison. L'analyste a perdu en culture et bon sens ce qu'il a gagné en expertise sectorielle.

Quatrième cause (et toutes ces causes sont largement imbriquées) : la distance. Évoquée précédemment, la distance est à la fois géographique (un analyste couvre depuis son bureau des sociétés éloignées de plusieurs centaines de kilomètres et de cultures très différentes), elle est aussi la primauté de la théorie sur le terrain. La connaissance d'une filière industrielle passe par l'enquête, la multiplication des contacts hors circuits balisés, notamment auprès des concurrents, fournisseurs et clients non cotés... Urgence et distance se sont liguées pour éloigner les analystes du concret.

L'UNIQUE SOLUTION : ENCOURAGER LA DIVERSITÉ

Les conditions du fonctionnement optimal des marchés financiers présentent beaucoup de similarités avec celles qui sous-tendent le fonctionnement des démocraties. L'une d'entre elles est que l'un comme l'autre se nourrissent d'une grande diversité d'opinions.

Pourtant, la massification des services de gestion d'épargne a conduit, comme indiqué précédemment, à une industrialisation et une normalisation des *process* qui ne favorisent pas la diversité. Comme dans tout marché, il faut passer la phase d'expansion et arriver à une certaine maturité, avant que ne s'exprime un besoin de segmentation de la demande. L'analyse financière vit aussi à ce rythme : la demande a été uniformément de « faire du global »...

Aussi, les solutions viendront pour une large part de l'évolution des clients. L'analyse financière indépendante (au sens où elle n'est pas influencée par le primaire) a toujours existé. De fragile, elle est devenue anémique au moment où l'expression de la demande des grandes gestions s'est déplacée vers un service global où le *process* l'a emporté. Il y a eu, en effet, dans l'organisation des grandes gestions, un travail d'organisation pour être en phase avec les attentes de principaux donneurs d'ordres (fonds de pension notamment). Dans un premier temps, l'intérêt éventuel d'une recherche plus indépendante ne s'imposait pas face aux problèmes d'organisation que cela posait.

Le régulateur doit probablement s'attacher à créer les conditions d'une grande diversité de choix dans l'offre d'analyse en particulier et, de façon plus générale, dans l'offre de services financiers. Cette intervention devrait porter sur les mécanismes qui préviennent les conflits d'intérêts au sein des groupes bancaires intégrés - universels.

Elle devrait aussi porter sur les barrières à l'entrée que le souci légitime de protection de l'épargnant a conduit à renforcer. Peut-être à l'excès.

Nous abordons successivement ces deux étapes.

Prévenir les conflits d'intérêts

Les développements de ces dernières semaines sur le marché de référence, les États-Unis, ne cessent d'inquiéter. Confrontés à la dégradation de leur image, les principales banques d'investissement souhaitent négocier vite, et sont prêtes à toute forme de concession qui apaisera la justice. Cette dernière, en avance sur les régulateurs, optimise le couple « rentrée financière sous forme de pénalités » *vs* « temps ». Il est probable qu'une fois encore la forme l'emportera sur le fond. Les orientations des négociations début novembre - puisque c'est bien de négociations dont il s'agit - laissaient les professionnels dubitatifs avec la définition d'une mutuelle de recherche entre grandes banques d'investissement, mutuel territoire de neutralité qui pourrait être bien mort-né tant la recherche n'est pas un acte dont les produits se diluent dans la neutralité. La tentative de normalisation des échelles de recommandations fait tout autant sourire.

Vu d'Europe, la tentation est grande de voir, dans ces développements, un écran de fumée pour occulter les plus importantes dérives observées dans quelques établissements bancaires. Il est sans doute important pour les marchés européens de prendre leur distance avec les excès de formalisme et de juridisme de la régulation américaine, et surtout d'éviter l'exportation de ce modèle dans la Communauté européenne. L'Europe des marchés financiers a déjà fait l'expérience des excès du formalisme américain en matière de déontologie, importée par les banques d'investissement et les grands cabinets de conseil juridique. Ce modèle entrave plus la concurrence qu'il ne protège les investisseurs et les personnes privées. Ensuite, comme il a été rappelé précédemment, les excès américains ont affecté directement la clientèle des épargnants, ce qui n'a pas été le cas en Europe où les réseaux bancaires ont été très largement tenus à l'écart des abus. Les professionnels, qui se sont brûlés les ailes dans les excès, savaient ce qu'ils faisaient.

Au total, professionnels, régulateurs, voire législateurs, devraient idéalement orienter leurs efforts vers un souci de transparence et de simplification. Une note aux comptes bien rédigée, c'est-à-dire avec le souci d'informer plus que d'appliquer des dispositions comptables, fait plus pour l'efficience des marchés qu'un quelconque texte de loi. C'est en effet à cette condition que l'investisseur sait ce qu'il achète et construit un contrat de confiance, qu'il y ait ou non des analystes pour aider.

Abaisser les barrières

Le couple indépendance de la prestation intellectuelle et rémunération fixe n'a pas d'avenir, car il n'offre aucun levier qui permette aux « boutiques de recherche » d'investir dans l'affirmation de leurs produits. Pour accéder à une rémunération sous forme de commissions, seul modèle économique susceptible d'offrir un vrai levier, l'analyste indépendant (parfois auto-qualifié de consultant) devra facturer ses services au travers d'un *execution broker* qui prendra sa dîme (deux à trois fois ce que reçoit l'analyste... on parle alors de *soft*) ou trouver des capitalistes susceptibles de constituer une société de courtage qui se donne pour objectif de se rémunérer exclusivement sur l'activité secondaire. Il existe déjà, dans chaque pays européen, trois à cinq structures indépendantes significatives fondées sur le modèle de la commission. Elles sont la preuve que la démarche est pertinente. On objectera simplement que les capitaux en jeu, pour former des structures indépendantes tout en satisfaisant aux contraintes réglementaires, en font des projets trop lourds pour favoriser une multiplication de l'offre. C'est là un point sensible.

Ainsi, au-delà des interrogations sur l'indépendance des analystes, le régulateur devra se garder de répliquer les modèles qui traversent l'Atlantique et se garder d'agir trop vite. Ne serait-il pas, par exemple, utile de communiquer en termes plus accessibles aux épargnants sur les risques implicites à des rendements attrayants ou à l'inverse, sur le coût en termes de performances, des garanties protégeant le capital ? Les épargnants ont besoin de transparence et de clarté, les professionnels n'ont guère besoin d'être protégés d'eux-mêmes. Sur ce plan-là, l'offre d'analyse est suffisamment diversifiée pour qu'il ne soit pas nécessaire d'en modifier les conditions d'exercice autrement qu'à la marge.

NOTES

1. Les termes « analyste financier » recouvrent ici le métier des professionnels ayant pour métier de promouvoir, contre rémunération, un conseil d'investissement en actions. Par défaut, il s'entend comme étant spécialisé sur les actions cotées (par opposition aux produits dérivés sur actions et par opposition à la dette *corporate*).

2. L'expression *cash equity* définit le seul support actions par opposition aux produits dérivés *equity derivatives* et les titres convertibles, parfois d'ailleurs assimilés aux dérivés.

3. Confortable raccourci pour Télécom Media Technology.

4. En retenant un poids de France Télécom dans les indices de 100 % alors que seulement 50 % des titres étaient accessibles aux investisseurs, il se créait, par le jeu de la réplication du *benchmark* par les opérateurs, une course poursuite sans issue : plus le titre progressait, plus il y avait urgence à acquérir des titres, poussant ainsi plus haut le titre, du fait de la rareté artificielle créée par la pondération...

INDÉPENDANCE ET DÉONTOLOGIE DES COMMISSAIRES AUX COMPTES

YVES LE PORTZ*

L'institution en 1999 d'un Comité de déontologie de l'indépendance des commissaires aux comptes (CDI) a contribué de façon significative à doter la France d'une déontologie de l'indépendance des auditeurs des sociétés cotées, adaptée aux conditions modernes de l'audit. Mais cette déontologie appelle aujourd'hui des approfondissements et des aménagements qui prennent en compte l'expérience récente et les attentes du marché.

BILAN DES ACTIVITÉS DU CDI

Bref rappel historique

Dire qu'un commissaire aux comptes doit être indépendant de la société qu'il vérifie n'énonce qu'un truisme, à savoir la nécessaire distinction entre contrôleur et contrôlé.

Ce truisme a été incorporé dans les deux premières grandes lois boursières américaines, le Securities Act de 1933 et le Securities Exchange Act de 1934, qui ont prescrit la vérification des comptes des émetteurs de valeurs mobilières cotées par des auditeurs indépendants.

Concrétiser ce principe n'est pas aisé. Aujourd'hui, deux tiers de siècle après 1933, les principes déontologiques gouvernant cette indépendance sont encore loin de faire l'unanimité des gouvernements, des régulateurs et des experts.

La France, pays précurseur en matière d'encadrement du métier de l'audit

En France, la loi a progressivement institué des incompatibilités entre le commissariat aux comptes et certaines relations familiales et financières entre commissaires et dirigeants des sociétés vérifiées, et prévu un double commissariat pour le contrôle des sociétés publiant des comptes consolidés. Mais,

---

* Président du Comité de déontologie de l'indépendance (CDI) des commissaires aux comptes des sociétés faisant appel public à l'épargne.
Les opinions exprimées dans cet article le sont à titre personnel.
Ce texte a été publié à l'occasion des entretiens de la Commission des opérations de Bourse du 21 novembre 2002.

ce n'est qu'à partir de la décennie 1990 qu'il est apparu clairement que l'évolution des besoins des sociétés cotées imposait un réexamen des conditions de l'indépendance.

La mondialisation du marché financier obligeait désormais les sociétés importantes à faire certifier leurs comptes par des cabinets disposant d'une signature internationalement reconnue. L'exigence nouvelle de faire des comptes consolidés l'élément essentiel de l'information financière poussait également au recours des mêmes cabinets.

Les principaux auditeurs des sociétés françaises cotées n'étaient donc plus des commissaires aux comptes traditionnels, mais des sociétés membres de réseaux d'origine française ou étrangère comportant cabinets d'audit, conseils en organisation, cabinets juridiques, intéressés à leur développement commun et capables d'offrir à leurs clients une gamme étendue de services et de conseils.

Conscientes de cette évolution, des organisations professionnelles se sont attachées à dégager des principes régissant l'indépendance et l'objectivité des auditeurs.

La Fédération européenne des experts-comptables (FFE) a proposé une typologie des principaux risques pour l'indépendance de l'auditeur que la régulation devait prendre en compte, distinguant notamment :

- le risque lié à l'intérêt de l'auditeur, résultant de prises d'intérêts dans la société vérifiée, ou plus simplement de son intérêt financier dans le développement des honoraires rémunérant l'audit et les autres prestations fournies aux sociétés vérifiées par le cabinet d'audit ou les entités de son réseau ;
- le risque d'autorévision, si l'auditeur est appelé à se prononcer sur une situation que son cabinet ou son réseau auront contribué à créer ;
- le risque de prise de position s'il se fait, dans un différend, l'avocat de la société vérifiée ;
- le risque de familiarité excessive, résultant soit de relations personnelles ou familiales, soit simplement d'une trop longue relation avec les dirigeants de la société vérifiée.

L'auditeur doit être protégé contre ces risques par des « sauvegardes », résultant d'une réglementation publique ou professionnelle ou de l'initiative de l'auditeur, allant du devoir d'éviter des situations à risques au renforcement des procédures d'audit. L'objectif de ces sauvegardes est non seulement d'assurer effectivement l'indépendance de l'auditeur (attitude d'esprit qui n'est pas directement mesurable), mais aussi de rendre cette indépendance évidente aux yeux des investisseurs (ce qu'on appelle couramment « l'apparence de l'indépendance ») en évitant toute situation que des tiers normalement informés considéreraient comme de nature à porter atteinte à l'indépendance de l'auditeur.

Le code déontologique mis en œuvre par le CDI

S'inspirant de ce « cadre conceptuel », mais sans accepter la position de principe libérale prônée par certaines organisations professionnelles internationales (récemment encore préconisée dans la recommandation de la Commission européenne sur l'indépendance des auditeurs), le CDI a, dès sa création en 1999, proposé la mise en œuvre immédiate d'un ensemble d'incompatibilités recommandées en 1997 par un groupe de travail Compagnie nationale des commissaires aux comptes (CNCC)/Commission des opérations de Bourse (COB). Insérées en avril 2000 dans le Code de déontologie professionnelle des commissaires aux comptes (art. 33, dispositions d'application), ces mesures constituent, à ce jour, l'essentiel des mesures déontologiques concernant l'indépendance des commissaires aux comptes des sociétés faisant appel public à l'épargne.

Les limites de la mission des commissaires aux comptes

Sauf dérogation légale, le commissaire aux comptes est exclusivement chargé d'une mission de contrôle dont l'élément essentiel est le contrôle des comptes sociaux et consolidés et des informations financières soumises au contrôle de la COB, mais son activité peut s'étendre à tout contrôle répondant à la définition générale de l'audit (contrôle conduisant à une opinion motivée sur l'objet du contrôle).

L'opinion du commissaire aux comptes peut être assortie d'avis, de recommandations et de conseils - occasionnels et non rémunérés - portant sur des domaines liés à la mission, susceptibles, par exemple, d'améliorer la présentation des comptes, le contrôle interne et les conditions de l'audit. Ils excluent toutes prestations de service, par exemple la fourniture et la mise en place de systèmes intégrés de traitement de l'information comptable et financière.

Les contrôles du commissaire aux comptes peuvent requérir des travaux d'experts juridiques ou techniques spécialisés appartenant au réseau du commissaire aux comptes. Ces travaux doivent alors être exécutés dans le cadre juridique de la mission du commissaire, sous sa direction et sa responsabilité, et les experts qui y participent sont soumis aux mêmes obligations d'indépendance que les commissaires aux comptes eux-mêmes.

Les incompatibilités

Certaines activités d'entités du réseau du commissaire aux comptes au bénéfice d'une société vérifiée sont incompatibles avec leur mission d'audit, notamment :

- la tenue ou l'établissement des comptes ;
- les évaluations ;
- l'implication dans le règlement de différends ;
- l'immixtion dans la gestion ;
- toute participation, autrement qu'en assistance du commissaire aux comptes dans le cadre d'une mission spécifique d'audit, à des opérations d'ingénierie financière ou de *corporate finance,* telles que les fusions-acquisitions, les montages complexes (notamment les montages hors-bilan), les restructurations de dettes, l'émission de valeurs mobilières, les défaisances ;
- et, plus généralement, toute prestation comportant un risque significatif pour la situation financière de la société vérifiée.

Les limites liées aux liens financiers et familiaux excessifs

Ces limites peuvent tenir à des liens financiers ou familiaux excessifs. Ainsi, sont considérés comme créant des liens financiers excessifs :

- des honoraires reçus de la société vérifiée dépassant 10 % du total des honoraires du cabinet ;
- des honoraires perçus par les sociétés et cabinets membres du réseau pour des prestations récurrentes de service et conseil sans rapport avec l'audit dépassant les honoraires perçus pour des missions d'audit.

L'inventaire des prestations

Les commissaires aux comptes sont responsables de l'inventaire des prestations des cabinets appartenant à leurs réseaux et de l'appréciation de leur compatibilité avec l'audit.

Chaque commissaire aux comptes membre d'un réseau doit mettre en place une procédure de centralisation des prestations à fournir par les autres membres du réseau à la société APE vérifiée, se former une opinion cas par cas sur l'acceptabilité de ces prestations, la faire connaître à ces membres et organiser une concertation en cas de difficulté.

Il se fait communiquer, au besoin par la société vérifiée, les informations relatives aux prestations effectuées, et ces informations sont soumises aux contrôles éventuels de la CNCC, de la COB ou du CDI.

Les obligations résultant du code de déontologie

Dans le cadre ainsi tracé, et conformément aux statuts qui lui ont été donnés par les présidents de la COB et de la CNCC, le CDI s'est attaché, depuis l'année 2000, à préciser les obligations résultant de ces principes.

Les avis et les recommandations qu'il a émis ont concerné notamment les domaines suivants :
- les liens familiaux entre associés ou cadres de cabinets commissaires aux comptes et cadres dirigeants d'une société vérifiée susceptibles d'influencer la confection des comptes ou les informations financières publiées par la société ;
- l'interdiction de prise d'intérêts dans les sociétés vérifiées ;
- les incompatibilités entre l'audit et certaines activités du commissaire aux comptes ou de son réseau concernent, en particulier, la fourniture de systèmes informatiques de gestion, l'assistance à la mise au point de l'information financière (notamment des documents soumis à la COB), la participation à des opérations liées au *corporate finance,* le secrétariat juridique en matière de domaines incompatibles avec l'audit ou d'opérations susceptibles de porter atteinte à l'égalité entre actionnaires..., les missions d'assistance fiscale, et certaines missions exercées peu de temps avant une proposition de mandat de commissaire aux comptes dans des domaines tels que l'introduction en Bourse, le commissariat aux apports et à la fusion ;
- le fonctionnement du commissariat aux comptes.

La force des avis du CDI

Cette force tient à l'indépendance de ses membres et à une procédure rigoureuse et transparente.

L'indépendance de ses membres

Les membres du CDI ayant droit de vote sont indépendants, tant des professionnels de l'audit que de sociétés cotées ou des entreprises de marché, et une majorité d'entre eux n'a pas appartenu aux professions de l'audit.

Une procédure rigoureuse et transparente

Dans la préparation, la rédaction et la publication de ses avis et recommandations, le CDI a constamment observé quelques règles qui lui ont paru fondamentales, notamment :
- toutes les étapes de préparation des prises de position du CDI ont été réalisées ou supervisées par des formations comprenant à la fois des membres du CDI ayant appartenu à la profession comptable et des membres n'y ayant pas appartenu ;
- elles ont donné lieu à un examen de cas concrets et à une discussion contradictoire avec les professionnels intéressés ;
- toutes les prises de position du CDI sont motivées ;
- elles sont publiées, ainsi que leurs motivations, sous forme anonyme par la COB et la CNCC, sur Internet et dans les bulletins de ces institutions.

Le CDI estime que l'observation de ces principes est indispensable de la part d'une institution dont l'objet essentiel est de contribuer à maintenir la confiance du public dans l'indépendance des commissaires aux comptes et dans la sincérité des informations financières et comptables fournies au marché financier.

Il se réjouit que plusieurs de ces principes soient maintenant adoptés ou recommandés à l'occasion de décisions ou de recommandations émanant tant des instances européennes que de gouvernements étrangers.

FACE À LA CRISE DE CONFIANCE, QUELLE AMÉLIORATION DU DISPOSITIF FRANÇAIS ?

La crise de confiance dans le marché financier est mondiale, comme le marché financier lui-même. Elle a des causes qui dépassent de très loin l'intervention des commissaires aux comptes sur le marché français, notamment l'éclatement, puis la résorption depuis deux ans de la bulle spéculative qui s'était formée en dépit des avertissements prodigués notamment par la COB. Elle est liée au retournement de la conjoncture mondiale et aussi, bien entendu, aux scandales Enron, WorldCom et quelques autres.

Des pistes de réflexions

Le dispositif français, destiné à sauvegarder l'indépendance des commissaires aux comptes, mérite néanmoins d'être amélioré. Plusieurs pistes concernent directement ou indirectement le CDI.

La publication des honoraires des cabinets d'audit et de leur réseau

La révision des règles américaines sur l'indépendance des auditeurs, intervenue en novembre 2000, a rendu obligatoire la publication par les cabinets d'audit des honoraires qui leur sont versés, ainsi qu'aux entités de leur réseau, par les sociétés qu'ils vérifient. L'importance des chiffres publiés pour les années 2000 et 2001 ont surpris même la Securities and

Exchange Commission (SEC). Pour la plupart des sociétés cotées importantes, les honoraires pour services autres que l'audit sont très sensiblement supérieurs aux honoraires d'audit, et représentent fréquemment entre deux et trois fois ces honoraires.

Ni le CDI, ni la COB ne disposent des chiffres correspondants français, qui sont sans doute moindres. Il est néanmoins certain que la perspective de perdre, en cas de non-renouvellement d'un mandat, non seulement six ans d'honoraires d'audit mais aussi des prestations associées d'un montant parfois très nettement supérieur, peut apparaître comme mettant en péril l'indépendance de l'auditeur.

La COB a pris l'initiative de rendre obligatoire la déclaration des honoraires des commissaires aux comptes des sociétés cotées et de leur réseau, à partir du présent exercice.

Le principe d'incompatibilité entre le commissariat aux comptes et le conseil

La fourniture de conseils en organisation et l'aide à la mise en place de systèmes informatisés d'information financière en particulier posent, depuis plusieurs années, des problèmes aux cabinets eux-mêmes du fait de la propension des entités de conseil à faire sécession en raison de leur rentabilité supérieure à celle de l'audit.

La COB et la CNCC se sont prononcées pour la séparation des prestations de conseil et du commissariat aux comptes. L'interdiction plus précise des prestations à risques et la subordination des autres à l'accord de comités d'audit réellement indépendants (suivant la formulation du comité Bouton et de la loi Sarbanes-Oxley) s'impose.

Résoudre le problème du conseil juridique et fiscal

Le conseil juridique et fiscal pose des problèmes particuliers du fait qu'en France, le conseil juridique et le conseil fiscal sont organiquement liés alors que, dans la quasi-unanimité des pays étrangers, le conseil fiscal relève des professions du chiffre. D'autre part, les avocats sont soumis, même pour leurs activités de conseil, à un régime de secret professionnel particulièrement strict. La Cour de justice européenne a enfin souligné récemment le fait que, contrairement aux commissaires aux comptes, les avocats ne sont tenus à aucune obligation vis-à-vis de l'intérêt général, l'intérêt de leur client ayant priorité.

Ne peut-on limiter l'intervention du commissaire aux comptes ou de son réseau au conseil fiscal hors contentieux, comme c'est déjà le cas pour les experts-comptables, et hors « montages » dangereux, sous le contrôle des comités d'audit ?

Des comités d'audit indépendants

Ne peut-on, dans la foulée de l'accord de principe du Medef que représente le rapport Bouton, accélérer la création, au sein des sociétés APE, de comités d'audit formés en majorité de personnalités réellement indépendantes de la direction de la société, et confier à ces comités des responsabilités sérieuses dans la désignation des commissaires aux comptes, dans la détermination de leurs diligences et de leur rémunération, ainsi que dans l'approbation de missions complémentaires d'audit ou, dans une limite modeste, de prestations annexes ?

L'instauration d'un comité indépendant de contrôle et de sanction

Le contrôle de qualité professionnel des commissaires aux comptes est organisé en commun par la CNCC et la COB depuis 1985. L'examen national d'activité, tel qu'il fonctionne depuis, place la France très en avance de la plupart des pays étrangers, demeurés au stade des *peer reviews.* Il a néanmoins l'inconvénient de se présenter encore comme un contrôle « confraternel », et donc de ne pas donner priorité à l'exercice d'un « robuste scepticisme » comme tout contrôle digne de ce nom.

La mise en œuvre de la récente recommandation européenne sur le contrôle de qualité professionnel devrait être l'occasion d'améliorer sur ce point le Cena, de développer sa transparence et de le faire superviser par un organisme composé suivant le modèle fourni par le CDI et le nouveau PCAOB américain, par un comité composé en majorité de personnes indépendantes n'ayant pas appartenu à la profession comptable.

L'APPORT DE LA LOI SARBANES-OXLEY

Le vote de la loi Sarbanes-Oxley à la quasi-unanimité par le Congrès des États-Unis a le très grand mérite de fournir aux régulateurs et aux organisations professionnelles nationales un référentiel important pour la mise en œuvre de mesures tenant compte du besoin actuel de « resserrer les écrous » du dispositif gouvernant l'indépendance des auditeurs.

Les régulateurs européens disposent, en effet, maintenant de deux systèmes déontologiques cohérents dont ils peuvent s'inspirer, l'un d'inspiration fort libérale, celui de la recommandation européenne, et l'autre étant la loi Sarbanes-Oxley.

On peut évidemment discuter de la valeur du principe de la loi Sarbanes-Oxley d'instituer un organisme puissant, le PCAOB, subordonné à la SEC, au lieu de confier des fonctions à la SEC elle-même. On comprend toutefois le désir des autorités américaines de donner aujourd'hui une importance particulière aux dispositions comptables, procédurales et déontologiques, et au contrôle de leur application, en les faisant régir par une autorité subordonnée mais puissante.

Les échecs de l'Independance Standard Board depuis sa création empêchaient, de toute façon, de confier directement ces attributions à des autorités professionnelles.

Plusieurs caractéristiques de la loi Sarbanes-Oxley sont spécialement intéressantes, outre le fait que le PCAOB soit, comme le CDI, constitué de personnalités indépendantes n'appartenant pas en majorité à la profession comptable, et notamment :

- l'interdiction des prestations autres que l'audit formulée d'une façon relativement souple, laissant aux comités d'audit des sociétés vérifiées la possibilité d'autoriser certaines prestations d'un montant modeste et sans

influence sur l'indépendance ;
- l'importance donnée à une très grande transparence dans tous les domaines (structure organisationnelle et financière des cabinets d'audit, honoraires des auditeurs, résultat des inspections et contrôles de qualité...) ;
- l'importance donnée aux études en divers domaines avant qu'une décision réglementaire ne soit prise ;
- l'importance donnée à l'intervention des comités d'audit dans la désignation des auditeurs et les éléments de leur rémunération ;
- l'importance donnée aux dispositions intéressant d'autres intervenants sur le marché que les auditeurs, les analystes financiers notamment ;
- l'importance donnée à la prise de responsabilités concernant l'information financière et comptable, non seulement par les mandataires sociaux, mais également par les chefs de services responsables (directeurs généraux et directeurs financiers) ;
- la demande faite aux auditeurs de commenter les choix comptables possibles en cas d'option et de donner leur opinion motivée sur l'option qui leur paraît la plus appropriée ;
- l'importance d'un financement indépendant et permanent des organismes de régulation et de contrôle.

QUE PENSER DE L'IDÉE DE CRÉER UNE STRUCTURE PUBLIQUE DE L'AUDIT ?

La nécessité de structures qui ne soient pas uniquement professionnelles pour superviser l'audit est indiscutable. C'est déjà la situation en France où le ministère de la Justice, la COB et la CNCC se répartissent diverses activités de supervision. Le contrôle des diligences des commissaires aux comptes est exercé, depuis 1985, par le comité de l'examen national d'activité organisé conjointement par la CNCC et la COB. Rendre ce contrôle plus indépendant, sur le modèle du PCAOB américain, ou du CDI français, est indispensable. Par contre, substituer aux cabinets professionnels, qui sont des entreprises françaises même lors qu'elles appartiennent à des réseaux d'origine étrangère, de nouvelles structures publiques apparaît techniquement difficile (un contrôle sérieux ne s'improvise pas) et surtout sans intérêt.

Le problème à résoudre aujourd'hui est de rétablir la confiance des épargnants dans la sincérité de l'information financière diffusée par les sociétés cotées. On y parviendra beaucoup plus efficacement en mettant en évidence les conséquences financières du hors-bilan, la dilution résultant de *stock options* et, en ce qui concerne les commissaires aux comptes, par les mesures dont nous venons de parler, notamment en précisant les incompatibilités, en développant le rôle des comités d'audit dans la désignation, les travaux et la rémunération des commissaires, et en renforçant, sous une direction réellement indépendante, le contrôle externe que constitue l'examen national d'activité.

RÔLE DES AGENCES DE NOTATION ET OPPORTUNITÉS D'UNE RÉGULATION

ÉRIC DE BODARD*

La crise de confiance aux États-Unis, causée par les faillites d'entreprises et les scandales retentissants, semble s'être propagée en Europe dans les six derniers mois. Parallèlement, des noms aussi connus que Vivendi Universal, Alcatel, ABB et Ericsson ont vu leur notation passer de la catégorie *investment grade* à celle de « spéculative ». Alors qu'un nombre croissant d'entreprises en Europe ont accusé une baisse de leur performance, et connu de plus grandes difficultés pour faire face à leur endettement et gérer leur liquidité, le rôle des participants des marchés de capitaux - allant des régulateurs, aux analystes et agences de notation - a été mis en question. Pour ce qui concerne les agences, les critiques ont pu sembler contradictoires dans de nombreux cas : soit les agences ont été trop lentes à identifier les vulnérabilités ou les problèmes comptables éventuels ; soit elles ont été trop promptes à abaisser les notations d'entreprises déjà sous pression ! Certains dans le marché - en particulier les émetteurs notés - ont directement ou indirectement appelé à un exercice de tolérance (*forebearance*) de la part des agences. Ceux-ci ont suggéré que les décisions négatives de notation pouvaient s'auto-alimenter, compliquant par là même les efforts du management pour corriger leurs problèmes. Ils ont aussi soutenu que le marché serait mieux servi (ou pour le moins, leurs efforts auraient plus de succès), si les agences bougeaient plus lentement ou alors accordaient un délai de grâce avant de prendre une décision négative.

Dans cet article, nous allons nous efforcer de discuter certains des aspects les plus fondamentaux du modèle opératoire d'une agence, de présenter la valeur ajoutée apportée par une agence sous la forme d'une meilleure efficacité des marchés de capitaux. Nous aborderons aussi la manière selon laquelle le secteur des agences gère les attentes difficiles - et parfois contradictoires - de ses différents clients. En résumé,

* Directeur général de Moody's France.

nous chercherons à répondre aux questions suivantes : que sont supposées faire les agences, qui servent-elles, et ont-elles fait un bon travail ? Nous examinerons aussi quels objectifs une plus grande régulation du secteur pourrait poursuivre, et dans quelle mesure des contraintes réglementaires pourraient avoir des conséquences non recherchées.

LE RÔLE DES AGENCES DANS LES MARCHÉS DE CAPITAUX

Bien que les agences existent depuis plus d'un siècle, et notent des émetteurs européens depuis plus de trente ans, leur rôle en Europe est devenu plus prééminent dans la dernière décennie, au fur et à mesure où les marchés de dette sont devenus plus ouverts et actifs. Dans cette partie, nous aurons pour but de décrire brièvement ce que sont les notations, ce qu'elles cherchent à mesurer, et comment elles sont habituellement utilisées.

Le principal rôle des notations est d'accroître la transparence dans les marchés désintermédiés de dette en contribuant à une meilleure efficacité, en facilitant l'accès au marché, en réduisant l'asymétrie d'informations entre les emprunteurs et les prêteurs, et en renforçant la confiance des investisseurs.

Les notations Moody's sont des opinions sur la qualité de crédit relative future, qui se fondent sur une analyse de crédit fondamentale. Elles se matérialisent à travers l'échelle de symboles maintenant familière, Aaa à C. L'analyse fondamentale de crédit incorpore une revue des métiers, une analyse financière et une évaluation du management. Les notations de crédit fournissent des mesures de qualité de crédit objectives, cohérentes et simples. De cette manière, elles facilitent l'échange d'informations entre les emprunteurs institutionnels (« émetteurs ») et les prêteurs (« investisseurs »). En règle générale, les émetteurs sont plus renseignés sur eux-mêmes que ne le sont les investisseurs. Moody's permet de réduire cette asymétrie d'informations. Le résultat en est d'acroître le marché potentiel pour les instruments de dette des émetteurs. Les notations réduisent aussi, pour les investisseurs, le coût de collecter, d'analyser et de suivre la situation financière des emprunteurs, dans la mesure où les agences apportent des économies d'échelle et une spécialisation dans la conduite de ces fonctions. Les notations sont un des instruments utilisés par les investisseurs de dette pour évaluer le risque de crédit. Dans leur ensemble, les notations réduisent donc le coût des opérations de prêt et d'emprunt.

QUE RECOUVRENT LES NOTATIONS ?

Une de leurs caractéristiques est leur diffusion publique, qui les rend largement disponibles. Elles sont ainsi considérées comme un « bien public » par les investisseurs et le public. En partie de par leur facilité d'accès, elles ont été adoptées dans des buts qui dépassent ce pour quoi elles ont été conçues. Les régulateurs et les législateurs les utilisent pour mesurer et limiter les risques pris par des entités réglementées, comme les banques. Les contreparties ont inclus les notations dans leurs contrats privés pour les protéger d'une détérioration de crédit. L'utilisation plus large, et parfois dans des buts non voulus ou inappropriés, des notations a pu conduire, dans certains cas, à une mauvaise compréhension de leur contenu, voire à un détournement. Comprendre ce que Moody's entend par ses notations et comment l'agence conduit ses activités peut se révéler utile aux intervenants de marché pour s'assurer de leur bonne compréhension et de leur utilisation à bon escient.

Comme il a été déjà indiqué, les notations représentent des opinions indépendantes qui s'intéressent à juste une composante de la décision beaucoup plus large d'investissement, le risque de crédit. L'analyse de crédit fondamentale représente des opinions de prévisions sur la probabilité qu'un débiteur paiera en temps et en heure ses engagements. Notre analyse couvre aussi la sévérité de la perte, car les différentiels de récupération (exprimés en pourcentage du principal dû) ont un impact fort sur les résultats d'investissement. L'expression analytique des notations peut se comprendre comme des probabilités de défaut (ou de perte attendue) échelonnées sur des horizons de temps. En moyenne, les notations sont censées avoir une corrélation avec les fréquences de défaut, même si elles ne sont pas définies *a priori* comme des estimations précises de défaut.

Mais les notations, en tant qu'opinions de prévisions, sont marquées par l'incertitude. Elles représentent donc un ensemble de résultats auquel est attaché un ensemble similaire d'incertitudes sur chaque prévision particulière. Par nature, il s'agit là d'analyses subjectives renseignées par des informations financières, stratégiques, sectorielles et statistiques. Si Moody's prend en compte de nombreux scénarios différents, l'agence attribuera normalement une notation fondée sur sa perception du résultat le plus probable - le scénario central - et non pas sur la moyenne pondérée des probabilités de résultats possibles. Les fluctuations normales de l'activité économique font partie de ces scénarios. En incorporant nos vues sur la probabilité de survenance de ces scénarios, nous assurons à nos notations une relative stabilité à travers les cycles économiques et un sens de l'horizon de temps. Dans la mesure où nous ne sommes pas contraints par le respect de la confidentialité de l'information, nous nous efforçons d'expliquer notre argumentaire de façon aussi clair que possible.

LES NOTATIONS SONT-ELLES PRÉDICTIVES ?

Il va de soi que les émetteurs - et leur management - sont plus directement affectés par un abaissement de note, et ont donc tendance à ne pas être d'accord avec une opinion négative, voire même peuvent être tentés de supprimer ou de repousser la publication d'une telle opinion. Une objection classique consiste à affirmer que l'agence a agi de façon arbitraire ou sans prendre en compte tous les facteurs pertinents, et s'est donc « trompée ». Mais, s'il est vrai qu'il y a nécessairement de l'incertitude sur une opinion de notation particulière, le caractère prédictif de nos notations a été constaté de manière constante sur de nombreuses années. Moody's ainsi que des professeurs d'université non liés à l'agence ont publié des études qui démontrent de manière convaincante que les obligations notées en haut de l'échelle ont fait défaut moins fréquemment que celles positionnées en bas de l'échelle. À titre d'illustration, si les notations en Europe sont assez élévées avec une valeur médiane de « A2 », ou milieu de l'échelle *investment grade*, l'émetteur défaillant en Europe a une notation en moyenne de « B3 », soit le bas du « spéculatif », trois années avant cette défaillance. Exprimées simplement, en tant qu'opinion regardant vers le futur, les notations font, de manière efficace, la distinction entre les obligations au risque de crédit élevé et celles avec un risque plus faible.

Mais, de par sa nature, une opinion sur le futur empreinte d'incertitude - même si elle est bien réfléchie et valable - peut être contestée par d'autres, et peut ne pas se réaliser dans le cas d'espèce. Les prévisons météorologiques peuvent fournir une analogie utile. Pour un jour particulier quelconque, une prévision peut tabler sur l'arrivée de la pluie avec une certaine probabilité, disons 60 %. Dans les faits, il pleuvra ou ne pleuvra pas et, dans certains cas, la prévision sera incorrecte. Néanmoins, la qualité du météorologue ne pourra être jugée que sur un échantillon statistique suffisamment large pour assurer une évaluation statistique valable des prévisions de probabilités. Si les agences, ou tout autre fournisseur d'opinions, étaient tenus à un standard tel qu'ils ne pourraient jamais publier une opinion « fausse », la conséquence en serait de les empêcher en pratique de fournir toute opinion significative. En dernier ressort, les marchés financiers disciplinent les agences, dans la mesure où les investisseurs n'utilisent et ne demandent que les opinions auxquelles elles attribuent du crédit. Si une agence ne peut établir le caractère prédictif de ses opinions, les investisseurs délaisseront ses notations.

LA GESTION DES NOTATIONS

Précisément à cause de son importance potentielle sur l'émetteur et l'investisseur, Moody's prend en considération avec soin et attention toutes les informations pertinentes pour une notation. Moody's a conscience du fait que ses notations peuvent potentiellement devenir des prévisions qui s'auto-alimentent (*self-fulfilling prophecy*). En particulier, pour ce qui est des abaissements, la potentialité de cette auto-alimentation requiert d'éviter des prévisions négatives « fausses ». Pour ce faire, même si Moody's n'applique pas de tolérance (*forebearance*) dans son processus de décisions et de dissémination de notations, nous conduirons ce processus de manière judicieuse, et nous pourrons accepter certains délais pour nous assurer que toute l'information appropriée est prise en considération.

Si les données financières (et les marchés) peuvent changer, et dont les faits changent, l'opinion qui prévaut dans les marchés est que la qualité de crédit, tout particulièrement pour les sociétés aux notations plus élevées, est une composante intrinsèque de l'émetteur qui prend un certain temps pour s'altérer. La plupart des intervenants de marché soutiennent (à tort ou à raison) qu'un renversement de notation - à savoir un rehaussement suivi d'un abaissement ou vice versa - serait la preuve d'une « erreur » de notation. De plus, la nature potentiellement d'auto-alimentation des notations crée un biais fort à l'encontre des prédictions négatives « fausses », car les notations pourraient devenir une cause soit en raison de la réaction des marchés à des changements de notes, soit en raison de l'utilisation de celles-ci dans des accords entre l'émetteur et les investisseurs, ou d'autres contreparties (*rating triggers*). Ceci n'est pas dû au fait que les agences s'acquitteraient mal de leurs tâches, ou différemment du passé ; au contraire, leur historique de qualité et d'objectivité induit les marchés à réagir aux changements de notes au point que des signaux additionels (perspectives et mises sous revue) et un examen soigneux sont requis.

L'argument que nous souhaitons mettre en avant est le suivant : les notations Moody's contribuent à la stabilité des marchés de dette, en raison de la manière selon laquelle le système de notation est géré : en particulier, la notation à travers les cycles, l'ancrage dans l'analyse fondamentale, le fait d'éviter les signaux « erronés » et la prise en compte de l'ensemble des informations pertinentes avant de prendre une décision.

LE MODÈLE OPÉRATOIRE D'UNE AGENCE

Le modèle de fonctionnement d'une agence est fondé sur la fourniture d'opinions de qualité à des investisseurs et intervenants de marché, tout en encaissant la plus grande part de ses revenus des émetteurs. Selon la première analyse, cet arrangement constitue une source potentielle de conflits d'intérêts pour l'agence. La validité de cette préoccupation n'est pas en soi diminuée par le fait que les critiques semblent surgir plus du camp des émetteurs ou que les agences existent depuis plusieurs décennies. En fait, il existe plusieurs niveaux de protection qui se combinent pour faire contrepoids à ce risque potentiel.

LES CONTREPOIDS AUX CONFLITS D'INTÉRÊTS POTENTIELS

Dans la considération par les législateurs et les régulateurs des conflits d'intérêts potentiels existant dans les marchés de capitaux, il est important de souligner le rôle particulier, voire unique, joué par les agences. Celles-ci sont très différentes des entreprises d'investissement en cela qu'elles ne maintiennent pas de marchés, elles n'émettent pas de recommandations d'achat ou de vente, et elles ne proposent pas de conseils en placement. Les agences n'ont donc pas le même niveau de conflits d'intérêts, parce qu'elles n'ont pas d'autres services à offrir en ventes croisées ; et la rémunération des analystes n'est pas liée aux revenus générés par l'émetteur pour l'agence. Le marché, et les pratiques internes de Moody's, fournissent un certain nombre de protections additionnelles.

Discipline de marché: d'abord et avant tout, les émetteurs sollicitent des notations parce que les investisseurs le leur demandent avant d'acheter leurs émissions. Les investisseurs ne demanderont que les notations qu'ils estiment crédibles. Il en résulte que la valeur des notations est, de manière ultime, fondée sur la crédibilité de l'agence auprès des investisseurs. Cette crédibilité est la contrainte du marché sur nos services.

Procédures internes de protection: pour protéger cette crédibilité sur le marché, Moody's a, de longue date, mis en place des politiques et des procédures pour faire contrepoids aux conflits de notre modèle opératoire et protéger l'indépendance des analystes. Celles-ci incluent : l'indépendance des niveaux de notation et des relations commerciales ; le respect de la confidentialité des informations ; l'interdiction, pour les analystes, de détenir des titres des entreprises qu'ils analysent ; un *reporting* interne sur les transactions de marché effectuées ; une rémunération des analystes déconnectée des revenus générés par les entreprises qu'ils notent ; et une attribution des notations par un comité fonctionnant sur une règle de vote à la majorité.

Relations avec les émetteurs : au-delà de la séparation des niveaux de note de la relation commerciale mentionnée ci-dessus, l'indépendance des opinions de Moody's sur l'émetteur est assurée par la gestion de cette relation. Moody's ne s'abstiendra pas de prendre une décision du fait de l'effet potentiel de la décision sur l'émetteur. De plus, Moody's a une faible dépendance liée à une concentration éventuelle de ses revenus, comme aucun des émetteurs ne représente plus que 1,5 % de ceux-ci, la grande majorité est inférieure à 0,25 %.

AGENCES ET RÉGLEMENTATION

Si les agences ont fait l'objet de discussions dans le marché, ceux qui ont exprimé une préoccupation ont souvent des motivations servant leurs intérêts particuliers, ou peuvent avoir des objectifs contradictoires. Naturellement, les émetteurs veulent des notations plus élevées et plus de contrôles sur les agences. Les investisseurs, de leur côté, souhaitent en général des notations de qualité et ponctuelles (en dépit du fait que parfois, ils préféreraient ne pas subir de dégradation sur des instruments qu'ils détiennent, dans la mesure où il pourrait en résulter une perte de valorisation !). Les régulateurs désirent la transparence, la protection des épargnants, l'intégrité des marchés et, dans certains cas, la stabilité financière.

La question de la réglementation des agences doit d'abord s'intéresser au fait de savoir si les agences remplissent convenablement leur rôle. La seconde question est de voir si une réglementation potentielle pourrait avoir des effets bénéfiques sur les marchés de capitaux.

Les agences ont joué un rôle positif dans les marchés financiers, et il n'y a pas de preuve que leur modèle opératoire est cassé. Un large spectre d'intervenants, y compris les régulateurs, ont foi, valorisent et s'appuient sur l'indépendance et l'expertise que Moody's offre. Les agences fonctionnent toujours sous les contraintes étroites des marchés, ainsi que sur celles qu'elle s'est imposée. Prises globalement, les notations de Moody's ont montré qu'elles avaient un contenu prédictif avec des défauts étroitement corrélés avec les niveaux de notation et les horizons de temps. Le fait qu'un émetteur spécifique fasse défaut - même si c'est inattendu - n'est en aucun cas une preuve que les notations sont « imprécises ». Plus de 3 500 des 16 000 entreprises notées depuis 1920 ont fait défaut à un moment donné. Au niveau d'une opinion individuelle, il est impossible d'évaluer la « fausseté » en se fondant sur la non-réalisation d'un résultat qui n'était jamais plus qu'une possibilité parmi un ensemble de résultats potentiels. De plus, comme il est noté plus haut, les agences jouent intrinsèquement un rôle moins conflictuel que les entreprises d'investissement et sont soumises à une stricte discipline de marché (ainsi qu'à celle qu'elles s'imposent à elles-même). Elles ont aussi mis en évidence, de façon constante, leur capacité à gérer leurs conflits d'intérêts sans comportements répréhensibles.

La réglementation peut avoir des conséquences négatives non recherchées sur la qualité des notations. Les principaux risques que la réglementation peut induire sont de quatre ordres : la limitation de la diversité des opinions ; le *rating shopping* ; une augmentation de la volatilité de marché ; ou une concurrence entre les agences sur les prix plutôt que sur la qualité du service.

Il existe une tendance naturelle, pour ceux qui sont potentiellement sujets à des opinions défavorables, d'essayer de contrôler les fournisseurs d'opinions au détriment d'opinions objectives et candides. Une surveillance administrative, si elle est influencée par les entreprises ou les pays souverains cherchant à protéger leurs intérêts étroits, pourrait conduire à l'exercice de pressions dans le but de supprimer les opinions non souhaitées, ou à l'alourdissement de la charge de l'expression de telles opinions.

Le *rating shopping* - dans lequel les agences se distinguent entre elles, non sur la qualité ou l'indépendance, mais sur le niveau de notation - est un second risque. Cette éventualité ne doit pas être sous-estimée dans un environnement où les investisseurs ne fournissent plus la discipline essentielle, pour distinguer les notations les plus crédibles et les plus fiables.

Au-delà des éléments mentionnés cidessus sur la gestion de nos notations, toute initiative, qui viserait à limiter l'échange d'informations avec l'agence, pourrait amener à plus de volatilité dans nos opinions, dans la mesure où la fréquence de changement de nos opinions pourrait s'accroître, et nos notations devenir plus réactives - car moins renseignées - à des annonces publiques, que nous n'aurions pu incorporer par avance.

Enfin, un sytème de réglementation qui tenterait d'harmoniser les méthodologies et les résultats limiteraient inévitablement la capacité du secteur à évoluer, et à améliorer la sophistication de son analyse, pour faire face à la plus grande complexité des structures de financement, et de celle des émetteurs.

Nous sommes persuadés que les besoins du marché continueront à être mieux servis par une concurrence entre les agences axée sur la qualité des notations mesurée par leur capacité prédictive. De plus, nous pensons avoir en place des pratiques et des procédures qui seraient cohérentes avec toute réglementation raisonnable. Nous nous conduisons déjà avec la plus grande éthique et le plus grand professionalisme pour servir les investisseurs, et donc nous ne considérons pas la réglementation comme matérielle pour ce qui concerne la conduite de nos activités.

Une réglementation éventuelle devrait se concentrer sur les procédures, non sur les résultats de notation individuels. Le suivi des conflits d'intérêts latents et la surveillance de standards de précaution raisonnable - appliqués au processus de notation dans son ensemble - pourrait constituer un domaine raisonnable d'investigation par les régulateurs, s'ils souhaitaient s'assurer de l'intégrité d'agences particulières. Néanmoins, les régulateurs doivent prendre grand soin de ne pas miner ou restreindre la pluralité des opinions fournies par les agences au marché, et de maintenir des incitations à un exercice de la concurrence sur la qualité sans susciter d'obstacles à l'indépendance et l'objectivité.

La profondeur et la largeur des marchés de capitaux, et la croissance rapide des marchés de dette en Europe, ont indéniablement été aidées par l'existence d'opinions de crédit indépendantes largement acceptées et reconnues.

LA PRESSE FINANCIÈRE FACE À LA CRISE

FRÉDÉRIC LEMAÎTRE*

Est-ce que les journalistes ont une part de responsabilité dans la crise financière actuelle ?

Les journalistes ont sans doute une part de responsabilité dans l'émergence de ce que l'on a appelé la nouvelle économie, phénomène autant médiatique qu'économique. Il n'y a pas de nouvelle économie sans médiatisation, c'est même consubstantiel. La myopie dont a fait preuve la presse ne peut pas s'expliquer par le manque d'informations. Les informations financières n'ont pas manqué aux journalistes, notamment sur les sociétés cotées ; en cas de tromperie, elles font défaut à la presse financière comme elles font défaut aux marchés.

La responsabilité de la presse est aussi peut-être d'avoir succombé aux charmes de la finance. Nous sommes les principaux vecteurs des effets de mode et, paradoxalement, nous sommes sans doute les plus mal placés pour prendre du recul par rapport à ceux-ci. Les lecteurs attendent des journaux qu'ils véhiculent l'air du temps économique et, en même temps, qu'ils s'en détachent. Un exercice pas toujours facile.

La presse, comme les autres agents économiques, a pris parfois les marchés comme référence de la réussite de la stratégie des entreprises pendant toutes les années 1990. Elle souffre, comme les marchés, du même biais « court termiste ». Mais il ne faut pas lui jeter la pierre pour autant. Nous savons que la rapidité de l'information est une donnée essentielle et un critère d'achat essentiel des journaux de la part des lecteurs. Les quotidiens ne se verront pas reprocher le fait de chercher à publier l'information les premiers. Les journaux qui n'arrivent pas à sortir rapidement une bonne information sont dépassés par la concurrence. Quant à l'éventuel esprit moutonnier de la presse, la critique est à nuancer ; même si un article original ne manquera pas d'être repéré par les confrères et d'inspirer ceux-ci, les points de vue qui s'expriment dans la presse restent variés, et les journaux d'information

* Journaliste au quotidien *Le Monde*.

Interview réalisée par Antoine Mérieux, délégué général de l'Association d'économie financière, et Olivier Pastré, conseiller scientifique de la Revue d'économie financière, et relue et amendée par l'auteur.

générale restent en France un lieu de débats important. Nous sommes en démocratie et, sur la plupart des questions économiques, il y a une palette d'analyses et d'opinions différentes. La critique n'est donc pas totalement fondée. Nous devons cependant intégrer davantage, dans nos travaux, les stratégies de communication des entreprises, pour mieux exercer notre esprit critique.

Il peut aussi être reproché à la presse de ne pas avoir suffisamment mis en avant le fait que, quand elle parle des entreprises, même s'il semble y avoir une pluralité des sources d'information réelle (l'entreprise elle-même, les analystes financiers, les concurrents ou encore les cabinets de conseil), toutes ces sources ou presque travaillent à partir de données généralement délivrées par l'entreprise elle-même.

La presse peut-elle être plus performante ?

Sur l'affaire Enron par exemple, les journaux français partent avec un handicap. Les trois journalistes du *Monde* aux États-Unis, malgré leur talent, peuvent difficilement mener une enquête sur une entreprise américaine plus approfondie que leurs confrères américains. En revanche, nous sommes mieux placés sur les sociétés françaises. L'actualité récente a montré que la presse française pouvait mener de véritables enquêtes, comme par exemple dans le cas de Vivendi. Paradoxalement, il est parfois reproché à la presse française de ne pas suffisamment soutenir les grandes entreprises nationales ou de minimiser leurs développements sur les marchés mondiaux, voire de leur mettre des bâtons dans les roues. Mais notre devoir n'est ni de louer, ni de condamner, mais d'informer. Il est clair que notre capacité d'analyse, et donc de critique, des stratégies s'exerce plus facilement sur les entreprises françaises.

Y a-t-il une relation différente entre les médias et les entreprises aux États-Unis et en Europe continentale ?

Je ne le pense pas car il y a une tradition d'enquête de la presse anglo-saxonne. Les journaux américains appartiennent souvent à de grands groupes, mais ceux-ci ont des intérêts divers, pas seulement dans la communication. Il y a bien eu des pressions des dirigeants d'Enron sur certains journaux, comme *Fortune,* aux États-Unis, mais la capacité de résistance des journalistes américains est bien réelle. Il en est de même en Europe avec les grands journaux économiques.

Mais à l'heure où le monde de la presse et de l'édition connaissent, en France, une nouvelle concentration, au journal *Le Monde,* nous sommes très privilégiés puisque nous sommes indépendants, et que les salariés sont majoritaires dans le capital de l'entreprise.

Le poids de la publicité est certes présent partout, mais il ne faut pas croire que les annonceurs vont influencer les articles dans les grands journaux américains, ou au *Monde.*

On peut sans doute reprocher à certains journalistes américains de véhiculer une espèce de pensée unique parce qu'ils ont été formés à la finance dans les mêmes universités, parce que la finance étant devenue un sujet très technique, elle devient affaire de spécialistes. Ainsi, un grand nombre de journalistes sont recrutés dans les mêmes écoles que celles qui forment les analystes, d'où parfois cette tendance à suivre leurs avis.

En France, ceux qui ont une formation traditionnelle, comme « Sciences po » ou une école de journalisme, n'ont pas forcément les compétences pour étudier les questions financières de très près. Les investigations sur le monde politique et social sont quotidiennes, mais les journalistes doivent savoir aussi mener avec professionnalisme des investigations dans le monde de l'entreprise. C'est un défi pour la presse, si elle veut rester crédible.

D'un autre côté, ce ne sont pas forcément les journalistes les moins compétents techniquement qui font le plus d'erreurs. Il y a certes un problème de formation technique. Mais le véritable problème des journalistes spécialisés, que ce soit dans la finance, la médecine ou sur tout autre sujet, est parfois d'avoir un regard de spécialiste et non de journaliste sur un sujet. Lors d'un récent débat du Cercle des économistes, Eric Le Boucher, rédacteur en chef au *Monde*, avait fait sensation en disant : « Nous revendiquons le droit à la simplicité ». La complexité de l'économie sert aussi parfois de paravent. Il faut aussi savoir poser des questions simples. Dans des conférences de presse financière ou des réunions d'analystes, personne ne pose de questions simples ; on donne l'impression d'avoir compris, on est entre gens du même monde, et on n'ose pas poser de questions simples ou qui dérangent parce que ça ne se fait pas. L'actualité montre que certains administrateurs éprouvent apparemment les mêmes scrupules.

Est-ce que dans la diffusion d'informations ou d'analyses, vous vous sentez parfois investi d'une forte responsabilité vis-à-vis du comportement des marchés. Autrement dit, est-ce que la diffusion d'informations alarmistes engage la responsabilité du journaliste ?

Non. Si une information est sérieuse et vérifiée, notre responsabilité est de la publier.

Le rôle de la presse dans les mouvements de panique ne doit pas être surestimé : la situation actuelle montre bien que si les petits porteurs gardent leurs actions, c'est en partie parce que la presse n'est pas particulièrement alarmiste et ne dit pas « Vendez ! ». Notre responsabilité est essentiellement vis-à-vis de nos lecteurs. Notre devoir est de publier une information lorsqu'on la détient. C'est notre rôle dans le système économique et dans la démocratie.

Le débat dépasse le cadre de l'économie. Il n'y a pas plus de raisons pour un journaliste économique de s'interdire de publier une information parce qu'elle va nuire à une société, que pour un journaliste politique de ne pas dire que Jospin était trotskiste parce que cela va nuire à Jospin. Notre objectif n'est ni de nuire, ni de servir, mais d'informer.

Sur le rôle de la presse, j'aime raconter une histoire : celle de Picasso qui reçoit un jour un officier nazi dans son atelier et lui fait visiter ses tableaux. Lorsqu'ils passent devant le tableau sur Guernica, l'officier dit : « Ce tableau est très beau. Est-ce vous qui avez fait ça ? ». Et Picasso de répondre : « Non, c'est vous ».

Le journaliste ne peut-il être manipulé ou instrumentalisé par les acteurs du marché ?

Bien sûr, le risque est permanent. Les autorités européennes s'en préoccupent, puisque le Parlement européen a adopté, en octobre, en deuxième lecture, une proposition de directive qui prévoit que les journalistes qui, de bonne foi, transmettent une information fausse ne seront pas passibles de sanctions. En revanche, ceux qui auraient diffusé une information erronée et en auraient retiré un profit financier seraient passibles des sanctions prévues par la directive.

Plus généralement, les entreprises communiquent de plus en plus, mais nous informent de moins en moins. Rien de mieux ou de pire qu'un communiqué de presse qui tombe au moment du bouclage du journal. Les professionnels de la communication, les cabinets spécialisés connaissant parfaitement les horaires du *Monde,* nous donnent une information à 8 h 45, c'est-à-dire assez tôt pour qu'on la publie et trop tard pour qu'on la vérifie véritablement. Il faut faire très attention, et regarder si on la publie quand même. Généralement, on essaie de la publier avec toutes les précautions qui s'imposent. Il en est de même pour les autres journaux, lorsqu'on leur donne une information vers 18 ou 19 h.

En cas d'erreur manifeste, le journal en est généralement aussi victime que la société qui est en cause. Cependant, une erreur reste une erreur. Elle n'est pas toujours due à des manipulations. Une information financière est une information comme une autre, il faut la vérifier avec une deuxième source si possible, ou bien essayer de prendre du recul et de la mettre en relation avec d'autres informations quand elle n'émane que d'une seule source. D'un autre côté, il faut savoir que nos interlocuteurs ne sont pas si nombreux sur un secteur d'activité. Nombre de personnes savent qu'elles n'ont pas trop intérêt à manipuler la presse, car elles perdraient leur crédibilité. Plutôt que des manipulations grossières, nous avons le plus souvent affaire à des tentatives d'influence plus subtiles.

Comment se présentent pour vous les problèmes de délits d'initiés ?

Quand une information nous est donnée, nous la vérifions bien évidemment et, si elle intéresse le lecteur, nous la publions. Nous savons très bien que quand quelqu'un communique, c'est qu'il y a intérêt . Dans ce cas, le journal ne commet pas de délits d'initiés. Le problème porte plutôt sur la possibilité pour le journaliste de profiter de l'information. C'est un vrai sujet, certaines affaires l'ont montré. Au *Monde,* nous avons un livre de styles, publié en début d'année, qui précise que les journalistes n'ont pas le droit de détenir des actions des entreprises qu'ils couvrent. Dans les faits, nous sommes plus exigeants : nous nous interdisons de détenir des actions en direct.

La communauté des journalistes économiques et financiers ne s'autorégule pas mieux que les commissaires aux comptes. Ne faut-il donc pas instaurer, comme pour les commissaires aux comptes, une instance qui ne soit pas composée uniquement de journalistes ?

Les sanctions peuvent provenir de la société ou de la justice, le journaliste étant un citoyen comme un autre. Comme tout salarié, c'est à la hiérarchie du journal d'appliquer des sanctions, si elle les estime nécessaires. Les personnes peuvent être mutées, voire licenciées pour faute. Plus le journaliste est connu, plus cela se saura.

Nous sommes contre tout ce qui est ordre professionnel. La justice du pays et les règles du Code du travail et de déontologie interne à chaque journal suffisent. Ce n'est pas en créant des ordres qu'on va mettre fin à d'éventuelles tentatives de corruption. C'est un peu comme pour les administrateurs indépendants, tout dépend de la personnalité des intéressés.

Existe-t-il une ligne éditoriale au *Monde* en matière économique et financière ?

Chaque journaliste est totalement libre d'écrire ce qu'il veut. C'est sûrement la même chose dans d'autres journaux. Il est demandé aux journalistes spécialisés de couvrir leur secteur et d'alimenter les débats, en particulier par le biais d'analyses. Il n'y a pas de ligne éditoriale proprement dite au *Monde* dans le domaine financier.

La grande évolution du *Monde* dans le traitement de l'actualité économique, c'est l'importance donnée, depuis 1995, à l'entreprise et aux marchés financiers. Nous avons supprimé la rubrique « économie » et avons créé la rubrique « entreprises et marchés ». Il y avait deux pages ; sept ans plus tard, il y a cinq pages avec la communication et notre chronique des marchés, et nous sommes trente journalistes, ce qui représente l'un des services les plus importants du journal.

LA RÉGULATION FINANCIÈRE DANS LE MONDE POST-ENRON

CHRISTIAN DE BOISSIEU*

Le capitalisme, débarrassé de son ennemi de l'extérieur depuis la chute du mur de Berlin, doit désormais relever de sérieux défis internes. Une configuration qui n'est pas nécessairement plus confortable que la précédente, et qui soulève de redoutables questions à l'articulation de l'efficacité et de la légitimité du système, appelant des réponses à la fois réfléchies et rapides (s'il est possible de concilier les deux...). La multiplication des crises et des déconvenues, depuis Enron jusqu'aux grands opérateurs de télécommunications, en passant par WorldCom, Tyco, Vivendi Universal, sans oublier la crise économique et financière en Argentine, au Brésil ou en Turquie, suscite aujourd'hui une « demande » de rerégulation financière. L'offre est en train de s'adapter, plus ou moins intensément, plus ou moins vite (avec les retards habituels de la réglementation par rapport aux évolutions de marchés), et avec une efficacité différenciée selon le niveau considéré : national, européen ou mondial. Au plan international et pas tout à fait mondial, l'exercice de coordination en cours, à Bâle (Comité de supervision bancaire) et à Bruxelles, pour améliorer la gestion des risques par les banques et le ratio de solvabilité qui leur est appliqué représente l'*aggiornamento* réglementaire par excellence. D'autres chantiers, mis en avant depuis les événements du 11 septembre 2001 et l'essor du terrorisme international, relèvent de la lutte contre le blanchiment de l'argent sale, contre le financement du terrorisme... Sans oublier les sujets récurrents que représentent les paradis fiscaux, les zones de non-droit ou, de façon plus centrale, la réforme de l'architecture financière internationale à propos de laquelle peu de progrès, malheureusement, ont été enregistrés depuis que l'on en parle.

L'objet de cette contribution est de centrer l'attention sur quelques axes de la régulation financière dans ce que j'appelle, pour simplifier, le monde

* Professeur à l'université de Paris I (Panthéon-Sorbonne).

post-Enron, en abordant trois aspects : les principaux défis à relever ; l'exigence de transparence de l'information ; enfin, les changements dans le dispositif et l'organisation de la régulation financière.

LES PRINCIPAUX DÉFIS POST-ENRON

Points transversaux

La déconfiture d'Enron à la fin de 2001, et tout ce qui a suivi depuis, ont engendré une crise de confiance de la part des investisseurs, des marchés en général. Ceci est venu se rajouter à une situation économique et financière mondiale dégradée depuis le milieu de l'année 2000, avec l'amorce en mars 2000 du krach lent mais dur que nous avons vécu depuis, et sur fond d'un contexte géopolitique délicat (11 septembre, terrorisme international, incertitudes à propos du scénario irakien).

Renouer le fil de la confiance suppose aujourd'hui d'apporter une réponse claire à deux interrogations transversales : faut-il privilégier des réponses nationales ou internationales ? Comment répartir les réponses appropriées entre ce qui passe par la réglementation et ce qui relève de l'autorégulation, de la discipline collective ou de la seule éthique des affaires ?

Sur la première question, la réponse est évidente. Dans ce monde globalisé, il faut coordonner les réponses en Europe, mais aussi au plan mondial face aux défis post-Enron. Force est de constater que le bon sens n'a pas toujours prévalu... Les Américains ont fait voter l'importante loi Sarbanes-Oxley en juillet 2002, sans concertation avec les autres pays du G7. Même en Europe, sur nombre de sujets, les particularités nationales prévalent sur les exigences de coordination et de convergence.

Sur le second point, le curseur est difficile à placer entre la réglementation et l'autorégulation, et l'empirisme devrait, en l'espèce, l'emporter sur les présupposés idéologiques.

Tout ne passe pas par la réglementation. Il faut compter aussi sur les exigences de l'éthique individuelle et collective, sur l'amélioration de la déontologie et des pratiques dans chacune des professions concernées (banques, courtiers, assurances, auditeurs, experts-comptables et commissaires aux comptes...), et sur le développement de phénomènes d'autorégulation. Dans le domaine financier, l'autorégulation concerne par exemple « l'encadrement » d'une fraction du marché OTC (de gré à gré) des instruments dérivés : depuis le milieu des années 1990, se sont développées, à l'initiative de grandes banques commerciales, des chambres de compensation privées pour le *clearing* de leurs engagements réciproques sur des swaps de change, de même que les banques intervenant en bilatéral avec les *hedge funds* ou d'autres opérateurs risqués, ont pu exiger de ces contreparties le respect des mêmes règles prudentielles que celles en vigueur sur les marchés organisés d'instruments dérivés (dépôt de garantie, mécanisme d'appel de marge...). Dans un contexte où l'impulsion régulatrice vient et doit venir d'en haut, il ne faut pas rejeter, sans pour autant l'exagérer, le mouvement décentralisé vers un peu plus d'autorégulation.

Pour appliquer certaines des conclusions du rapport Bouton sur le gouvernement d'entreprise, il faudra passer par des textes législatifs ou réglementaires (je pense par exemple à l'instauration d'une proportion minimale - 30 % - d'administrateurs indépendants dans les conseils d'administration). Beaucoup d'aspects permettant d'améliorer le fonctionnement concret de ces conseils ne relèvent pas, eux, de la loi, mais d'une bonne pratique.

Les normes comptables et les règles de valorisation

Sans insister sur les comportements délictueux, on ne peut pas aujourd'hui faire l'impasse sur la transparence et la pertinence de l'approche comptable, qu'il s'agisse de comptabilité nationale, publique ou privée. À la lumière des événements et des révélations depuis un an, on peut avoir le sentiment que la « créativité comptable » n'a pas de limites quand il s'agit de gonfler des profits, de masquer des pertes, de dégonfler des déficits publics. La « créativité comptable » n'est pas le monopole du secteur privé. On a bien vu, dans la période récente, l'Italie multiplier les opérations de titrisation de la dette publique pour réduire, à court terme, l'ampleur de ses déficits publics. Disons seulement que la suspicion sur les comptes des entreprises privées a encore plus d'impact négatif pour la confiance dans le système que celle portant sur les finances publiques.

Évoquons juste ici quelques thèmes essentiels relatifs aux normes comptables.

La question des normes comptables internationales

Les Européens ont été sans doute un peu vite en besogne en soulignant les carences des normes américaines. Nous avons aussi les nôtres, et la convergence comptable n'est même pas totalement assurée à l'intérieur du marché unique, malgré la directive européenne rendant obligatoire l'alignement progressif sur les normes IAS. Des normes qui, sur certains points, rejoignent, voire même reprennent, les normes US-GAAP. Il y a donc, chez nombre de décideurs européens, le sentiment d'avoir effectué l'essentiel de l'ajustement par rapport à cet objectif (ou cette contrainte) de convergence des deux côtés de l'Atlantique. Les forums de concertation et de coopération ne manquent pas. Plutôt que d'en rajouter de nouveaux, il vaudrait mieux renforcer l'efficacité de chacun d'entre eux, et éviter des modifications unilatérales des règles du jeu, comme la Securities and Exchange Commission (SEC) américaine l'a fait en exigeant des dirigeants de firmes étrangères cotées à New York de certifier personnellement leurs comptes.

Les règles de consolidation

Dans le contexte comptable américain, les règles de consolidation avaient permis à Enron de prendre quelques libertés. La consolidation touche aussi bien à la prise en compte conjointe de la maison-mère et des filiales, mais aussi, par exemple, à la connaissance fiable et transparente des opérations dites « hors bilan » à côté de celles figurant dans le bilan.

Les règles de valorisation des créances et des dettes

Le débat sur la « juste valeur » (*fair value*) est loin d'être clos. Au plan des principes généraux, on voit bien en quoi une comptabilité aux prix de marché (lorsqu'ils existent, ou lorsque des substituts corrects sont disponibles) ou bien la référence à des modèles (le *mark to model* remplaçant alors un *mark to market* défaillant) rapprochent de la réalité, en contraste avec la comptabilité aux coûts historiques. Donc, *a priori*, la « juste valeur » sert l'objectif de transparence de l'information. En même temps, la réévaluation en plus ou en moins et en temps quasi continu de l'actif et du passif des entreprises, des banques, est susceptible d'accentuer la volatilité et l'instabilité. Par exemple, en période de krach sur les marchés financiers (krach sur les actions ou bien sur le marché obligataire), la crise de marché va se propager très vite et en totalité sur les banques pratiquant le *mark to market*. On rencontre une nouvelle fois le risque d'un arbitrage entre l'exigence de transparence d'un côté, la stabilité financière et la gestion des risques systémiques de l'autre.

Le débat sur la comptabilisation des survaleurs

Les survaleurs (*goodwill*) représentent les différences entre le prix d'achat de certaines entreprises et le prix de marché ultérieur. La crise dans le secteur des télécommunications alimente depuis plusieurs trimestres les débats sur le traitement comptable de ces survaleurs (en France, pour Vivendi Universal, France Télécom...). En l'espèce, c'est une certaine « sagesse conventionnelle » comptable plus que l'opportunisme financier qui doit prévaloir.

Pour un nouveau gouvernement d'entreprise

Comme indiqué, la réglementation est ici nécessaire pour impulser les réformes, certainement insuffisante puisque peuvent apparaître des écarts entre le cadre législatif et la pratique du gouvernement d'entreprise. Il faudra donc aussi beaucoup compter sur d'autres forces que la réglementation imposée d'en haut : l'autorégulation ; l'autodiscipline ; l'essor de la démarche comparative (le *benchmarking*) dans un contexte où la qualité globale du gouvernement d'entreprise doit être perçue comme une composante de la compétitivité et de la crédibilité d'une entreprise, plutôt que vécue comme un coût additionnel ou comme du luxe. Les axes à creuser sont nombreux. Ils touchent au cœur du capitalisme et à l'articulation de ses différentes versions mises en évidence depuis près de trente ans par Andrew Shonfield, Michel Albert (capitalisme rhénan, français, anglo-saxon...). Avec la globalisation financière et tout ce qu'elle entraîne (pressions des marchés financiers, rendements exigés par les actionnaires, renforcements de la concurrence) avec les opérations de restructuration transfrontalières, on constate une certaine convergence des systèmes de gouvernement d'entreprise d'un pays à l'autre, sans que, pour autant, disparaissent les spécificités culturelles, sociétales et nationales. Il n'est donc pas étonnant que certaines améliorations soient à apporter un peu partout.

Améliorer la quantité et la qualité de l'information accessible aux actionnaires, aux salariés, aux régulateurs, sur la vraie situation d'une firme relève d'un gouvernement d'entreprise plus adapté au monde d'aujourd'hui et plus crédible. En France, les deux rapports Viénot nous ont permis de progresser dans cette direction et de nous rapprocher de certains standards internationaux sans toujours les atteindre. Le rapport Bouton s'inscrit dans la continuité des rapports Viénot et, en même temps, il insiste sur les défis les plus récents. La généralisation des comités d'audit et des comités de rémunération va dans la bonne direction, même si elle se fait dans de nombreux secteurs trop lentement et parfois même avec une mauvaise volonté évidente. Il nous reste du chemin à parcourir, comme d'ailleurs pour la plupart de nos partenaires d'Europe continentale. Parmi les axes à privilégier, je cite, en particulier, l'accroissement nécessaire des administrateurs indépendants (par hypothèse peu ou pas exposés à des situations de conflits d'intérêts), même s'il est difficile de s'accorder sur la définition et le contenu exact de cette « indépendance », et le renforcement de l'information disponible pour les membres des conseils d'administration. La présence d'administrateurs indépendants n'est pas une assurance tous risques (il y en avait plusieurs dans le conseil d'administration d'Enron), mais elle est une condition nécessaire, pas suffisante bien sûr, pour trouver un meilleur équilibre entre l'intérêt des actionnaires (*shareholders*) et celui de l'ensemble des parties prenantes (*stakeholders*) à la vie de l'entreprise, entre les objectifs à court terme et à long terme de l'entreprise, et pour contenir la multitude de conflits d'intérêts.

À propos justement des conflits d'intérêts, inévitables par certains côtés puisque notre vie économique et sociale repose en partie sur leur jeu subtil mais qu'il convient absolument d'endiguer et même de réduire, il faut partir d'une évidence : l'indépendance de l'information conditionne sa transparence. Et cette indépendance n'est plus garantie lorsque se multiplient les conflits d'intérêts entre l'audit légal et le conseil, entre le comptable et le décideur, entre les dirigeants et les actionnaires, pour une banque qui serait à la fois actionnaire, créancière et conseillère de la même entreprise. Trop c'est trop. Les mésaventures d'Arthur Andersen ont conduit les grands cabinets qui ne l'avaient pas déjà fait à opérer des scissions entre l'audit et le conseil et à s'abriter derrière de nouvelles murailles de Chine. N'en attendons pas, cependant, de miracles, car la tentation, pour ces cabinets comme pour d'autres entreprises dans des secteurs très différents, va être de vouloir contrôler tout ou partie de la chaîne de valeurs par une politique d'intégration verticale, donc de combiner à nouveau certaines activités susceptibles d'engendrer des conflits d'intérêts. Il faudra donc, au plan européen mais sans doute également mondial, resserrer le dispositif réglementaire pour contenir une telle tentation.

Derrière l'amélioration du gouvernement d'entreprise et la réduction des conflits d'intérêts, surgit rapidement une question fondamentale : dans le monde d'aujourd'hui, et compte tenu de la pression des marchés financiers, une entreprise peut-elle avouer des pertes ? Si la réponse à cette question était positive, Enron et quelques autres grandes entreprises n'auraient sans doute pas développé des trésors d'imagination, certains légaux mais illégitimes, d'autres illégaux, pour camoufler leurs pertes. Certes, il y a pertes et pertes, certaines modérées, d'autres abyssales, certaines transitoires, d'autres plus structurelles. Mais il faudrait quand même arriver à vivre dans un monde où une entreprise totalement transparente sur des pertes à court terme, par exemple justifiables dans le cadre d'une stratégie de long terme, ne serait pas immédiatement sanctionnée par les marchés parce que justement transparente... Où l'on retrouve, sous un autre angle, le thème de l'éventuel décalage entre l'horizon de la gestion stratégique de la firme et l'horizon des marchés financiers. Il est décidément plus facile de changer les réglementations que les mentalités et les comportements.

L'EXIGENCE DE TRANSPARENCE DE L'INFORMATION FINANCIÈRE

Un nouveau leitmotiv

Il n'est pas facile de définir en une phrase la transparence de l'information. Disons qu'il y a là une exigence d'une information qui reflète sans aucun biais la situation de chacun (de l'État, d'une entreprise, d'une banque), et qui soit très largement partagée, faisant partie de la « connaissance commune » (*common knowledge*). L'information ne peut pas être transparente, lorsqu'elle est accaparée par certains agents économiques ou par certains groupes. Cette transparence renvoie donc au moins à deux dimensions complémentaires, la quantité et la qualité (la nature) des informations accessibles.

Le thème de la transparence de l'information était déjà à la mode avant la faillite d'Enron, et d'autres affaires ultérieures relevant de la même problématique (comme le scandale Tyco). Encore plus depuis. Et les signes d'une telle prégnance sont multiples. Un exemple parmi d'autres : le pilier 3 du nouveau dispositif sur le ratio de solvabilité des banques (ratio McDonough qui va remplacer le ratio Cooke à partir de 2006) insiste sur la nécessité de renforcer la « discipline de marché ». L'idée est qu'une transparence accrue de l'information est nécessaire, mais pas suffisante, pour accroître la « discipline de marché ». On l'aura compris, la quantité et la qualité de l'information sont des éléments essentiels pour le bon fonctionnement de l'économie de marché, mais aussi pour sa régulation par les pouvoirs publics (dans l'exemple précédent, il s'agit de réglementation bancaire, mais le raisonnement est de portée beaucoup plus générale).

Pourquoi l'objectif d'une information transparente ?

Il est aisé de comprendre les motifs de ce qui est certainement plus qu'un phénomène de mode. Une information plus transparente du côté des banques et des entreprises, de façon plus générale de l'ensemble des intervenants (y compris donc aussi l'État), permet de rapprocher les systèmes comptables de la réalité économique, de mieux guider l'allocation des ressources, de pouvoir compter sur un meilleur équilibre entre emprunteurs et prêteurs, de réduire certaines inégalités dans l'accès à l'information pertinente (les fameuses « asymétries » d'information). La transparence est ainsi indispensable au bon fonctionnement des circuits de financement. Certains de ces points méritent une attention spéciale.

Les asymétries d'information ? Le modèle néoclassique de concurrence pure et parfaite supposait, au départ, une information parfaite, gratuite et également partagée par tous les intervenants. L'hypothèse d'asymétrie d'information remet en cause cette dernière propriété. Plus qu'une hypothèse, c'est souvent un constat : le banquier connaît, *a priori,* mieux la qualité de ses engagements que ceux qui déposent leur épargne auprès de lui, même lorsqu'ils sont éduqués et relativement bien informés ; l'entreprise qui fait appel au marché financier connaît, en principe, mieux sa véritable situation que les investisseurs disposés à souscrire les actions ou les obligations émises par elle ; les actionnaires ont, *a priori,* moins d'informations que les dirigeants sur la situation exacte de l'entreprise faisant appel à l'épargne publique. On peut multiplier à l'infini les cas d'asymétrie d'information. On comprend aisément l'enjeu : dans un monde où l'information conditionne largement la dévolution du pouvoir - l'accès à l'information est l'une des composantes centrales du pouvoir et de son exercice -, les asymétries d'information créent des inégalités, différentes bien sûr des autres formes d'inégalité (de revenu, de patrimoine...), mais également déterminantes. Les asymétries d'information sont-elles condamnées au nom de la science économique ? Certains des arguments précédents pourraient le laisser entendre, même si les jugements restent souvent implicites. Disons que ces asymétries ont souvent pour conséquence d'éloigner de l'équilibre walrasien, référence incontournable des paradigmes dominants. Un premier exemple concerne le rationnement du crédit : c'est l'asymétrie d'information et spécialement l'incertitude des banques sur la véritable situation des emprunteurs qui les incitent, sous certaines conditions, à refuser de distribuer du crédit aux plus risqués plutôt qu'à durcir leurs taux d'intérêt, engendrant ainsi un équilibre non walrasien sur le marché du crédit. Un second exemple, beaucoup plus net, d'asymétrie d'information problématique, est fourni par le délit d'initiés en Bourse. Autant le rationnement du crédit n'a rien de répréhensible en soi du point de vue du droit et de la morale, autant le délit d'initiés relève d'une infraction pénale et doit être sanctionné en tant que tel.

La fréquence optimale de l'information

L'analyse économique pose souvent, implicitement ou explicitement, le postulat suivant : plus l'information disponible est riche et fréquente, plus le système fonctionne bien. En fait, il y a là une conclusion trop rapide, si l'on tient compte d'autres critères, à côté de celui d'efficacité économique et d'efficience des marchés financiers.

Avec Internet, le flot d'informations accessibles est beaucoup plus continu qu'avant, même si les systèmes comptables n'ont pas nécessairement reflété, dans la fréquence des données qu'ils fournissent, l'évolution exacte des technologies (la comptabilité nationale, par exemple, est, au mieux, trimestrielle ; elle n'est pas - encore - mensuelle, et c'est peut-être aussi bien comme cela...). La position exprimée à plusieurs reprises par Bill Christ, le patron de CalPERS, premier fonds de pension américain, illustre le propos. Il a dénoncé le fait que les entreprises publient des résultats trimestriels, alors que, d'après lui, des résultats semestriels seraient largement suffisants pour informer le marché et les diverses parties concernées (actionnaires, salariés, clients et fournisseurs...). Autrement dit, dans ce monde caractérisé déjà par une forte instabilité financière, de l'information trop fréquente ajoute « du bruit à du bruit », de la volatilité à la volatilité existante. L'argument porte encore plus lorsqu'il s'agit d'informations faisant elles-mêmes l'objet de révisions statistiques fréquentes (chiffres d'inflation ou de croissance...). On voit apparaître ici un arbitrage entre la recherche d'une information de plus en plus transparente, reflétant de mieux en mieux une réalité elle-même rapidement mouvante, et la nécessité de contenir la volatilité et l'instabilité en deçà de certains seuils. Et on perçoit mieux l'enjeu du débat à propos de la directive européenne qui a introduit, à l'instar de l'exemple américain, la publication des résultats trimestriels pour les sociétés cotées.

Il y a là un important programme de recherche qui doit être traité à sa juste valeur : déterminer, de façon endogène, la fréquence optimale de l'information disponible au lieu de la supposer donnée *a priori.* En règle générale, cette fréquence optimale ne sera pas la fréquence maximale, car elle se situera au point d'équilibre entre des considérations de transparence et d'efficience des marchés, d'une part, des critères de stabilité ou d'instabilité systémique, d'autre part. Cette fréquence optimale ne sera pas non plus *a priori* la même selon le type de marché considéré (tous les marchés n'ont pas la même propension naturelle à « surréagir » aux dernières informations que les marchés financiers, les marchés des changes ou le marché pétrolier) et selon les opérateurs considérés (les intérêts des actionnaires, des salariés, des dirigeants, des clients ne sont pas nécessairement convergents du point de vue de l'information accessible).

Faut-il conserver certaines asymétries d'information ?

La difficulté du raisonnement tient au fait qu'à côté des asymétries d'information nuisibles à la bonne allocation des ressources ou à l'équilibre souhaitable entre les différentes parties concernées (prêteurs et emprunteurs, dirigeants et actionnaires, salariés et actionnaires...), il en existe d'autres qu'il faut conserver voire même organiser. Prenons un exemple concret qui rejoint, par une autre voie, la problématique déjà évoquée du président de CalPERS. Si une banque était conduite, par la réglementation ou par la concurrence, à donner toutes les semaines de l'information sur sa situation à sa clientèle, en particulier aux déposants, elle risquerait de provoquer de l'instabilité à court terme dans leur comportement, le plus souvent sans véritable justification. Par contre, augmenter la fréquence des informations transmises par la même banque aux autorités de supervision - à condition bien sûr que le coût n'en devienne pas excessif - serait une façon de resserrer cette supervision, sans augmenter pour autant la volatilité des comportements privés. On peut très bien imaginer que les superviseurs aient besoin, non pas nécessairement plus mais plus souvent, d'informations pertinentes que les actionnaires, les clients, les salariés... Il y a là un exemple d'asymétrie d'information qui, sans sacrifier l'objectif d'efficience économique, sert à prévenir les crises et à contenir les risques systémiques.

AUTRES AMBITIONS POUR LA POLITIQUE FINANCIÈRE ET POUR LA RÉGLEMENTATION

L'importance de la liquidité des marchés de capitaux

Avec l'arrivée de l'euro, l'Europe se doit de trouver le bon équilibre entre la logique de concurrence et la logique de partenariat. Ceci concerne toute une gamme d'aspects complémentaires (ouverture des marchés domestiques en application du marché unique, fiscalité de l'épargne, respect des principes d'une concurrence loyale) et, en particulier, les restructurations bancaires et l'intégration des marchés financiers. À terme, pour des raisons convergentes (implication de l'euro, existence d'économies d'échelle à concrétiser), nous irons vers une Bourse européenne totalement intégrée. Le chemin pour y parvenir passe d'abord par la phase actuelle de concurrence renforcée entre Euronext, d'une part, les autres places financières majeures (Londres, Francfort...) agissant pour l'instant en ordre dispersé, d'autre part.

Des marchés plus profonds et plus liquides ne fournissent pas une assurance tous risques contre la volatilité. On l'a bien vu avec Wall Street, la constitution et l'explosion de la bulle financière sur le Nasdaq (et par ricochet sur les marchés non américains). Mais la liquidité aide, en principe, à amortir un peu la volatilité. Surtout, elle fournit un attrait indiscutable aux investisseurs internationaux, sensibles, à côté des arguments habituels (qualité des services financiers, taux d'intérêt servis, régime fiscal...), à la quasi-assurance de la liquidité dont ils peuvent bénéficier sur les marchés secondaires les plus actifs. Cet argument a sans doute joué un rôle, avec d'autres facteurs, dans la bonne tenue du dollar (et la persistance de placements des non-résidents aux États-Unis) depuis deux/trois ans malgré l'ampleur du déficit extérieur américain.

Que faire à l'égard des zones de non-droit ou de non-réglementation ?

Plutôt que d'introduire la taxe Tobin, séduisante mais en fait inapplicable, il faut renforcer la lutte contre les paradis fiscaux et le blanchiment de l'argent sale. Le drame du 11 septembre a ouvert une « fenêtre » pour une coopération internationale plus effective, en particulier en modifiant pour quelque temps l'attitude des États-Unis sur ces dossiers, et sur quelques autres similaires. D'où l'urgence qu'il y a à saisir les nouvelles opportunités.

Faut-il réglementer les fonds spéculatifs (mal nommés *hedge funds*) ? Je ne crois pas à l'efficacité d'une régulation directe car sous une autre forme et un autre nom, le phénomène se retrouvera ailleurs. On connaît la force de la dialectique entre la réglementation et l'innovation dans la dynamique des systèmes bancaires et financiers. Par contre, il vaut mieux compter sur une régulation indirecte des *hedge funds*, en renforçant les exigences prudentielles sur les opérateurs qui servent de contreparties à ces fonds. Par exemple, le renforcement des fonds propres exigés pour les opérations des banques avec des *hedge funds* devrait être systématiquement introduit dans le futur ratio McDonough.

Un autre souci touche au transfert des risques *via* les instruments dérivés et à ses conséquences. Ces instruments servent à redistribuer les risques (de marché, de crédit...) vers des agents ayant une moindre aversion, voire une affection, pour ces risques. On conçoit donc la possibilité que les risques soient assez systématiquement transférés des entités les plus régulées (par exemple, les banques, les compagnies d'assurances) vers celles qui échappent aux réglementations prudentielles (les entreprises non financières). La riposte face à cette concentration possible des risques dans les zones de non-réglementation ne consiste pas à élargir le périmètre du contrôle prudentiel (cela n'aurait pas de sens d'étendre le ratio Cooke, demain le ratio McDonough, aux firmes industrielles, commerciales...) ; elle passe par un renforcement du contrôle interne et de la gestion des risques à l'initiative de ces firmes non régulées (ou en tout cas moins régulées).

Coordination interne et coordination européenne

Les défis se situent à différents niveaux. Au plan domestique, il faut améliorer la coordination entre les différentes instances chargées de la supervision et du contrôle des opérateurs et des marchés financiers. La formule britannique du Financial Services Authority (FSA), qui rassemble en une seule entité l'ensemble des superviseurs, a séduit quelques autres pays européens qui l'ont plus ou moins transposée. Avec le projet de fusion Commissions des opérations de Bourse (COB)/ Conseil des marchés financiers (CMF) qui devrait être mis en œuvre en 2003, la France va se rapprocher de la formule à deux pôles sur le modèle australien : un pôle en charge de la surveillance des marchés financiers, l'autre (avec le rapprochement, sans fusion, de la Commission bancaire, de la Commission de contrôle des assurances...) étant compétent pour le contrôle prudentiel des intermédiaires financiers.

Plus de coordination s'impose également en Europe, vu l'intégration déjà constatée et encore à venir des marchés de capitaux. Le rapport Lamfalussy a initié un important mouvement de « comitologie » (d'après le jargon du moment) : il s'agit d'améliorer l'efficacité de la coordination européenne, en confiant à des comités spécialisés la compétence pour traiter des mesures d'application, tout en laissant aux directives européennes, négociées au terme de processus forcément longs, le soin de fixer les principes. La « comitologie », déjà engagée pour mieux coordonner les autorités nationales en charge des marchés financiers, est en train de s'étendre aux banques, au secteur de l'assurance. Il faudra absolument veiller à ce que la recherche de la rapidité et de l'efficacité ne se fasse pas au détriment des exigences démocratiques du contrôle parlementaire et de la responsabilité (*accountability*) des régulateurs. Tout le débat consiste à pouvoir s'appuyer, là où l'autorégulation et l'autodiscipline ne suffisent pas, sur des régulateurs réactifs face aux changements de leur environnement, et en même temps suffisamment responsables.

La contribution positive de l'OICV dans l'amélioration de l'information financière et comptable

Michel PRADA*

L'Organisation internationale des commissions de valeurs (OICV) regroupe en une même association l'ensemble des organismes chargés d'assurer, au plan national, la régulation des marchés financiers.

Ouverte sur le monde entier depuis 1983, l'OICV rassemble actuellement 177 membres, dont les 102 « membres ordinaires », homologues étrangers de la Commission des opérations de Bourse (COB), sont des autorités publiques responsables de la supervision des marchés. Leur liste alphabétique nous entraîne dans un tour du monde complet, de l'Albanie et l'Algérie au Vietnam et à la Zambie en passant par l'Amérique du Nord, l'Europe et la zone Asie-Pacifique. La composition de l'OICV manifeste à la fois l'effacement des traits des frontières sur notre planète financière globalisée et l'ampleur des disparités du développement économique qui se mesure ici au travers du degré variable de complexité et de sophistication des marchés et des instruments qui s'y échangent.

Néanmoins, de Tirana à Lusaka - comme à New York, Paris ou Tokyo -, les opérations de marché et leur développement présupposent la même confiance des investisseurs dans les informations que fournissent les émetteurs, la même attente d'un comportement professionnel et responsable des intermédiaires financiers et la même certitude que des règles de place objectivement appliquées garantissent l'intégrité du marché. Sans cette confiance, il n'est pas d'investissement financier possible, et le bas de laine tend rapidement à devenir le placement le mieux sécurisé.

LES OBJECTIFS DE L'OICV

Le préambule des statuts de l'OICV précise que ses membres s'engagent :
- à coopérer pour promouvoir des standards élevés de régulation ;
- à échanger des informations sur

---

* Ancien président de la Commission des opérations de Bourse.
L'auteur a rédigé cet article avant la fin de son mandat, le 15 octobre 2002.

leurs expériences respectives, afin de promouvoir le développement des marchés nationaux ;
- à unir leurs efforts pour définir des normes et assurer une surveillance effective des transactions internationales de valeurs mobilières ;
- à se prêter mutuellement assistance, afin de promouvoir l'intégrité des marchés par l'application rigoureuse des normes et la mise en œuvre effective de moyens de lutte contre les délits.

Tous les régulateurs de marché prennent ces engagements lorsqu'ils deviennent membres de l'OICV, leur candidature étant examinée par l'Organisation au vu des lois et règlements qui établissent leur existence et leurs capacités dans leur État d'origine. Toutefois, la diversité des systèmes ou des traditions juridiques et des modes d'organisation politico-administrative, sans mentionner le poids et l'histoire de chaque place financière, expliquent assez bien que l'hétérogénéité soit une caractéristique de cette organisation à vocation universelle.

Personne ne saurait raisonnablement reprocher à la toute jeune Commission des valeurs mobilières d'un marché émergent de ne pas avoir autant d'expérience, d'autorité ou de moyens que la Securities and Exchange Commission (SEC) américaine ou la Commission des opérations de Bourse française. On pouvait, en revanche, reprocher à l'OICV, jusqu'au milieu des années 1990, de ne pas se préoccuper suffisamment de l'application effective des harmonisations qu'elle préconisait, et de laisser subsister trop de disparités nationales. Ainsi, fut engagé un important travail interne de définition des grands principes fondamentaux devant guider tous les membres de l'OICV dans la conduite de leurs responsabilités en vue d'établir et de maintenir de hautes exigences de qualité en matière de régulation financière.

Trente principes ont ainsi été dégagés qui répondent à un triple objectif approuvé par tous :
- protéger les investisseurs ;
- garantir que les marchés sont équitables, efficaces et transparents ;
- réduire les risques systémiques.

Les principes eux-mêmes visent successivement l'organisation de la régulation et des autorités qui l'exercent, la coopération nécessaire entre ces autorités pour faire appliquer les lois, les émetteurs d'instruments financiers, les véhicules de la gestion collective, les intermédiaires de marché et l'organisation du marché secondaire des instruments financiers. Pour chacun de ces sujets, une seule phrase exprime le principe établi par l'OICV, le document complet commentant et explicitant l'objectif et les moyens d'y parvenir.

Ce document, intitulé *Objectives and Principles of Securities Regulation*[1], fut solennellement approuvé en septembre 1998 à Nairobi. Allant au-delà d'une simple approbation de ces orientations, les membres de l'OICV ont également décidé d'entrer dans un processus vertueux d'auto-évaluation, organisé avec la participation et sous le contrôle de leurs pairs, permettant d'identifier les insuffisances et les voies d'amélioration de leur système national de régulation. L'OICV conforte ainsi par l'extérieur la position relative de chacun des régulateurs nationaux.

LES MÉTHODES DE TRAVAIL

Depuis 1987, l'OICV s'est organisée en structurant ses travaux au sein de deux comités : le comité technique, qui réunit les commissions de valeurs mobilières des marchés les plus importants et « matures » et le comité des marchés émergents qui rassemble les régulateurs de marchés financiers plus jeunes et moins développés, aspirant à adapter les règles et les méthodes des grandes places boursières mondiales. Chacun de ces comités travaille sous l'autorité du comité exécutif qui est, en quelque sorte, le conseil d'administration de l'OICV et dont les membres sont élus pour deux ans.

Si chacun des deux comités peut produire et publier des études ou des travaux sous son timbre, avec l'accord du comité exécutif, la publication de normes, recommandations ou résolutions engageant l'Organisation entière nécessite, en outre, une approbation par le comité des présidents, sorte d'assemblée générale de l'OICV, qui se réunit une fois par an.

La diversité des matières traitées par l'OICV et la complexité véritable de certains sujets techniques ont conduit les deux comités d'étude, le comité technique et celui des marchés émergents à instituer des groupes de travail spécialisés par domaine. Pour faciliter la concertation et enrichir les réflexions, des relations croisées structurelles ont été instaurées depuis plusieurs années entre les groupes de travail correspondants des deux comités. Les participants aux réunions des groupes de travail s'engagent implicitement à contribuer aux travaux en fournissant les éléments d'analyse, de réflexion et de rédaction qui permettront la finalisation des rapports[2]. Le consensus est la règle de travail, ce qui ne signifie pas nécessairement que tous s'alignent systématiquement sur le plus petit dénominateur commun, loin de là. En revanche, la progressive maturation de règles acceptables par tous nécessite parfois un peu de temps et toujours beaucoup de persuasion fondée sur des analyses précises ainsi que, dans certains cas, un arbitrage plus « politique » au niveau du comité technique plénier.

Au cours des dix dernières années, plusieurs sujets traités à l'OICV ont ainsi illustré ce passage progressif et subtil, parfois difficile et toujours consommateur de temps, entre les divergences de vues radicales qui constituaient le point de départ des travaux et un document final le plus souvent consensuel fixant les principes à respecter pour l'avenir : les ratios de fonds propres des entreprises d'investissement, la notion de transparence sur les marchés secondaires, l'analyse des causes de l'effondrement de LTCM et des risques des *hedge funds,* sont quelques-uns de ces sujets où l'alchimie propre de l'OICV, combinée avec la rapidité des évolutions de l'environnement financier, a finalement permis de distiller une position commune.

Les questions liées à l'information financière, aux normes comptables internationales et au gouvernement d'entreprise entrent aussi dans cette catégorie, comme en témoigne l'élaboration en cours de principes applicables à l'indépendance des auditeurs, au rôle et au fonctionnement des comités d'audit, et à l'information périodique et permanente des sociétés cotées.

BILAN DES PROGRÈS DANS LE DOMAINE DE L'INFORMATION FINANCIÈRE

L'un des cinq groupes de travail permanents du comité technique a, comme domaine d'activité, l'information financière et la comptabilité.

Traditionnellement présidé par un cadre de la SEC, ce groupe a fourni, au cours des dix dernières années, un effort considérable d'analyse et de propositions d'harmonisation. L'information constitue en effet une condition essentielle de l'internationalisation effective des marchés financiers : l'harmonisation des règles ou, à tout le moins, des grands principes respectés sur chacune des grandes places financières mondiales est indispensable pour que les instruments financiers émis sur l'une de ces places puissent être acceptés et faire l'objet de transactions dans des opérations transfrontières.

Trois champs de travail ont alternativement mobilisé les experts de ce groupe : harmonisation du contenu des prospectus et des informations exigées de la part des émetteurs ; harmonisation des normes comptables reconnues par les régulateurs de marché ; harmonisation des principes et des pratiques de la révision comptable par les auditeurs légaux. Le premier est au cœur de la mission et des responsabilités confiées aux régulateurs dans pratiquement tous les pays du monde[3] ; l'OICV a donc pu travailler sur ce sujet en interne et de manière autonome. Pour les deux autres champs d'harmonisation, le groupe de travail a progressé en concertation étroite avec les organismes internationaux auxquels est reconnue la capacité d'élaborer des normes.

L'information exigée des émetteurs internationaux

Suivant une méthode éprouvée dans l'ordre international, l'OICV a commencé en ce domaine par pratiquer un recensement, publié chaque année, des règles applicables dans chacune des juridictions aux émissions internationales, faisant ainsi apparaître les points communs aux diverses réglementations nationales mais aussi leurs divergences ou leurs éventuelles incohérences. Ce travail d'analyse et de mise à plat a permis de prendre conscience de la possibilité d'aboutir à une harmonisation sinon de l'ensemble des règles détaillées, qui relèvent d'environnements juridiques hétérogènes, au moins de principes généraux partout applicables.

C'est ainsi qu'après une série de rapports descriptifs, actualisant chaque année un tableau général qui avait été dressé en 1989 (*International Equity Offers*), et après avoir produit, en 1994, un document intitulé *Report on Disclosure and Accounting*, l'OICV a élaboré un ensemble de normes, approuvées en septembre 1998, constituant un corps de règles relatives aux informations que les émetteurs étrangers, procédant à des offres publiques ou à une première cotation transfrontières, doivent rassembler dans un document d'information soumis au contrôle des autorités du pays d'accueil. La résolution approuvée à Nairobi par le comité des présidents donne valeur universelle à ces normes contenues dans le document intitulé *International Disclosure Standards for Cross-Border Offerings and Initial Listings by Foreign Issuer* : il y est recommandé aux membres de l'OICV d'accepter, dans leur circonscription, les documents préparés par les émetteurs étrangers et contenant les informations définies selon ces normes pour autoriser l'offre de leurs actions au public ou leur cotation sur le marché national.

La résolution précise bien, pour des raisons évidentes à l'époque, que ces normes visent l'information dite non financière et qu'elles ne couvrent pas le corps des règles comptables ou des normes d'audit applicables lors de la préparation des états comptables. Elle indique aussi qu'elles ne visent pas les règles particulières applicables dans certains pays aux fusions et rapprochements d'entreprises, aux offres publiques d'échange, aux privatisations ou aux offres à personnes dénommées, ni encore les règles spécifiques qui peuvent s'appliquer à des entreprises naissantes admises sur l'équivalent de notre nouveau marché. Malgré ces restrictions et malgré les nombreuses exceptions nationales développées dans la seconde partie de ce rapport, il existe donc, depuis quatre ans, un corps de principes harmonisés constituant des normes internationales pour l'information que doivent fournir les entreprises cotées lorsqu'elles s'adressent au marché international des capitaux ; ces principes généraux sont reconnus par la communauté des régulateurs de marché.

L'harmonisation des normes comptables internationales

Voici quinze ans, l'idée d'harmoniser puis d'unifier un jour les normes comptables nationales apparaissait comme une belle utopie. Il y a encore moins de dix ans, ce rêve était devenu un objectif, mais on estimait qu'il ne serait pas possible d'y parvenir avant la première décennie du XXIème siècle.

Certes, l'internationalisation de l'économie et la multiplication des croisements d'intérêts commerciaux ou financiers au travers des frontières conduisaient à déplorer que les états financiers produits par les entreprises ne soient pas plus homogènes et tous comparables entre eux et que la présentation comptable de la valeur des actifs - réputée fidèle, exacte et sincère dans chaque système comptable - aboutisse à autant d'images dissemblables. Mais, le réalisme obligeait à prendre en compte que les normes comptables constituent aussi le fondement des systèmes fiscaux nationaux, que l'on n'a pas encore vu converger rapidement vers un modèle unique. Au demeurant, un discours encore bien accepté jusqu'à il y a peu de temps suggérait d'adopter, pour les sociétés vraiment internationales, le régime comptable reconnu par le marché financier dominant, celui de New York, puisque telle est la règle imposée par le régulateur américain aux sociétés étrangères qui entendent faire appel public à l'épargne aux États-Unis. Ce système étant généralement réputé bon, voire le meilleur de tous selon ses propres auteurs, il n'y avait qu'à en faire la référence internationale unique. Ce raisonnement, conforté par certains professionnels du chiffre ou du droit spécialisés dans la compréhension et l'interprétation des US-GAAP, a suffi à convaincre un certain nombre de sociétés multinationales non américaines de se convertir aux règles du Financial Accounting Standards Board (FASD).

Allant à l'encontre de cette solution, d'autres experts, dont plusieurs des autorités de régulation des marchés financiers européens, pouvaient s'étonner que les normes comptables américaines, établies et adaptées dans un cadre juridique et socioculturel propre à l'environnement économique américain, puissent prétendre à l'universalité[4]. Leur voix a longtemps été minoritaire au sein du groupe de travail n° 1 de l'OICV, et leur attachement à y faire progresser un lent travail de révision et d'analyse des projets de normes puis des normes qu'élaborait l'International Accounting Standards Committee (IASC) a longtemps été pris par certains pour une sorte de manie, pas vraiment dangereuse mais un peu stérile.

Ceux-là devraient sans doute faire ériger un monument à la mémoire de l'opération de rachat de Chrysler par Daimler-Benz en 1993 : le retraitement comptable demandé à la firme allemande par la SEC aboutissait à inverser les résultats de l'entreprise, transformant les bénéfices des comptes allemands en un lourd déficit des comptes recalculés en US-GAAP. La surprise publique née de cette péripétie rejoignait alors un certain questionnement interne aux États-Unis, en provenance des marchés financiers américains, sur la rigidité des exigences comptables de la SEC au regard de leur volonté d'ouverture internationale, et se combinait avec la montée en puissance de l'IASC qui venait d'achever, en 1993, une analyse de la comparabilité des états financiers des entreprises. Quelques discussions fort animées au sein du comité technique de l'OICV pendant plus d'un an ont fini par aboutir, à Paris en juillet 1995, d'une part, à la reconnaissance provisoire, par l'OICV, de dix standards comptables déjà élaborés par l'IASC et, d'autre part, à un programme de travail par lequel l'IASC s'engageait à préparer et à définir, en moins de sept ans, un système complet de normes comptables qui pourraient être reconnues par les régulateurs membres de l'OICV dans les émissions internationales.

Ce calendrier fut même accéléré, au prix d'un travail considérable et d'innombrables réunions marathon, tant pour les divers comités participant à l'élaboration des normes que pour les experts des commissions, membres de l'OICV, chargés d'évaluer la qualité de ces normes au regard de leurs exigences de transparence et de sincérité des comptes. En définitive, l'OICV a reconnu, en mai 2000 à Sydney, ce cœur composé d'une quarantaine de normes comptables élaborées par l'IASC, dites « Standards 2000 », et décidé que les comptes de sociétés établis selon ces normes seraient considérés comme acceptables par les autorités de marché à l'occasion d'opérations financières internationales, sous réserve de réconciliations ou d'informations complémentaires qui pourraient être requises par telle ou telle juridiction d'accueil. Un fondement était ainsi donné à un langage comptable universellement accepté.

C'était là le premier pas qui a permis de nombreuses évolutions ultérieures, un peu partout dans le monde, pour préparer la reconnaissance, par les législations et les pratiques nationales, des comptes ainsi établis selon des normes internationales. En France, c'est ce qui fut fait par le vote de l'article 6 de la loi du 6 avril 1998 ; pour l'Union européenne, le Conseil de Lisbonne a décidé l'introduction des normes IASC à compter de 2005 pour toutes les sociétés cotées ; aux États-Unis, la SEC et le FASB ont reconnu le rôle de normalisateur international de l 'IASC, sans toutefois s'engager sur l'acceptation de ces normes à usage interne.

Rien n'est pour autant définitivement achevé car ces normes ne peuvent pas rester gravées dans le marbre dans leur premier état ; il faut pouvoir les interpréter et apprécier leur application à des situations ou à des secteurs économiques spécifiques, les compléter, les faire évoluer et les adapter. L'organisme international de normalisation s'y est préparé, en devenant en 2001 l'International Accounting Standards Board (IASB) et en se dotant d'un comité de normalisation et des moyens nécessaires pour poursuivre un travail technique important. En Europe et dans plusieurs de ses États membres, de nouvelles structures ont été créées par les autorités chargées de la normalisation comptable, afin de contribuer à la révision des directives comptables et à l'adaptation des pratiques comptables aux nouvelles références.

L'OICV devra continuer à participer à cette tâche, en liaison étroite avec l'IASB, pour veiller à l'harmonisation des doctrines et des interprétations, et afin que les normes comptables internationales demeurent acceptables en toutes circonstances par ces premiers lecteurs et contrôleurs de l'information financière que sont les commissions de valeurs.

L'harmonisation des normes d'audit

Comme en matière de normes comptables, les autorités de régulation membres de l'OICV sont les premiers demandeurs et utilisateurs d'une certification des comptes par des auditeurs qualifiés et légalement responsables. N'étant pas toujours en charge de la tutelle de cette profession dans leur juridiction nationale, elles n'ont donc pas à définir elles-mêmes les règles de l'art du métier de réviseur comptable, mais elles sont néanmoins toujours directement concernées par la qualité de la révision des comptes des sociétés cotées. Ceci est vrai au plan national comme dans les relations transfrontières.

La Fédération internationale des comptables (Ifac) est l'organisme international qualifié pour faire progresser l'harmonisation en ces domaines. Elle a créé un comité spécialisé, l'International Auditing Practices Committee (IAPC), qui a été et qui demeure l'interlocuteur de l'OICV et du groupe de travail n° 1 de son comité technique dans la définition de normes d'audit comptables internationalement reconnues et acceptées par les autorités de marché.

Ce travail conjoint, engagé à la fin des années 1980, a abouti, en octobre 1992 à Londres, à l'approbation d'une résolution du comité des présidents de l'OICV concernant les normes d'audit que l'IAPC venait d'arrêter ou était en train de finaliser et les acceptant comme base d'une révision des comptes qui sont présentés par les sociétés étrangères à l'occasion d'offres publiques transfrontières ou pour la publication de leurs résultats périodiques. Cette approbation a été en quelque sorte confortée ensuite, en 1998, par les « objectifs et principes de la régulation financière » puisque l'un des principes relatifs aux émetteurs (principe n° 16) stipule que les normes applicables aux comptes financiers et à la révision comptable doivent être de haute qualité et internationalement acceptables. Dans ce domaine aussi, il y a désormais une harmonisation internationale sur la base de standards reconnus par tous les régulateurs.

DE NOUVEAUX PROGRÈS EN VUE

Si les commentaires de ce seizième principe mentionnent l'indépendance des réviseurs comptables parmi les conditions de qualité d'un audit auxquelles les régulateurs doivent veiller, force est de constater que, jusqu'à l'affaire Enron, le consensus interne à l'OICV n'allait pas jusqu'à rechercher activement une harmonisation sur cette question. La résolution de 1992 sur les normes d'audit soulignait d'ailleurs qu'elle ne comportait aucune recommandation particulière concernant la forme des rapports établis par les auditeurs, la qualification professionnelle des auditeurs ou l'indépendance de ces experts, ces trois sujets ne réunissant pas les conditions d'un consensus suffisant pour établir des normes internationales correspondant au souci des autorités de régulation. Cette formulation explicite, souhaitée alors par les États-Unis, a continué de délimiter, jusqu'à il y a peu de temps, les efforts d'harmonisation au sein de l'OICV.

En effet, en dépit de plusieurs propositions formulées, notamment par la COB, devant le comité technique, l'OICV s'est montrée jusqu'à présent réticente à engager des travaux d'analyse ou de comparaison sur des sujets touchant au gouvernement d'entreprise, qu'il s'agisse de l'équilibre des pouvoirs et des devoirs au sein des sociétés ou du rôle et de la responsabilité de professionnels externes dans l'émergence d'une information constituant un consensus de place (analystes, agences de notation ou auditeurs). Même en faisant valoir les avancées significatives de l'expérience française en ces domaines - existence d'un contrôle de qualité de l'audit depuis 1985, codes de déontologie professionnelle exigeants, comité de déontologie et indépendance mis en place en 1998 -, la COB et quelques-uns de ses partenaires d'Europe continentale, certainement moins bien organisés pour faire prévaloir leurs arguments, n'étaient pas parvenus à surmonter la réserve des représentants anglo-saxons[5] persuadés d'avoir conçu et appliqué les meilleures pratiques possibles.

Les faillites d'Enron et de WorldCom et l'implosion du réseau mondial d'Arthur Andersen ont bouleversé cette situation.

Le comité technique de l'OICV a en effet décidé, en février 2002, que ces sujets devraient faire l'objet d'un examen conjoint qui a été confié, dans un premier temps, à un comité spécial de haut niveau composé des présidents des comités et groupes de travail concernés. Ce groupe a préparé trois documents relatifs respectivement à l'indépendance des auditeurs, à la surveillance de la profession et de la qualité de l'audit, et aux informations que les sociétés cotées doivent communiquer de manière régulière. Les principes généraux mis en exergue sur ces trois sujets ont été présentés au comité technique et approuvés par lui lors de sa dernière réunion, au Mexique, et ont été rendus publics le 18 octobre 2002. Leur importance pour l'ensemble des régulateurs et de la communauté financière internationale est telle que le comité technique a décidé de les soumettre au comité des présidents, lors de sa prochaine réunion à Séoul en mai 2003, en vue d'obtenir l'approbation de ces principes par l'Organisation entière.

Le contenu de la loi Sarbanes-Oxley, récemment adoptée aux États-Unis, montre par ailleurs que les certitudes antérieures, après avoir fait place au doute, sont aujourd'hui rétablies sur la base d'une ferme réaction du législateur et des régulateurs. La mise en œuvre de ce texte, dans un univers financier globalisé, va certainement soulever quelques difficultés de coordination internationale. On peut donc penser sans trop de risques d'erreur que l'OICV va encore beaucoup travailler à rapprocher les vues des régulateurs de marché financier sur ces questions liées à l'amélioration de l'information fournie aux marchés et aux investisseurs. Compte tenu des résultats déjà obtenus depuis dix ans, la vision en perspective devient très encourageante.

Le thème de cet article conduit à passer sous silence les nombreux domaines dans lesquels l'OICV a également fourni, depuis quinze ans, un remarquable travail de réflexion, d'analyse ou d'harmonisation, permettant une meilleure compréhension des caractéristiques des instruments financiers, du fonctionnement des marchés ou des responsabilités des acteurs. On doit aussi à ces travaux une meilleure prise en compte des risques spécifiques, opérationnels ou systémiques, et une coordination effective de l'action des régulateurs. Tout cela ne se mesure souvent qu'*a contrario* et après la survenance de crises, lorsque l'on considère la profondeur des précipices dans lesquels la sphère financière aurait pu sombrer. De manière plus positive, cela s'apprécie aussi au nombre et à la qualité des rapports techniques, des recommandations ou résolutions que l'on peut consulter dans la liste des publications de l'OICV.

Il faut cependant réserver une mention expresse au domaine de la coopération dans la mise en œuvre des lois et règlements qui a été, depuis l'origine, l'un des sujets permanents d'approfondissement pour l'OICV. Puisqu'elle rassemble des « gendarmes », elle doit aussi assurer la coordination de leurs fonctions de police. Suite aux crises récentes et, en particulier, aux attentats commis aux États-Unis le 11 septembre 2001, l'OICV a mis au point, en un temps record, un accord multilatéral de coopération, d'assistance et d'échange d'informations, qui a été approuvé à l'unanimité par l'OICV à Istanbul, au mois de mai 2002, associé à une procédure de gestion et de suivi de l'accord. Les premières candidatures à l'adhésion sont déjà en cours d'analyse pour vérifier la capacité des signataires d'en respecter les conditions ; les premières signatures seront recueillies sans tarder, avant la fin de l'année 2002.

Ce nouvel outil de coopération constitue une grande première dans l'ordre de la régulation financière. Il est construit et il doit fonctionner comme un stimulant permanent à approfondir un travail de surveillance commun entre tous les régulateurs de marché, pour que les principes et les règles qu'ils définissent, par exemple dans le domaine de l'information financière et comptable, ne restent pas dans l'ordre du souhaitable, mais deviennent véritablement des normes universellement appliquées.

Notes

1. La liste des documents publiés par l'OICV depuis 1989 et le texte de la plupart d'entre eux peuvent être consultés sur le site Internet de l'Organisation (www.iosco.org/iosco.html).

2. La Commission des opérations de Bourse est fortement impliquée dans tous les travaux de l'OICV. Elle participe activement aux cinq groupes de travail du comité technique et assure la présidence de l'un d'entre eux depuis 1990. À deux reprises depuis 1993, le président de la COB s'est vu confier la présidence du comité technique pour un mandat de deux années. La COB a également été régulièrement élue comme membre du comité exécutif de l'OICV, qu'elle a présidé entre 1996 et 1998.

3. Dans certains cas, le contrôle de l'information fournie par les émetteurs était effectué par la Bourse elle-même, comme à Londres jusqu'en 2001. Néanmoins, l'autorité publique chargée de la régulation du marché demeurait responsable des règles de *disclosure* vis-à-vis de ses homologues étrangers.

4. Paul Volcker, devenu président du Board of Trustees de l'IASB en 2001, a formulé ultérieurement la même remarque devant des commissions du Congrès américain : « *Other countries will not easily agree « made in America » is necessarily best* » ou « *Furthermore, developing de facto global standards from Norwalk, Connecticut, has seemed increasingly unrealistic, both politically and economically, in the age of globalisation* ».

5. L'expression est commode mais un peu réductrice, les pratiques mises en œuvre sur les marchés américain et britannique étant souvent fort différentes. Leurs autorités manifestent souvent, en revanche, la même réticence à voir leurs usages mis en question au travers d'une réflexion internationale.

RÔLE ET RESPONSABILITÉ DES INTERMÉDIAIRES FINANCIERS : LE CHOIX DU RÉGULATEUR FRANÇAIS

HUBERT REYNIER*

Il n'est aujourd'hui plus utile de rappeler à quel point le bon fonctionnement d'un marché financier dépend de la qualité de l'information qui lui est diffusée, notamment lors des opérations financières. La récente évolution des marchés financiers, marquée par la multiplication ou l'omniprésence croissante, au côté de l'émetteur, de différents acteurs (analyste, banquier-conseil, commissaire aux comptes, agence de notation...) et par plusieurs scandales, conduit naturellement les régulateurs, au plan national et international, à s'interroger sur le rôle et la responsabilité respectifs de ces acteurs.

Ce travail de réflexion, la Commission des opérations de Bourse (COB), le régulateur français, l'a mené en faisant de la question de la clarification de la responsabilité des différents intervenants à une opération un volet important de sa réforme de la procédure de contrôle de l'information financière et de délivrance de visas[1].

Ce volet de la réforme, qui a été menée en concertation avec les professionnels de la place dès juillet 2001, avait notamment pour objectif de responsabiliser davantage les acteurs du marché, afin de permettre au régulateur de se focaliser sur les aspects pertinents du contrôle.

La COB souhaitait mettre en place un système qui, tout en s'appuyant largement sur les pratiques existantes, n'en constituerait pas moins une amélioration significative pour le marché.

Ces réflexions ont abouti à deux innovations importantes dans le paysage réglementaire français :
- l'instauration d'une procédure de dépôt public et de contrôle *a posteriori* des documents de référence, applicable de plein droit aux émetteurs ayant fait enregistrer un document de référence pendant trois exercices consécutifs ;
- l'affirmation dans la réglementation française d'un principe de responsabilité des prestataires de services d'investissement participant à une opération financière.

En préalable à une consultation approfondie avec les professionnels, le régulateur français s'est bien entendu

* Chef du service des opérations et de l'information financières de la Commission des opérations de Bourse.

intéressé aux différents modèles qu'offraient tant la pratique que les réglementations étrangères pour aboutir à une solution qui prenne en compte les particularités du système français.

APPROCHE COMPARÉE DES SYSTÈMES DE RESPONSABILITÉ DES INTERMÉDIAIRES FINANCIERS

Les systèmes de responsabilité des intermédiaires du fait d'un prospectus peuvent varier sensiblement d'un marché à l'autre, quant à leur fondement ou à leur régime.

En Europe, la directive n° 80/390, aujourd'hui codifiée par la directive n° 2001/34, retient une approche minimaliste, en prévoyant la responsabilité de l'émetteur sur l'intégralité du prospectus et celle des commissaires aux comptes pour la revue des comptes annuels, les États membres ayant toute discrétion pour étendre la responsabilité des commissaires aux comptes à d'autres données comptables et financières.

La directive ne mentionne pas les intermédiaires financiers parmi les personnes directement responsables ou signataires d'un prospectus. Pourtant, de nombreux États européens ont opté pour des systèmes plus complexes de responsabilité se situant à des niveaux différents de la hiérarchie des normes.

Aux Pays-Bas, par exemple, si l'émetteur est responsable de l'ensemble du prospectus, un intermédiaire financier appelé *listing agent* (agent de cotation) s'engage sur le caractère complet et exact du contenu du prospectus. À cette fin, il doit accomplir un certain nombre de diligences, dont les standards minimaux sont déterminés par Euronext Amsterdam. En cas de défaut, l'entreprise de marché peut, devant le juge, directement engager la responsabilité du *listing agent*, lequel doit démontrer qu'il a effectivement mis en œuvre les mesures suffisantes pour remplir ses obligations. Les intermédiaires financiers sont responsables pour toutes les opérations d'introduction en Bourse ainsi que les opérations ultérieures, y compris sur instruments obligataires, auxquelles ils participent. En outre, la banque introductrice doit, pendant une période de trois ans à compter de l'introduction en Bourse, assister l'émetteur en matière d'information du marché (établissement du prospectus, obligation d'information permanente et périodique...).

En Grande-Bretagne, les émetteurs ont l'obligation d'avoir recours à un intermédiaire appelé *sponsor* (généralement un prestataire de services d'investissement ou un conseiller financier) ou, pour certains d'entre eux, notamment les émetteurs publics, uniquement à un *listing agent,* dès lors qu'ils préparent un document d'information relatif à une opération d'introduction ou d'émission et admission ultérieure. Le *sponsor* comme le *listing agent* engagent leur responsabilité vis-à-vis de la Financial Services Authority (FSA) et non du public. Ils doivent s'assurer, pour toute opération nécessitant l'établissement d'un document d'information, qu'à leur connaissance, l'émetteur satisfait à toutes les règles relatives à la cotation et qu'en particulier, le prospectus est complet et exact et que toutes les informations, dont peut avoir besoin la FSA, sont bien intégrées au prospectus ou ont été portées à sa connaissance par écrit. Ils doivent donner à la FSA toute information et explication en réponse aux demandes de celle-ci concernant la correcte application desdites règles par l'émetteur. En outre, le *sponsor* doit conseiller l'émetteur sur l'application et l'interprétation de ces règles et doit s'assurer que les administrateurs de l'émetteur sont bien informés de la nature de leurs responsabilités et obligations en tant qu'administrateurs de sociétés cotées. La responsabilité de l'intermédiaire financier (*sponsor* ou *listing agent*) porte sur l'ensemble du prospectus, y compris les domaines sur lesquels l'intermédiaire financier n'a pas de moyen direct de vérification. Dans ces hypothèses, le *sponsor* et le *listing agent* peuvent déléguer ces vérifications à un tiers à condition d'en informer la FSA, étant précisé qu'ils demeurent en tout état de cause entièrement responsables vis-à-vis de celle-ci. Enfin, sur certaines informations sensibles, la FSA demande des attestations complémentaires. En cas de fusion, par exemple, la FSA exige deux rapports (l'un des commissaires aux comptes, l'autre du *sponsor*) sur le caractère vraisemblable des éléments prévisionnels ainsi que l'insertion, dans le prospectus, des hypothèses de calcul des avantages attendus de la fusion. Si le *sponsor* n'a pas satisfait à ses obligations, la FSA peut, après une procédure contradictoire, prendre des sanctions (blâme ou révocation de la liste des *sponsors* agréés par la FSA) qui, le cas échéant, peuvent être publiées.

Dans d'autres pays, comme l'Irlande, l'Allemagne, le Portugal et la Finlande, les intermédiaires financiers sont responsables de l'ensemble de l'information contenue dans le prospectus, même si les régulateurs de ces pays n'ont pas nécessairement édicté de standards de diligences et qu'il s'agit parfois d'engagements pris à l'égard de l'entreprise de marché et non du régulateur.

Aux États-Unis, la Section 11 du Securities Act de 1933 fait peser sur les garants (*underwriters*) d'une opération une véritable présomption de responsabilité en cas d'inexactitude d'une information significative ou d'omission d'une information significative dont la mention était requise ou aurait permis d'éviter de rendre trompeuse une information contenue dans le prospectus[2]. Une action en justice peut donc être intentée sur ce fondement par tout investisseur et être dirigée contre l'émetteur, ses administrateurs, ses auditeurs et tous autres « experts » mentionnés dans le document d'offre, dont les intermédiaires financiers ayant participé à l'opération. Le principal moyen de défense dont disposent les personnes susceptibles d'être assignées en responsabilité, à l'exception de l'émetteur, consiste à démontrer qu'elles ont procédé à des investigations raisonnables ne leur permettant pas de penser que le document contenait une inexactitude ou une omission significative. De cette expression *reasonable investigation* est né le concept de *due diligence* qui, dans la pratique américaine, désigne désormais traditionnellement l'ensemble du processus qui permet à l'intermédiaire financier dans le cas présent, d'aboutir à un niveau de « confort » suffisamment élevé pour décider de donner suite à une opération à laquelle son nom commercial et par conséquent sa réputation seront associés. Dans un système fortement marqué par le risque d'action en justice et l'importance de la réputation des intermédiaires, l'ensemble du marché, de même que les membres du syndicat de placement pour le compte desquels le chef de file agit, se reposent sur le chef de file pour l'accomplissement des diligences nécessaires. Bien plus qu'une défense « négative » offerte aux intermédiaires, la SEC considère que ceux-ci sont tenus à une obligation positive d'effectuer ces diligences, au motif qu'en participant à une opération, l'intermédiaire émet une recommandation implicite sur les titres objets de l'offre[3].

Le régulateur français s'est donc inspiré du contenu et du fondement traditionnel des réglementations et pratiques étrangères, en particulier britannique et américaine, sans aller jusqu'à souhaiter une telle présomption de responsabilité de nature législative, ou encore un système de parrainage obligeant un intermédiaire à suivre l'émetteur pendant trois ans à compter de son introduction en Bourse. La COB n'a pas davantage souhaité créer de monopole quelconque des prestataires de services d'investissement en la matière, ne réglementant que les cas dans lesquels ceux-ci interviennent.

LE SYSTÈME RETENU PAR LE RÉGULATEUR FRANÇAIS

Antérieurement à la réforme introduite en 2002 par la COB, la question de la responsabilité découlant d'un prospectus ne faisait pas l'objet de dispositions précises dans la réglementation française. Seule était prévue la responsabilité de l'émetteur et des contrôleurs légaux dans les cas prévus par les règlements n° 98-01 (émission et admission sur un marché réglementé), n° 95-01 (relatif au nouveau marché) et n° 98-08 (spécifique à l'appel public à l'épargne sans cotation).

La notion de responsabilité ou de signature d'un intermédiaire financier n'était évoquée que dans l'article 6 du règlement n° 98-08 relatif à l'offre au public d'instruments financiers ou, pour le cas spécifique de l'introducteur-teneur de marché, dans la réglementation relative au nouveau marché (règlement n° 95-01). Si l'on peut trouver dans les règles de marché, édictées par Euronext, une référence à la notion d'intermédiaires financiers « responsables des opérations d'introduction »[4], il est peu probable qu'il se soit agi, à l'origine, d'une prise de position sur la responsabilité éventuelle de ces intermédiaires, malgré l'interprétation qu'a pu en faire la jurisprudence mentionnée ci-après.

À l'occasion de la réforme de la réglementation des offres publiques, la COB avait déjà introduit une obligation pour les établissements présentateurs, dont l'intervention est exigée par le règlement général du Conseil des marchés financiers (CMF), de certifier l'exactitude des informations relatives à la présentation de l'offre et aux éléments d'appréciation du prix ou de la parité proposés.[5]

L'objectif de cette nouvelle réforme était précisément de définir les responsabilités de chacun :

- en rappelant, au niveau de chacun des règlements n° 98-01, n° 95-01 et n° 98-08, le principe de la responsabilité de l'émetteur et de celle des commis-saires aux comptes, sans que leur régime respectif en soit par ailleurs modifié ;
- et en introduisant un régime de responsabilité des prestataires de services d'investissement assistant un émetteur dans le cadre d'une opération financière.

Malgré la connexité des attributions du CMF, qui tient de la loi de modernisation des activités financières du 2 juillet 1996 une compétence lui permettant d'édicter et d'assurer le respect des règles de bonne conduite applicables aux prestataires habilités[6], l'intervention de la COB en ce domaine trouve son fondement dans les dispositions de l'ordonnance du 28 septembre 1967 instituant la COB. En effet, l'article 4-1 de l'ordonnance confie à la COB la mission de « prendre des règlements concernant le fonctionnement des marchés placés sous son contrôle ou prescrivant des règles de pratique professionnelle qui s'imposent aux personnes faisant publiquement appel à l'épargne, ainsi qu'aux personnes qui, à raison de leur activité professionnelle, interviennent dans les opérations sur des titres placés par appel public à l'épargne ...».

Outre cette responsabilité de nature professionnelle et administrative, la responsabilité des intermédiaires financiers peut être recherchée par toute personne, notamment des investisseurs, sur le fondement civil, délictuel ou contractuel, selon le cas. Pour autant, il existe très peu de jurisprudence en la matière depuis un arrêt de la cour d'appel de Paris datant de 1893 qui faisait peser sur le banquier émetteur d'un emprunt obligataire une responsabilité délictuelle. Pour la cour d'appel de Paris, le banquier pouvait voir sa responsabilité engagée soit sur le fondement du dol, s'il participait « sciemment à la rédaction d'un prospectus mensonger », soit sur le fondement de la faute, s'il affirmait « faussement, même de bonne foi » des informations erronées (en l'espèce l'existence de garanties d'un emprunt). Les commentateurs en avaient donc déduit une obligation pour le banquier de procéder à la vérification des informations contenues dans le prospectus à la rédaction duquel il participe[7]. En 1999, la même cour considérait qu'en tant que professionnel, l'intermédiaire (en l'espèce une société de Bourse) avait « l'obligation de contrôle lors de l'introduction des valeurs sur le marché hors cote, la cohérence et la sincérité des informations fournies par celui qui sollicite cette introduction », en renvoyant aux usages le soin de fixer le contenu des vérifications à opérer[8].

Privilégiant l'effectivité au fondement en matière de réglementation financière, la COB n'a pas souhaité prendre parti sur la qualification juridique de la responsabilité qui pourrait résulter de ce nouveau dispositif, ni remettre en cause les moyens dont dispose actuellement, en droit commun, tout intéressé pour mettre en jeu la responsabilité d'un intermédiaire financier.

L'objectif de la COB n'était pas d'offrir aux investisseurs un nouveau fondement d'action en justice contre les intermédiaires financiers mais de conduire ces derniers à un exercice qui profiterait à l'ensemble du marché, en exigeant un alignement des standards de toute opération d'appel au marché réalisée en France (ainsi que toute opération pendant une période de trois ans à compter de cette introduction) sur ceux généralement pratiqués pour des opérations de grande envergure et/ou par des établissements bancaires de taille importante et de renommée internationale.

La logique du régulateur français est donc bien plus préventive que contentieuse, ce qui la distingue de l'approche américaine. Elle vise à apporter l'assurance qu'un professionnel des opérations de marché, voire souvent du secteur dans lequel l'émetteur opère, a pris en charge le dossier de l'émetteur, a examiné ses documents ou encore posé les questions adéquates. L'influence visible des acteurs d'origine anglo-saxonne sur le marché français conduit naturellement à considérer que le professionnel qui accepte d'associer son nom à celui d'un émetteur dans le cadre d'une opération ne le fait que parce qu'il s'est assuré que ses risques étaient limités.

Ces réflexions, ainsi que les discussions avec les professionnels de la place, ont permis au régulateur français d'aboutir à un régime nouveau de responsabilité découlant du prospectus établi à l'occasion d'une opération financière sur titres de capital. Ce nouveau régime est en vigueur depuis le 1er septembre 2002.

Du fait de cette réforme, tout prestataire de services d'investissement (PSI) participant à une opération financière portant sur des titres de capital doit donc effectuer des diligences qui se traduiront par la remise à la Commission, avant la délivrance du visa, d'une attestation. Par cette attestation, délivrée par le chef de file dans le cas d'un placement par un syndicat bancaire, le PSI doit confirmer que les diligences professionnelles d'usage ont été accomplies et n'ont révélé, dans le contenu du prospectus, aucune inexactitude, ni aucune omission significative de nature à induire l'investisseur en erreur ou à fausser son jugement.

Au-delà du fondement, les modalités du système reposent sur un certain nombre de choix opérés par le régulateur. Parmi ces choix, celui de requérir une attestation simplement remise à la COB, et non pas incluse dans le prospectus, se justifie par l'existence de garanties suffisantes :

- le fait que l'exigence d'une telle attestation et son contenu soient connus du public ;
- le fait que le texte de l'attestation soit insusceptible de varier d'une opération à l'autre, puisqu'un intermédiaire financier ne saurait émettre une attestation avec des réserves, comme c'est le cas pour les commissaires aux comptes ;
- le fait que toute difficulté relevée au cours de ces diligences devrait *a priori* aboutir à une modification du prospectus et/ou information de la COB ou, dans les cas extrêmes, à un abandon de l'opération puisque la délivrance, par la COB, de son visa sur le prospectus est subordonnée à la remise de son attestation par l'intermédiaire.

L'originalité du système français a consisté à renvoyer aux professionnels concernés le soin d'établir, sous le contrôle de la COB, une norme qui définirait ce qu'il convient d'entendre par « diligences professionnelles d'usage ». La Fédération bancaire française (FBF) et l'Association française des entreprises d'investissement (AFEI) ont donc, en concertation avec la COB, élaboré leur code professionnel relatif aux diligences à effectuer par les PSI à l'occasion d'une opération financière.

Ainsi, si le régulateur français a repris de la pratique anglo-saxonne le principe de l'exercice par les intermédiaires de diligences d'un niveau élevé, il leur permet toutefois de bénéficier d'une présomption d'accomplissement de ces diligences, dès lors que leur attestation renvoie au code professionnel FBF/AFEI. Dans le cas contraire, qui devrait rester théorique, le PSI devra, avant délivrance par la COB de son visa, démontrer avoir accompli de telles diligences, avec les incertitudes qui en résultent, notamment quant au calendrier de l'opération.

Autre choix très important du régulateur français, celui d'exiger une attestation d'un PSI, par opposition à un autre professionnel et par opposition à des attestations multiples. En effet, la COB souhaitait que le PSI soit seul responsable, à son égard, pour l'ensemble des diligences. Peu importe donc qu'une partie des diligences ait été confiée par l'émetteur à un autre professionnel.

Quant au contenu du code, les diligences prévues consistent en une vérification de documents mis à la disposition du PSI, à sa demande, par l'émetteur, et en une série de visites sur place et d'entretiens avec les dirigeants et membres du personnel de l'émetteur, afin notamment de permettre de résoudre les questions soulevées par la revue des documents. La liste des documents, ainsi que celle des thèmes/questions à aborder avec les dirigeants au cours des entretiens, figurent en annexe au code.

En termes de méthode, la collecte d'informations et la revue de documents par le PSI doivent lui permettre de procéder à un examen de cohérence de toutes ces informations, aussi bien entre elles que par rapport à celles qui auraient par ailleurs été rendues publiques par l'émetteur ou un tiers (un communiqué de presse de l'émetteur ou une étude de marché, par exemple). Ces diligences doivent notamment conduire le PSI à s'assurer que tous les éléments d'information actuellement requis par la réglementation applicable (organisation juridique de l'émetteur, informations comptables et financières, risques, accords importants, litiges, immobilier, propriété intellectuelle, assurances, réglementation, aspects sociaux et fiscaux), sont correctement reflétés dans le prospectus, en incluant des éléments tels que le gouvernement d'entreprise, l'audit interne, la création de valeur ou encore les ressources affectées à la communication financière, avec une attention particulière à l'exposé des facteurs de risque.

Les diligences couvrent également les prévisions qui peuvent figurer dans un prospectus. Le code professionnel précise que les PSI ne portent pas de jugement sur la probabilité de réalisation de prévisions qui leur auraient été fournies par l'émetteur, ni aucune appréciation sur les données extérieures que l'émetteur aurait utilisées pour bâtir ces prévisions. Néanmoins, le code professionnel prévoit que les PSI incluent, dans leur champ d'investigation, les hypothèses retenues par l'émetteur, sans bien entendu se prononcer sur les hypothèses purement externes, telles que les attentes du marché sur un secteur donné, de manière à vérifier la cohérence des prévisions au regard des performances passées et de la situation actuelle de l'émetteur.

Enfin, les diligences et le contenu de l'attestation en résultant varient en fonction de la situation :
- lors d'une introduction en Bourse, le PSI doit fournir une attestation portant sur l'intégralité du prospectus ;
- pendant les trois ans suivant l'introduction, l'attestation porte en principe sur l'intégralité du prospectus. Toutefois, pour éviter qu'un PSI, assistant ponctuellement un émetteur dans le cadre d'une opération financière, ne reprenne l'ensemble des diligences accomplies sur le document de référence de cet émetteur, le PSI pourra limiter son attestation à la note d'opération si un autre PSI fournit une attestation sur le document de référence (ou un prospectus incorporé par référence). Dans cette hypothèse, les diligences peuvent ne porter que sur la période séparant les deux attestations et être adaptées afin de permettre au PSI de ne recueillir que les éléments d'actualisation du document ayant fait l'objet de l'attestation précédente ;
- à l'issue de la période de trois ans à compter de l'introduction en Bourse, l'attestation porte uniquement sur les modalités de l'offre et sur les caractéristiques des instruments financiers offerts, tels que décrits dans le prospectus ou la note d'opération, selon le cas.

Le code professionnel contient un modèle d'attestation différent pour chacune de ces situations.

Si l'actualité démontre qu'il n'existe sans doute pas de système de contrôle parfait qui permettrait de prévenir toute communication d'information inexacte ou trompeuse au marché, les régulateurs doivent néanmoins continuer de suivre l'évolution des marchés vers des standards toujours plus exigeants, et se donner les moyens d'en assurer le respect.

La combinaison des dispositions liées à la stricte information financière, qui relève des attributions de la COB, avec celles liées aux obligations professionnelles des intermédiaires qui permettent au CMF de prendre des sanctions disciplinaires à leur encontre, offre une garantie non négligeable de leur respect par les intermédiaires. L'autodiscipline des établissements désireux de préserver leur réputation dans des marchés très concurrentiels en est une autre.

Aujourd'hui, toute évolution dans ce domaine ne peut reposer que sur un processus itératif prenant en compte les projets de directives européennes, en particulier la directive dite « prospectus » et les évolutions constatées au plan international. Ainsi, la FSA, après avoir servi de modèle pendant de nombreuses années, réfléchit actuellement à une réforme du système de *sponsorship* et pourrait, pour ce faire, s'inspirer de l'initiative française de code professionnel en matière de diligences. La souplesse de la réglementation, mise en place au cours de ces derniers mois par le régulateur français, sera donc un atout manifeste qui devrait lui permettre de s'adapter facilement aux besoins futurs du marché.

Notes

1. Cette réforme a abouti à l'adoption des règlements n° 2001-05 (instaurant la procédure de contrôle *a posteriori* des documents de référence) et n° 2002-05 (relatif à l'assouplissement de la procédure de délivrance du visa de la COB).

2. Des dispositions différentes sont prévues en l'absence de document (*Registration Statement*) enregistré par la SEC, soit qu'il s'agisse d'un placement privé, soit que l'émetteur bénéficie d'une dérogation.

3. Johnson C.-J., McLaughlin J. et Jr., *Corporate Finance and the Securities Laws,* 2ème édition, Aspen Law and Business, 1999, p. 271.

4. Art. P 1-1-1 du Livre II des règles Euronext.

5. Art. 8 du règlement n° 2002-04 relatif aux offres publiques portant sur des instruments financiers négociés sur un marché réglementé.

6. Titre III du règlement général du CMF complété par une décision générale n° 2000-01, en date du 17 mars 2000, relative aux règles de bonne conduite applicables à l'occasion de l'introduction de sociétés en Bourse.

7. Paris, 12 décembre 1893, De l'Escale, Guérin et consorts c., Banque de Paris et des Pays-Bas, Compagnie des chemins de fer de Santa-Fé, Société de Fives-Lille et Pinet *es* qualités, D.P.1896.2.481.

8. Cour d'appel, Paris 15 décembre 1999, Assier de Pompignan, Revue de droit bancaire et financier, n° 6, novembre/décembre 2000, p. 387, et bulletin Joly Bourse, mars/avril 2000, p. 140.

PRÉVENTION ET GESTION DES CONFLITS D'INTÉRÊTS : ORGANISATION INTERNE ET RÉGLEMENTATION DES BANQUES D'INVESTISSEMENT

FRANÇOIS CHAMPARNAUD*

L'intermédiation financière est par essence porteuse de conflits d'intérêts. Il est difficile d'intervenir au cœur même d'une transaction ou d'un flux de transactions, en s'interposant entre agents économiques à la poursuite d'objectifs contradictoires sans porter atteinte aux intérêts de l'une des parties. Ce ne devient un risque que si l'entité pénalisée appartient à la clientèle de l'intermédiaire, et que ce dernier a, par son action, privilégié les intérêts d'un autre client ou même les siens propres.

La globalisation financière vient aujourd'hui multiplier les risques de conflit :

- la constitution d'acteurs financiers globaux offrant un ensemble de produits et services (*one-stop-shopping*) crée certes des économies d'échelles favorables aux clients, aux entreprises ou aux investisseurs, mais peut aussi générer des difficultés ;
- la structure complexe des grandes entreprises industrielles transnationales multiplie les occasions pour qu'un intermédiaire financier entre, parfois involontairement, en conflit avec les intérêts d'un client, de ceux de l'une de ses filiales ou de l'un de ses partenaires.

La réponse a longtemps été limitée à une interdiction d'ordre légal. Tel est le cas du Glass Steagall Act. Voté en 1933 et tirant les conclusions des dysfonctionnements apparus lors de la crise financière de 1929, il crée une séparation stricte entre la banque commerciale, qui accepte les dépôts des épargnants, et les métiers du titre (*investment banking, brokers, dealers*). La loi interdisait même que ces deux grands types d'activités soient exercés au sein d'un groupe financier par des filiales distinctes.

Le monde des métiers du titre s'est, de son côté, structuré autour de grandes maisons actives dans la négociation pour compte de tiers ou pour compte propre, comme dans le

* Head of Compliance, groupe Deutsche Bank France.

corporate finance (conseil en fusions-acquisitions, émission d'actions et obligations...) ou la commercialisation de produits et services aux particuliers. Au sein de ces entités, les risques de conflit n'ont pas pour autant disparu. Des tensions ont toujours existé entre ces différentes branches, et les soupçons de conflits d'intérêts y pèsent de façon récurrente.

Bien sûr, interrogations et accusations renaissent avec plus de vigueur en période de marchés difficiles. Après l'effondrement de la bulle Internet, les affaires Enron, WorldCom, et pour les mêmes raisons que dans les années 1930, la réflexion sur la segmentation optimale des métiers du titre a repris, accompagnée d'une forte tentation réglementaire.

La mise en place de règles pour éviter les conflits d'intérêts, ou les gérer quand ils surgissent, ne date pas d'aujourd'hui. Elle s'est effectuée sous la pression des régulateurs anglo-saxons dans les années 1980, mais aussi souvent à l'initiative des intermédiaires financiers eux-mêmes.

En France, les premières recommandations datent de 1988 avec le rapport Brac de la Perrière sur la déontologie des activités financières, et de 1990 avec le rapport Pfeiffer.

Mais, c'est surtout le Conseil des marchés financiers (CMF) qui, à partir de 1997, a créé le cadre réglementaire obligeant chaque intermédiaire à mettre en place des procédures pour éviter et gérer les conflits d'intérêts. Le titre III du règlement général du CMF en confie la mise en œuvre au déontologue. Son contrôle relève (titre II) du responsable du contrôle des services d'investissement. Les deux fonctions sont souvent exercées par la même personne. Ses prérogatives sont proches de celles du *compliance officer* anglo-saxon.

Il y a conflit d'intérêts si un intermédiaire financier n'agit pas dans le sens des intérêts de l'un de ses clients, soit qu'il doive aussi satisfaire ceux d'un autre client, soit qu'il privilégie, au moins partiellement, son propre intérêt. Mais, le conflit ne conduit pas seulement à des actions potentiellement contraires aux intérêts du client. Il pose aussi un problème de communication de l'information sensible : un client ne peut confier à son intermédiaire des données ou informations confidentielles, s'il pense qu'elles risquent d'être exploitées à des fins contraires à ses propres objectifs.

Les instruments de gestion de conflits d'intérêts seraient, dans les établissements, souvent les mêmes que ceux qui visent à encadrer la circulation de l'information sensible.

DÉTECTER

La première tâche est d'avoir une vue claire, précise et complète du risque de conflit. Il convient donc de tenir à jour la liste exhaustive des relations clients et de ceux qui entretiennent ces relations. Aujourd'hui, les systèmes d'information permettent de suivre l'ensemble des liens que les banques d'affaires ont avec les entreprises : du premier contact à la réalisation du mandat. Le chargé de la relation doit actualiser cette base de données : si un projet n'aboutit pas mais est remplacé par un autre montage financier, l'évolution doit être décrite dans la base.

De même, la liste des personnels impliqués dans ces contacts doit être très soigneusement tenue à jour.

Cette base de données est centralisée au niveau du groupe. C'est le département déontologie qui, le plus souvent, en a la charge.

Mais, en amont, ce suivi et cette centralisation requièrent la discipline de tous et, en premier lieu, des chargés de relation. C'est la seule condition pour qu'un groupe international, aux activités diversifiées, puisse par rapprochement détecter d'éventuels conflits d'intérêts. Sans cet instrument, la tâche relèverait d'un empirisme dangereux.

Cet outil permet au département déontologie d'alimenter une liste de surveillance (cf. encadré 1) des opérations en cours ou en préparation dont la fonction est de vérifier que les personnels impliqués n'effectuent, dans leur fonction ou pour leur compte personnel, des transactions entrant en conflit avec les intérêts des clients de la banque ou exploitant l'information reçue. Bien entendu, ces principes et procédures supposent un contrôle étroit de leur respect.

Encadré 1

La liste de surveillance

Qu'est-ce que la liste de surveillance ou watch list ?

Elle recense les émetteurs et leurs instruments financiers sur lesquels la banque possède une information sensible. Elle est mise à jour quotidiennement à partir de la base des opérations en cours, en préparation ou à partir d'une information considérée comme sensible.

Elle est strictement confidentielle

Elle ne peut être gérée et consultée que par le département déontologie. En aucun cas, elle ne saurait être diffusée à des collaborateurs d'un autre service.

Son rôle

Elle permet de surveiller, contrôler et encadrer la circulation ou l'utilisation des informations sensibles au sein du groupe et notamment dans le cadre de :
- la négociation pour compte propre de la banque (*trading*) ;
- la recherche dans des situations sensibles ;
- la négociation pour compte propre des collaborateurs.

GÉRER

L'existence d'un conflit potentiel entre les intérêts des deux clients peut entraîner plusieurs conséquences.

Renoncer à l'un des mandats en discussion

C'est la solution la plus radicale. Elle s'impose, en particulier, lorsqu'il devient impossible d'exécuter les deux opérations en parallèle. Des exemples sont évidents : conseiller simultanément la cible et l'attaquant dans une OPA. D'autres sont moins directs : conseiller une partie tout en montant un financement pour l'autre.

La poursuite de deux mandats présentant un conflit d'intérêts

Deux conditions doivent alors être réunies :
- obtenir l'accord formel de toutes les parties après les avoir informées ;

Encadré 2

La liste d'interdiction

La liste d'interdiction vise à éviter que des activités d'une banque ou de ses employés durant une opération financière n'interagissent avec les intérêts du client (risques de manipulation, de *front-running,* de conflits d'intérêts...), mettant en cause sa réputation.

Qu'est-ce que la liste d'interdiction ?

La liste d'interdiction énumère les émetteurs et leurs instruments financiers pour lesquels le groupe a un rôle dans une opération financière. L'inscription en liste d'interdiction se fait dès lors que l'opération est publique.

Accès à tous les collaborateurs

Contrairement à la liste de surveillance qui est confidentielle et qui n'appartient qu'au département déontologie, la liste d'interdiction est accessible à tous les collaborateurs, chacun devant connaître les valeurs interdites.

Son rôle

En fonction du rôle joué dans une opération, une banque peut interdire :
- la négociation pour compte propre de la banque ;
- la publication de recherche ;
- les négociations pour compte propre des collaborateurs.

- faire exécuter les deux mandats par deux équipes séparées, n'entretenant entre elles aucune relation, et de façon à éviter que les informations sensibles ne puisse circuler entre elles (muraille de Chine *ad hoc*).

C'est certainement la façon la plus délicate, mais aussi la plus positive, de résoudre les tensions nées d'un conflit d'intérêts potentiel.

Il convient également d'empêcher la banque d'entrer, par son activité, en conflit avec les intérêts d'un client. De la même façon, une barrière doit être mise, en certaines périodes, aux opérations personnelles des employés. C'est l'objet de la liste d'interdiction (cf. encadré 2).

ANTICIPER

Certaines activités sont entre elles structurellement en conflits d'intérêts. Il convient de les isoler avec des murailles de Chine (cf. encadrés 3 et 4) permanentes, ainsi entre *sales and trading* et *corporate finance.*

Encadré 3

La forme des murailles de Chine

La muraille de Chine consiste d'abord en une séparation physique en tous les sens du terme : locaux ; matériels ; salles de réunion différentes ; accès aux locaux contrôlé par un système de badge individualisé.

C'est le plus souvent des systèmes d'information distincts. C'est parfois une organisation au plus haut niveau qui écarte, des comités exécutifs traitant les décisions pour compte propre, les responsables des relations avec les grands clients *corporate.*

Leur objet est d'empêcher la circulation indue d'informations sensibles entre départements ou, selon les cas, entre collaborateurs d'un même département.

Des murailles permanentes séparent deux sortes d'activités : celles dans lesquelles les collaborateurs détiennent des informations sensibles (ex : *corporate finance*) ; celles au sein desquelles l'information est réputée publique (*sales, traders* et analystes en contact direct avec les investisseurs et échangeant avec ces derniers des informations disponibles sur le marché).

Une muraille se concrétise par une organisation matérielle adéquate (séparation physique des équipes, des dossiers et des systèmes de stockage ou communication des données).

Des murailles temporaires peuvent aussi être établies sur une durée limitée et selon un cadre *ad hoc* au sein d'un même département. Cette situation est alors notifiée aux intéressés et à leur hiérarchie.

Encadré 4

Les murailles de Chine sont-elles infranchissables ?

Elles peuvent l'être dans des conditions strictement encadrées. Le cas type est celui de l'analyste financier *sell side* que le banquier d'affaires peut utiliser pour l'évaluation d'une entreprise ou la préparation d'une opération.

La procédure de franchissement de la muraille, *wall crossing*, a pour objet de permettre à un collaborateur d'apporter temporairement ses compétences à un autre département que le sien, tout en encadrant la circulation de l'information sensible. Par exemple, lorsque des personnes d'un département de fusions-acquisitions préparent et conseillent une société pour réaliser une offre publique, il est très souvent nécessaire, pour la réussite de leur opération, d'obtenir des avis, des évaluations, des points de vue des analystes sur les secteurs, les sociétés en question. Préalablement à la transmission d'informations sensibles entre départements, la procédure suivante s'applique :
- autorisation préalable du déontologue ;
- accord des supérieurs hiérarchiques de chaque département ;
- information de l'intéressé, de sa qualité d'initié et des conséquences qui en découlent (non-utilisation des informations sensibles dans ses fonctions d'origine) ;
- enregistrement des initiés en liste de surveillance.

Les murailles de Chine

Une institution financière multiservices éprouverait des difficultés à traiter avec ses clients et ses contre-parties, si elle ne disposait pas d'un cloisonnement efficace de ses activités. Imaginons qu'il n'existe pas de murailles de Chine : lorsqu'un banquier d'affaires détient des informations privilégiées sur une société A, il serait alors obligé d'empêcher tous les négociateurs de vendre/acheter des actions de la société A. En d'autres termes, sans muraille de Chine, la banque se retrouverait automatiquement en mode de fonctionnement restreint, à chaque fois qu'un responsable de l'établissement reçoit des informations confidentielles et/ou privilégiées. Inversement, grâce à l'établissement de murailles de Chine, un négociateur peut vendre/acheter les actions, tant qu'il ne possède pas d'informations privilégiées sur la société en cause.

Le principe du « need to know »

Il est à la base de l'organisation de tout établissement financier et implique que les informations sensibles ne peuvent être divulguées qu'aux seules personnes du même côté d'une muraille, qui en ont un réel besoin pour l'exercice de leurs fonctions. Dans tous les autres cas, il convient de s'abstenir de toute divulgation.

La filialisation

D'autres solutions réglementaires, plus radicales,ont été mises en œuvre par le législateur : dans tous les grands pays, l'*asset management* est aujourd'hui logé dans des filiales juridiques indépendantes.

La filialisation est aussi très clairement un axe de réflexion des autorités américaines, dans les débats actuels, sur l'indépendance des analystes financiers.

L'ensemble des procédures et règles existantes n'empêchent pas les transgressions. La régulation américaine était, avant les dysfonctionnements récemment révélés, assez satisfaisante dans ses aspects normatifs. Le principal défi, auquel sont confrontés les régulateurs comme les institutions financières, n'est plus dans l'édiction de règles. Il est dans leur effectivité. Il faut donc en amont une formation de l'ensemble des participants, afin qu'ils soient sensibilisés aux risques encourus. Il faut en aval un contrôle efficace. Il faut, enfin, que la régulation soit étendue à toutes les catégories d'acteurs : épargnants, professions de l'information et émetteurs. Il est rare qu'un conflit d'intérêts, voire même un délit boursier, surgisse chez le seul intermédiaire et y reste cantonné.

DÉONTOLOGIE FINANCIÈRE ET DYNAMISME ÉCONOMIQUE

JEAN-JACQUES PERQUEL*

« Congress should consider proposals that will promote economic recovery, not enact legislation that inhabits it ». Fax envoyé au sénateur Sarbanes au moment du vote de la loi Sarbanes-Oxley, cité par Business Week le 17 juin 2002.

Les récessions s'accompagnent toujours de scandales pour plusieurs raisons :
- les périodes de ralentissement économique succèdent à des périodes d'euphorie où les gérants d'entreprises perdent le contact avec les réalités matérielles, font des bénéfices très importants, et s'exposent, de ce fait, à pratiquer ou subir des malversations d'autant plus importantes que la forte activité a permis de les dissimuler ;
- en période de croissance, on a tendance à étouffer les petites bavures, quitte à les voir réapparaître dès que le système se ralentit ;
- enfin, les entreprises en difficulté sont tentées de pratiquer des irrégularités, car elles espèrent les effacer dès la reprise.

Avant l'ouverture des marchés, Mayday américain en 1975, Big Bang anglais en 1986, réforme française de 1988, le problème de la déontologie se posait dans des conditions différentes.

Le système anglais était régi par « *My word is my bond* ». Il permettait d'éliminer de la place de Londres tout individu ne respectant pas un code moral suffisant. En France, tout différend entre agents de change était réglé par le syndic qui jugeait et décidait de la solution au nom de grands principes, à l'origine d'ailleurs des règles actuelles de déontologie. Mais, ces solutions n'étaient valables que dans un marché clos où tous les opérateurs se connaissaient et acceptaient les sanctions qui leur étaient imposées.

L'ouverture des marchés financiers au reste du monde a poussé les autorités de tutelle à créer des codes de déontologie souvent extrêmement complexes. Ainsi, le Financial Act de 1986 était tellement rempli de contradictions qu'il donnait lieu à la plaisanterie suivante : le Notre-Père en anglais compte 55 mots, la déclaration d'indépendance américaine 1100 et le code mis en place par le Financial Service Act 1 million. Cela a entraîné un grand nombre de procès (plus de 2 000 en

* Agent de change, ancien chargé d'enseignement à Paris IX Dauphine.

1988, plus de 1 200 en 1991), sans empêcher l'existence de scandales (Barlow-Cowles en 1988), faillites de sociétés financières (Dunsdale Securities), de *brokers* (Diameter).

Avant d'analyser les différents problèmes posés par la déontologie dans le domaine de la finance, deux remarques s'imposent :
- toute règle de déontologie, si poussée soit-elle, n'empêchera jamais l'escroquerie, car elle aura toujours un temps de retard sur l'opérateur capable d'analyser à fond les textes juridiques et de trouver une faille dans la série des mesures envisagées ;
- d'autre part, très fréquemment, lorsqu'un opérateur devient le principal créateur de bénéfices dans une entreprise, sa direction a alors peur de le perdre, et son contrôle devient peu à peu inefficace, ce qui lui permet de prendre des risques inconsidérés.

Ces deux considérations devraient pousser à une certaine modestie les créateurs de nouveaux règlements, même si ceux-ci restent utiles pour prévenir les opérations malsaines de moindre envergure.

Une question se pose alors : dans quelle mesure l'excès de contrôle et de réglementation ne réduit pas le dynamisme des opérateurs ?

Pour analyser cette question, il faut envisager les principales bavures commises à l'époque actuelle, les solutions en cours d'élaboration, et voir s'il ne serait pas possible d'intégrer des grands principes dans les codes de déontologie et dans l'usage des contrôles, de façon à moraliser les relations financières sans gêner le dynamisme des intermédiaires.

POSITION DU PROBLÈME

Il y a deux types d'opérations : celles qui sont internes aux entreprises et celles effectuées par des prestataires de services externes. Bien entendu, la ligne de partage entre opérations saines et opérations discutables est souvent difficile à déterminer. On peut ainsi assimiler, en période de forte nervosité des contrôles, des pratiques, habituellement considérées comme normales, à des opérations malsaines.

Les opérations relevant du contrôle interne

Les anomalies fondamentales

Elles portent sur les trois cas pénalement sanctionnables : l'usage d'informations privilégiées ; la manipulation de marché ; la corruption.

L'usage d'informations privilégiées a pris aujourd'hui une place exceptionnelle : les dirigeants d'entreprises profitent parfois de la connaissance qu'ils ont de la situation de leur entreprise pour vendre leurs propres titres. Ainsi, le docteur Samuel Waksal (président et directeur général de ImClone) a reconnu avoir vendu et fait vendre autour de lui, à son père, sa fille et des amis, des titres de la société avant que soit publiée l'annonce du refus par les autorités médicales de son principal remède, l'Erbitux. Mais la distinction entre fraude et non-fraude est parfois difficile. Les dirigeants de Global Crossing ont vendu pour 1,3 milliard de dollars d'actions de leur société, de 1999 à novembre 2001, en fonction de plans de vente de *stock options* ; et cela ne paraît pas critiquable s'il n'y a pas eu d'accélération des ventes au moment où la société commençait à accumuler des pertes ou plutôt à les dissimuler. De même, lorsque le président d'Enron, Gary Winnick, vend 123,5 millions de dollars d'actions le 23 mai 2001, deux semaines après l'annonce d'une perte record de 875 millions de dollars au premier trimestre 2001, est-il au courant de la situation réelle de la société qui l'amènera, le 1er août, à réduire ses estimations de résultats de chiffre d'affaires et de son revenu avant taxes, dépréciations et amortissements (EBITDA).

La manipulation de marché est aussi extrêmement difficile à connaître, sauf dans les cas où une fausse nouvelle est répandue volontairement ; cela se produit souvent dans des conversations entre internautes (*chats*). Ainsi, un employé renvoyé d'une petite entreprise avait fait savoir faussement que la société qu'il avait quittée était sur le point de déposer son bilan ; cela avait fait temporairement baisser le titre de 50 %. Mais la manipulation peut être réalisée aussi par le lancement de données erronées. En octobre 2002, pour assainir le marché de l'énergie, les sociétés Dynegy de Houston, American Electric Power de Columbus (Ohio) et, plus récemment, de Williams Co de Tulsa (Oklahoma) ont dû renvoyer des *traders* qui fournissaient de fausses données aux organismes chargés de fixer les prix de contrats à long terme de produits gaziers.

La corruption est le troisième terme des anomalies classiques. Elle est utilisée parfois par les entreprises pour influencer les auditeurs ou même, comme le pratiquait le directeur financier d'Enron, Andrew Fastow, pour rémunérer somptueusement les individus des services administratifs qui auraient pu le contrôler.

Les autres anomalies

Elles sont de deux types : le détournement de fonds ; les méthodes pour « améliorer » l'image des sociétés.

Les détournements de fonds

Les techniques classiques sont simples et efficaces. Les opérateurs partent, en général, du principe que les clients font confiance aux intermédiaires et ne tiennent pas une comptabilité rigoureuse. Cette situation n'est pas propre à l'époque actuelle, elle se termine toujours lors d'un contrôle inopiné ou au hasard, lors d'un remplacement pour maladie ou départ en vacances.

Les méthodes actuelles sont plus raffinées.

Tout d'abord, l'emprunt par les dirigeants à la société n'est pas soumis au conseil d'administration et encore moins à l'assemblée générale. Ainsi, chez Adelphie, seizième opérateur américain de télévision avec six millions d'abonnés, la famille du président Rigas a réussi à emprunter plus de trois millions de dollars pour financer des opérations de Bourse, dont des achats d'actions Adelphie, et l'aménagement d'un terrain de golf de dix-huit trous sur leur propriété familiale. De même, Tyco international, qui employait 277 000 personnes au 1er avril 2002 dans des équipements d'électronique, systèmes de sécurité et fournitures médicales, est accusée d'avoir laissé son président, Dennis Kozlowski, détourner des centaines de millions de dollars vers des *trusts* familiaux en achetant pour eux des biens et services, et cela sans payer d'impôt.

Ensuite, l'usage des *stock options* a été détourné. Avant la Seconde Guerre mondiale, existaient déjà des parts de fondateur ou bons de jouissance en droit suisse, titres sans nominal qui avaient droit à une part des superdividendes (après paiement d'un dividende statutaire habituellement de 5 % du capital souscrit) et à une part du *boni* de liquidation en fin d'activité. Ils avaient été créés pour rémunérer « l'apport en industrie » que le Code Napoléon avait refusé d'intéresser. La loi française après-guerre devait, à la fois, en autoriser le remboursement au bout de vingt ans et interdire la création de nouveaux titres de ce genre. Comme cela répondait à un besoin, les *stock options* ont été ensuite créés dans le but de rémunérer des individus inventifs, à une époque où la vie des entreprises ne leur permettait pas de leur payer des salaires suffisants, d'autant qu'ils étaient partout très fortement imposés. Malheureusement, cette forme d'intéressement n'a pas été limitée aux cadres des nouvelles entreprises, mais elle a été utilisée également, non sans excès, pour des patrons et des cadres supérieurs pour qu'ils bénéficient de revenus moins imposables que les revenus salariaux.

Enfin, on a assisté parfois à des hausses de salaire de membres de l'exécutif des entreprises jugées imméritées, si elles sont attribuées lors de baisses d'activité et de résultat ou si elles sont tellement importantes qu'elles sont à la limite des « abus de biens sociaux ». De même, les avantages attribués à Jack Welch de General Electric lors de son départ ont été très critiqués sans que l'on puisse parler de détournement de fonds.

L'amélioration de l'image des entreprises

Le chef d'entreprise est tenté d'augmenter ses résultats pour améliorer le cours de son titre soit parce qu'il est détenteur d'actions et désireux d'en vendre dans des conditions optimales, soit, parfois, par simple vanité pour justifier aux yeux du public la qualité de sa gestion. Les *stock options* ont aggravé cette situation, leur détenteur ayant intérêt à inciter le public à acheter des actions pour assurer la hausse continue des titres.

Cet habillage de la réalité peut prendre deux formes : l'une, traditionnelle relève du faux bilan ; l'autre, plus subtile, consiste à améliorer le chiffre d'affaires montrant ainsi le dynamisme commercial de l'entreprise sans en modifier le résultat final.

Les faux bilans

Un bon exemple de faux bilan peut être trouvé dans les structures hors-bilan, les *special purpose entities* (SPE), dont Enron s'est fait le spécialiste en en créant plus de 3 500, levant par leur intermédiaire 34,9 milliards de dollars de 1999 à 2002.

Ces opérations initiées par Andrew Fastow (soutien financier du groupe) ont eu deux destinations fondamentalement différentes. Pendant la période d'euphorie du marché, ces titres, placés en particulier chez certains cadres d'Enron de l'entourage de Fastow et auprès de certaines grandes institutions, avaient pour fonction de servir d'intermédiaire entre Enron et différents clients, en faisant au passage d'énormes bénéfices non connus d'ailleurs, semble-t-il, de la direction de la société. Le bénéfice réalisé par les divers investisseurs avait été plus de 17 fois la mise initiale, soit 291 millions de dollars pour un investissement de 15 millions. Dans un deuxième temps, la baisse du marché a poussé Fastow à utiliser ces mêmes *entities* pour dissimuler des dettes et sans doute des pertes.

Les exagérations de chiffre d'affaires

Cette opération a pour but d'améliorer l'image de marque d'une société, en augmentant son chiffre d'affaires ou certains postes de l'actif.

Ainsi, Global Crossing Ltd, créateur d'un réseau mondial de fibres optiques, a été accusé d'avoir utilisé dans ce but ses relations avec d'autres entreprises du même secteur (avant de se réfugier dans la faillite art. 11). La société pratiquait des swaps (échanges de contrats) avec des confrères. L'usage de ces swaps aurait été spécialement pervers, les sorties donnant lieu à des bénéfices, les entrées étant considérées comme des dépenses en capital. Selon leurs responsables, ces opérations étaient « normalement auditées et totalement enregistrées ».

C'est également le cas de la plupart des sociétés d'énergie qui pratiquaient entre elles des allers-retours (*sham round-trip trades*), transactions artificielles dans lesquelles l'énergie est achetée et vendue au même prix augmentant les chiffres d'affaires et les volumes échangés. Dynegy, un des rivaux d'Enron, filiale à 26,5 % de Chevron Texaco, pratiquait ce genre d'opération avec CMS Energy Corp, société de distribution. Une autre société, Reliant Resources, a effectué des allers-retours à hauteur de 1,2 milliard de dollars, soit 14 % de son chiffre d'affaires au cours du premier trimestre 2001 sur ses différentes activités (électricité, gaz naturel, capacité de téléphone à grande vitesse et réseaux de données).

Une autre solution consiste soit à prolonger l'année fiscale (on parle alors d'une année fiscale de 375 jours), soit à intégrer dans le chiffre d'affaires des factures pour des clients avant que ceux-ci n'aient effectué une opération. Un rapport d'août 2000 pour le *public oversight board* analyse les performances des auditeurs, et a considéré que 70 % des cas traités par la Securities and Exchange Commission (SEC) concernaient des déclarations prématurées de chiffre d'affaires ou de revenus fictifs.

Les difficultés du contrôle interne

Si les bénéfices sont essentiellement dus au travail d'une seule personne ou d'un groupe qui lui est inféodé, le contrôle interne devient très difficile. Dans le cas d'Enron, l'équipe du directeur financier, Andrew Fastow, travaillait en parfaite symbiose sans se préoccuper des contrôles.

Les anomalies étaient fréquentes, même dans des entreprises peu touchées par la crise financière. Chez Lehman Brothers, un *broker* de Cleveland, Frank Grottadauria, a réussi à détourner 125 millions de dollars en quinze ans, le contrôle de gestion dépendant de lui.

Bien entendu, cela ne signifie pas que les contrôles internes soient en général inefficaces mais que dans certains contextes, ils ne suffisent pas à faire respecter les règles normales de déontologie.

Les services aux sociétés

Trois types de services ont subi de fortes critiques : les auditeurs ; les banques ; et leurs analystes. On peut ajouter le cas des agences de *rating* qui n'ont commis aucune malversation, mais dont l'influence paraît parfois exagérée.

Les auditeurs

Ceux-ci ont spécialement prêté le flanc à la critique, car ils sont doublement influençables. À la différence du système français où les commissaires aux comptes sont nommés pour cinq ans, ces derniers sont nommés pour une année aux États-Unis. Ils sont donc sensibles à des pressions et des menaces d'être remplacés. Par ailleurs, les grandes maisons d'audit comportent une société de conseil, et les avis qu'ils donnent sont très sensiblement plus rentables que l'audit.

Les analystes

Ceux-ci peuvent être classés en trois catégories :
- les analystes indépendants qui étudient les entreprises en tant que conseils indépendants des financiers ou du public ; cela peut être des analystes réunis dans des firmes comme Detroyat en France ou des analystes recrutés par des journaux financiers pour informer le public ;
- les analystes travaillant en interne pour des entreprises financières qui se spécialisent dans l'analyse du risque (banques faisant des prêts à court, moyen ou long terme) ou dans l'évaluation d'entreprises (soit pour des opérations financières, soit comme conseil de sociétés de gestion de portefeuilles) ;
- les analystes dont la fonction est en relation avec le public. Si les deux premières catégories n'ont fait l'objet d'aucune critique au cours de la période précédente, il n'en est pas de même pour cette troisième catégorie d'analystes. Deux cas posent un problème sérieux. D'une part, le conseil des banques et autres intermédiaires financiers peut être biaisé, si l'entreprise étudiée est cliente de l'organisme dont dépend l'analyste. Le « Chinese Wall » devrait exister, mais les analystes hésitent souvent à publier des études incitant à la vente de titres de telles sociétés. D'autre part, lors d'une introduction en Bourse (IPO), la banque fournit à l'organisme de contrôle un prospectus indiquant toutes les caractéristiques juridiques et économiques de la société et ses perspectives d'avenir. Mais elle ajoute une analyse spécifique donnant l'opinion de ses analystes quant à l'évaluation à espérer du titre, et il y a un danger grave que cette opération soit influencée par le désir de la banque de réussir son introduction, c'est-à-dire de provoquer un intérêt tel du public que non seulement tous les titres soient vendus mais encore que la demande continue après le placement initial. Le cas de Jack Grubman de Salomon Smith Barney est un cas d'école : il a été renvoyé, en août 2002,

pour avoir exagéré ses éloges lors d'introductions en Bourse de sociétés comme Worldcom, Global Crossing, Winslow Communication..., toutes sociétés dont les résultats n'ont pas répondu à ses attentes.

Le « rating »

Les sociétés de *rating* essaient de répondre à la question posée par les analystes de risques en matière obligataire. Elles ont étendu leurs fonctions à l'audit des fonds de gestion. Aux États-Unis, Standard and Poor's note 2 500 entreprises et 10 000 collectivités locales. Ces sociétés sont attaquées pour ne pas avoir prévu les difficultés de certaines institutions (Comté d'Orange ou Banque Baring), mais surtout pour jouer un rôle influent et dévastateur quand elles commencent à mettre sous surveillance une société, car celle-ci peut perdre à ce moment ses possibilités d'endettement nouveau et, en tous cas, voir les taux des emprunts existants s'élever fortement.

Un cas reste pendant : les notations « sauvages » peuvent entraîner des difficultés ; le Jefferson County School District a ainsi porté plainte contre Moody's pour avoir émis un jugement négatif sur un emprunt, alors que l'institution avait refusé de faire appel aux services de cette agence.

SOLUTIONS ACTUELLES

La confection de règles nouvelles de déontologie se présente comme un catalogue à la Prévert. Il faut les analyser de deux façons : d'une part, les projets et les décisions déjà prises ; d'autre part, leur application par les organismes de contrôle.

Les solutions juridiques

On peut rappeler, à cet égard, le vote du Glass Steagall Act lors de la crise de 1930. Comme l'explique le professeur Lévy-Leboyer dans son étude sur les banques dans l'entre-deux-guerres, les États-Unis ont donné au public, pour le rassurer, un motif d'explication de la situation : les crises boursières et économiques étaient dues au mélange des genres du court et du long terme. Il suffisait de séparer les banques en deux types : banques commerciales et banques d'investissement. Cette loi a eu le double effet de rassurer le public et, en même temps, de supprimer une cause grave des difficultés de l'époque.

De même, l'aggravation des règles de déontologie, de *corporate governance,* les réformes comptables ont pour but de supprimer un grand nombre d'anomalies et, surtout, de rassurer le public pour l'inciter à revenir en Bourse. Mais il ne faut pas oublier les deux raisons évoquées plus haut qui militent pour une grande modestie dans le combat contre les anomalies de gestion.

Le « corporate governance »

Des excès ont été commis, des sociétés échangent leurs présidents pour en faire des administrateurs. On a cherché ainsi à limiter le nombre d'administrateurs et de présidences pour les rendre plus performants et responsables. En France, avant la loi sur les nouvelles régulations financières (NRE) de 2001, une même personne pouvait détenir deux postes de président et huit d'administrateur sans compter les postes de responsabilité dans des filiales ou à l'étranger. La nouvelle loi limite les mandats à cinq.

La gestion des administrateurs indépendants et de leur rôle est aussi évoquée. Le rapport Bouton définit l'administrateur indépendant selon sept critères dont les plus importants sont : il ne doit être ni mandataire social, ni salarié au cours des cinq dernières années, ni client, ni fournisseur, ni banquier de la société. Le rapport Bouton demande que l'on porte le nombre d'administrateurs indépendants à 50 %. Le rapport Viénot II prévoyait un tiers d'administrateurs indépendants. Le New York Stock Exchange (Nyse) propose même qu'ils soient majoritaires dans les sociétés cotées. Le comité de rémunération devrait être composé d'une majorité de membres indépendants selon le rapport Bouton (de la totalité selon le rapport du Nyse).

Le rapport Bouton prévoit une évaluation annuelle de chaque conseil d'administration, tandis qu'aux États-Unis, on cherche à réunir, sous la direction du *lead director*, les administrateurs indépendants pour qu'ils définissent entre eux leur politique. Des sociétés, comme Computer Associates chez qui siège le président du Nyse, Richard Grasso, ou E-Trade, se sont déjà organisées de cette façon.

Un certain nombre de voix se sont fait entendre pour critiquer cette approche. Le professeur James Westphal de la McCombs School of Business de l'université du Texas écrit[1] : « Après plus de deux décennies de recherche académique, peu de preuves ont été apportées sur le fait que l'indépendance des conseils augmente leur efficacité ». On fait aussi remarquer que les administrateurs indépendants ne peuvent pas connaître suffisamment les entreprises qu'ils contrôlent. Cette critique est peut-être exagérée, mais elle a été accompagnée d'une enquête montrant que le dynamisme des entreprises à majorité d'administrateurs indépendants est plus faible que celles qui ont une majorité d'administrateurs classiques. Les responsabilités renforcées des administrateurs rendent difficile de trouver un nombre suffisant d'administrateurs susceptibles de faire partie des conseils. Cela montre, une fois de plus, la difficulté de trouver un équilibre entre déontologie et dynamisme.

Les « stock options »

Le comité Bouton recommande que le comité de rémunération dispose de toutes les informations relatives aux appointements et autres avantages perçus par les dirigeants (*stock options* incluses). Le Nyse va plus loin et demande que toute émission de *stock options* soit soumise aux actionnaires.

Les solutions concernant la revente des actions varient. Le professeur Jeffrey E. Gartor Dean de la Yale School of Management demande que des délais de détention de cinq ans soient appliqués comme en France, ou du moins que les dirigeants aient l'obligation de les détenir un certain nombre d'années[2].

L'approche comptable

Des différences importantes subsistent entre l'approche française et l'approche anglo-saxonne.

La notion de fair value

La notion de *fair value*, c'est-à-dire de la valeur « réelle » des entreprises, donne lieu à un large débat ; elle est acceptée par l'US-GAAP et par l'International Accounting Standards (IAS). L'évaluation des entreprises suppose une analyse des valeurs nettes. Or, il existe deux approches : l'approche traditionnelle pour protéger les créanciers retient les prix de revient corrigés des baisses éventuelles dues à l'usure ou à la baisse des marchés ; l'autre approche retient la valeur de marché pour donner aux porteurs de titres une vue plus exacte de la valeur de leurs actions. Dans les deux cas, on évalue imparfaitement les incorporels. L'IAS n'accepte de les prendre en compte que s'il est probable que « les avantages économiques futurs qui leur sont associés profiteraient à l'entreprise » et que « le coût en serait mesurable de façon fiable ». Aux États-Unis, le Financial Accounting Standards Board (FASB) est plus rigide, considérant que les frais de recherche et de développement sont des charges de l'entreprise, par exemple des actifs incorporels non acceptés par le FASB (brevets, marques, listes de clients). Le professeur de comptabilité Baruch Lev de la New York University indique qu'à la fin des années 1990, un trillion de dollars par an était investi tous les ans dans des biens incorporels, et représentait la moitié des sociétés cotées sans que le public put les évaluer autrement que par son imagination.

Cette notion est à l'opposé de celle du Code de commerce français. Celui-ci a pour but de protéger le créancier, c'est-à-dire de faire une évaluation prudente. Cela correspond à une sorte d'analyse de risque, tandis que la *fair value* a pour but d'assurer une transparence réelle à l'égard des analystes et des actionnaires.

L'évolution vers la *fair value* rencontre l'opposition de la totalité des groupes financiers français car elle permet des mutations brutales d'évaluation, ce qui peut déséquilibrer le consensus d'opinion très utile en matière boursière. Jean-François Lepetit, président de la Commission des opérations de Bourse (COB), constate de plus que la *fair value* est, à coup sûr, « une des grandes causes de la volatilité »[3].

La comptabilisation des survaleurs (goodwill)

C'est la différence entre le prix d'acquisition et la valeur nette comptable. Les solutions varient ici aussi suivant les pays. Depuis 1998, le *goodwill* peut être pris par imputation directe sur la situation nette. Aux États-Unis jusqu'en juillet 1999, deux méthodes étaient possibles : la *purchase method* qui constatait le *goodwill* et l'amortissait ; le *pooling* qui faisait une simple addition des actifs et des passifs sans tenir compte du *goodwill*. À partir de 2000, le *pooling* a été abandonné. En France, on pratique le *pooling*, l'écart résiduel d'acquisition n'est alors pas amorti mais déprécié. En tout cas, l'amortissement est lié à la durée de vie de l'avantage de la fusion et ne peut excéder vingt ans. La quatrième directive prévoit que la durée n'excède pas cinq ans.

La comptabilisation des droits à pensions

Le problème de la comptabilisation des droits à pensions est essentiellement un problème américain. Les entreprises doivent, souvent, à leurs salariés des prestations fixes, et créent en interne des fonds de pension placés en valeurs mobilières y compris sur leurs propres titres. Les bénéfices au-delà des dettes vis-à-vis du personnel entrent dans les profits des sociétés. En outre, autre anomalie, ils sont calculés forfaitairement en fonction du bénéfice escompté pour l'année en cours (environ 6,5 % prévus pour 2002). Avec la baisse de la Bourse depuis trois ans, la situation s'est considérablement détériorée. Une étude de David Zion, analyste au Crédit Suisse First Boston, a montré que les pertes globales des fonds de pension ont représenté 15 milliards de dollars en 2001 et 29 milliards en 2002, et que des sociétés comme Goodyear ont présenté un déficit de pension (3 367 millions) supérieur à sa capitalisation boursière (560 millions). Jacqueline Doherty écrit qu'un grand nombre de sociétés travaillent désormais plus pour leurs retraités que pour leurs actionnaires[4].

La prise en compte de ces différents facteurs entraîne une diminution des bénéfices nets, c'est-à-dire une très forte augmentation des *price earnings*. Cela est grave en période de baisse boursière car au lieu de résorber l'inquiétude du public, cela risque d'aggraver son malaise à l'égard de la Bourse.

La nouvelle législation américaine

Il convient enfin de relever le problème posé par la nouvelle législation américaine dans le domaine comptable.

La récente loi Sarbanes-Oxley oblige les présidents à jurer sur l'honneur de la sincérité de leurs résultats, mesure assez étonnante car elle n'est pas nécessaire en droit européen où les mandataires sociaux sont responsables de la publication de leurs résultats.

Aux États-Unis, on considère que le serment est plus important que l'acte écrit. Cette mesure, qui s'accompagne d'une accélération dans la publication des résultats trimestriels et annuels, gêne les étrangers pour qui ces redoublements d'informations présentent des suppléments de coûts et de risques et pourraient inciter certains d'entre eux à remettre en cause leur introduction en Bourse de New York. Cela devrait inciter les autorités américaines intéressées à conserver leur rôle de place internationale, à étudier des aménagements pour les étrangers.

Les règles spécifiques à certaines professions financières

Les auditeurs

Deux règles sont proposées : séparation de l'audit et du conseil ; et la création d'un corps de contrôleurs des auditeurs a été décidé à l'intérieur de la SEC.

Les analystes

On cherche aux États-Unis à séparer les analystes à vocation externe des banques et les *brokers*. Ainsi, le Citigroup crée une filiale du *broker* Salomon Smith Barney dirigée par une analyste de premier plan, Sallie Krawcheck, qui présidait une société d'analyse indépendante, Sanford Berstein. Cela permet d'élargir la muraille de Chine, mais ce n'est pas certain que cela soit suffisant. Une mesure plus drastique est proposée : la création d'un fonds de 1 milliard de dollars souscrit par toutes les banques et servant à financer soit des sociétés indépendantes, soit une société unique qui créerait un *rating* d'évaluation des entreprises. Ces deux solutions posent des problèmes. Une société unique influencerait dangereusement le marché, dans le premier cas, et se poserait un problème de répartition des fonds auprès de différentes sociétés d'analyse.

L'APPLICATION DES MESURES PROPOSÉES

Une des premières conséquences de la crise a été, aux États-Unis, la création de nouveaux organismes de contrôle et l'augmentation des moyens financiers de la SEC (de 438 millions de dollars en 2002 à 766 millions de dollars en 2003).

Une commission spéciale de la SEC va contrôler les auditeurs. Il est question de rendre les analystes indépendants de leur firme ou même de créer une firme unique nationale qui distribuerait la bonne parole, à l'instar des sociétés de *rating* en matière obligataire.

Cela se fait dans un contexte de lourdeur administrative. Ainsi, le dernier bilan de Xerox atteignait mille pages, ce qui le rendait déjà, avant les réformes actuelles, totalement incompréhensible, même pour les analystes.

Mais ce qui est pire, les nouvelles réformes risquent d'entraîner aux États-Unis, comme en Europe, la multiplication des contrôles à la fois lourds et tracassiers qui risquent d'aboutir à des résultats peu probants et d'alourdir les coûts des entreprises et de diminuer leur efficacité et leur dynamisme.

EXISTE-T-IL DE VRAIES SOLUTIONS ?

Elles devraient tenir compte des deux difficultés analysées dans l'introduction : le cas d'escroquerie non prévisible utilisant astucieusement la complexité des règles de déontologie et celui des employés faisant vivre une société, car cela peut empêcher la direction d'effectuer les contrôles normaux. Aussi, la solution la moins mauvaise est de renforcer et de préserver la responsabilité des différents acteurs.

Si les règles de base doivent être clairement énoncées, la réglementation ne doit pas se perdre dans trop de détails pour ne pas faciliter les fraudes. La comptabilité doit avoir des règles simples communes aux Américains et aux Européens. Il est nécessaire d'insister sur les interdictions de base (corruption, manipulation de marchés, usage d'informations privilégiées) et de renforcer le caractère dissuasif de la loi en aggravant les pénalités.

Concernant le cas des *stock options*, la solution généralement admise aujourd'hui consiste à débiter à chaque émission de *stock options* une valeur approximative fixée par un calcul statistique, à partir par exemple de la formule de Black and Scholes. Cette curieuse solution permet, en fait, d'effectuer une réserve supplémentaire en déduction d'impôts. Mais, l'échange de l'option contre une action nouvelle entraîne en réalité une dilution du capital au détriment des actionnaires. Il est donc impératif que toute émission de *stock options* soit approuvée à une forte majorité d'actionnaires (par exemple l'assemblée extraordinaire).

Le contrôle interne ne doit pas être régi par des règles trop précises liant, par exemple, le nombre de contrôleurs au chiffre d'affaires. Il serait préférable qu'un responsable du contrôle, libre d'organiser son travail, soit clairement désigné. Il pourrait peut-être être choisi sur une liste établie par un organisme extérieur (SEC, Commodity Future Trading Commission - CFTC...).

Le contrôle externe doit être complet, mais également unique. La multiplication des contrôles a un coût élevé pour les entreprises et une efficacité réduite, puisque le temps qui leur est consacré par contrôle est trop faible. Ainsi, aux États-Unis, la SEC contrôle 400 000 états financiers par an, contrôles refaits à l'identique par la CFTC, le *comptroller of the currency*, les organismes publics... Comme autrefois dans la Compagnie des agents de change[5], un accord entre organismes publics (fisc, Sécurité sociale) et organismes de contrôle spécifiques (AMF, Matif) pourrait être envisagé en France pour fixer des règles à des contrôleurs uniques chargés alors de couvrir tous les secteurs d'activité.

En ce qui concerne les professions annexes, les règles du Glass Steagall Act doivent être reprises et adaptées : séparation absolue de l'audit et du conseil ; séparation des analystes entre ceux qui sont internes aux entreprises et ceux qui ont des contacts commerciaux et qu'il est nécessaire d'employer dans des entreprises externes (par exemple les sociétés de Bourse). On retrouve ainsi le cas des agents de change. Mais dans ce cas, ces intermédiaires ne doivent pas avoir le droit d'effectuer des OPA puisqu'ils ont, à l'égard de leurs clients, l'obligation morale de défendre leurs intérêts ; leurs études financières seront totalement indépendantes.

Ainsi, il apparaît que des solutions simples devraient permettre de ramener la confiance sur les marchés. Si « la politique ne se fait pas à la corbeille », celle-ci a des conséquences sur le comportement des marchés financiers.

Notes

1. *Wall Street Journal,* 27 août 2002 (cité par *Le Monde* du 17 septembre).

2. *Business Week,* 12 juillet 2002.

3. *Le Monde,* 18 octobre 2002.

4. *Barrons,* 21 octobre 2002.

5. Les difficultés des charges d'agents de change ne sont venues que par la suppression des contrôles pendant trois ans, les contrôles étant à l'époque utilisés exclusivement à effectuer les évaluations des charges rachetées.

BRÈVES REMARQUES SUR LA MISE EN ŒUVRE DU RAPPORT BOUTON

BERNARD FIELD*

Depuis la publication en septembre 2002 du rapport Bouton sur l'amélioration du gouvernement d'entreprise dans les sociétés cotées, un nombre considérable de commentaires, d'analyses, d'études et de points de vue ont été et continuent d'être publiés sur le sujet. Leurs auteurs sont d'origines très diverses : journalistes, consultants, animateurs d'associations d'actionnaires, universitaires, dirigeants d'entreprises... Dès lors, il n'est pas surprenant de constater que les positions exprimées sont relativement divergentes quant à l'appréciation sur le fond des recommandations du rapport. Mais elles partagent, en tout cas, l'idée que les entreprises françaises cotées doivent continuer à avancer dans la mise en œuvre de mesures propres à prévenir autant que possible les risques d'erreur de stratégie et de mauvaise gestion. Il est intéressant, dans ces conditions, de s'interroger sur les voies et les moyens qui apparaissent les plus souhaitables pour assurer une bonne mise en œuvre des nouvelles recommandations contenues dans le rapport Bouton.

LE FOND PLUTÔT QUE LA FORME

Nul doute qu'il ne faille avant toute chose privilégier le fond sur la forme. Non pas que les règles de forme n'aient pas leur importance, au contraire, car on sait pertinemment que les procédures sont essentielles pour permettre aux règles de fond de s'appliquer dans tout leur contenu. Et il est, par ailleurs, assez clair que, dans tous les domaines, la réticence pour appliquer précisément les règles de forme - sous prétexte qu'elles seraient inutilement contraignantes - cache souvent mal le désir de s'affranchir de certaines règles de fond.

Mais, inversement, le gouvernement

* Secrétaire général de Saint-Gobain, rapporteur général du rapport Bouton.

d'entreprise ne peut se résumer au respect des formes et des procédures sous peine de rapidement se réduire à une façade, voire à un théâtre d'ombres. À cet égard, il convient de rappeler qu'Enron figurait, il y a peu, dans le peloton de tête des sociétés cotées américaines considérées comme ayant « le meilleur » gouvernement d'entreprise selon l'un de ces classements et palmarès périodiques qui ont tendance à s'attacher excessivement aux apparences plutôt qu'à analyser en profondeur les modes d'organisation et de fonctionnement des entreprises.

La difficulté majeure, dans le domaine du gouvernement d'entreprise, est que le fond ne se limite pas à l'énoncé de quelques grands principes dont l'observation permettrait de conclure à une application convenable de la matière. C'est dû au fait que les rouages des grandes entreprises cotées sont variables d'une entreprise à l'autre en fonction de leur histoire, de leur culture ou des circonstances, et que leur bon agencement est particulièrement complexe. Il suffit de songer, sur ce point, aux trois modes d'administration qui sont aujourd'hui offerts au choix des entreprises, président-directeur général et conseil d'administration classique, président du conseil d'administration et directeur général exécutif « dissocié », conseil de surveillance et directoire ; et si l'on tient compte des entreprises cotées du secteur public, il s'y ajoute même un quatrième mode, celui du conseil d'administration tripartite composé d'administrateurs élus par les salariés, de représentants de l'État, et de « personnalités qualifiées ». Il est bien évident, dans ces conditions, qu'on ne saurait édicter des règles uniformes qui soient susceptibles d'épouser des contours aussi divers.

Il est donc nécessaire d'entrer dans ce qui peut apparaître, à première vue, comme un détail excessif ou secondaire, mais qui constitue en réalité la déclinaison de critères et de pratiques qui induisent des comportements et des décisions conformes au but recherché. Il en est ainsi, par exemple, de la notion d'administrateur indépendant dont la présence au sein du conseil est très largement considérée comme contribuant à l'équilibre de la direction de l'entreprise. Pratiquement, tous les rapports ou codes relatifs au gouvernement d'entreprise ont adopté leur définition de l'indépendance, qui tourne le plus souvent autour de l'idée selon laquelle la liberté de jugement de l'administrateur ne doit pas risquer d'être compromise par l'existence de relations qu'il serait susceptible d'entretenir avec la direction générale, la société ou son groupe. Pour autant, on a pu constater qu'il y a, en fait, une grande hétérogénéité dans l'interprétation d'une telle formulation qui, pour être fondée dans son principe, reste passablement abstraite. Seule la détermination de critères suffisamment précis, comme le fait le rapport Bouton, et même si, comme pour tous les critères, leur contenu peut toujours prêter à discussion, permet de s'assurer autant qu'il est possible de l'absence de conflits potentiels d'intérêts entre l'administrateur qualifié d'indépendant et la direction. Pour prendre un autre exemple dans un domaine différent, celui du comité des comptes, l'énoncé de ses attributions par le premier rapport Viénot, en 1995, était bien évidemment indispensable pour en faire, ce qu'il est devenu, un organe fondamental du gouvernement d'entreprise. Mais, l'un des apports concrets du rapport Bouton est de préconiser que le comité des comptes entende, non seulement les commissaires aux comptes, mais aussi, individuellement, le directeur financier, le directeur comptable, celui de la trésorerie, enfin le responsable de l'audit interne, hors la présence de la direction générale ; utile en toutes circonstances, une telle démarche devrait apporter au comité des comptes un éclairage qui sera, selon toute vraisemblance, particulièrement propice, dans les situations difficiles, au décryptage des risques et des engagements hors bilan significatifs de l'entreprise, qui fait l'objet d'une autre recommandation du rapport.

En bref, les règles de gouvernement d'entreprise s'apparentent à une mosaïque d'équilibres et de contrôles judicieusement agencés de manière à prévenir au mieux les risques inhérents à la définition de la stratégie et à la gestion d'une activité économique, dès lors toutefois que ces équilibres et ces contrôles sont mis en œuvre non pas pour satisfaire seulement au respect formel des procédures qui les accompagnent, mais avec la volonté de les faire jouer de façon loyale et de bonne foi.

Cette approche permet de contester deux attitudes qui sont fréquemment exposées.

ÉVITER LES EFFETS DE MODE

La première attitude consiste à passer d'une euphorie excessive liée à une période économique favorable, qui fait parfois perdre de vue l'importance des règles de base du gouvernement d'entreprise, à un noir catastrophisme lors du retournement de la situation où les entreprises seraient pêle-mêle des lieux de dysfonctionnements ou d'irrégularités, voire pire, et n'auraient accompli aucun progrès substantiel en matière de gouvernement d'entreprise depuis la publication du premier rapport Viénot. Sauf à pratiquer l'amalgame entre l'effondrement de certaines grandes entreprises américaines, qui a mis en lumière des comportements anormaux ou même frauduleux, et les difficultés financières de quelques entreprises européennes, on ne peut, à l'évidence, partager ce point de vue ; et il suffit de comparer le contenu des rapports annuels publiés par les sociétés cotées françaises en 1994 (avant le premier rapport Viénot) et en 2002 pour constater à quel point des changements profonds et pérennes ont été opérés. Cette attitude s'accompagne souvent d'une inconstance certaine dans les critères de jugement de la bonne application du gouvernement d'entreprise. Ainsi, au fil des dernières années, les observateurs ont pu, tour à tour, porter au pinacle, selon les époques, l'intérêt de la présence d'administrateurs représentant les salariés, puis la primauté de la valeur actionnariale, elle-même remplacée par la reconnaissance des « parties prenantes » de l'entreprise, aujourd'hui la nécessité impérieuse de l'indépendance des administrateurs... Pour ne revenir que sur ce dernier point, il est clair que le rapport Bouton, comme l'avaient fait avant lui les rapports Viénot, a souligné toute l'importance qui s'attache à la présence au sein du conseil d'une proportion importante d'administrateurs réellement indépendants des administrateurs internes, en y consacrant un long développement déjà mentionné plus haut. Mais, il n'en a pas fait pour autant le facteur exclusif du bon fonctionnement du conseil d'administration comme d'aucuns voudraient le penser, et a insisté de la manière la plus nette sur le fait qu'avec l'intégrité bien entendu, la compétence et l'expérience sont les qualités premières des administrateurs et qu'en conséquence, un conseil doit être « un savant dosage de compétence, d'expérience et d'indépendance au service de l'intérêt de la société et de ses actionnaires ».

ÉVITER LE RECOURS À LA LOI

La seconde attitude qui entre en contradiction avec la nature réelle des règles de gouvernement d'entreprise est celle qui consiste à considérer que si les apports des milieux d'entreprises, représentés dans le groupe de travail dont est issu le rapport Bouton, sont à prendre en considération, il n'en demeure pas moins indispensable que le législateur se saisisse, en tout cas, d'un certain nombre de sujets. Il s'y ajoute parfois l'argument selon lequel l'intervention du législateur serait en particulier justifiée par la constatation que s'il a été jugé utile d'établir un rapport Bouton, c'est que les deux rapports Viénot précédents n'avaient pas été suivis d'effet, et donc que la démarche de recommandations d'origine professionnelle n'est pas suffisante. Il est vrai que, dans une certaine tradition française, tout doit terminer par une loi dont l'adoption est réputée régler le problème soulevé... C'est avoir une lecture particulièrement lointaine des trois rapports que de soutenir cet argument : si leur thème général et la philosophie d'ensemble sont évidemment les mêmes que ceux du premier rapport Viénot, le second rapport Viénot et l'actuel rapport Bouton apportent chacun un nombre considérable de recommandations nouvelles, supplémentaires, qui viennent compléter et perfectionner le dispositif existant pour tenir compte de l'évolution des situations et tirer les enseignements nécessaires des défaillances. L'importance des nouvelles mesures apparaît d'ailleurs immédiatement, lorsqu'on établit la comparaison concrète des préconisations contenues dans chacun des trois rapports successifs. Car il faut, en ce domaine, accepter de se pencher sur les réalités et les pratiques du fonctionnement de plusieurs organes à l'agencement complexe et relativement variable selon les entreprises (conseil d'administration, comité d'administrateurs, contrôle des comptes, assemblée générale...) pour apprécier correctement l'effet du dispositif. On voit bien aujourd'hui par contraste avec l'application de la loi dite NRE sur les nouvelles régulations économiques, combien l'adoption de dispositions législatives, sans même parler de leur fréquente défectuosité technique, se révèle inappropriée dans un domaine où les règles doivent être inspirées par le souci de leur efficacité particulière et de leur portée pratique.

RÉMUNÉRATION ET RESPONSABILITÉ DES DIRIGEANTS

PATRICIA CHARLÉTY*

Depuis l'application de la loi sur les nouvelles régulations économiques (NRE) en mai 2001, les entreprises françaises ont l'obligation de publier les rémunérations de l'ensemble des mandataires sociaux dans le rapport annuel préparé en vue de l'assemblée générale. Cette obligation ne se limite pas aux sociétés cotées, elle concerne toutes les sociétés anonymes et en commandite par actions ; c'est non seulement la rémunération individuelle des directeurs généraux et des administrateurs qui doit être portée à la connaissance des actionnaires, mais également sa composition (salaire de base, primes et bonus, attribution d'actions et de *stock options*). La France a ainsi rejoint, en matière de transparence, le Royaume-Uni et les États-Unis où des informations précises sur la rémunération individuelle des dirigeants des sociétés cotées sont publiques depuis déjà plusieurs années. La loi française va même au-delà des directives européennes qui prévoient, pour l'instant, une obligation d'information sur la rémunération globale versée aux membres de la direction, des conseils d'administration et de surveillance.

C'est donc dans les rapports annuels pour l'année 2001, publiés durant l'été 2002[1], que les entreprises ont publié, pour la première fois, les rémunérations des dirigeants français. La rémunération la plus élevée a ainsi été attribuée à Lindsay Owen Jones (L'Oréal) avec, au total, 5,55 millions d'euros de salaire fixe, bonus et jetons de présence, suivi de Jean-Marie Messier, ex-PDG de Vivendi Universal, avec 5,12 millions d'euros, et Thierry Desmaret, PDG de TotalFinaElf, avec 3,3 millions d'euros. S'y ajoutent les plans d'action et de *stock options,* plus difficiles à évaluer tant qu'elles n'ont pas été exercées. En 2001, les plus-values réalisées sur les options exercées s'élèvent à 12,95 millions d'euros pour Jean-Marie Messier, 12,43 millions d'euros pour Martin Bouygues (Bouygues) ou encore 8,35 millions d'euros pour Jean-René Fourtou (ex-PDG d'Aventis).

* Professeur d'économie et de finance à l'Essec, conseiller scientifique à la COB.

Ces rémunérations semblent élevées en comparaison avec un salaire moyen en France, ou faibles au regard des rémunérations versées aux dirigeants américains. Le véritable débat se situe à un autre niveau : celui de la pertinence, tant du niveau de la rémunération que de sa composition.

NIVEAU ET COMPOSITION DE LA RÉMUNÉRATION DES DIRIGEANTS

La rémunération des dirigeants comprend généralement quatre éléments : une partie fixe (salaire de base) ; un bonus et/ou prime annuels variables, proportionnels aux résultats comptables ou contingents à la réalisation d'objectifs à court terme ; un intéressement lié aux performances à plus long terme (performances pluriannuelles, attribution d'actions et de *stock options*) ; et des avantages sociaux et en nature. Le niveau et la structure de la rémunération des dirigeants varient en fonction du pays et du secteur considérés, ainsi qu'en fonction de la taille des entreprises. Au cours de la dernière décennie, tous pays et secteurs confondus, la rémunération des dirigeants a fortement augmenté, et les différences internationales tendent à s'estomper.

Comparaisons internationales

Le graphique 1, extrait des statistiques publiées par la société Towers Perrin[2] pour l'année 2001, illustre néanmoins la présence de fortes disparités entre certains pays.

Il confirme que la rémunération des dirigeants américains est, pour des entreprises similaires, beaucoup plus élevée aux États-Unis que partout ailleurs. En particulier, un PDG américain gagne près de quatre fois plus que son homologue français. La structure de la rémunération est également très différente, avec une part beaucoup plus importante revenant à l'intéressement à long terme essentiellement composé de *stock options*. Au sein de l'Europe continentale, le niveau comme la structure de rémunération se rapprochent : les situations d'un PDG français, allemand ou italien sont comparables. Globalement, l'étude de Towers Perrin mentionne une tendance à la convergence des niveaux comme des politiques de rémunération.

Influence de la taille de l'entreprise

Les graphiques 2 et 3 montrent que la rémunération médiane des PDG des plus grandes entreprises du S&P 500 représente près du double de celle des plus petites entreprises du S&P 500, quelle que soit l'année considérée (la taille de l'entreprise étant mesurée par son chiffre d'affaires).

L'augmentation du niveau de rémunération avec la taille est un constat bien établi. Des études menées dans d'autres pays que les États-Unis (Japon, Allemagne et Canada) confirment la présence d'un effet-taille important avec une élasticité estimée de 0,25 ; en d'autres termes, la rémunération croît de 2,5 % pour une augmentation de 10 % de la taille de l'entreprise.

Graphique 1
Rémunération totale annuelle et structure de la rémunération des PDG (en $US)

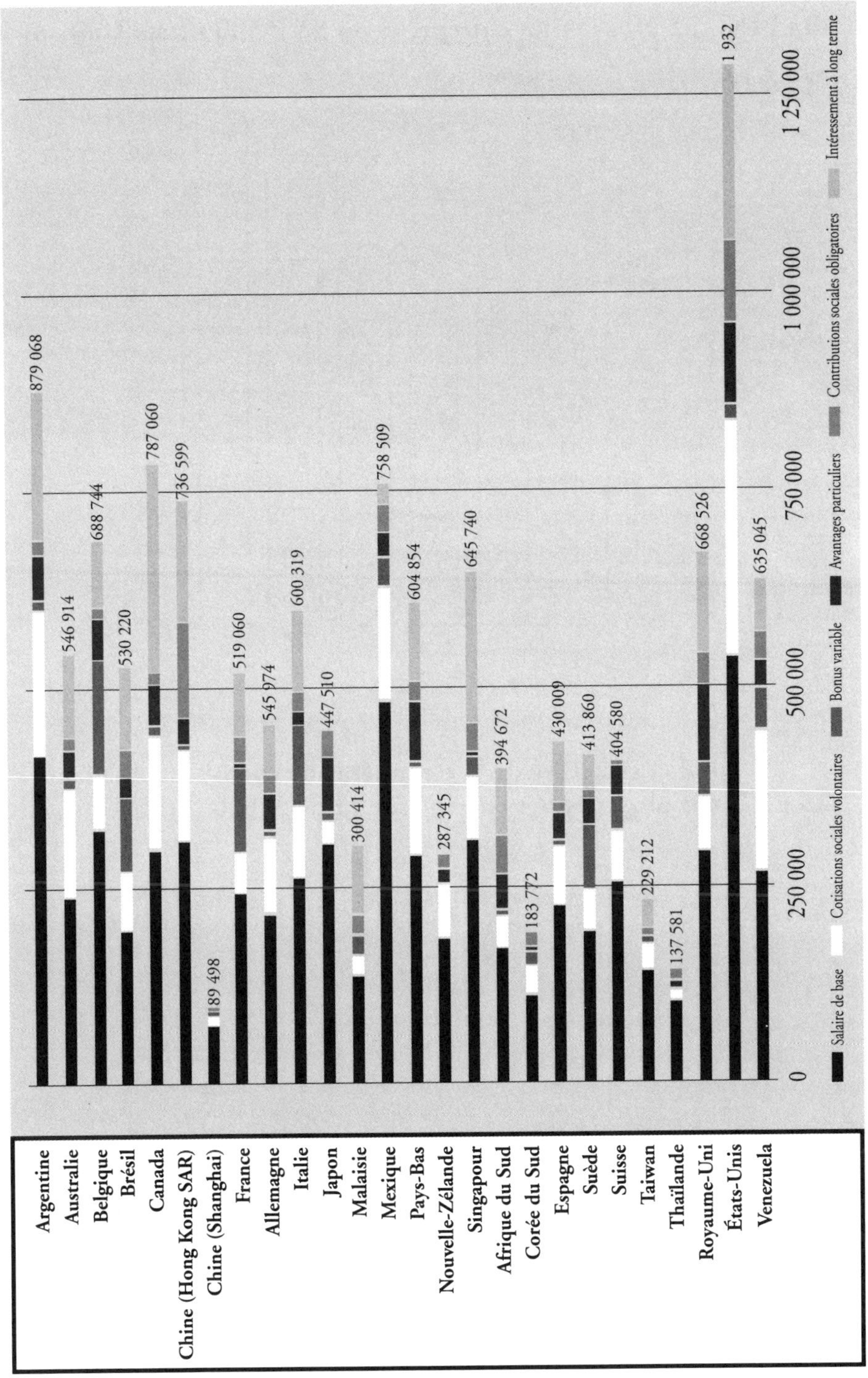

Graphique 2
Total et structure de la rémunération mensuelle médiane des PDG des plus petites entreprises du S&P 500 (États-Unis, en $US)

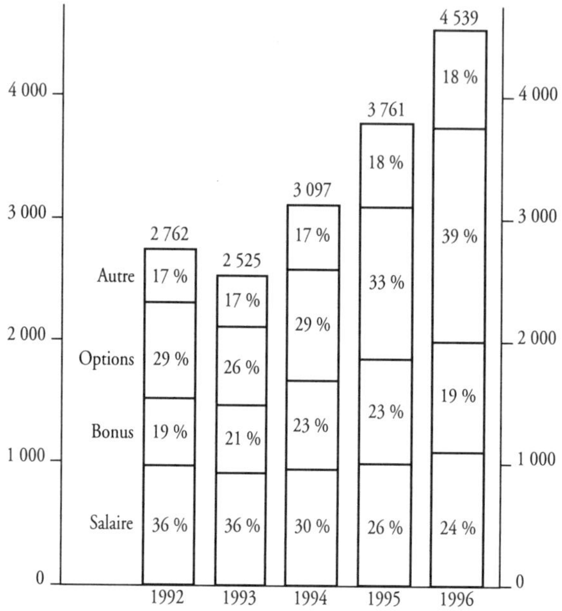

Source : Murphy 1999.

Graphique 3
Total et structure de la rémunération mensuelle médiane des PDG des plus grandes entreprises du S&P 500 (États-Unis, en $US)

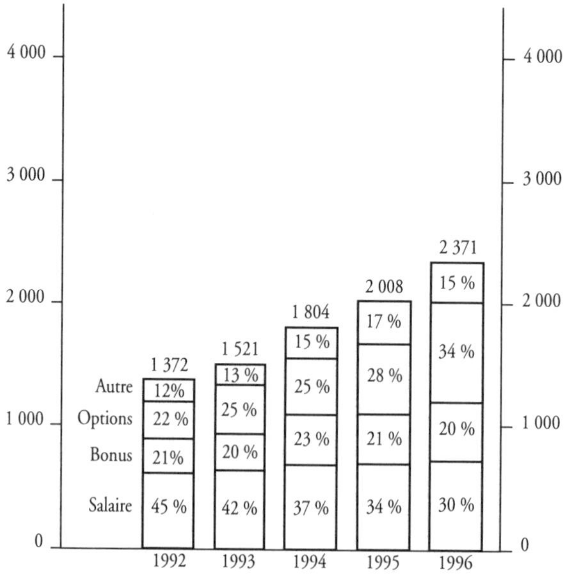

Source : Murphy 1999.

Comparaisons intersectorielles

Les graphiques 4, 5 et 6 révèlent la présence de fortes disparités d'un secteur à l'autre : la rémunération des PDG est trois fois plus élevée dans le secteur financier que dans les *utilities* qui correspondent, en pratique, à nos services publics (distribution du gaz, de l'eau, de l'électricité) ; surtout, la part fixe de la rémunération y est deux fois plus faible et représente seulement 21 % du total contre 40 % dans les *utilities* en 1996. La rémunération des dirigeants du secteur minier et manufacturier se situe à un niveau intermédiaire, tant du point de vue de la rémunération totale que de la part qui revient au salaire fixe (27 %).

OBJECTIFS ET EFFICACITÉ DE LA POLITIQUE DE RÉMUNÉRATION

Les principaux objectifs de la politique de rémunération des dirigeants sont, en premier lieu, de les inciter à améliorer les résultats de l'entreprise et, en second lieu, d'attirer et garder les meilleurs éléments. Le deuxième point permet d'expliquer la tendance à la convergence observée dans les pratiques de rémunération dans différents pays dont les entreprises sont aujourd'hui davantage en concurrence sur le marché du travail pour les dirigeants. Nous revenons dans ce qui suit sur le premier point, afin de mieux comprendre les variations constatées de niveau et de structure de rémunération selon la taille et le secteur.

Explication des différences observées

Différents arguments peuvent être avancés pour expliquer le niveau élevé des rémunérations des dirigeants ainsi que leurs différentes composantes :
- la productivité des dirigeants est d'autant plus élevée que l'entreprise est grande, par effet cumulatif (leurs décisions affectent la productivité de tous ceux qui se trouvent sous leur contrôle hiérarchique) ; cet argument justifie le salaire fixe croissant avec la taille de l'entreprise et le niveau hiérarchique ;
- de plus, une rémunération élevée au sommet stimule les cadres non dirigeants à la recherche d'une promotion ; le nombre d'échelons plus élevé dans les grandes entreprises et la plus faible probabilité d'arriver au sommet expliquent également le niveau élevé de la rémunération des PDG croissant avec la taille de l'entreprise ;
- *a contrario*, la possibilité de promotion étant inexistante au sommet, la rémunération doit être liée en grande partie à la performance, ce qui justifie les différentes composantes de la rémunération : bonus (généralement indexés sur les performances à court terme), actions (l'intérêt des dirigeants est alors directement aligné sur celui de leurs actionnaires), et options ;
- si les cours boursiers incorporent correctement les profits futurs, la rémunération en actions et en options tend à rapprocher l'horizon d'investissement des dirigeants de celui des actionnaires (ce n'est pas le cas des bonus).

Les options ont comme caractéristique particulière d'inciter à la prise

Graphique 4
Total et structure de la rémunération médiane des PDG aux États-Unis (entreprises du S&P 500) du secteur minier et manufacturier (en $US)

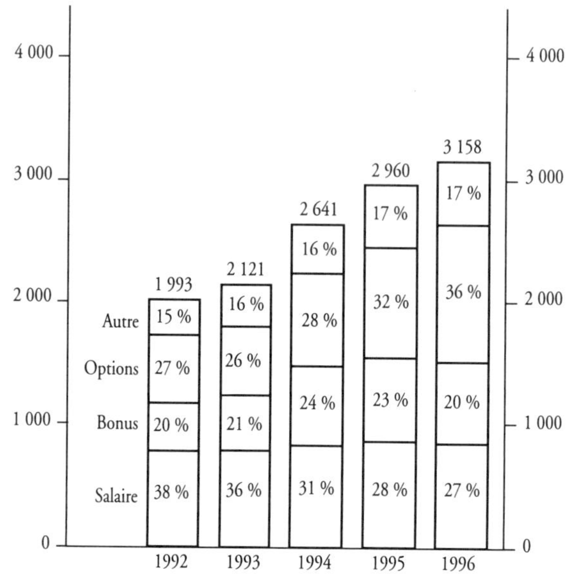

Source : Murphy 1999.

Graphique 5
Total et structure de la rémunération médiane des PDG aux États-Unis (entreprises du S&P 500) du secteur financier (en $US)

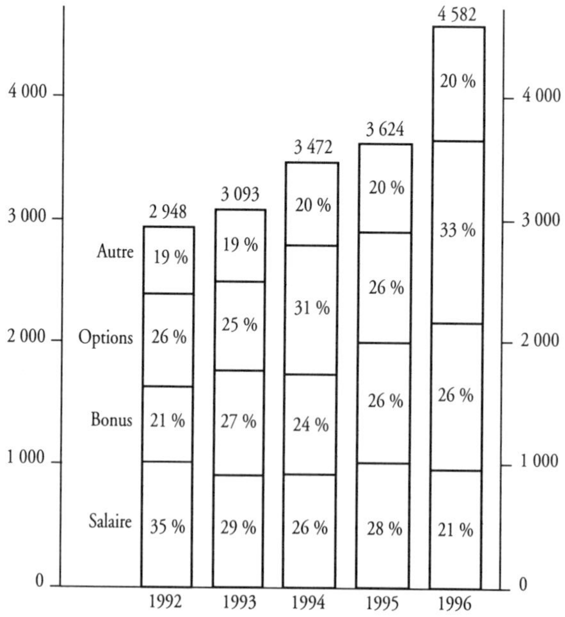

Source : Murphy 1999.

Graphique 6
Total et structure de la rémunération médiane des PDG aux États-Unis (entreprises du S&P 500) du secteur des « utilities » (en $US)

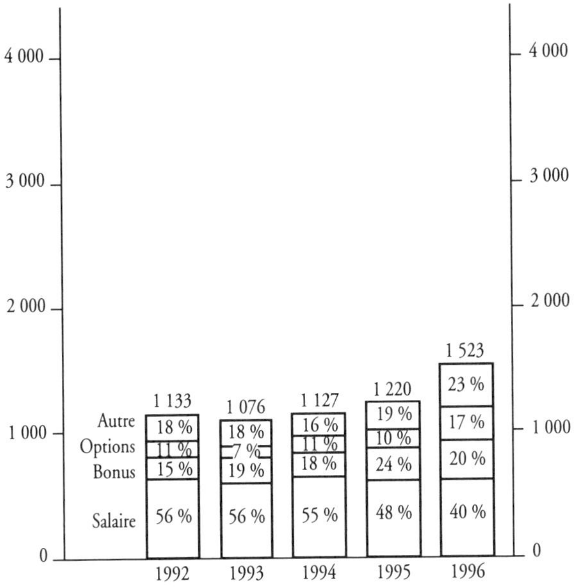

Source : Murphy 1999.

de risques dans la mesure où elles ne sont exercées qu'en cas de valorisation élevée des actions, qui est plus probable quand l'activité est risquée (comme d'ailleurs est plus probable une valorisation très faible des actions, mais c'est sans conséquence puisque l'option ne sera pas exercée dans ce cas).

Cependant, une rémunération en fonction des performances de l'entreprise n'est appropriée que dans la mesure où elle est réellement incitative, puisqu'elle engendre des coûts supplémentaires : le risque associé à une rémunération variable doit être compensé par une prime de risque. Par conséquent, si la variable de performance est très peu informative (volatile), ou si les résultats ne dépendent que faiblement de l'implication des dirigeants et sont essentiellement liés à des facteurs externes, la part fixe doit être plus importante. Pour les mêmes raisons, il est souhaitable d'enlever, quand c'est possible, toute variation due à des facteurs externes tangibles de manière à « récompenser » le résultat attribuable au dirigeant. Par exemple, les cours évoluent pour des raisons indépendantes de la gestion des entreprises : ils suivent la tendance générale du marché et, à court terme, peuvent être affectés par des phénomènes de « bulles financières ». La réalité de la rémunération ne correspond alors plus à l'objectif poursuivi. Dans une conjoncture favorable, les gains très élevés des dirigeants ne sont pas « mérités » ; au contraire, dans un contexte défavorable, les options peuvent ne jamais être exercées alors même que la gestion a été bonne. La politique de rémunération doit donc s'ajuster de façon à ne garder que la performance propre à l'entreprise (en corrigeant le prix d'exercice des options des variations dues au marché par exemple, ou en prenant en compte des mesures de performance relatives à celles de l'ensemble du secteur).

Finalement, par rapport aux actions, le rôle particulier d'incitation à la prise de risques joué par les options est positif si la prise de risques est essentielle, comme c'est le cas dans certains secteurs (l'industrie pétrolière, les secteurs innovants...), et si les dirigeants ont plus d'aversion au risque que les actionnaires comme on le suppose généralement. Dans d'autres cas, elles pourraient, au contraire, conduire à une prise de risques excessive.

Dans le secteur financier, la compétence et l'implication de l'équipe de direction ainsi que la prise de risques jouent probablement un rôle plus important que dans le secteur des *utilities* où le chiffre d'affaires est relativement stable et garanti. Cela explique en partie les différences observées entre ces secteurs, en particulier la faiblesse de la part variable dans des secteurs comme la distribution de gaz ou d'électricité.

Efficacité de la politique de rémunération

Le contrat de travail des dirigeants refléterait, d'après les arguments avancés plus haut, la recherche d'une plus grande efficacité. Qu'en est-il en pratique ?

En 1990, Jensen et Murphy mettaient en doute le caractère réellement incitatif de la rémunération des dirigeants, l'augmentation de 3,25 dollars pour 1 000 dollars de variation de la valeur des actions leur paraissant relativement faible. Depuis cet article célèbre, plusieurs études sont venues nuancer ces résultats. Par exemple, Hall et Liebman, en 1998, concluent à une variation de la rémunération des dirigeants de 25 dollars (toujours pour 1 000 dollars d'augmentation de la richesse des actionnaires) sur des données plus récentes (1980-1994). D'autres auteurs montrent que, conformément à la théorie, la partie fixe de la rémunération est plus élevée quand l'indicateur de performance est moins fiable[3]. De plus, les marchés financiers réagissent favorablement à l'annonce de la mise en place de politiques de rémunération incitatives (+ 2,4 % en moyenne selon les études de Yermack en 1997 ou de Yeo, Chen, Ho et Lee en 1999).

QUESTIONS EN SUSPENS ET HYPOTHÈSE DE LA « CAPTURE » PAR LES DIRIGEANTS

Toutefois, de nombreux auteurs constatent que les mesures de performance qui conditionnent la rémunération des dirigeants sont relativement rarement corrigées des variations générales qui affectent les marchés. Dans le cas des options qui sont utilisées dans plus de la moitié des entreprises cotées en France[4], le prix d'exercice est le plus souvent fixé au moment de l'attribution. De plus, dans huit cas sur dix, le conseil d'administration consent un rabais, c'est-à-dire un prix d'exercice inférieur dès le départ au cours de Bourse (ce rabais est de 5 % pour 60 % des entreprises, et peut atteindre 20 %). Par ailleurs, l'attribution d'options vient plus compléter la rémunération fixe que s'y substituer, et il n'est pas rare que les montants (salaire et part variable)[5] perçus par les dirigeants augmentent de façon substantielle alors même que les résultats sont médiocres.

Enfin, selon l'argument développé plus haut, la rémunération en titres de l'entreprise tend à aligner l'intérêt des dirigeants sur celui des actionnaires et, en particulier, à rapprocher leurs horizons d'investissement. Cet argument peut être retourné lorsque toute l'information pertinente ne peut être transmise au marché. Afin d'exercer plus rapidement l'option mais dans de bonnes conditions, les dirigeants peuvent être tentés de favoriser des projets de court terme, pour lesquels la communication est plus facile et la transmission de l'information dans les cours plus immédiate, aux dépens de projets de long terme (améliorer les résultats en abaissant les frais de recherche, par exemple).

Pour les mêmes raisons, la possession d'actions et d'options peut conduire les dirigeants à retarder la révélation des situations délicates qui seront alors d'autant moins bien traitées. Pis encore, la détention d'options incite les dirigeants à prendre des risques excessifs dans de telles conditions car ils savent qu'elles n'auront bientôt aucune valeur si rien n'est tenté, précipitant alors les entreprises vers la faillite. L'affaire Enron en fournit évidemment une illustration, et ce n'est pas un cas isolé. Dans un article daté du 31 juillet 2002, le *Financial Times* donne les résultats d'une enquête menée par le journal londonien sur vingt-cinq faillites majeures survenues aux États-Unis depuis janvier 2001. Il révèle que les équipes dirigeantes des entreprises concernées ont construit une fortune personnelle[6] (3,3 milliards de dollars en tout au cours des années 1999, 2000 et 2001) aux dépens de leurs actionnaires et de leurs salariés en revendant leurs titres avant que les mauvaises nouvelles ne parviennent au marché. Dans la plupart des cas, les gains réalisés proviennent de l'exercice d'options suivi immédiatement de la revente des actions.

La politique de rémunération des dirigeants est-elle le reflet d'un contrat motivant et efficace dû à l'initiative du conseil d'administration représentant les actionnaires, ou de pratiques qui évoluent en partie sous le contrôle d'une classe dirigeante aux intérêts communs ? La réponse à cette question varie d'une entreprise à l'autre, notamment en fonction de la structure de gouvernance. La marge de manœuvre des dirigeants est en pratique plus faible en présence d'un conseil d'administration indépendant, d'un actionnaire important et peu lié à l'équipe de direction, et de menace d'offre publique. À cet égard, une étude de Borokhovich, Brunarski et Parrino, en 1997, montre que les dirigeants d'entreprises protégées par des mesures anti-OPA ont des salaires plus élevés, se voient attribuer davantage de *stock options* et bénéficient plus souvent de « *golden* parachutes ». Le rôle positif des gros actionnaires, en particulier les fonds de pension, est clairement établi par de nombreuses analyses[7], la rémunération des dirigeants est plus faible en leur présence.

Dans un article de l'année 2000 intitulé *Agents without Principals*[8], Bertrand et Mullainathan tentent explicitement de répondre à la question : « Qui fixe la rémunération des PDG ? ». Pour cela, ils examinent l'évolution du contrat des dirigeants à la suite de mesures légales rendant les OPA hostiles plus difficiles. Globalement, ils découvrent que leur salaire augmente, ce qui tend à confirmer l'hypothèse qu'ils fixent eux-mêmes leur rémunération, mais qu'il y a davantage de contrats incitatifs, ce qui va dans le sens de l'hypothèse inverse. Dans un second temps, les auteurs divisent leur échantillon en deux selon la présence ou non d'un gros actionnaire. Ils trouvent alors que c'est dans le premier groupe que les contrats incitatifs sont mis en place, comme si les actionnaires remplaçaient le contrôle exercé par le marché financier par un autre mécanisme. Dans le deuxième groupe, ils observent une simple augmentation de la rémunération comme si, isolés du marché financier, les dirigeants avaient plus de latitude pour fixer eux-mêmes leur rémunération.

Les différentes analyses effectuées principalement aux États-Unis traduisent la présence de situations très diverses. La politique de rémunération paraît refléter, dans certains cas, la mise en œuvre par le conseil d'administration de contrats incitatifs et efficaces dans l'intérêt des actionnaires. Dans d'autres cas, le conseil d'adminstration semble « capturé »[9] par les dirigeants qui contrôlent ainsi en partie leur rémunération. Les mesures de transparence récemment introduites en France permettront de comparer ces résultats aux pratiques adoptées dans notre pays.

NOTES

1. Les données sont reprises de l'article du quotidien *Le Monde, Ce que gagnent vraiment les grands patrons,* daté du 17 juillet 2002.

2. Les statistiques proviennent des résultats d'une enquête réalisée par Towers Perrin dans les différents pays, et correspondent à la rémunération moyenne du PDG d'une entreprise industrielle ayant un chiffre d'affaires de 500 millions de dollars environ.

3. Voir, par exemple, Garen 1994, ou Aggarwal et Samwick 1999.

4. Les chiffres cités proviennent d'un document publié par la Dares.

5. Le magazine l'*Expansion* du 10 mai 2001 relève le cas de LVMH dont le conseil d'administration décide de compenser la baisse des cours en 2001 par une augmentation de 40 % des options attribuées au comité exécutif, la hausse des cours dans la période antérieure n'ayant pas fait l'objet de compensations en sens inverse ; ou encore celui de Serge Tchuruk dont la rémunération « a bondi de 29 % (dont 17 % pour la partie fixe), alors que le cours du titre se morfond ».

6. L'enquête concerne en tout 181 dirigeants et 27 administrateurs. Parmi eux, figure Ken Lay, l'ancien PDG d'Enron, dont le gain est évalué à 247 millions de dollars, le gain le plus élevé revenant à Jeff Skilling de Global Crossing avec 512 millions de dollars.

7. Voir, par exemple, l'article de Patricia Charléty dans le Bulletin mensuel de la COB de mars 2001, *Activisme actionnarial : le cas particulier des fonds de pension.*

8. Soit *Mandataires sans mandants,* 2000.

9. Le terme de « capture » est utilisé ici par analogie avec celui de « capture de l'agence » utilisé par les économistes pour désigner les situations où les entreprises parviennent à orienter les décisions des régulateurs qui les contrôlent.

Bibliographie

Aggarwal R. et Samwick, 1999, *The Other Side of the Trade-Off: the Impact of Risk on Executive Compensation,* Journal of Political Economy, 107, pp. 65-105.

Bertrand et Mullainathan, 2000, *Agents without Principals,* American Economic Review, Vol. 90, n° 2, pp. 203-208.

Borokhovich K.-A., Brunarski K.-R. et Parrino R., 1997, CEO *Contracting and Anti-Takeover Amendments,* Journal of Finance 1495, pp. 1503-13.

Charléty P., 2001, *Fiscalité des stock options, innovation et gouvernement d'entreprise,* Économie et Statistique, Vol. 4, n° 344.

Charléty P., 2001, *Activisme des actionnaires : le cas particulier des fonds de pension,* Bulletin mensuel de la COB, n° 355, mars 2001.

Cheng I., 2002, *Barons of Bankruptcy, Financial Times,* 12 juillet.

Fagnot O., 1999, *Les plans d'options sur actions (stock options) : un complément de rétribution adopté par la moitié des entreprises françaises cotées en Bourse,* synthèses de la Dares.

Garen J., 1994, *Executive Compensation and Principal-Agent Theory,* Journal of Political Economy, 102, pp. 1175-1199.

Hall J. et Liebman, 1998, *Are CEO Really Paid like Bureaucrats ?,* Quarterly Journal of Economics, 113, pp. 653-691.

Jensen M., et Murphy K., 1990, *Performance Pay and Management Incentives,* Journal of Political Economy, 98, pp. 225-264.

Murphy K., 1999, *Executive Compensation,* Handbook of Labor Economics, Vol. 3, Chapitre XXXVIII.

Towers Perrin, 2002, *Worldwide Total Remuneration 2001-2002.*

QUEL SYSTÈME DE GOUVERNEMENT D'ENTREPRISE POUR L'EUROPE ?

JEAN-PAUL POLLIN*

Il y a aujourd'hui bien des raisons de s'intéresser à la gouvernance des entreprises en Europe. D'abord parce que les scandales financiers américains incitent à la vigilance et à la réflexion. Même s'ils n'expliquent qu'une faible part de la crise financière que nous traversons, ils ont évidemment contribué à entretenir la défiance et l'incertitude qui alimentent l'extrême volatilité des marchés. Faire mieux que les États-Unis en ce domaine est un devoir vis-à-vis des épargnants. Ce peut être aussi un argument de compétitivité dans la concurrence que se livrent les grandes places financières.

Mais, de ce point de vue, l'hétérogénéité des systèmes de gouvernance des pays de l'Union européenne est un handicap évident. Et ceci constitue un second sujet de préoccupation, dans la perspective de l'unification des marchés de capitaux européens. Si l'on veut profiter des avantages (en termes de liquidité, de réputation...), de l'existence d'un marché large et intégré, il faut évidemment que les conditions de transactions, l'information sur les sociétés cotées, les droits des actionnaires, soient assez proches d'un pays à l'autre. C'est pourquoi certains appellent de leurs vœux la construction d'un « marché financier structuré, qui possède un corps de règles communes appliquées et structurées de manière homogène »[1]. En ce sens, ils suggèrent la création d'un droit européen des sociétés, la constitution de fonds de retraite paneuropéens et la mise en place d'un système unique de régulateurs financiers.

Ces propositions rejoignent les souhaits formulés par les gestionnaires de fonds d'investissement, désireux de diversifier leurs portefeuilles dans les meilleures conditions de coût et de sécurité. Elles rejoignent aussi les besoins exprimés par les grandes entreprises dont les stratégies de globalisation seront mieux servies par l'unification des marchés et des systèmes de contrôle.

* Professeur à l'université d'Orléans.

Avant de prendre la mesure du problème posé et d'esquisser quelques propositions, nous allons décrire les disparités existantes.

DES DIFFÉRENCES PROFONDES ENTRE LES SYSTÈMES EUROPÉENS DE GOUVERNANCE

Les statistiques macrofinancières ne font plus ressortir de divergences marquantes dans les modes de financement des entreprises en Europe. Dans tous les grands pays de l'Union européenne, les crédits bancaires représentent désormais une part minoritaire (parfois très faible comme en France ou au Royaume-Uni) des financements externes. Les firmes émettent plus volontiers des titres, et l'intermédiation a changé de nature : les institutions financières non bancaires (principalement les compagnies d'assurances et les OPCVM) ont renforcé leur position, et les établissements de crédit ont substitué des titres à leurs crédits classiques. Mais, l'augmentation apparente du financement direct (les agents à capacité de financement prêtant directement aux agents à besoin de financement) recouvre, en réalité, les placements des non-résidents, c'est-à-dire pour l'essentiel des fonds d'investissement étrangers.

Il subsiste, par contre, des différences assez importantes d'un pays à l'autre dans le financement des PME : en Allemagne et en Espagne par exemple, celles-ci restent fortement dépendantes du crédit bancaire, ce qui est moins le cas en France ou au Royaume-Uni. Mais, enfin, il n'est plus possible d'opposer aujourd'hui, comme on le faisait encore il y a peu de temps, les systèmes « orientés par la banque » aux systèmes « orientés par les marchés ». Les divergences qui subsistent entre les systèmes de contrôle des firmes sont probablement tout aussi importantes, mais elles sont plus difficiles à typer ou à résumer dans une expression simple. On peut cependant essayer de recenser brièvement les plus significatives.

La répartition du capital et des droits de vote

Sur ce point, existe un clivage très clair entre le Royaume-Uni (mais aussi dans une certaine mesure les Pays-Bas) et l'Europe continentale. Quels que soient les indicateurs utilisés, le capital des entreprises britanniques apparaît bien plus dispersé. Le capital « flottant » des sociétés est important, ce qui confère au marché une bonne liquidité et autorise des arbitrages qui prennent la forme d'un contrôle externe de la gestion des entreprises. Ce flottant est principalement détenu par des investisseurs institutionnels qui se comportent de façon passive ; c'est-à-dire qu'ils entrent ou sortent du capital selon leur évaluation, mais ils n'entendent pas participer aux instances de direction ou de contrôle. La taille médiane des participations détenues par les compagnies d'assurances est de 4 %, celle des fonds d'investissement ou de pension est de 7 %.

En Europe continentale, par contre, les blocs de contrôle constituent la règle. Par exemple, une étude récente rapporte qu'en Allemagne et en France, dans les entreprises cotées, le plus gros actionnaire détenait en moyenne près de la moitié du capital (le pourcentage est de 38 % pour l'Italie, mais de 18 % pour le Royaume-Uni)[2]. En fonction de l'histoire industrielle de chaque pays, ce sont des familles, des holdings, des fondations ou des institutions financières qui constituent ces *blockholders*. Dans ces pays, le « flottant » est évidemment faible et la liquidité du marché réduite.

Si l'on se place du point de vue de la répartition des votes, le clivage est encore plus marqué. Car dans certains pays, les diverses restrictions aux droits de vote renforcent encore la concentration du pouvoir de contrôle dans les pays d'Europe continentale. C'est ainsi qu'une étude récemment publiée calcule qu'en Autriche, en Allemagne et en Italie, une société sur deux est contrôlée à plus de 50 % par un seul investisseur ou groupe d'investisseurs. En France, une société sur cinq serait dans ce cas, et au Royaume-Uni une sur dix[3].

Les missions de l'entreprise : « shareholders vs stakeholders »

Le système juridique anglo-saxon est celui qui assure la meilleure protection des actionnaires, aussi bien dans les termes de la loi (ou de la jurisprudence) que dans son exécution[4]. Au Royaume-Uni, le droit des sociétés fait obligation aux dirigeants de se comporter prioritairement en fonction des intérêts des actionnaires. Ceux-ci disposent de diverses voies de recours contre l'action des dirigeants ; les actionnaires minoritaires disposent aussi de garanties contre les abus de pouvoir des détenteurs de blocs.

En Allemagne, par contre, le principe retenu est celui de l'intérêt général de l'entreprise, et l'on considère que l'intérêt des salariés doit explicitement être pris en compte. Dans les grandes entreprises, ceux-ci disposent de la moitié des sièges au conseil de surveillance. Ce dispositif de cogestion implique donc que le pouvoir est partagé entre les salariés et les actionnaires majoritaires.

La situation française est plus ambiguë. La notion d'intérêt social, qui est inscrite dans le droit des sociétés et qui figure dans les recommandations des rapports Viénot de 1995 et de 1999, ne trouve aucune application dans la composition des conseils d'administration. En revanche, la France a développé depuis longtemps des initiatives en faveur de l'actionnariat salarié. De l'ordonnance de 1959 sur la participation à la loi de 2001 sur l'épargne salariale, un ensemble de dispositions ont été mises en place ; elles visent à favoriser le financement par fonds propres des entreprises et à partager plus équitablement les fruits de la croissance. Mais, en termes de pouvoir conféré aux salariés, ces dispositifs ont une très faible portée. L'actionnariat salarié ne représente qu'un peu plus de 2 % du capital des entreprises du CAC 40. De surcroît, cette épargne est très inégalement distribuée entre les salariés.

La structure et la composition des conseils

Cette inspiration différente des systèmes de gouvernance se traduit par une diversité dans la forme des instances de direction. L'Allemagne se caractérise par une structure de gouvernance bipartite comprenant un directoire (composé de membres exécutifs) et un conseil de surveillance. C'est aussi le cas aux Pays-Bas. Tandis qu'une structure unitaire, celle du conseil d'administration (*board of directors*) composé de directeurs exécutifs et non exécutifs, prévaut au Royaume-Uni. La France est dans une situation intermédiaire, les sociétés pouvant choisir entre les deux formules, mais la structure duale prend de l'importance parmi les grandes firmes. L'Italie se distingue en imposant l'existence d'une commission d'audit à côté du conseil d'administration, mais indépendante de celui-ci.

S'agissant de la composition des conseils, la présence d'administrateurs indépendants est respectée de façon très diverse d'un pays à l'autre. Le principe est assez bien appliqué au Royaume-Uni, alors qu'en France, on retrouve fréquemment, dans les conseils des grandes sociétés, les mêmes personnalités issues d'un petit club et qui cumulent les mandats. Ce même travers se retrouve en Italie. En Allemagne, on a déjà dit que les membres des conseils de surveillance sont les représentants des actionnaires majoritaires et des salariés : on ne peut donc pas parler d'indépendance.

Le contrôle externe par les OPA

Enfin, la réglementation des offres publiques d'achat (OPA) varie également beaucoup entre les pays européens, à la fois par la place qu'on lui accorde dans le contrôle des entreprises et par l'usage qui en est fait. Elle est restrictive en Allemagne où ces opérations sont mal considérées par l'opinion publique, et l'on sait que ce sont les élus allemands qui ont bloqué au Parlement une directive facilitant les OPA hostiles. En Italie et aux Pays-Bas, l'importance des blocs de contrôle explique le faible nombre d'opérations. Au Royaume-Uni par contre, leur fréquence est élevée, et l'on peut estimer que 10 % environ des entreprises cotées ont fait l'objet d'OPA durant les années 1990. Ce qui ne signifie pas nécessairement que cela a permis d'exercer une discipline favorable aux actionnaires.

Toutefois, ce constat statique d'hétérogénéité des systèmes européens de gouvernance, ne doit pas masquer l'existence de convergences. Par exemple, le renforcement du rôle des marchés, la place grandissante des investisseurs institutionnels (notamment étrangers) accroissent l'importance du contrôle externe. Dans plusieurs pays, et particulièrement en Allemagne, les tentatives de dénoyautage des blocs de contrôle vont également dans ce sens. En revanche, le recours plus fréquent à des structures duales (directoire et conseil de surveillance), dans plusieurs pays d'Europe continentale, marque peut-être une volonté de renforcer le contrôle interne et une prise en compte des intérêts des *stakeholders*.

Mais il reste à savoir si ces évolutions traduisent la fatalité d'un alignement (imposé par la globalisation) sur un modèle dominant, ou si elles correspondent à un processus maîtrisé en fonction d'une stratégie industrielle et de choix de société délibérés.

UN SYSTÈME EUROPÉEN UNIFIÉ DE GOUVERNEMENT D'ENTREPRISE : POUR QUOI FAIRE ?

La question de l'unification des marchés de capitaux en Europe, que nous évoquions en introduction, est sans doute importante, mais elle ne nous semble pas être une motivation déterminante. Car on a bien vu que les systèmes nationaux s'appuient sur des conceptions de la firme et de ses missions qui ne se résument pas à de purs critères d'efficience. Un système de gouvernance (plus généralement un système financier) est une architecture de contrats qui conditionne la trajectoire d'une économie. Il fixe des objectifs, façonne l'organisation et concourt ainsi à la détermination de la multitude des décisions courantes qui forgent le comportement du système productif. En d'autres termes, il intègre et diffuse un ensemble de valeurs qui participe à la définition du modèle économique et social. C'est pourquoi il serait simpliste de réduire sa forme optimale à un problème de bonne information financière, de régulation efficace ou de réduction des coûts de transaction.

Naturellement, les contrats financiers sont en interdépendance avec les autres contrats qui conditionnent les relations entre agents économiques. C'est dans l'articulation entre tous ces contrats que se trouve la cohérence du modèle économique et social. Par exemple, il existe un lien évident entre le type de gestion salariale et le rapport de la firme à son environnement financier : une forte rigidité des effectifs et des rémunérations requiert en contrepartie une plus grande flexibilité financière, donc des relations plus riches et de plus long terme avec les apporteurs de capitaux. De même, les régimes de retraite (les contrats entre générations) ont une incidence forte sur les formes du système financier : le montant et la structure de l'épargne engendrée par un régime de fonds de pension ne sont pas les mêmes que ceux que génère un fonds de réserve constitué en complément d'un régime par répartition. Ou encore, notons qu'une situation de forte concurrence sur le marché des biens et des services réduit l'importance du problème de gouvernance, dans la mesure où elle limite le pouvoir discrétionnaire des dirigeants. Ce qui revient à dire qu'il existe une certaine substitution ou un arbitrage entre politique de concurrence et régulation de la gouvernance.

Par ailleurs, le système financier s'accorde avec la structure et l'évolution du système productif. Des projets industriels de long terme sont plus facilement mis en œuvre par des entreprises dont le capital est concentré, ce qui leur permet de se projeter à un horizon plus éloigné. Tandis que le contrôle par le marché (ce qui signifie un actionnariat dispersé) est plus favorable à des stratégies de redéploiement, mais fait courir le risque du court termisme.

C'est pour ces différentes raisons que certains observateurs (des chercheurs aussi bien que des responsables économiques) soutiennent qu'il n'est pas réaliste de vouloir imposer un système uniforme de gouvernance d'entreprise en Europe. Ils considèrent qu'il existe, dans chaque pays, une combinaison de contrats qu'il serait dangereux de déstabiliser. L'application d'un même modèle de gouvernance à des économies qui ont des modes de régulation assez différents romprait la cohérence de leur fonctionnement. Les réticences allemandes par rapport à la libéralisation financière (l'extension du rôle des marchés financiers dans le contrôle des firmes) s'expliquent par leur intuition, sans doute justifiée, que cette évolution entrerait en conflit avec leur modèle social. En France, cette expansion des marchés, en présence d'un système de protection sociale particulier, a largement ouvert la porte aux investisseurs étrangers ; d'où la revendication actuelle pour la constitution de fonds de pension nationaux. Pour prendre un exemple venu d'ailleurs, il est vraisemblable que la crise économique japonaise trouve, au moins pour partie, son origine dans la désarticulation qui s'est produite entre le système financier et le système productif.

Mais, ce raisonnement ne suffit pas à justifier le maintien du *statu quo*, car l'argument se retourne assez facilement. S'il est vrai que l'Europe doit être autre chose qu'un prétexte à (ou un accélérateur de) la mondialisation, alors elle doit réfléchir à un système de valeurs qui la distingue du (sinon qui l'oppose au) modèle dominant *made in* USA. Si la référence au modèle social européen, qui revient de façon lancinante dans les proclamations de bonnes intentions, est autre chose qu'un leurre destiné à « faire aimer l'Europe » ou à faire oublier ses contraintes, il faut s'interroger sur les modes de direction de nos entreprises et sur la mission qu'on leur fixe. Un modèle social communautaire a, sans doute, quelque chose à voir avec la gestion du processus de production et avec la façon dont le produit est partagé. Or, tout cela dépend de l'attribution et de l'exercice des droits de propriété qui caractérisent un système de gouvernance.

Si l'on estime que cette conception de la construction européenne est excessivement ambitieuse, alors il est préférable de s'en remettre au principe de subsidiarité et de laisser à chaque pays le soin de définir son propre système. Mais, si l'on prend au sérieux l'idée d'un projet économique et social qui se démarque du modèle dominant, alors il faut se donner les moyens d'imposer une gouvernance des entreprises homogène en Europe. Essayons d'esquisser la façon dont se pose le problème.

RETOUR SUR LA NOTION DE GOUVERNANCE : LES DÉFIS DE LA NOUVELLE ENTREPRISE

À la réflexion, la question que cherche à résoudre la littérature sur la gouvernance d'entreprise est assez spéciale, pour ne pas dire bizarre. Le seul problème que l'on se pose est, en effet, de trouver les mécanismes incitatifs qui amènent les dirigeants à agir en fonction des intérêts des actionnaires[5]. En ce sens, on s'est longuement interrogé sur la taille et la composition des conseils d'administration (l'indépendance des administrateurs, la proportion optimale des administrateurs exécutifs...), sur la forme de rémunération et le profil de carrière des dirigeants, sur la structure financière optimale (l'importance relative de la dette), sur la réglementation des OPA... Mais les études empiriques qui ont cherché à vérifier l'efficacité de ces mécanismes ont souvent conclu de façon très mitigée. En réalité, les dirigeants disposent d'une multitude de pratiques qui leur permettent de manipuler les contrats qui les lient aux actionnaires pour préserver leur autonomie : participations croisées, limitations des droits de vote, mesures anti-OPA, « pilules empoisonnées »... Il est assez illusoire de vouloir définir des règles visant à discipliner le comportement des dirigeants, car ces règles peuvent être sensiblement tournées *a posteriori*. C'est pourquoi, en dépit de la bonne protection juridique et institutionnelle dont bénéficient les actionnaires au Royaume-Uni, on considère que les dirigeants disposent malgré tout d'une large indépendance.

De surcroît, l'hypothèse de base des travaux sur la gouvernance d'entreprise est que « l'entreprise moderne » est prisonnière d'une séparation entre dirigeants et actionnaires, parce que l'importance des capitaux nécessaires implique une dispersion du capital. Or, nous avons vu que c'était loin d'être le cas en Europe continentale. D'ailleurs, dans la grande majorité des pays industrialisés, à l'exception des pays anglo-saxons, le capital des entreprises (on ne parle, en général, que des grandes entreprises, c'est encore plus vrai pour les petites) est fortement concentré. L'hypothèse cruciale de toute cette réflexion n'est donc pas vérifiée. Cela ne suffit pas à s'assurer du bon comportement des dirigeants, mais, du moins, cela fait disparaître le point essentiel du débat, c'est-à-dire le manque d'incitation et la dilution du pouvoir de contrôle, du petit actionnariat dispersé. Dans ces conditions, le problème posé serait plutôt celui de la protection des actionnaires minoritaires. Si l'on veut offrir aux sociétés un recours facile aux émissions d'actions, il faut au moins garantir à tous les investisseurs un traitement équitable. Mais même cet argument n'est pas très convaincant, car l'apport des marchés d'actions au financement de l'investissement est relativement faible. En fait, si l'on se place du point de vue de l'efficacité économique, le risque que comporte la concentration de l'actionnariat concerne l'insuffisante mobilité du capital entre firmes, activités ou secteurs : dirigeants et actionnaires complices peuvent être tentés par un excessif immobilisme dans l'orientation des investissements. Cela n'a pas grand-chose à voir avec la question ordinairement traitée par la littérature sur la gouvernance d'entreprise.

Mais plus profondément, il faut se demander pourquoi cette littérature s'intéresse exclusivement aux intérêts des actionnaires. Pourquoi négliger les autres acteurs de l'entreprise, sans parler de son environnement dont la situation est naturellement affectée par ses décisions ? La question peut paraître naïve, mais la réponse qu'on y apporte fait appel à des raisonnements assez sophistiqués, parce qu'il faut démontrer que les gains en termes d'efficacité économique permettent de dépasser l'objection de nature purement éthique. Si la maximisation de l'intérêt des actionnaires autorise un accroissement de la richesse globale, le bien-être général en sera augmenté. Il sera alors possible de redistribuer le surplus ainsi créé.

C'est précisément cet argument que

conforte la théorie des droits de propriété. Le principe consiste à dire que dans un monde de contrats incomplets (où il n'est pas possible d'écrire les droits et les devoirs de tous les agents économiques dans tous les états de la nature envisageables), les droits sur le surplus créé par l'entreprise devraient être affectés aux détenteurs d'actifs stratégiques. Ceux-ci n'accepteront de spécialiser leurs actifs, donc de les rendre plus productifs mais moins disponibles (moins facilement négociables), que s'ils ont l'assurance de ne pas être expropriés, c'est-à-dire de ne pas se voir confisquer leur part du produit. Les apporteurs de capitaux sont d'autant plus vulnérables (leur rapport de force est d'autant plus faible) que leurs actifs sont spécifiques. En leur conférant les droits de propriété sur le surplus résiduel, on éliminera la menace de la confiscation, puisque le partage du produit ne peut plus juridiquement être contesté, et on les amènera à investir efficacement leur capital.

Cette analyse se conçoit bien dans le cas de la firme traditionnelle dont les frontières sont claires, et dont les actifs physiques constituent le facteur stratégique de production. Or, les évolutions économiques en cours remettent en cause ces conditions.

D'abord parce qu'elles rendent plus incertaines les frontières de l'entreprise. De plus en plus, les quasi-rentes et survaleurs sont créées dans des structures hybrides, entre firmes et marchés, qui organisent la coopération entre unités de production juridiquement distinctes. Les limites de la société de capitaux ne coïncident plus avec celles de l'organisation économique, créatrice de surplus. La meilleure illustration de ce propos se trouve dans l'exemple des entreprises en réseaux, dont la production de valeurs résulte de la mise en relation d'un ensemble de producteurs et/ou de distributeurs. Elle met en jeu la construction de marques communes, l'élaboration d'une gamme de produits, l'application de normes de qualité... Autant d'opérations qui visent à constituer et à gérer des interdépendances. Le surplus économique est le produit des connections ainsi établies, sans que l'on puisse dire exactement qui le génère et où il se concrétise. Sa pérennité dépend de la stabilité de l'organisation.

Dans ces conditions le pilotage de l'entreprise ne peut plus se limiter à la maîtrise de son organisation interne. Elle doit aussi s'efforcer de valoriser et de stabiliser ses relations avec le réseau dans lequel elle s'insère. Lorsque les unités d'une telle organisation acceptent d'entrer dans des complémentarités stratégiques, elles se spécialisent, réduisent leur pouvoir de négociation et s'exposent donc à un risque d'expropriation (au même sens que celui que nous avons utilisé à propos des apporteurs de capitaux). Plus généralement, pour que les fournisseurs et les clients d'une entreprise acceptent d'entrer avec elle dans des relations de long terme, il faut leur offrir des garanties crédibles. Pour reprendre le raisonnement précédent, il faut logiquement leur consentir des droits de propriété et donc les associer au partage du surplus résiduel. Concrètement, cela signifie que la firme doit se doter d'objectifs et de formes de gouvernance qui préservent des relations durables avec ces « parties prenantes ». C'est un gage d'efficience productive, et c'est la première justification d'un modèle de *stakeholders*.

D'autre part, à l'intérieur même de la firme, la structure du pouvoir a changé, car les actifs physiques ne sont plus la seule ressource stratégique. Dans l'entreprise traditionnelle, les ressources humaines étaient étroitement liées aux équipements, parce que la forme prise par le capital déterminait les conditions d'utilisation de la main-d'œuvre, sa productivité, la structure des qualifications... Dans le cas extrême de l'entreprise taylorienne, ce sont les caractéristiques des actifs physiques qui définissent l'organisation du travail. Les salariés sont aisément interchangeables à leur poste de travail, ce qui revient à dire que leur capital humain est peu spécifique.

Or, ce schéma est remis en cause par le passage à une économie de la connaissance. La montée de l'immatériel signifie que la création de valeur dépend plus largement de l'utilisation de compétences particulières, qu'il s'agisse de capacités d'innovations ou de qualités managériales. Parallèlement, l'accès plus facile aux financements, du fait de la déréglementation financière, rend la détention de capital moins stratégique. Ainsi, le pouvoir se déplace vers les propriétaires de capital humain spécifique, qui sont en mesure de s'approprier une partie du surplus économique créé par la firme. Les quasi-rentes ou les survaleurs ne sont donc plus liées directement aux actifs réels ou financiers.

Ce constat se justifie du point de vue de l'efficience économique, car les salariés à forte compétence seront d'autant plus incités à s'investir dans l'entreprise et à y développer des savoir-faire spécifiques qu'ils auront la possibilité de capter une plus grande part du surplus. Ce faisant, ils contribueront à accroître la productivité et la valeur de la firme. Dans le cas contraire, c'est-à-dire si les actionnaires confisquent une part excessive du surplus, les salariés refuseront de s'engager dans une relation qui risque de les rendre trop dépendants de l'entreprise, sans contrepartie suffisante. Ou encore, ils choisiront d'aller valoriser leur compétence dans une autre firme, emportant avec eux des compétences et des savoir-faire difficilement remplaçables. Il existe, en ce sens, de nombreuses expériences d'entreprises qui se sont trouvées fortement dévalorisées par le départ d'un dirigeant ou d'une équipe d'ingénieurs disposant d'une position et de qualifications stratégiques. Sans doute, l'entreprise économe en capital, mais exigeante en capital humain, ne constitue pas une généralité. Mais, c'est elle évidemment qui intéresse l'avenir, et c'est elle aussi qui a été au cœur des difficultés récentes de valorisation.

Ces considérations soulignent bien la relativité, pour ne pas dire la pauvreté, de la littérature traditionnelle sur la gouvernance d'entreprise. Elles devraient nous convaincre de passer moins de temps à disserter sur le renforcement du pouvoir de l'actionnariat dispersé, et de nous attacher plutôt à étudier les méthodes visant à mieux contrôler et préserver le capital humain de l'entreprise[6], car il existe bien sûr des répliques au risque de fuite des compétences. L'organisation de la firme peut chercher à accroître l'interdépendance entre les salariés, donc à minimiser l'incidence des individualités sur le résultat et la valeur de l'entreprise. Mais, une stratégie complémentaire consiste à reconnaître le pouvoir (donc les droits de propriété) dont dispose le capital humain en le valorisant correctement, en l'associant aux décisions et aux résultats... C'est la seconde justification d'un modèle de *stakeholders*.

DEUX PROPOSITIONS EN FORME D'INTERROGATIONS

Au total, il nous semble que ces transformations économiques, sociales et techniques, qui affectent l'entreprise, renouvellent profondément l'analyse et la définition de sa gouvernance. Et s'il s'agit d'esquisser un modèle européen, il serait très insuffisant (pour ne pas dire dérisoire) de ramener le problème à une affaire de normes comptables ou de composition des conseils d'administration. De surcroît, il serait faux de ne voir dans la crise financière actuelle que la conséquence de pratiques comptables frauduleuses ou de stratégies incontrôlées. D'abord parce que la bulle boursière s'est formée et a éclaté avant que ne soient révélés les graves problèmes de gouvernance (au sens étroit du terme) dans certaines entreprises ; ensuite, parce que ces errements sont pour partie le résultat du jeu irrationnel des marchés. La rentabilité exigée dans un mouvement de surenchère (les fameux 15 %, dont on cherche toujours l'origine) a créé, dans un premier temps, des illusions qui ont engendré artificiellement des survaleurs ; elle a incité à un surendettement dont on commence à réaliser la démesure ; pour finir, elle a poussé à la faute des dirigeants dont la position et la rémunération étaient trop dépendantes des valorisations boursières. Bien sûr, il serait souhaitable de s'entendre sur un ensemble de règles communes et d'unifier le système de régulation des institutions et des marchés financiers. Mais, on conviendra que les défis que l'on vient d'évoquer (l'éclatement des frontières de l'entreprise et le déplacement des droits de propriété) appellent des réponses d'une autre ampleur. L'amélioration des mécanismes de gouvernance ne mettra pas fin à l'instabilité intrinsèque des marchés financiers. De surcroît, les solutions à envisager ne doivent pas seulement prendre en compte des considérations d'efficacité économique ; elles doivent aussi correspondre à des choix de société. Il nous semble que ces choix renvoient à deux questions très générales.

Un système respectueux du long terme ?

L'insertion de l'entreprise dans des relations durables avec ses clients, fournisseurs ou partenaires dans un réseau, suppose un système de financement et de gouvernance respectueux du long terme. Pour nombre d'entreprises ou de secteurs d'activité, la dictature de la performance à court terme est sans doute contre-productive. Les vertus que l'on prêtait, il n'y a pas si longtemps, au « capitalisme rhénan » relevaient précisément de cette idée. On stigmatisait à l'époque (c'est-à-dire dans les années 1970-1980) la myopie et la volatilité des marchés, et l'on montrait qu'en termes de croissance, ou de taux d'investissement, les pays à systèmes intermédiés s'étaient mieux comportés. Depuis lors, il est apparu que des connivences trop étroites entre banques et entreprises, un actionnariat trop concentré et trop stable pouvait être facteur d'immobilisme. Et sans le moindre état d'âme, on dénigre aujourd'hui ce qui était considéré hier comme le modèle à suivre.

Ce renversement du discours est tout à fait excessif, car même si l'on considère que la nouvelle économie est une révolution profonde et durable, il n'est pas établi qu'elle ne s'accorde qu'avec un système à l'anglo-saxonne « orienté par les marchés ». Certes, il est vrai que certaines activités nouvelles méritent des financements particuliers, que le système bancaire et les instruments bancaires traditionnels ne peuvent satisfaire. Mais cela ne signifie pas pour autant que ces entreprises innovantes (en création ou en développement) relèvent d'un contrôle et d'un financement direct par les marchés. Les organismes de capital-risque sont bel et bien des intermédiaires financiers. Les marchés n'interviennent qu'en relais pour assurer la liquidité et l'évolution des investissements effectués. C'est sans doute important, mais ce n'est pas une question essentielle de gouvernance.

Il est vrai, aussi, que certaines activités, soumises à des incertitudes technologiques et commerciales importantes, requièrent des systèmes de contrôle qui imposent des contraintes financières fortes de court terme, pour éviter de laisser perdurer des gaspillages inutiles. Mais il serait faux d'assimiler ces activités à tous les secteurs des nouvelles technologies. Dans les biotechnologies, par exemple, les processus d'innovation et de production demandent souvent beaucoup de temps. Et l'on voit mal comment le financement de ce type d'activité est compatible avec les impatiences des marchés.

Enfin, il est vrai que la soumission au contrôle de marché peut aider à une meilleure allocation des *free cash-flows*. La discipline des marchés financiers peut inciter les grandes firmes à la flexibilité et au redéploiement de leurs activités. Reste à se demander quelle est la fiabilité des signaux envoyés par ces marchés qui multiplient la valorisation d'une entreprise par dix en quelques mois, pour la diviser par autant quelques semaines plus tard.

Au total, le problème se résume à savoir comment concilier contrôle et respect de relations stables avec les apporteurs de capitaux. L'interrogation n'est pas très originale, mais il est bien difficile d'y répondre. Disons au moins qu'avant de critiquer et de briser les blocs de contrôle, il faut se garantir contre les fantaisies des marchés. Avant de satisfaire aux demandes des fonds d'investissement étrangers, il serait utile de savoir comment ils joueront leur rôle d'actionnaires. Plaider pour un retour de l'intermédiation peut apparaître comme paradoxal ou rétrograde. Pourtant, l'essentiel de l'épargne est aujourd'hui intermédié, et l'on parle d'intermédiation de marché à propos de l'épargne collectée par des institutions financières et investie en titres négociables. Simplement, il existe des types bien différents d'intermédiaires financiers, qui n'ont pas les mêmes critères de gestion et qui n'entretiennent pas les mêmes relations avec les entreprises. Or, il existe ici un large espace de régulation : en orientant l'épargne et en contraignant le comportement des intermédiaires financiers. La conception de l'épargne-retraite devrait jouer en ce sens un rôle crucial.

Un système respectueux du capital humain ?

D'un point de vue éthique, il peut être choquant de convenir que l'entreprise (et plus généralement le système économique) doit être dirigée en fonction des seuls intérêts des actionnaires. Tandis que du point de vue de l'efficacité économique, on a tenté de montrer qu'une telle conception était dangereuse, car elle fragilisait l'accès aux ressources stratégiques. Le souci du long terme rejoint ici le respect de toutes les parties prenantes de la firme.

Cela étant, la mise en œuvre de ce principe (la considération des intérêts de tous les *stakeholders*) ne concerne pas seulement les formes de gouvernance *stricto sensu*. La prise en compte de l'environnement (le développement durable) relève plus de la régulation publique (par le biais de normes, de taxes ou d'incitations en tous genres) que de la responsabilité des dirigeants d'entreprises. Et l'on ne voit pas bien comment, si ce n'est de façon démagogique, intégrer ces préoccupations dans un modèle de gouvernance.

Au demeurant, le respect de certaines parties prenantes peut s'inscrire dans des contrats formels ou informels qui leur garantissent des échanges équitables sans que l'on soit tenu de les associer aux structures de gouvernance, ou de leur reconnaître des droits de propriété sur le surplus résiduel. C'est plutôt en ces termes qu'il faut envisager une grande part des relations avec les fournisseurs et les clients.

La prise en compte des intérêts des salariés requiert par contre des solutions d'une autre nature. Car la valorisation du capital humain ne peut être seulement une affaire de rémunération ; c'est plus généralement une question de condition de travail et de participation aux décisions. Ce n'est donc pas la distribution de *stock options*, ou l'intéressement aux résultats sous toutes ses formes, qui constitue la réponse à ce problème de partage des droits résiduels. D'ailleurs, on sait bien que les *stock options* sont le plus souvent comprises comme un mécanisme incitant leurs bénéficiaires à la maximisation de la valeur de la firme. Les dispositifs d'épargne salariale, tels qu'ils fonctionnent aujourd'hui, ne sont donc pas une réponse suffisante, parce qu'ils ne confèrent aucun pouvoir dans les instances de décision.

La meilleure solution est donc la généralisation de structures de gouvernance bipartites, assurant aux salariés une représentation significative au conseil de surveillance. Il est vrai que le système de cogestion à l'allemande a fait l'objet de bien des critiques. La critique usuelle que l'on adresse au modèle de *stakeholders* concerne sa difficulté à gérer en fonction d'objectifs contradictoires. Lorsque les attentes à l'égard de la firme se multiplient, il devient vite impossible de décider. Mais, il serait naïf de penser que le fait de se ramener à la maximisation du profit ou de la valeur de la firme fait disparaître toute forme de conflit. Car ce critère peut faire l'objet d'interprétations très diverses, et l'on a bien vu dans certaines affaires récentes qu'il pouvait exister des affrontements extrêmement vifs entre groupes d'actionnaires, dont les appréciations et les intérêts étaient divergents. La participation des salariés complique sans doute le processus de décisions, mais il enrichit aussi les solutions retenues. D'ailleurs, on peut observer que la structure bipartite a tendance à gagner du terrain dans plusieurs pays et parmi les grandes entreprises.

Mais cette esquisse de convergence ne doit pas faire illusion. Un modèle européen de gouvernance d'entreprise ne va pas se construire spontanément, par simple rapprochement ou hybridation des modèles nationaux. Personne n'imagine qu'un modèle social européen puisse émerger de la mise en concurrence des systèmes nationaux. Il en est de même pour la gouvernance d'entreprise. Le laisser-faire en ce domaine conduira au mieux à l'alignement sur le modèle dominant, au pire à l'incohérence. C'est sans doute la ligne de plus grande pente, mais c'est la voie de la démission. Seule, une démarche volontariste et concertée au niveau de l'Union européenne pourra établir l'empreinte d'un système de valeurs partagées sur la gouvernance de nos entreprises et la trajectoire de notre économie.

Notes

1. Cf. Alphandery E., Bebear C., Bourdillon C., Cahen D., de Larosière J., Lebègue D., Renault M. et Théodore J.-F., *L'urgence d'un modèle financier européen, Le Monde,* 31 mai 2002.

2. Cf. Boutillier M., Labye A., Lagoutte C., Levy N. et Oheix V., *Financement et gouvernement des entreprises : exceptions et convergences européennes,* Revue d'économie politique, juillet-août 2002.

3. Cf. Barca M. et Becht M., *The Control of Corporate Europe,* Oxford University Press, 2001.

4. Cf. La Porta R., Lopes-de-Silanes F., Shleifer A. et Vishny R., *Law and Finance,* Journal of Political Economy, 1998, pp. 1113-1155 et *Investor Protection and Corporate Governance,* Journal of Financial Economics, 2000, pp. 3-27.

5. Dans leur *survey* de référence, Shleifer A. et Vishny R. définissent le sujet de la façon suivante : « *Corporate governance deals with the ways in which suppliers of finance to corporations assure themselves of getting a return on their investment* ». Cf. *A Survey of Corporate Governance,* Journal of Finance, juin 1997, pp. 737-783.

6. Cette idée est très bien présentée et développée par Rajan R. et Zingales L. dans *The Governance of the New-Enterprise in Corporate Governance,* X. Vives (ed), Cambridge University Press, 2000, et dans *The Influence of the Financial Revolution on the Nature of Firms,* American Economic Review, mai 2001, pp. 206-211.

TIRER LES LEÇONS DE LA CRISE

JEAN-PIERRE JOUYET*

Les articles qui précèdent le montrent tous à leur manière, nous vivons une crise qui est à la fois une crise financière et une crise de la régulation.

Les manifestations de la crise financière sont bien connues. C'est le retournement à la baisse des marchés d'actions, qui n'est pas un phénomène nouveau en tant que tel, mais qui est sans doute exceptionnel, au moins dans l'histoire récente, par son ampleur et sa durée.

De nombreux signes d'une crise de la régulation sont, eux aussi, évidents : un certain nombre de faillites retentissantes ont ainsi révélé l'inadaptation de certaines règles, notamment en matière de normes comptables, et le dévoiement de certains comportements, notamment en matière de gouvernement d'entreprise, d'audit des comptes, ou d'analyse financière.

Mais, au-delà de ces manifestations de crise, des changements profonds affectent les marchés financiers, et sont autant de facteurs de propagation de la crise financière et de défis nouveaux à relever pour la régulation. La sophistication des produits financiers et des techniques de négociation conduit à diffuser les informations et les tendances, à la fois, plus rapidement, plus brutalement et surtout plus largement. En effet, le développement accéléré des instruments financiers complexes, des produits dérivés, des clauses contingentes, aboutit à effacer la frontière traditionnelle entre les différentes catégories de financement, en capital, en dettes et, au sein de celles-ci, entre dettes bancaires et dettes obligataires. La fluidité des évolutions entre les différentes catégories d'instruments financiers d'un même émetteur est, ainsi, plus grande que jamais. Dans un contexte où, à travers le jugement des agences de notation comme les évolutions récentes des normes comptables, l'exigence d'immédiateté est de plus en plus forte, les ajustements se font aussi plus fréquents et plus violents, ce que traduit bien l'accroissement récent de la volatilité que l'on aurait tort de n'attribuer qu'à l'action des seules entités non régulées opérant *offshore*.

* Directeur du Trésor.

POUR UN RENFORCEMENT DE LA GOUVERNANCE DES ENTREPRISES ET DES MARCHÉS

À l'évidence, le moment est venu, et la demande insistante, de soumettre à un examen critique l'ensemble de nos instruments de régulation et de passer en revue le système mondial de gouvernance des marchés financiers et des entreprises. Il ne s'agit pas nécessairement de lutter à tout prix contre la volatilité : la volatilité est une constante des marchés financiers, elle reflète l'incertitude fondamentale dans laquelle ils évoluent, elle n'est donc pas critiquable, ni nocive en soi. Mais, l'expérience récente montre que ses excès peuvent grandement déstabiliser les acteurs des marchés financiers : émetteurs, investisseurs et épargnants, mais aussi nombre d'intermédiaires et de gestionnaires. Il ne s'agit pas non plus nécessairement de revenir sur la sophistication croissante des produits et des marchés financiers, ni de remettre en cause un certain nombre d'instruments, comme les produits dérivés, dont le rôle en faveur d'une meilleure répartition des risques ou d'une plus grande efficience des marchés est ici ou là justement souligné ; mais leurs effets sur la stabilité financière mériteraient, à tout le moins, d'être mieux connus pour, le cas échéant, mieux les maîtriser. Il ne s'agit pas, enfin, nécessairement de substituer des régulations publiques partout où les acteurs s'organisent aujourd'hui, mais il faut apprécier point par point ce qu'il est juste de laisser en dehors de toute régulation, ce qui peut être laissé à l'autorégulation des acteurs et ce qui doit être régulé, en déterminant alors comment.

Cette exigence peut paraître paradoxale alors que, en Europe et notamment en France, nos systèmes de régulation et de gouvernance n'ont pas révélé les mêmes failles qu'ailleurs, et qu'il apparaît même que, sur bien des points, nous étions peut-être en avance d'une crise - ainsi en matière de règles comptables de consolidation, de commissariat aux comptes, de transparence des sociétés... Mais nous devons nous garder de tout triomphalisme et veiller à rester toujours au niveau des meilleurs standards mondiaux, voire à les anticiper ou à les susciter. La France a toujours plaidé pour une régulation forte, pour un renforcement de la gouvernance des entreprises et des marchés, et l'expérience lui a bien souvent donné raison.

LE PROJET DE LOI DE SÉCURITÉ FINANCIÈRE

Cette exigence se décline tout d'abord au niveau national, avec le projet de loi sur la sécurité financière qui sera prochainement présenté par le ministre de l'Économie, des Finances et de l'Industrie et le garde des Sceaux.

La régulation des marchés et des professions financières

Il s'agit, tout d'abord, d'avoir des autorités de régulation fortes. Avec l'Autorité des marchés financiers (AMF), qui résultera de la fusion de la Commission des opérations de Bourse (COB), du Conseil des marchés financiers (CMF) et du Conseil de discipline de la gestion financière (CDGF), la France se dotera d'un régulateur à la mesure des enjeux nouveaux des marchés financiers, et à même de tenir son rang face à ses homologues étrangers. La fusion des différentes institutions actuelles permettra de rendre notre système de régulation plus efficace, grâce notamment à une capacité de contrôle accrue et à un mécanisme de sanctions rapide et sûr. Dans cet esprit, l'AMF disposera, sur le plan juridique et financier, de tous les moyens lui permettant de remplir sa mission. La fusion rendra également notre système plus lisible et moins coûteux pour les émetteurs, par exemple dans les cas d'offres publiques. Du côté prudentiel, essentiel dans un contexte où la stabilité financière repose largement sur la solidité des institutions financières, le projet de loi permettra de rationaliser la surveillance prudentielle du secteur de l'assurance, en fusionnant la Commission de contrôle des assurances (CCA) et la Commission de contrôle des mutuelles et des institutions de prévoyance (CCMIP), et de développer les coopérations entre le superviseur du secteur bancaire, la Commission bancaire, et le nouveau superviseur du secteur de l'assurance, la Commission de contrôle des assurances et des institutions et mutuelles de prévoyance.

Il s'agit ensuite de porter une attention particulière aux acteurs qui, en produisant sur les entreprises de l'information « indépendante », qui prend aux yeux du marché une valeur particulière, presque d'intérêt général, jouent un rôle « d'auxiliaires de la transparence ». Ce sont les commissaires aux comptes, les analystes financiers et les agences de notation.

S'agissant des commissaires aux comptes, il s'agit tout d'abord des conditions de leur sélection et de leur désignation. Forts de l'expérience d'affaires comme Enron, nous devons veiller à ce que l'indépendance des commissaires aux comptes vis-à-vis du management soit strictement assurée. Les moyens d'y parvenir varient selon les pays. En France, la réflexion est en cours ; le comité d'audit a un rôle majeur à jouer sur ce point, mais il faudra peut-être poser quelques règles simples sans bouleverser le cadre juridique existant. Il s'agit ensuite de l'interdiction d'exercer, au profit d'un même client, des fonctions d'audit et de conseil. Celle-ci existe déjà, mais devra être élargie aux réseaux, dont il ne s'agit pas d'interdire pour autant la pluridisciplinarité. Cette clarification aura sans aucun doute un coût, mais il est dans l'intérêt de la collectivité des entreprises et donc de chacune d'entre elles. Il s'agit, enfin, de la création d'une autorité de contrôle externe à la profession, car - tout le monde en convient désormais - l'autorégulation a fait son temps. Une nouvelle autorité publique de supervision du commissariat aux comptes sera la garante de l'indépendance et de l'autorité des commissaires aux comptes. Elle disposera des moyens, des compétences et des pouvoirs lui permettant d'exercer pleinement ce rôle, et pourra aussi bénéficier de l'expérience acquise par la COB, dans les années récentes, en matière de contrôle des comptes des sociétés cotées.

S'agissant des analystes financiers,

des réformes ont été menées en France en 2002. Après l'adoption de la directive sur les abus de marché, le Comité européen des régulateurs (CESR) doit produire ses recommandations pour harmoniser les dispositions relatives à l'indépendance des analystes. C'est un sujet majeur, sur lequel des évolutions radicales semblent se dessiner aux États-Unis. L'Europe et les institutions financières européennes devront être irréprochables sur ce terrain.

Les agences de notation interviennent dans un cadre de concurrence limitée, du fait des critères d'agrément utilisés aux États-Unis par la Securities and Exchange Commission (SEC), seul régulateur mondial, ce qui peut susciter quelques questions. Or, leur influence peut être déterminante sur les mouvements de marché. À tout le moins, il faut engager, au niveau international et notamment avec nos partenaires américains, des discussions sur ce thème.

La gouvernance des entreprises

Il s'agit, enfin, d'améliorer encore notre système de gouvernement d'entreprise, au-delà des mesures prises par les entreprises elles-mêmes, à la suite notamment des rapports Viénot, et des dispositions importantes introduites, en 2001, par la loi sur les nouvelles régulations économiques. Le gouvernement a choisi d'intégrer certaines mesures de gouvernement d'entreprise dans le projet de loi sur la sécurité financière, mais dans une proportion limitée : le gouvernement considère que c'est avant tout aux entreprises de mettre en œuvre leurs propres recommandations, et que ce n'est que dans les matières les plus importantes, ou lorsque les retards sont trop grands, que la loi doit intervenir ; c'est également l'esprit du rapport Winter. En outre, par tradition juridique, la France est attachée au principe de la collégialité du conseil d'administration, et il a paru difficile de consacrer dans la loi des notions comme le comité d'audit ou les administrateurs indépendants.

Sous ces réserves, le projet de loi sur la sécurité financière devrait comprendre plusieurs mesures relatives à la transparence des sociétés :
- une plus grande transparence vis-à-vis de l'assemblée générale sur l'application du règlement intérieur, l'organisation des travaux du conseil, le contrôle interne, les délégations de pouvoirs ;
- dans le même esprit, rapport des commissaires aux comptes à l'assemblée générale sur ces questions ;
- pour les sociétés faisant appel public à l'épargne, information du marché sur ces questions *via* la documentation boursière, sous le contrôle de l'AMF ;
- rapport annuel de l'AMF sur les pratiques des sociétés faisant appel public à l'épargne en matière de gouvernement d'entreprise ;
- une plus grande transparence dans les relations avec les commissaires aux comptes, les dirigeants et les administrateurs liés à la société ne prenant plus part au vote sur leur désignation, et leur rémunération étant portée à la connaissance de l'assemblée générale ;
- obligation pour les dirigeants de sociétés faisant appel public à l'épargne de rendre publiques immédiatement toutes les transactions effectuées par eux

ou leurs proches sur les titres de la société.

Parallèlement, les exigences en matière de commissariat aux comptes seront renforcées :
- pour les entreprises avec, dans le cadre du double commissariat déjà existant, le renouvellement tous les trois ans de l'un des deux commissaires aux comptes ;
- pour les entreprises faisant appel public à l'épargne, l'AMF recevra le pouvoir de demander des informations aux commissaires aux comptes, de rendre un avis public sur leur nomination, et de répondre à leurs questions ; ceux-ci devant obligatoirement, dans certains cas graves, alerter l'AMF ;
- pour les commissaires aux comptes eux-mêmes avec l'interdiction, au niveau des réseaux, du cumul d'activités d'audit et de conseil au profit d'un même client, et avec le renforcement des interdictions de prises d'intérêts dans les groupes dont ils sont auditeurs.

LA DIMENSION EUROPÉENNE

Notre droit offre, aujourd'hui, un haut niveau de régulation des différents intermédiaires de marché, et donc de protection pour les émetteurs, les investisseurs et les épargnants qui y recourent. La France souhaite que ces exigences, ainsi que celles comparables ou meilleures qui peuvent exister chez nos voisins, soient reprises au niveau européen. C'est pourquoi la France a initié et soutient la démarche engagée par la Commission européenne avec le plan d'action sur les services financiers, de même que la simplification et l'accélération de la procédure de production des normes à travers le « processus Lamfalussy », que nous souhaitons voir étendu, dans des conditions comparables, à la banque et à l'assurance.

Dans cet esprit, la France a soutenu l'adoption de la directive sur les abus de marché ; elle a joué un rôle moteur et très constructif dans la recherche d'un compromis sur le projet de directive sur les prospectus ; et elle soutiendra l'adoption de la directive sur les OPA.

Des enjeux majeurs entourent maintenant les travaux de révision de la directive sur les services d'investissement, dont la Commission européenne vient d'adopter le projet. Les autorités et les professionnels français sont favorables à la concurrence, tant entre les marchés réglementés eux-mêmes qu'entre les marchés réglementés et d'autres formes de systèmes de transactions ; c'est, en effet, la concurrence qui pousse les différentes plates-formes à se moderniser et à rendre un service toujours moins coûteux aux émetteurs comme aux investisseurs. Pour autant, les différents systèmes doivent être placés, au plan réglementaire, sur un pied d'égalité. Et l'encouragement légitime de la concurrence ne doit pas déboucher sur une excessive fragmentation des marchés, telle que les informations et les prix ne seraient plus aussi bien partagés, que les investisseurs, et notamment les plus petits d'entre eux, perdraient les garanties de bonne exécution des ordres dont ils disposent aujourd'hui, et que les régulateurs verraient leur tâche compliquée. Les régulateurs américains ne s'y sont d'ailleurs pas trompés : après avoir laissé la fragmentation des marchés se développer, ils sont aujourd'hui déterminés à revenir sur ce qu'ils considèrent comme des effets pervers excessifs.

Enfin, le plan d'action que la Commission européenne envisage de proposer en matière de gouvernement d'entreprise pourra être l'occasion de progresser, à travers des formes de régulation qui restent à débattre, vers un standard européen encore plus élevé en la matière.

Une meilleure maîtrise des risques suppose également d'avoir des normes comptables qui permettent d'en prendre la juste mesure et qui soient un facteur de lisibilité et de stabilité. La France soutient le choix européen des normes IAS pour les comptes consolidés des sociétés cotées. Mais celui-ci n'implique pas pour autant une adoption irréfléchie, et il doit y avoir un débat sur certaines normes, dont l'état de maturation est contestable, car les normes retenues ne doivent notamment pas accroître l'instabilité financière. La réunion de novembre du Comité européen de réglementation comptable (ARC) a permis d'engager ce débat. Par ailleurs, nous devons anticiper davantage les questions de demain, et accélérer nos réflexions sur la manière dont cette évolution interagit sur les comptes sociaux et les comptes des petites et moyennes entreprises, sachant que plusieurs de nos partenaires européens ont, d'ores et déjà, décidé de passer au tout IAS dès 2005.

LA COORDINATION INTERNATIONALE

La France souhaite, enfin, promouvoir ces exigences au niveau international, notamment dans le cadre de sa prochaine présidence du G7, pour laquelle le président de la République a souhaité faire de la gouvernance des entreprises et des marchés une priorité. La mission confiée par le ministre de l'Économie, des Finances et de l'Industrie à Michel Prada doit permettre de dresser un état des lieux et d'engager le débat avec nos partenaires.

Il faut, en effet, bien réfléchir aux domaines qui peuvent justifier une action coordonnée au niveau international, et tenir compte des intérêts et des cultures juridiques parfois différentes de nos partenaires.

Mais certains sujets comme les agences de notation, la réassurance ou les *hedge funds* viennent naturellement à l'esprit.

C'est en tout cas un des grands enjeux pour conforter au niveau mondial les efforts entrepris par chacune des grandes puissances économiques et financières pour restaurer la confiance dans les entreprises et les marchés.

Deuxième partie

LES GRANDS DOSSIERS D'ÉTHIQUE FINANCIÈRE

La problématique de l'interdépendance des économies et du long terme

La lutte contre la délinquance financière internationale

La responsabilité sociale des entreprises

L'économie solidaire et le philanthropisme

La contribution de la finance au lien social

Présentation

par Antoine MÉRIEUX*

Cette deuxième partie traite du thème d'une économie plus responsable et plus solidaire autour de cinq grands dossiers d'éthique financière qui ont connu, en 2002, une actualité particulière. Ces dossiers traitent successivement des problématiques de l'interdépendance des économies, de la délinquance financière internationale, de la responsabilité sociale des entreprises, de l'économie solidaire, et de la contribution de la finance au lien social. Sur ces différents sujets, des progrès sont enregistrés, encore bien modestes par rapport aux défis que doit relever notre économie désormais mondialisée.

LA PROBLÉMATIQUE DE L'INTERDÉPENDANCE DES ÉCONOMIES ET DU LONG TERME

Prenant une vue longue de l'avenir de nos économies, *Michel Aglietta* souligne que l'intensification des interdépendances et des intérêts communs à l'échelle de la planète implique le développement de l'action collective dans la finance globale, à travers une plus grande coopération politique des États et une meilleure efficacité des institutions financières internationales. *Christian de Perthuis* rappelle le bilan mitigé de la conférence de Johannesburg sur le développement durable, qui a cependant permis quelques avancées concernant l'intégration des problématiques du développement et de l'environnement, l'irruption de la société civile sur la scène multilatérale, et l'accent mis sur les nouveaux partenariats publics/privés. *Carlos Joly* préconise, pour assurer le financement des retraites des pays développés dans la durée, une plus grande diversification des instruments de placement et une orientation nouvelle des investissements vers les pays émergents. Enfin, *Jean-Yves Naudet* revient sur la dimension éthique de la libération des échanges, qui est au cœur du processus de mondialisation. La mondialisation des échanges est un fait qui suscite des craintes, car il peut entraîner des phénomènes de domination, notamment dans le domaine de la culture. Elle doit s'accompagner, pour être signe de

* Délégué général de l'Association d'économie financière.

progrès, d'un enracinement des cultures dans des sociétés civiles fortes et dynamiques, qui préserveront la diversité des échanges et des produits.

LA LUTTE CONTRE LA DÉLINQUANCE FINANCIÈRE INTERNATIONALE

Une des facettes les plus inquiétantes de la mondialisation est l'internationalisation de la délinquance financière, qu'elle concerne la lutte contre le blanchiment des capitaux, le financement du terrorisme ou toute autre forme de criminalité. Le présent dossier donne la parole aux responsables de cette lutte. *Jochen Sanio,* président du Groupe d'action financière sur le blanchiment des capitaux (Gafi), rappelle le travail effectué au titre de la révision des quarante recommandations contre le blanchiment des capitaux et la mise en œuvre des huit recommandations spéciales contre le financement du terrorisme, ainsi que les progrès réalisés cette année dans la collaboration avec les institutions financières internationales. *Tracfin,* service français spécialisé dans le renseignement sur les circuits financiers clandestins et la lutte contre le blanchiment, fait le point de son activité qui a été élargie à la lutte contre le financement du terrorisme à la suite des attentats de septembre 2001. *Gilles Vaysset* fait le bilan des progrès de la lutte antiblanchiment en Suisse, et souligne que la principale brèche dans le dispositif reste le caractère non délictueux de l'évasion fiscale. Enfin, *Transparency International* présente comme chaque année son indice de corruption passive, et, cette année, son indice de corruption active (publié pour la première fois en 1999). Ces indices ne mettent malheureusement pas en évidence beaucoup de progrès au sein des pays recensés.

LA RESPONSABILITÉ SOCIALE DES ENTREPRISES

Le débat actuel sur le développement durable confronte les acteurs économiques, et en premier lieu les entreprises, à de nouvelles attentes, et met de plus en plus en jeu leur responsabilité dans le domaine social et environnemental. *Helena Bonfiglioli* et *Adeline Hinderer,* sur la base de l'expertise développée par le réseau européen pour la cohésion sociale (CSR Europe), dressent un état des lieux de l'intégration des considérations sociales et environnementales dans les pratiques des entreprises européennes, et analysent la contribution du secteur financier à cette évolution. *Guillaume Éliet* montre la contribution qu'apporte à ce débat, au niveau français, la loi sur les nouvelles régulations économiques (NRE), qui modifie en profondeur plusieurs domaines du droit des affaires. Enfin, se plaçant du point de vue de l'investisseur socialement responsable, *Jean-Pierre Sicard* souligne le décalage existant aujourd'hui entre l'engouement pour l'investissement socialement responsable et la faiblesse des sommes réellement placées dans les fonds éthiques, dans un contexte général peu favorable aux marchés d'actions.

L'ÉCONOMIE SOLIDAIRE ET LE PHILANTHROPISME

L'économie solidaire a toujours été une forme hybride, combinant économie de marché et économie du don, et interférence à des degrés divers des ressources publiques et privées. Le présent dossier évoque trois exemples très différents de cette problématique. *Jerôme Kohler* présente les problèmes auxquels sont confrontées, aujourd'hui en France, les fondations, du fait de la complexité de leur statut juridique et fiscal, de leur atomisation, des relations difficiles qu'elles entretiennent avec les pouvoirs publics. *Marc Abélès* décrit la nouvelle forme de philanthropisme qui se développe aux États-Unis, à l'initiative des récentes fortunes de la Silicon Valley. La *venture philanthropy* cherche à appliquer les recettes de la nouvelle économie et notamment celles du capital-risque au secteur non-profit, cherchant en quelque sorte une troisième voie, à mi-chemin entre l'économique et le social, soucieuse d'engagement personnel mais aussi d'efficacité. Enfin, *Nicole Moreau* et *Stéphane Coste* présentent l'expérience originale des caisses d'épargne qui affectent, depuis la réforme de 1999, une partie de leurs résultats au financement de projets d'intérêts local et social, pour promouvoir des actions de solidarité dans le domaine bancaire et l'engagement social et civique.

LA CONTRIBUTION DE LA FINANCE AU LIEN SOCIAL

Paul H. Dembinsky et *Jean-Michel Bonvin* examinent, à partir d'une analyse du contrat financier, dans quelle mesure celui-ci intègre la dimension de confiance et est facteur de lien social, tout particulièrement dans le cadre de la microfinance. *Bernd Balkenhol* et *Isabelle Guérin,* reprenant les résultats d'une recherche récente pilotée par le Bureau international du travail, examinent les formes que doit prendre l'éventuelle intervention publique dans le domaine de la microfinance. *Georges Gloukoviezoff* et *Isabelle Guérin* font un bilan de la contribution que peuvent apporter les médiateurs dans la lutte contre l'exclusion bancaire, à partir d'une recherche menée pour le compte de la Caisse des dépôts. Enfin, *Georges Gloukoviezoff* prolonge la réflexion sur la médiation en s'interrogeant, à partir des expériences françaises et étrangères, sur les moyens à développer pour concilier performance économique et équité.

La régulation du capitalisme mondial en débat

Michel AGLIETTA*

Dans les deux dernières décennies du XXème siècle, les interdépendances se sont approfondies de manière inégale entre les pays et les régions du monde. Les échanges commerciaux se sont intensifiés, les firmes multinationales se sont déployées par les investissements directs à l'étranger et les différentes formes de partenariat, la mobilité des capitaux a entraîné l'intégration financière. Tous ces phénomènes sont regroupés sous le terme générique de mondialisation.

Sur ce terrain, le libéralisme économique s'est doté de principes politiques au tournant des années 1990. Ils ont été exprimés dans le consensus de Washington. Celui-ci est devenu une orthodoxie en explicitant des politiques que tous les pays étaient censés suivre uniformément : rigueur budgétaire ; diminution des subventions ; réforme fiscale en faveur du capital ; libéralisation financière ; taux de change compétitifs ; privatisation ; déréglementation ; garantie des droits de propriété. Mais, en postulant que l'évolution économique conduit spontanément à l'homogénéisation du monde et que les mécanismes de marché sont toujours et partout efficaces, le libéralisme économique fait une erreur cardinale.

En effet, les interdépendances posent des problèmes accrus de coresponsabilité des politiques économiques. De plus, des préoccupations d'intérêt commun ont surgi ou se sont affirmées. Elles s'analysent comme des biens publics globaux qui ne sont pas ou qui sont mal assumés par les principes existants de la régulation internationale. Il s'agit du respect de la dignité des personnes humaines face aux famines, à l'exploitation dans le travail et aux manipulations génétiques. Il s'agit aussi de la menace des risques globaux dans l'environnement et dans la finance. Il s'agit enfin de la criminalité internationale.

Le capitalisme ne peut promouvoir le progrès social que dans des économies mixtes où la démocratie politique énonce et fait respecter des principes ,de gourvernance que les agents économiques sont tenus de

* Professeur à l'université de Paris X-Nanterre, conseiller scientifique au Centre d'études prospectives et d'informations internationales (Cepii).

suivre. L'intensification des interdépendances et l'exigence des biens publics globaux impliquent une plus grande coopération politique entre les États et une meilleure efficacité des institutions internationales.

LES INTERDÉPENDANCES DANS L'ÉCONOMIE MONDIALE

En prenant une vue longue, le XXIème siècle pourrait connaître un rattrapage accéléré et généralisé des pays en développement en combinant des ressources démographiques, une assimilation du progrès technique et des transferts de capitaux. Mais l'organisation des relations internationales pour supporter ces processus est très différente des phénomènes désordonnés par lesquels la mondialisation s'est accomplie jusqu'ici.

Possibilité d'un régime de croissance mondiale

L'expansion mondiale est une tendance inhérente au capitalisme. Mais l'accumulation du capital prend appui sur des bases sociales qui sont structurées par des organisations collectives sous l'autorité des États. Ces organisations produisent la qualité des ressources humaines, la connaissance et les normes sociales. Ces facteurs de la croissance dépendent des institutions politiques qui élaborent les préférences collectives de groupes humains à partir d'intérêts essentiellement hétérogènes. Il s'ensuit que le dynamisme du capital, qui transforme ces forces sociales en valeur économique, est inégal. Cette inégalité s'exprime sous la forme de différentiels de rentabilité qui induisent la direction de l'expansion du capital. D'un côté, la diffusion du progrès technique tend à réduire les différences de rentabilité et crée une force de convergence par la croissance. Mais d'un autre côté, la progression des revenus, qui résulte de la croissance, suscite des demandes de progrès social. Celles-ci transforment différemment les facteurs collectifs de la croissance selon les pays. Elles renouvellent donc les sources des inégalités.

L'essor du capitalisme entraîne donc des rythmes de croissance fortement différenciés. Le rythme du progrès technique n'est pas régulier. Il y a des révolutions technologiques qui propulsent les pays capables de les mettre en œuvre, c'est-à-dire ceux qui sont capables de créer une demande sociale stimulant la production de biens économiques nouveaux. Il y a les rattrapages de pays qui font des changements politiques pour créer les facteurs collectifs par lesquels les techniques pourront être imitées et la demande sociale pourra se développer.

Outre le rythme du progrès technique, le potentiel de croissance dépend de la transition démographique. Contrairement aux époques précédentes, la transition démographique mondiale va séparer les pays qui disposent du capital et ceux qui vont bénéficier du dynamisme des ressources humaines. En effet, la première moitié du XXIème siècle va connaître une diminution de la population d'âge actif dans les pays développés et une forte progression dans les pays en développement.

Enfin, la nouvelle révolution technologique fondée sur l'information et la communication inscrit la mondialisation au cœur des entreprises. L'organisation des entreprises en réseaux permet un contrôle global des flux, repose sur les économies d'échelle et dépend donc avant tout de l'accroissement de la demande pour être valorisée. Le facteur crucial de la croissance mondiale est alors la formation des ressources humaines, la construction des infrastructures collectives, la sécurité fournie par la loi et la solidité des normes sociales dans les pays d'accueil de l'investissement direct des entreprises mondialisées. Entre les pays qui construiront cette base sociale et les pays à vieillissement avancé qui vont bénéficier d'une épargne abondante, un échange intertemporel mutuellement avantageux est possible. Dans cet échange, c'est le capital qui est mobile et qui permet aux pays bénéficiaires d'utiliser leurs ressources en main-d'œuvre pour élever leurs revenus et servir les dividendes du capital aux épargnants des pays exportateurs d'épargne. Toute la question est alors la régulation de ces interdépendances. Car l'état actuel de l'intégration internationale ne se conforme pas au schéma de croissance mondiale fondé sur l'expansion à long terme des transferts de capitaux entre zones à structures démographiques contrastées.

Des vulnérabilités très lourdes

Les dysfonctionnements sont nombreux et impossibles à surmonter sans changement profond dans les relations internationales. On peut distinguer les échecs au développement, les points de friction entre les pays dans les relations commerciales, les désaccords sur les biens publics globaux, l'instabilité de la finance, la formation d'un cycle économique mondial.

Dans les deux dernières décennies, les inégalités induites par le caractère heurté de l'intégration internationale se sont accentuées. Certains pays ont subi non seulement un retard relatif accru, mais un appauvrissement absolu. Ces pays ne parviennent pas, en effet, à produire les facteurs collectifs de la croissance, ni dans l'éducation, ni dans la santé, ni dans la répartition des revenus. L'échec au développement de ces pays ne se mesure pas seulement dans l'écart grandissant de niveaux de vie moyens par rapport à celui des pays les plus riches, mais surtout par la détérioration des conditions de vie des populations opprimées par leur propre État et spoliées par les groupes sociaux dominants qui trouvent dans la mondialisation des moyens multipliés d'enrichissement.

Les points de friction se multiplient entre les États dans les négociations commerciales (échec de l'Accord multilatéral sur l'investissement - AMI - en 1998, de la conférence de l'Organisation mondiale du commerce - OMC - à Seattle en 1999, de la conférence de La Haye sur la réduction des émissions de gaz à effet de serre en 2000). La relance de la négociation commerciale, décidée à Doha en 2001, n'est pas un gage de succès. Car les divergences d'intérêts sont considérables au fur et à mesure où les domaines de négociation se diversifient et où le nombre de pays concernés augmente. De plus, l'irruption d'une contestation multiforme et animée par une nébuleuse d'entités non gouvernementales accroît la complexité des débats en les soumettant à des pressions extérieures croisées des lobbies d'affaires et des opposants à la mondialisation. Ce climat ne favorise pas la découverte des compromis.

L'interaction entre les négociations commerciales et les préoccupations extracommerciales, au fur et à mesure où le domaine des échanges s'élargissait des biens manufacturés aux produits agricoles et aux services, rend le processus beaucoup plus compliqué, voire inextricable. Car l'OMC est conduite à s'occuper de normes sanitaires, de droits sociaux, d'environnement, de propriété intellectuelle, toutes considérations pour lesquelles elle n'a aucune légitimité, parce que ces « externalités » interfèrent avec les échanges commerciaux. Il s'agit de fournir des biens publics globaux pour lesquels il n'existe ni loi économique dont les négociateurs puissent se recommander, ni institution internationale spécialisée pour en porter l'exigence.

Le changement de nature de l'intégration internationale se manifeste aussi dans le domaine macroéconomique. Pour la première fois depuis la Première Guerre mondiale, un cycle économique et financier mondial s'est formé depuis le milieu des années 1990. Il s'ensuit qu'en dépit des régimes de change flexibles, la conjoncture mondiale dépend entièrement de la politique économique américaine. Car les interdépendances macroéconomiques sont tellement puissantes qu'une tendance récessive ne peut être combattue avec les moyens fortement contraints, par doctrine ou par manque d'efficacité, dont disposent les autres pays. La récession de l'année 2001 est significative d'un surinvestissement dans les secteurs porteurs de l'innovation technique et provoqué par une vague spéculative dans la finance. Le retournement des profits dans les entreprises mondialisées, la très forte corrélation des Bourses, l'emballement, puis le coup d'arrêt du crédit, emportent les économies dans un mouvement commun. Il n'existe pourtant pas de coopération internationale dans la gestion macroéconomique.

PRINCIPES GÉNÉRAUX DE LA RÉGULATION INTERNATIONALE

Approfondir l'économie mixte

Le XXème siècle a été celui de l'essor des sociétés salariales dans un groupe limité de pays. Dans ce régime de croissance, où l'accumulation du capital dépend de manière cruciale de la demande sociale du plus grand nombre de citoyens salariés, le capitalisme n'est légitime, donc viable, que s'il est combiné à des éléments de socialisme incorporés dans la production des facteurs collectifs de la croissance. Il y a donc des économies mixtes qui, dans les pays occidentaux, ont pris la forme de l'état de la protection sociale, des services publics et de la redistribution du revenu. Parce que cette régulation reposait sur une intégration internationale limitée, elle a été affaiblie par la mondialisation. Il n'en demeure pas moins que l'enjeu à long terme de la mondialisation est la généralisation de la société salariale.

L'économie mixte doit être réformée dans cette perspective. Mais, le sens profond de l'économie mixte demeure inchangé : rendre le capitalisme légitime en le contraignant à faire progresser la société. Cela n'est possible que si la démocratie politique impose, aux intérêts capitalistes, des contraintes collectives qui prolongent celles de la concurrence lorsque celle-ci est défaillante. La multiplication des externalités et l'émergence des biens collectifs globaux montrent que ces contraintes collectives sont indispensables. Mais jusqu'ici, les intérêts capitalistes dominants, par le poids des grandes firmes et la capacité à déplacer les capitaux, ont utilisé les degrés de liberté de la globalisation pour tordre les politiques économiques à leur avantage.

Si l'on admet cette logique, la priorité absolue de la régulation du capitalisme au XXIème siècle consiste à faire reculer la pauvreté dans le tiers monde. Cela passe à la fois par des marchés qui fonctionnent mieux et par des politiques de transferts et de dépenses publiques plus audacieuses et mieux orientées. Les gouvernements occidentaux doivent ouvrir complètement les frontières de leurs pays aux exportations agricoles et aux produits transformés des pays du tiers monde. Ils doivent utiliser les gains tirés de l'échange ainsi élargi pour reconvertir et compenser les pertes de revenus des travailleurs déplacés par la concurrence accrue des pays pauvres. Ils doivent augmenter sensiblement leur aide budgétaire aux pays pauvres, en transformant les mécanismes de l'allocation de sorte que les ressources financières de cette aide ne soit pas dissipées dans la bureaucratie d'État de pays non démocratiques, mais puissent atteindre les populations concernées.

Développer les institutions internationales sous responsabilité politique

L'action collective s'est construite après la Seconde Guerre mondiale sur le modèle de la coopérative des nations. Les ingrédients de son succès pendant deux décennies tiennent avant tout à une communauté de vue des gouvernements occidentaux sur les préférences collectives des populations qu'ils représentaient. Dans le contexte de la guerre froide et avec la mémoire de la grande dépression, tous les gouvernements faisaient de la réalisation du plein-emploi la finalité structurante dont dépendait la cohésion sociale. La doctrine de l'économie mixte était partagée, et sa mise en œuvre dépendait avant tout des leviers de la politique économique interne. La coopération internationale consistait à améliorer l'efficacité des moyens de la politique économique au service du plein-emploi. Elle comportait seulement deux volets. Le premier était l'ouverture commerciale prudente et progressive par *rounds* de négociation successifs. Le second était l'assistance mutuelle dans l'ajustement des balances des paiements. Le Gatt et le Fonds monétaire international (FMI) étaient les deux institutions internationales spécialisées par lesquelles passait la coordination.

Le monde contemporain n'est plus celui-là. Il n'existe plus de finalité partagée qui permette d'orienter une gouvernance commune en se contentant d'étendre le modèle de la coopération intergouvernementale à un plus grand nombre de pays.

Le dépassement par le haut des difficultés du modèle coopératif est le fédéralisme mondial. Est-il possible que les forces de la mondialisation engendrent des germes de fédéralisme sans qu'il y ait de gouvernement mondial, comme l'intégration européenne a engendré un fédéralisme monétaire et une direction de la concurrence dans le cadre politique de la coopération des États ? En tant que problématique générale, une telle conjecture aboutirait à un modèle mixte. Le noyau dur serait constitué d'institutions internationales spécialisées, dotées de statuts et de missions bien définis, leur garantissant une capacité de décision opérationnelle sous une responsabilité politique vis-à-vis de la communauté des nations qui les ont instituées. Une difficulté est de délimiter les domaines de compétence des institutions spécialisées, tout en leur permettant d'évoluer avec la transformation des systèmes qu'elles ont pour mission de réguler, mais sans que cette évolution ne soit le fait d'une extension insidieuse à la recherche d'un pouvoir autonome de plus en plus grand.

Pour contenir la tendance des institutions internationales dotées de pouvoirs et de moyens d'action à outrepasser leur indépendance opérationnelle, celles-ci doivent être gouvernées par les États qui les ont créées. Dans le registre de la responsabilité politique, la coopération intergouvernementale est indépassable à vue humaine. Elle concerne à la fois le réexamen des missions, le contrôle des opérations engagées et la coordination des institutions spécialisées dans les actions collectives qui chevauchent plusieurs domaines et répondent à plusieurs finalités. C'est ainsi que le commerce interfère avec les normes sanitaires, les contraintes d'environnement, les règles minimales du travail. Il est choquant que l'OMC ait le dernier mot et traite ces questions sous le seul angle de la promotion des échanges. De même, la supervision financière concerne la protection des consommateurs, la prévention du risque systémique et la lutte contre la criminalité. Ces finalités sont différentes et impliquent une division du travail entre plusieurs institutions. Mais le manque de coopération ne peut qu'affaiblir l'action de chacune.

Le contrôle politique rencontre des obstacles considérables dès lors que l'ensemble des États ne constitue plus un club partageant les mêmes finalités collectives, comme c'était le cas dans le « monde libre » après la Seconde Guerre mondiale. Il y a l'obstacle de l'hégémonie américaine qui préfère l'influence occulte sur les institutions internationales comme le FMI et les purs rapports de force dans la résolution des différends commerciaux à des procédures réglées au sein d'instances de décision politique placées dans les institutions elles-mêmes. Toutefois, les États-Unis ont fini par accepter un organe de règlement des différends, dans le cadre de l'OMC. L'existence de cet organe pousse à la négociation entre États comme moyen d'encadrer politiquement la jurisprudence. Il y a aussi l'obstacle de la représentativité, donc des regroupements acceptables de pays, de l'égalité ou de la pondération des votes dans les instances délibératives à pouvoir décisionnel. Le progrès dans cette logique de coopération dépend grandement de l'engagement politique des pays en développement dont la participation aux interdépendances économiques et financière augmente.

Le G7 joue actuellement un rôle de directoire politique global sur les affaires économiques internationales. Cette instance autoproclamée, club de pays riches et totalement dominé par les États-Unis, est illégitime. Il ne sera possible de sortir de cette situation détestable qu'en constituant un directoire politique des affaires économiques au sein des Nations unies. Là se trouve peut-être une voie pour surmonter les conflits dans les préférences collectives dont les gouvernements nationaux sont comptables. C'est également au niveau de ces principes fondamentaux que peuvent être accueillies les idées qui mûrissent dans les réseaux internationaux des organisations non gouvernementales contestant le libéralisme économique.

L'ACTION COLLECTIVE DANS LA FINANCE GLOBALE

La globalisation financière a été le processus d'intensification des interdépendances qui a mis le plus fortement en défaut les principes d'assistance mutuelle entre États hérités de Bretton Woods. Les nombreuses crises monétaires et financières observées depuis plus de trente ans témoignent des difficultés de la mutation en cours. La transformation d'une finance dirigée par les gouvernements à une finance mue par les marchés et l'extension mondiale de cette mutation ont modifié les répercussions des perturbations économiques entre les pays. Des risques liés à l'instabilité des marchés financiers ont pris une grande importance. Les crises ont déclenché des processus de contagion généralisés. Ces phénomènes montrent que la stabilité financière est devenue l'un des biens publics globaux dont la réalisation passe par un changement profond des principes de gouvernance. Mais le retard permanent de la régulation publique sur les innovations financières privées montre que cette évolution ne peut se contenter d'être un processus au fil de l'eau qui progresse par petites touches.

Crises financières : le venin de la contagion

La fragilité est devenue un trait majeur de la finance moderne. Or, l'expérience de la Russie avant 1998 et de l'Argentine actuellement montre que l'étranglement de la liquidité dans les crises financières paralyse les systèmes de paiement et, par conséquent, les échanges intérieurs. La crise pénètre au sein des structures intimes de l'économie qui en est victime. De plus, les crises financières déclenchées par l'endettement international ne restent pas toujours confinées aux pays où elles prennent naissance. Elles se propagent par contagion.

La contagion met au premier plan l'importance cruciale de la liquidité. Or, la liquidité est une question de confiance. Lorsqu'elle fait brusquement défaut, de nombreux prix d'actifs s'effondrent, plaçant des agents financiers devant des pertes non anticipées. Celles-ci créent un climat d'inquiétude dans une communauté d'opérateurs financiers beaucoup plus vaste. Des agents qui se portaient contreparties de ventes de titres ou qui renouvelaient régulièrement des créances ne le font plus. La disparition de la liquidité s'étend d'un marché à l'autre, d'autant plus qu'ils sont plus étroitement interconnectés. Les faillites se multiplient et le crédit se contracte.

C'est pourquoi les mouvements violents des capitaux internationaux déstructurent des systèmes financiers entiers et provoquent des effets réels sans commune mesure avec d'éventuelles erreurs de politique économique ou des déséquilibres internes dans l'accumulation du capital. La crise systémique a sa logique propre qui aboutit à des situations déprimées dont les comportements privés ne peuvent sortir spontanément.

L'action collective comme gestion des crises financières

L'action collective doit surmonter les échecs de coordination des marchés qui conduisent au risque systémique. Trois axes de réduction du risque systémique peuvent être distingués. Le premier est une réforme des structures qui approfondirait l'intégration financière internationale ; le second est une tutelle prudentielle sur les comportements privés de gestion du risque ; le troisième est un système international de gestion des crises. Aucune de ces orientations n'est suffisante. Elles doivent être combinées dans une conception globale de l'action collective.

Le premier axe consiste à réduire le risque qui a le plus fort potentiel de se propager en crises globales. Les maillons faibles sont les marchés de gré à gré. Ils sont plus dangereux pour l'accumulation des risques que les marchés organisés. Réduire l'écart entre ces deux types de marché pour les dispositifs de contrôle des risques est une orientation significative. Elle peut se faire par collaboration des banques centrales et des associations internationales représentant les professions concernées. Ainsi, les règlements des transactions de change sont des sources de risque parce que les systèmes de paiement nationaux sont séparés. Les deux branches d'une même opération de change sont réglées séparément dans deux espaces monétaires en des temps différents. Lorsqu'il se produit un événement catastrophique, comme la coupure d'interconnexions entre banques le 11 septembre 2001, des banques européennes, qui devaient recevoir des règlements en dollars pour pouvoir effectuer elles-mêmes des règlements en euros ultérieurement, n'ont pas reçu les fonds attendus. Les paiements internationaux auraient été paralysés sans une injection massive de liquidités par les banques centrales des deux côtés de l'Atlantique, accompagnés de swaps dollars contre euros entre la Réserve fédérale (Fed) et la Banque centrale européenne (BCE). Si des systèmes de règlement multidevises en temps réels existaient, qui permettent une compensation multilatérale et un règlement simultané des transactions interbancaires de change, l'ampleur des positions à risque en cas de problèmes opérationnels graves serait considérablement réduite. L'initiative prise par un groupe de grandes banques internationales de mettre en place un tel système, qui sera opérationnel à Londres à la fin de 2002 et qui sera connecté aux systèmes de règlement nationaux sécurisés par les banques centrales, est importante. Elle témoigne d'un approfondissement de l'intégration internationale qui de financière devient monétaire et crée ainsi, par la voie d'une évolution venant du secteur privé, un embryon de système monétaire universel.

Mais les banques centrales doivent être aussi des foyers d'impulsion pour organiser des marchés qui sont des vecteurs de concentration des risques sur un petit nombre d'intermédiaires. Les marchés dérivés de gré à gré ont été, de manière répétée, les sources de faillites spectaculaires de très grands organismes financiers, dont LTCM en 1998 et Enron en 2001 sont des exemples célèbres. Utilisant des leviers énormes, ces organismes sont potentiellement des facteurs de risque systémique par l'ampleur et la diversité des obligations à l'égard des banques qu'ils sont incapables d'honorer. Les banques elles-mêmes utilisent ces marchés opaques pour transférer le risque de crédit et réduire les provisions en capital que la réglementation leur impose au bilan.

Un changement structurel de grande portée serait donc l'abolition de la distinction entre marchés organisés et marchés de gré à gré. Car les marchés organisés sont bien plus efficaces dans le contrôle des risques. Cela résulte des principes mêmes de leur organisation : existence de chambres de compensation qui calculent les positions nettes multilatérales des membres ; règlement quotidien ou infraquotidien ; apport de collatéral et appel de marge liée à la taille des positions perdantes des participants ; séparation des opérations pour compte propre et pour compte de tiers ; transfert d'opérations pour compte de tiers à d'autres membres en cas de faillite de l'un d'entre eux. La chambre de compensation exerce une supervision permanente à partir de modèles d'évaluation du risque qui sont appliqués de manière commune à tous les membres et approuvés, à la fois, par les professions et les autorités de surveillance, et qui sont propres aux types de transactions traitées par les membres.

Cette évolution structurelle fait apercevoir que les règles de fonctionnement des marchés sont déterminantes pour que la discipline de marché puisse s'appliquer. Ce n'est toutefois pas la voie privilégiée par les autorités de Bâle dans leur dialogue avec les professions financières. Elles donnent la priorité à la réglementation institutionnelle des banques sur la réglementation fonctionnelle des marchés. Il s'ensuit qu'une banque ou une non-banque, qui fait exactement les mêmes opérations financières, est supervisée de manière très différente, certaines institutions financières n'étant pas supervisées du tout. Dans le domaine de la supervision institutionnelle, de grosses difficultés ne sont pas surmontées. La révision des ratios prudentiels traîne en longueur à cause d'interminables discussions entre les propositions du Comité de Bâle et les contre-propositions des puissants lobbies bancaires qui cherchent le moins de contraintes possibles, et insistent sur la qualité de leurs modèles internes. Mais justement, ces modèles sous-estiment les pertes dans les crises financières. En effet, l'évaluation statistique des risques par ces modèles est incapable de prendre en compte les interdépendances stratégiques

giques qu'entraîne le risque de contrepartie dans les situations de stress où la contagion menace. En outre, les bases de données utilisées pour calculer les matrices de corrélation des risques entre les actifs financiers sont mises en défaut dans les moments critiques où ces corrélations varient brusquement et où la diversification des risques devient inopérante. C'est le domaine des tests de stress qui est alors pertinent. Mais, les autorités n'ont guère donné de directives pour que ces tests soient faits dans des scénarios et avec des méthodes permettant de les agréger pour pouvoir capter les répercussions de la détérioration des situations financières des contreparties et pour déceler les germes de risque systémique.

La formation d'un système international de gestion de crise, qui est le troisième volet du dispositif prudentiel, est donc encore privée d'une observation performante du risque systémique. Un second problème non résolu, à côté des crises aiguës de liquidité, est le traitement des insolvabilités étendues des dettes privées ou publiques d'un pays. La mise en place d'un mécanisme international de suspension provisoire des poursuites par les créanciers étrangers grâce à un gel des paiements sous une autorité internationale n'a toujours pas été décidée par la communauté internationale. Il s'agit en effet d'un mécanisme qui implique la responsabilité des créanciers privés dans la résolution des dettes insolvables. La relance du débat sur la question par la proposition Krueger se heurte à l'hostilité conjointe du gouvernement américain et de la communauté financière internationale. Car l'autorité pour déclarer un gel des paiements requiert un changement des statuts du FMI pour légitimer des pouvoirs plus étendus. Le Congrès des États-Unis n'est certainement pas prêt à l'accorder.

Ces différents blocages ont fait que jusqu'ici la seule avancée dans le système de gestion des crises depuis la crise asiatique a été l'évolution pragmatique de la fonction de prêteur en dernier ressort international. En effet, le FMI a modifié sa conditionnalité et ses facilités pour gérer des crises ponctuelles de liquidité sur les marchés de pays émergents à incidences systémiques. C'est ainsi que les défauts de paiement en Argentine et les quasi-défauts en Turquie n'ont pas déclenché la contagion qui aurait exclu l'ensemble des marchés émergents du financement euro-obligataire. Enfin, dans les moments critiques d'inquiétude globale sur la liquidité des marchés de capitaux, la Réserve fédérale a su préserver ou rétablir la confiance.

Bibliographie

AGLIETTA M. et MOATTI S., 2000, *Le FMI : de l'ordre monétaire aux désordres financiers,* Économica.
COHEN D. et PORTES R., 2002, *La réforme du FMI,* rapport CAE, à paraître.
FAUST M. *et alii,* 2001, *Global public goods : taking the concept forward,* Pnud.
JACQUET P., PISANI-FERRY J. et TUBIANA L., 2002, *Gouvernance mondiale,* CAE, Documentation française.
SEN A., 2000, *Un nouveau modèle économique. Développement, justice, liberté,* O. Jacob.
STIGLITZ J., 2002, *La grande désillusion,* Fayard.

LE SOMMET MONDIAL DE JOHANNESBURG : QUELS RÉSULTATS DURABLES ?

CHRISTIAN DE PERTHUIS*

Grand-messes de la bonne conscience planétaire sans portée pratique pour les uns, patiente construction d'un système multilatéral plus favorable au développement soutenable pour les autres, les grands rendez-vous onusiens jalonnent, en tout cas, la vie internationale depuis plusieurs décennies. Celui qui a réuni plus de 40 000 participants venus du monde entier à Johannesburg a de loin été la rencontre internationale la plus imposante de l'année 2002. Ce fut aussi le premier grand rendez-vous international depuis Seattle à s'être tenu sans violence, ni bataille rangée avec les forces de l'ordre, ce qui constitue en soi un élément de réussite. Si on jauge le bilan du sommet aux seuls résultats de la négociation intergouvernementale, le bilan apparaît pourtant mitigé et, en tout cas très, en retrait sur les attentes de la société civile. Faut-il pour autant considérer Johannesburg comme un « non-événement » qui ne laissera aucune trace durable ? Ce serait négliger les trois avancées que le sommet a promu dans la vie internationale : la liaison explicite introduite entre protection de l'environnement et développement économique et social dans l'agenda des gouvernements ; le déplacement du centre de gravité de la négociation par irruption de la société civile au cœur de la scène multilatérale ; le dépassement des problématiques traditionnelles opposant l'État et le marché.

L'INTÉGRATION DES PROBLÉMATIQUES DU DÉVELOPPEMENT ET DE L'ENVIRONNEMENT

Pour comprendre les résultats du sommet de Johannesburg, il faut revenir à Rio, dix ans en arrière. Comme l'indique son intitulé, le « sommet de la Terre » de Rio était très centré sur l'environnement. Ce fut même le pre-

* Professeur associé à l'université Paris-Dauphine, responsable de la veille stratégique du groupe Caisse des dépôts.

mier grand rendez-vous mondial sur ce thème organisé par l'ONU, d'où son côté très novateur. Aussi, les principales avancées de Rio n'ont pas résidé dans les grandes déclarations, toujours un peu incantatoires, adoptées par les gouvernements à la fin de la rencontre, pas plus que dans l'imposant programme d'action, baptisé « Agenda 21 », sans véritable portée opérationnelle. Elles ont résulté des trois conventions adoptées par les gouvernements, dans le cadre des Nations unies, et portant sur la protection de l'environnement : la convention sur les changements climatiques qui déboucha, en 1997, sur le fameux protocole de Kyoto ; la convention sur la biodiversité qui s'attaquait, pour la première fois, à l'un des risques les plus patents d'irréversibilité, celui de l'accélération de la disparition d'espèces vivantes ; la convention sur la désertification dont l'adoption, en 1994, fut une résultante directe du sommet mondial[1].

Avec ces trois accords, la gouvernance mondiale s'enrichissait de nouveaux instruments, contraignants pour les États signataires, et introduisant pour la première fois les objectifs de préservation du patrimoine écologique commun dans la vie internationale. Mais, leur mise en œuvre se heurta à des difficultés plus grandes que prévues, et notamment à de multiples heurts entre pays du Nord, où les opinions publiques sont de plus en plus sensibles aux dégradations de leur environnement immédiat, et pays du Sud craignant de voir des ressources détournées du développement économique pour la bonne cause de l'écologie des riches. C'est pourquoi le premier objectif du sommet de Johannesburg était de pratiquer une évaluation des progrès et des blocages apparus depuis le sommet de la Terre de Rio, afin de mettre en œuvre des actions correctrices.

L'ordre du jour de la réunion a ainsi porté sur les programmes d'action à entreprendre pour réconcilier développement économique et protection de l'environnement. La dimension environnementale a donc été connectée, bien plus directement qu'on ne l'avait antérieurement fait, aux autres dimensions du développement économique et social : lutte contre la pauvreté ; gouvernance des entreprises ; régulation de la mondialisation. En articulant aussi étroitement écologie et économie, l'ONU augmentait les attentes et s'exposait, par là même, au risque de décevoir. Une telle articulation est pourtant indispensable pour agir efficacement sur le terrain : pas de lutte efficace contre la déforestation, première cause dans le monde de réduction du capital de biodiversité, sans mobilisation et élévation du niveau de vie des populations locales aujourd'hui prédatrices de ressources forestières par nécessité de survie ; pas de véritable transfert de ressources économiques vers le Sud sans un accès effectif aux marchés du Nord, notamment pour les produits agricoles. On peut multiplier les exemples.

Le processus de négociation entre gouvernements a mis en relief cette ligne de clivage entre le Nord et le Sud. Mais, le processus de négociation a été rendu particulièrement complexe par les oppositions qui sont aussi apparues au sein des pays du

Encadre 1

La maturation du concept de développement durable

Le concept de développement durable est le fruit d'une longue maturation au sein du dispositif des Nations unies. Bref rappel des principales étapes du processus :
- **1972. Conférence de Stockholm sur l'environnement humain.** Première déclaration de l'ONU sur les questions environnementales et création du Programme des Nations unies pour l'environnement (Pnue) ;
- **1974. Déclaration pour un nouvel ordre économique international.** Dans le cadre de l'assemblée générale de l'ONU, montée en puissance des pays non alignés qui mettent en avant le problème des termes de l'échange et de l'épuisement des ressources naturelles ;
- **1987. Rapport Brundtland.** Formalisation au sein de l'ONU du concept de « développement durable » défini comme un processus permettant de répondre aux besoins des générations présentes sans sacrifier ceux des générations futures et impliquant, par voie de conséquence, la reproduction et l'élargissement des trois composantes du capital (économique, social, écologique) ;
- **1992. Sommet de la Terre de Rio.** 2 500 délégués pour négocier une déclaration générale et un programme d'action pour le XXIème siècle (« Agenda 21 »). Conventions cadres sur les changements climatiques et la biodiversité ;
- **1997. Signature du protocole de Kyoto.** Adoption, dans le cadre de la convention sur les changements climatiques, d'objectifs globaux de réduction du volume des gaz à effet de serre et des mécanismes d'incitation permettant de les mettre en place au moyen d'un marché des permis d'émission ;
- **2002. Sommet mondial du développement durable de Johannesburg.** Confluence des problématiques de protection des ressources naturelles et des problématiques de développement économique et social. Irruption de la société civile dans le processus de négociation. Programmes d'action gouvernementaux ciblés sur la lutte contre la pauvreté et multiplication des initiatives partenariales.

Nord, notamment entre l'Europe et les États-Unis, et au sein des pays du Sud, notamment entre importateurs et exportateurs nets de pétrole. Une grande partie des avancées et des reculs de la négociation a ainsi correspondu à des retournements d'alliance entre pays : les États-Unis ont fait cause commune avec l'Europe et le Japon sur certains dossiers, comme celui des subventions agricoles, mais ont formé un front commun avec le groupe des pays en développement contre l'Europe sur d'autres dossiers comme ceux de l'énergie ou du planning familial. Une fois n'est pas coutume, l'Europe a montré une très grande unité durant toute la phase finale de la négociation, ne laissant jamais transparaître de tiraillements entre ses membres, comme cela arrive parfois dans les enceintes internationales. Cette cohésion a facilité le processus de négociation et l'obtention des résultats, insuffisants mais bien réels, du volet intergouvernemental du sommet.

Le plan d'action des gouvernements avalisé à Johannesburg comporte ainsi plusieurs avancées. La référence à l'application du protocole de Kyoto dans le document final et les engagements pris sur place par les gouvernements canadien et russe vont accélérer la mise en œuvre de ce protocole essentiel pour la lutte contre le réchauffement climatique. Le fonds mondial pour l'environnement a été recapitalisé, et ses ressources pourront être affectées à la lutte contre la désertification en Afrique. Pour la première fois, des objectifs quantifiés sur la protection des ressources halieutiques ont été fixés au plan mondial. Le programme d'action comporte enfin des engagements assez précis en matière d'accès pour tous à l'eau potable et à l'assainissement, et des objectifs plus vagues dans le domaine de l'accès à l'énergie et à la santé.

L'IRRUPTION DE LA SOCIÉTÉ CIVILE DANS L'ENCEINTE MULTILATÉRALE

En limitant l'analyse de Johannesburg aux seuls résultats de la négociation officielle, on passe sans doute à côté de l'essentiel. La véritable nouveauté de Johannesburg est d'être parvenue, pour la première fois, à établir un lien entre une négociation intergouvernementale et un ensemble de rencontres entre les acteurs de la vie économique et sociale : organisations non gouvernementales ; entreprises ; collectivités locales ; syndicats ; centres de recherche. C'est ce qui explique le nombre élevé des participants au sommet et leur incroyable diversité : Johannesburg a été, à la fois, une sorte de foire du développement durable, un carrefour entre acteurs d'origines multiples, un lieu de débats et d'oppositions militantes, un ensemble de manifestations culturelles et artistiques où se sont exprimées de multiples minorités.

Ce nouveau dispositif marque un déplacement majeur du centre de gravité des négociations multilatérales : on passe d'un face à face confiné aux États à un jeu multipolaire, plus complexe et plus riche, où se rencontrent de multiples acteurs qui se sont invités dans l'arène internationale. Cette irruption de la « société civile mondiale » n'a pas seulement consisté à faire pression sur les officiels. Elle a aussi débouché sur un ensemble de projets, à géométrie variable, qui contribueront à la réalisation des objectifs de développement et de réduction de la pauvreté.

Plusieurs centaines d'initiatives, dites « initiatives de type 2 » dans le jargon onusien, qui sont autant d'engagements d'acteurs émanant des différentes sphères de la société ont ainsi été lancées à Johannesburg[2]. Certaines associent des États et des partenaires non gouvernementaux : il en est ainsi de l'ambitieux programme lancé par l'Union européenne dans le domaine de l'eau, ou encore de l'initiative prise par les gouvernements britannique et français en faveur du développement de l'Afrique qui doit permettre de mieux mobiliser les flux d'investissement privé. D'autres reflètent des engagements d'acteurs non gouvernementaux : c'est le cas des initiatives de coopération décentralisée favorisées par l'Unitar, l'agence de l'ONU pour la formation des cadres des administrations. D'autres réunissent associations, organisations non gouvernementales et acteurs de la vie économique, pour accroître l'efficacité des projets sur le terrain. Ce jeu d'initiatives, qui vient compléter et enrichir le programme d'action officiel du sommet, déborde le strict cadre environnemental en intégrant de multiples dimensions : développement durable des villes ; partenariats publics/privés en matière de financement de projets ; responsabilité sociale et environnementale de l'entreprise...

Aussi, les résultats et les espoirs qu'a fait naître Johannesburg ne sauraient se lire dans les seuls relevés officiels que sont la déclaration des chefs d'État et leur programme d'action. Ils doivent prendre en compte ces projets nouveaux émanant de la société civile mondiale. Pour une très large part, la réussite du sommet, à savoir la mise en œuvre effective de programmes d'action pour faire reculer de façon concertée la pauvreté et les dégradations de l'environnement, dépend maintenant de la capacité de ces acteurs à rester mobilisés sur le terrain pour tenir les engagements pris.

LE PARTENARIAT PUBLIC/PRIVÉ ET LA PRODUCTION DES BIENS COLLECTIFS

La présence, dans certains cas un peu ostentatoire, des firmes multinationales a enfin pu faire craindre une sorte de récupération du sommet par les milieux d'affaires : était-il judicieux d'exhiber, à proximité immédiate du centre de conférence, les derniers modèles techniques d'un grand constructeur automobile, quand on discutait des problèmes d'adduction d'eau et de la montée du fléau du sida ? Le tout à quelques encablures des *townships* d'Alexandra et de Soweto où s'entasse une population encore largement privée de l'accès aux services de base et parmi les plus exposées aux ravages de la pandémie.

Dans certains cas, ce risque de récupération est avéré. Mais, comme le soulignait après le sommet, Kofi Annan[3], les entreprises disposent de capacités financières, d'ingénierie, d'innovation, qu'il est indispensable de mobiliser pour atteindre les objectifs de développement durable. C'est pourquoi l'un des enjeux les plus importants de « l'après Johannesburg » réside dans le développement du partenariat public/privé.

Au plan local, les acteurs du développement savent bien qu'on peut monter et financer beaucoup plus de projets de développement, si on parvient à combiner ressources publiques et financements de marché en opérant une synergie basée sur une stricte division des tâches : aux autorités publiques, la fixation des objectifs et les

Encadré 2

Les « initiatives de type 2 » prises à Johannesburg

Comme les sommets antérieurs, celui de Johannesburg a abouti à une déclaration des gouvernements et à un programme d'action qui engagent l'ensemble de la communauté mondiale. En langage onusien, on associe ces résultats aux résultats de « type 1 ». Les « initiatives de type 2 » regroupent tous les engagements qui ont été pris lors du sommet et qui peuvent mettre en jeu des gouvernements, mais aussi des entreprises ou des acteurs émanant de la société civile. Voici un échantillon de telles initiatives impliquant des acteurs français :

- **les initiatives de l'Union européenne.** Le gouvernement français s'est associé aux initiatives européennes dans les domaines de l'énergie, de l'eau et de la lutte contre le sida, qui seront respectivement financées à hauteur de 700 millions, 1,4 milliard et 1 milliard d'euros. L'initiative sur l'eau est supportée par de nombreux acteurs français : entreprises, ONG, centres de recherche ;
- **l'initiative franco-britannique pour l'Afrique.** Engagement de Tony Blair et Jacques Chirac d'une aide publique de 300 millions d'euros à destination de l'Afrique dans des formules de partenariat public/privé attirant des investisseurs privés ;
- **la charte sur les services essentiels.** L'Institut de la gestion déléguée (IGD), en partenariat avec l'agence Unitar de l'ONU, assure la promotion d'une charte d'accès aux services essentiels destinée à faciliter le partenariat public/privé au plan local. Cette démarche mobilise l'ensemble des acteurs des services essentiels : usagers, représentants des communautés locales, opérateurs, élus locaux et nationaux... ;
- **le partenariat public/privé et le financement du développement.** L'Institut du développement durable et des relations internationales (Iddri) conduit un travail destiné à faciliter l'innovation en matière d'ingénierie financière, pour accroître les ressources affectées au développement ;
- **la biodiversité.** Le programme de gestion et de conservation des forêts du bassin du Congo, initié par l'Afrique du Sud et les États-Unis, vise à assurer la protection de 30 millions d'hectares de parcs nationaux et concessions forestières sous aménagements forestiers. Ce projet associe de multiples acteurs français : AFD, Cirad-forêt, exploitants et industriels français...

La liste exhaustive de ces initiatives est accessible sur les sites du ministère des Affaires étrangères et du ministère de l'Écologie et du Développement durable.

fonctions d'impulsion et de contrôle ; aux opérateurs privés, la mise en œuvre et l'exploitation dans le cadre du jeu concurrentiel. Au plan global, l'apparition de nouveaux biens collectifs planétaires, tels la stabilité du climat ou le maintien de la biodiversité, rend tout à fait impraticable la production de ces biens *via* les seuls États : il faut innover et trouver des moyens d'incitation qui permettent à l'ensemble des acteurs de s'engager dans le processus, comme le fait par exemple le protocole de Kyoto sur les changements climatiques avec ses outils de suivi des engagements et ses mécanismes d'incitation *via* le marché des droits d'émission des gaz à effet de serre.

En mettant l'accent sur ces partenariats publics/privés, Johannesburg marque un véritable dépassement dans la façon dont on doit aborder la lancinante question des rapports de l'État au marché. Jusqu'à la fin des années 1960, la vision dominante était que les États devaient assurer la production des biens collectifs de base en corrigeant les imperfections de marché. Durant les trois décennies de l'après-guerre, le poids des États dans les économies industrialisées augmenta ainsi partout très rapidement. À la suite du premier choc pétrolier, les gouvernements ont pris conscience qu'une telle tâche devenait mission impossible, la crise réduisant les ressources financières publiques en élargissant simultanément les besoins. D'où le grand vent de libéralisme qui souffla, notamment au sein des grandes institutions multilatérales, jusqu'au milieu des années 1990. Ce retour de balancier a fourni un merveilleux argumentaire pour les gouvernements des pays riches soucieux de se refaire une santé budgétaire : les engagements au titre de l'aide publique au développement ont nettement reculé durant toute cette période, sans du tout être équilibrés par le développement des flux de capitaux privés qui se sont polarisés sur les régions les plus riches et les moins risquées.

Les avancées de Johannesburg en matière de redressement de l'effort d'aide publique au développement sont des plus limitées : des engagements insuffisamment chiffrés, au calendrier jamais précisés, pour des montants dérisoires par rapport aux masses financières allouées aux renforcements des programmes sécuritaires des grands pays occidentaux[4]. En revanche, les nouvelles lignes tracées pour le partenariat public/privé permettent d'escompter un dépassement des approches fondées sur le « tout marché *versus* le tout État » et une augmentation de la capacité des aides publiques à drainer capitaux et savoir-faire des acteurs privés.

Leur mise en œuvre exigera cependant qu'on franchisse un certain nombre d'obstacles. Elle requiert la disponibilité de multiples compétences d'ingénierie de projet, dont les autorités publiques (nationales et encore plus locales) sont dramatiquement privées dans les pays en développement : les renforcer est une priorité de rang un. Elle porte en germe les risques d'une déresponsabilisation des États, chaque fois que l'implication du secteur privé est perçue comme les déchargeant de leurs missions souveraines : le partenariat public/privé constitue, non pas l'antichambre, mais une alternative aux privatisations qui requiert plus d'engagements des autorités publiques. L'efficacité de cette mise en œuvre pourrait enfin être démultipliée, si on était capable d'innover en matière d'outils financiers destinés à promouvoir le partenariat public/privé, notamment pour réduire les risques dans tous les projets portés par les acteurs publics locaux qui n'ont jamais accès aux garanties souveraines : ceci exigera une mobilisation croissante de la communauté financière dont les acteurs, en dehors des grands bailleurs de fonds internationaux, ont malheureusement plutôt figuré parmi les grands absents de la scène à Johannesburg.

Notes

1. Pour une vision rétrospective des sommets onusiens, voir *Le développement durable, significations et enjeux,* Caisse des dépôts et Cercle des économistes, août 2002 (www.caissedesdepots.fr/fr/upload/le-developpement-durable-signification-et-enjeux(1).pdf).

2. La liste exhaustive des initiatives de type 2 est accessible sur le site du sommet de Johannesburg (*www.johannesburgsummit.org*) ; pour les initiatives engageant des acteurs français, consulter le *Livre blanc des acteurs français du développement durable,* CFSMDD, Premier ministre, juillet 2002 (www.johannesbourg.environnement.gouv.fr/johannesbourg/fr/pdf/livre_blanc_smdd.pdf).

3. Interview dans *Le Monde* du 9 septembre 2002.

4. Voir, par exemple, Jeffrey Sachs, *Weapons of Mass Salvation, The Economist* du 26 octobre 2002.

LES DÉFIS DE L'INVESTISSEMENT DURABLE

CARLOS JOLY*

Quand en réduisant le risque nous finissons par l'augmenter, nous créons un paradoxe. Plusieurs méthodes au moyen desquelles nous essayons tous d'éliminer le risque représentent, en fait, non seulement des barrières au financement socialement responsable, mais aussi un obstacle à l'augmentation de la valeur des investissements au sens classique du terme. Si nous prenions ce paradoxe au sérieux, nous ferions un grand pas en avant en matière d'application des meilleures pratiques d'investissement sur les marchés à la fois développés et émergents. Ceci représenterait un avantage pour tous les types d'investisseurs, ceux qui investissent purement pour des raisons financières, de même que ceux qui investissent en prenant en compte des problèmes environnementaux et sociaux.

Mon argumentaire comprend les prémisses et les hypothèses suivantes :
- quand la majorité des lecteurs de cet article atteindra l'âge de la retraite, leurs fonds de retraite et leurs rendements cumulatifs seront probablement insuffisants pour répondre aux besoins de la majorité des retraités ;
- la crise actuelle sur les marchés d'actions et des obligations des sociétés reflète la présence d'une bulle spéculative d'investissement qui résulte en partie de trois causes : trop d'argent investi sur trop peu de marchés ; trop d'argent investi dans trop peu de sociétés ; et trop d'argent géré suivant les méthodes indicielles. Ces trois causes peuvent être comprises à la lumière de notre aversion au risque en général et des différentes manières dont nous essayons d'éliminer ou de réduire le risque ;
- pour obtenir des rendements suffisants et réellement diversifier le risque, les fonds de retraite et d'assurance-vie devront investir davantage ailleurs, c'est-à-dire sur les marchés émergents, et ils devront le faire en se référant davantage aux rendements absolus plutôt qu'à ceux liés à des indices ;
- cependant, nous devons réfléchir à la

* Premier vice-président de Storebrand Investment et président de la Commission initiatives d'assurance de l'Unep.
Les opinions et suggestions exprimées dans cet article sont personnelles et ne représentent pas nécessairement celles de Storebrand ou de la Commission initiatives financières de l'Unep.

manière d'éviter de contribuer à l'apparition de deux types de crises sur les marchés émergents : les crises de la liquidité de la dette, comme c'est actuellement le cas au Brésil ; les crises macroéconomiques, comme c'est également le cas en Argentine. Ces deux types de crises peuvent aussi être compris à la lumière de nos stratégies générales d'aversion au risque ;
- en conclusion, il y a urgence à analyser à nouveau l'approche du risque liée à l'investissement, et à repenser les structures institutionnelles en matière de gestion du risque. Le paradoxe général est que nos stratégies favorites de réduction du risque provoquent, en réalité, l'apparition de risques nouveaux, et sans doute plus graves ;
- concernant les aspects institutionnels, je fais deux propositions : la création d'une agence supranationale pour la promotion et la protection d'investissements équitables entre investisseurs internationaux et pays émergents ; l'incorporation des outils d'analyse de l'investissement socialement responsable (ISR) dans la pratique d'investissement en général. Ma conviction est que ce n'est qu'en traitant l'échec à la racine systémique que l'on pourra garantir des retraites durables et viables.

NOS RETRAITES SONT-ELLES FINANCIÈREMENT DURABLES ?

J'utilise les termes « d'investissement durable » et de « retraites durables » pour couvrir tout investissement classique qui saurait résister à l'épreuve du temps en termes purement financiers, de même que tout investissement responsable sur les plans social ou environnemental.

À mon avis, trois questions fondamentales définissent la ligne d'action à suivre en ce qui concerne les retraites durables[1]:
- comment les compagnies d'assurances-vie, les institutions et fonds de retraite et les fonds mutuels dans les pays de l'OCDE peuvent-ils générer suffisamment de rendements financiers pour leurs épargnants ou leurs retraités et, tout particulièrement, dans le cadre d'un scénario économique de faible croissance et non inflationniste ?
- comment peuvent-elles le faire en protégeant l'avenir de la qualité de vie de leurs membres (environnement et équité sociale), tout en essayant de générer suffisamment de rendements ?
- comment les capitaux du secteur privé peuvent-ils aider à traiter les questions du développement, de la pauvreté et de la durabilité dans le tiers monde ? Bien que cette troisième question semble n'avoir aucun rapport avec les deux premières, ce n'est pas le cas. La mondialisation signifie, par exemple, que la crise en Argentine a des répercussions, qui sont loin d'être négligeables, pour les institutions financières et les sociétés en Europe et aux États-Unis.

On peut interpréter la crise actuelle sur les marchés d'actions et d'obligations des sociétés comme une simple correction temporaire, après dix années de croissance excessive des valorisations boursières. Mais, cette vision ne tient pas compte du malaise macroéconomique qui résulte d'une demande de plus en plus faible des consommateurs dans les marchés développés. Les ménages aux États-Unis et en Europe, havres mondiaux de la consommation depuis la Seconde Guerre mondiale, ont l'air d'en avoir assez ou plus qu'assez des marchandises et des biens et services que les États-Unis, l'Europe et le Japon produisent. Nos placards sont remplis, nous avons plus de voitures que ne peuvent en contenir nos garages ou nos villes, et depuis que voyager commence à poser trop de problèmes et que les destinations semblent de moins en moins sûres, un grand nombre d'industries de services sont aussi affectées. Il semble y avoir une « sursaturation » structurelle de l'offre. La situation future semble tout aussi précaire. Les statistiques démographiques en Europe prévoient que le ratio des plus de 60 ans par rapport aux personnes en âge actif traditionnel (18/59 ans) pourrait augmenter de 30 % aujourd'hui à 70 % en 2040. Cela signifie que les impôts d'un nombre réduit de salariés devront payer les services sociaux et de santé d'un nombre de plus en plus élevé de personnes âgées[2]. Étant donné le faible taux de croissance de la population en Europe et les attitudes actuelles envers l'immigration, il ne semble pas probable que l'immigration des travailleurs étrangers sera permis pour résoudre le problème démographique. Avec une faible croissance du PNB, les rendements des retraites sur les marchés développés ne seront pas capables de satisfaire les besoins et les attentes des retraités de demain en termes de revenus, et les impôts d'un nombre relativement réduit de salariés imposables ne pourront pas couvrir les besoins budgétaires des services sociaux et de santé, payés ou fournis par le gouvernement.

En bref, d'où les Européens vont-ils pouvoir générer les rendements supérieurs dont leur épargne a besoin ? Il n'y a qu'une réponse à cela : en dehors de leurs marchés traditionnels. Les rendements plus importants devront être générés en dehors des marchés classiques, sur des marchés à forte croissance démographique et à élargissement rapide du pouvoir d'achat. Les moteurs de la croissance économique et de la rentabilité des investissements devront être à l'avenir de nouveaux pays : la Chine, le Brésil, la Russie, la Pologne, l'Afrique du Sud, l'Inde et leurs voisins. Les gains de productivité et l'amélioration des conditions de travail en Europe pourraient aussi aider les futurs retraités, mais probablement pas suffisamment pour combler le trou. Nous ne pouvons tout simplement pas considérer le consommateur américain comme le moteur de la croissance primaire du XXIème siècle, et nous ne pouvons pas continuer à utiliser uniquement les marchés obligataires et boursiers américains comme réceptacle de l'épargne européenne.

La majorité des fonds de retraite et des compagnies d'assurances en Europe ne sont pas prêts aujourd'hui à se diversifier sur ces marchés émergents. C'est un défi qu'il est nécessaire de relever.

LES RISQUES LIÉS À L'INVESTISSEMENT DANS LES SOCIÉTÉS DE GRANDE CAPITALISATION

Les sociétés de grande capitalisation sont privilégiées dans les stratégies d'investissement des fonds de retraite parce que les grandes sociétés multinationales offrent un lissage mondial du risque, une diversification des devises et un management supposé supérieur, des rapports financiers dignes de foi et des revenus de qualité. Mais est-ce vraiment la réalité ? Se reposer sur une liste privilégiée de grandes entreprises multinationales pour offrir les rendements nécessaires n'a pas produit le havre de sécurité que nous recherchons. Comme nous l'avons appris au cours des deux dernières années, un trop grand nombre de grandes sociétés sont mal gérées, la complexité de leurs activités ne répondant qu'à l'avidité de leurs dirigeants et de leurs conseils d'administration. Le nombre limité d'entreprises dignes de confiance représente un univers d'opportunités trop limité. Avec les liquidités qui continuent de s'accumuler sur les marchés monétaires, et si nous répétons ce paradigme lors d'un prochain marché haussier, trop d'argent finira, encore une fois, par faire monter le prix des grandes sociétés privilégiées au-delà du raisonnable, recréant ainsi une nouvelle bulle spéculative.

Fonder son approche sur des « sociétés sûres » et sur des « marchés sûrs » fonctionne seulement si les évaluations ne deviennent pas excessives. Tout le monde se rend compte pratiquement en même temps qu'elles sont excessives, et tous vendent au même moment sur un marché exagérément correcteur. Quand nous essayons tous de nous protéger contre le risque par un même comportement d'investissement, nous finissons par créer un plus grand risque, entraînant ainsi une perte collective certaine. La dégringolade des indices boursiers, au cours des deux dernières années, que ce soit le Dow Jones, le S&P, le MSCI, le CAC 40 ou le Footsie, est l'illustration du même phénomène : la volonté d'éviter un risque financier, lorsqu'elle s'exprime collectivement, expose paradoxalement, de la même manière, à un risque systémique plus grand et à la destruction rapide et dramatique des capitaux investis.

LES RISQUES LIÉS À LA GESTION INDICIELLE

Les compagnies d'assurances-vie et les fonds de retraite exigent de leurs gestionnaires de gérer leurs portefeuilles principaux à partir d'indices de marché reconnus, dans le respect de paramètres relativement stricts (techniquement désignés par la *tracking error*). Les gestionnaires de ces investissements sont donc obligés de construire des portefeuilles qui reproduisent, à l'intérieur de bandes de fluctuation relativement étroites, la performance de l'indice de référence. Le résultat est que, lorsque les marchés obligataires ou boursiers sont en hausse, pratiquement tout le monde est sûr de gagner, certains plus, d'autres moins ; mais quand les marchés baissent pendant une période de temps trop prolongée, comme durant les deux dernières années, alors tout le monde perd. Les gestionnaires sont forcés de suivre la tendance baissière et ne peuvent pas faire autrement que de la renforcer par une gestion indexée à l'indice. L'objectif de réduire le risque de perte a entraîné paradoxalement, au cours des deux dernières années, une détérioration sévère de la valeur de l'épargne et des retraites pour l'ensemble des ménages européens et américains.

Une autre conséquence de la gestion indicielle est qu'elle empêche les fonds de retraite d'investir davantage dans les marchés émergents, parce que ces derniers sont trop étroits par rapport aux marchés développés[3]. Pour parler tout simplement, la majeure partie des gestionnaires financiers est coincée dans un modèle d'investissement répétitif qui limite leurs possibilités de diversification dans de nouveaux horizons.

Ce problème devra être traité de plusieurs manières. Une partie du problème pourra être résolue par des mesures comptables. Les fonds de retraite et les fonds des compagnies d'assurances ne devraient peut-être pas être forcés d'évaluer leurs titres de placement à la valeur du marché, comme l'exige la réglementation dans la majorité des pays. Peut-être devraient-ils être autorisés ou incités à appliquer une mesure d'évaluation à plus long terme que celle des cotations boursières hautement volatiles. Peut-être faudrait-il limiter l'usage de la gestion indicielle par les gestionnaires des fonds de retraite et les compagnies d'assurances, en demandant, par exemple, que 50 % de leurs portefeuilles d'actions soient gérés en fonction d'objectifs de rendements absolus. Ou peut-être devraient-ils être obligés d'investir un minimum de 30 % dans des actions de sociétés privées non cotées. Peut-être avons-nous besoin de réexaminer les critères légaux de prudence et/ou de diligence professionnelle, en les séparant des pratiques dont la seule vertu est d'être conforme à la norme.

PRENDRE DES RISQUES SUR LES MARCHÉS ÉMERGENTS

À long terme, il se peut que la solution à ce problème nécessite de fortement diversifier le portefeuille de risques global par inclusion d'un plus grand nombre de lignes activement gérées, avec une forte exposition sur différents marchés émergents. Les épargnants européens auront probablement besoin de se reporter davantage sur les marchés obligataires et boursiers émergents pour leurs produits d'investissement, afin de contrebalancer des rendements inférieurs générés sur les marchés développés. Ceci signifie que nous devrons considérer ces pays comme des dépositaires à long terme de notre épargne, et pas seulement comme des plates-formes manufacturières ou des exportateurs de matières premières. Avec deux dangers sur cette voie : quand nous ignorons une crise réellement menaçante ; quand nous créons une crise à cause de nos propres erreurs de jugement. Le cas du Brésil (cf. encadré 1) et de l'Argentine (cf. encadré 2) fournit deux bons exemples de ces dangers et de la nécessité d'améliorer notre diagnostic du risque politique.

Encadré 1

L'interprétation incorrecte du risque politique : la réponse du marché aux élections brésiliennes

De la même manière qu'un grand nombre d'entre nous ont été aveuglés par une exubérance irrationnelle de la bulle spéculative de la technologie, un grand nombre d'entre nous sont aveuglés par la peur et un pessimisme irrationnel à propos du Brésil. La recherche de sécurité a augmenté le risque de non-paiement du Brésil, de la même manière qu'une panique créée par les déposants peut ruiner les banques les plus solides. Cette panique est très peu justifiée par la réalité macroéconomique et institutionnelle du Brésil. En l'espace de six mois, les obligations d'État brésiliennes libellées en dollars ont chuté de 50 %, puis ont rebondi, sont retombées et sont actuellement en train de récupérer lentement. Cette volatilité n'a aucun rapport avec la capacité et la volonté du Brésil de rembourser sa dette. En mai 2002, l'obligation d'État libellée en dollars américains du Brésil, due en 2002, était cotée à 99. En octobre, elle était cotée à 50. En novembre 2002, elle est cotée à 62. Les banques étrangères, apeurées, ont réduit leurs lignes de crédit commercial. La crise financière n'a pas grand rapport avec les réalités économiques au Brésil, un pays qui a une balance des paiements satisfaisante et un secteur industriel solide, compétitif et axé sur les exportations. Ironiquement, les politiques économiques et les objectifs sociaux préconisés par le président nouvellement élu sont rapprochés des politiques économiques et des objectifs sociaux préconisés par les principaux partis centristes européens dans leurs propres pays. Il n'y a guère de raison de croire que Lula et son parti, en dépit de ses racines syndicales, aient l'intention cachée de renier la dette étrangère et de se lancer dans des dépenses publiques démesurées[4]. Dans la mesure où le gouvernement de Lula va être capable de défendre des termes commerciaux favorables au Brésil et de négocier des contrats de pays hôtes protégeant raisonnablement les intérêts brésiliens, il renforcera le fondement économique qui, en fin de compte, déterminera la qualité du risque lié à l'investissement. En fait, les détenteurs d'obligations brésiliennes ne vendent pas leurs obligations ou leurs devises. Les vendeurs ont été principalement des étrangers.

L'un des défis posés par le marché est la manière dont il peut éviter d'inventer ou d'exagérer des risques par des comportements moutonniers.

Encadré 2

L'interprétation incorrecte du risque politique : l'illusion argentine

La crise argentine représente l'effondrement du modèle communément appelé « néolibéral », un effondrement que ses détracteurs avaient déjà prédit, il y a plusieurs années[5]. Elle a mis en évidence une série d'illusions sur les possibilités d'éviter le risque, et il est donc utile de s'y pencher davantage. Ce cas illustre également comment le libre-échange et les politiques monétaires peuvent, quand on les pousse à l'extrême au détriment de l'équité, finir par remplacer un mal par un autre.

La mesure, initialement brillante du gouvernement Menem pour arrêter l'inflation galopante et la dépréciation des devises, était de fixer légalement le cours du peso à un dollar américain. Ceci a eu un effet stabilisateur salutaire au début des années 1990, mais cette mesure a été maintenue pendant trop longtemps et a fini par créer de profonds déséquilibres structurels. Les banques étrangères et les investisseurs ont pu acheter des industries privatisées à des prix très avantageux, moyennant un échange de créances contre des prises de participation et avec la promesse de rendements sans risque de dépréciation de la monnaie. Ces protections contractuelles excessivement avantageuses n'étaient pas viables après la dépréciation de plus de 200 % du peso, et ont entraîné une perte très élevée de la valeur investie. L'introduction d'un réajustement progressif et d'une plus grande souplesse dans les accords aurait probablement entraîné une évolution graduelle et des profits réduits plutôt qu'une crise brutale où tout le monde est sorti perdant.

L'autre volet de la politique de change fixe a été l'abandon par le gouvernement Menem de la plupart des droits de douane pour permettre un libre-échange des marchandises importées, sans négociations, en compensation d'un accès libre pour une variété d'exportations argentines. Les produits manufacturés précédemment exportés ont perdu leur compétitivité en raison du peso surévalué et de l'amélioration insuffisante de la productivité. Les consommateurs argentins de la classe moyenne, grâce à leurs salaires surévalués calculés en dollars, se sont carrément jetés sur les marchandises importées et ont placé leurs économies à l'extérieur du pays, souvent à Wall Street, répliquant le comportement traditionnel des privilégiés. L'industrie locale a été décimée, et le chômage a finalement grimpé à environ 25 %. Déjà fragilisées par les fraudes, les recettes fiscales ont été encore plus diminuées par la récession et le chômage. Vers la fin des années 1990, les revenus de l'État issus des privatisations, qui avaient masqué le déficit, se sont aussi raréfiés, dévoilant un énorme déficit fiscal. Le résultat a pris au dépourvu de nombreuses banques et gestionnaires de portefeuilles, mais il avait été résolument anticipé par les économistes et les sociologues de l'opposition. La dette

Encadré 2 (suite)

L'interprétation incorrecte du risque politique : l'illusion argentine (suite)

publique externe de l'Argentine, approvisionnée et refinancée avec empressement par les banques américaines et européennes tout au long des années 1990 sur la base d'un peso « dollarisé » et d'un gouvernement « ami » de l'actionnaire prêt à offrir toute la protection technique que l'investisseur étranger demandait, a été reconnue, en l'espace de quelques mois, pour ce qu'elle était vraiment : non soutenable.

Derrière les milliards perdus par les banques et leurs déposants, le coût réel sur le plan humain de cette situation insoutenable est devenu tragiquement évident : des moyens d'existence détruits, des vies brisées, des familles forcées d'abandonner leurs maisons et une famine d'une ampleur jamais vraiment connue dans le pays. Les personnes qui ont eu la chance de se qualifier pour recevoir des visas émigrent.

En bref, l'utilisation excessive d'instruments destinés à éviter le risque à tous les niveaux a contribué directement à l'ampleur de la déroute, et s'est avérée constituer une protection réelle illusoire.

ÉVITER LE RISQUE DANS LES CONTRATS AVEC LES GOUVERNEMENTS HÔTES

Dans le tiers monde, il n'est pas inhabituel que les gouvernements hôtes, qui courtisent les investisseurs étrangers, acceptent d'exempter les sociétés étrangères de toute obligation aux lois locales courantes et futures, y compris aux lois sociales et environnementales. Nous devrions être plus prudents quand nous demandons ces protections, non seulement parce qu'elles sont susceptibles d'abord d'enfreindre des lois internationales existantes, mais aussi parce qu'il est vraisemblable qu'elles entraîneront à terme un risque accru. BP a été capable de négocier une exemption de toutes les obligations juridiques locales présentes et futures pour son gazoduc en Turquie. Ses avocats considéraient probablement cette exemption comme un avantage indiscutable et ont eu sans doute de bonnes raisons de maintenir cette clause de protection ; mais ces accords peuvent facilement engendrer un comportement abusif et entraîner des conséquences imprévues[6].

Les organisations non gouvernementales (ONG) ont appris à détecter les infractions aux Droits de l'homme, et les investisseurs ISR essayent d'évaluer comment les risques d'image, suite à ces infractions, peuvent influencer les évaluations des sociétés. Mais, les risques liés à l'investissement provenant de politiques de développement mal avisées, ou d'accords avec les pays hôtes également peu judicieux, sont en dehors des capacités d'analyse de la majorité des gestionnaires ISR.

Par exemple, par omission plutôt que par acte volontaire, Shell a eu sa part de responsabilité dans l'abus des Droits de l'homme commis par le gouvernement du Nigeria à Ogoniland au milieu des années 1990. D'après l'opinion générale, Shell a tiré des leçons de son erreur et grâce à de meilleures politiques sociales et pratiques de gestion, la société a amélioré sa réputation. La majorité des fonds ISR reflètent ce fait, en classant Shell parmi les meilleures sociétés de son secteur. Mais, à l'opposé, aucun gestionnaire ou analyste de portefeuilles de développement durable ou d'ISR ne s'était penché sur la durabilité des risques liés aux sociétés et aux banques ayant d'importantes participations en Argentine. La non-durabilité du risque systémique ne fait pas encore partie de la structure analytique de la communauté de l'ISR ; ce qui n'est pas surprenant puisque les analystes et les gestionnaires de portefeuilles traditionnels sous-estiment ce fait.

L'IDENTIFICATION DES RISQUES SYSTÉMIQUES MENAÇANT LA DURABILITÉ

Les risques systémiques menaçant la durabilité ne sont pas nettement définis d'un point de vue analytique. Avec l'aide des ONG, les analystes peuvent maintenant identifier la complicité d'une société en termes d'abus des Droits de l'homme. En faisant le gros du travail, les analystes peuvent arriver à déterminer l'impact financier de la réhabilitation d'une usine ou d'une gamme de produits à la lumière de réglementations environnementales à venir. Mais les risques systémiques sont plus difficiles à identifier, ils dépendent davantage de l'analyse politique, et il n'est pas évident de déterminer la meilleure réponse de l'investisseur. Si l'on possédait la preuve que des pots-de-vin ont été payés à des officiels du gouvernement en échange d'avantages non équitables par le pays hôte, ceci constituerait un cas manifeste de corruption d'entreprise, punissable en tant que tel et ayant un impact sur la société payant le pot-de-vin. Mais, comment pouvons-nous déterminer si la gestion économique d'un pays est sur la mauvaise voie, et doit-on nécessairement vendre ses participations dans un tel marché et le quitter ?

Il n'est pas facile de prendre une décision, mais de tels jugements sont parties intégrantes et nécessaires à la gestion des investissements internationaux. Certains symptômes constituent un avertissement. La portée et l'importance des termes contractuels extrêmement déséquilibrés, convenus par le gouvernement d'un pays hôte, constituent une indication. Si ceux-ci sont nombreux et influencent les secteurs-clés de l'économie, ils peuvent constituer de véritables signaux d'alerte.

UNE NOUVELLE AGENCE POUR L'INVESTISSEMENT ÉQUITABLE

Identifier les risques systémiques est important. Il est encore plus important de trouver un moyen institutionnel de réduire leur incidence. Peut-être qu'une forme de revue quelconque externe et internationale et qu'un mécanisme de contrôle pour les projets importants de fusions-acquisitions, de privatisations, d'infrastructures et de concessions, effectués par les grandes multinationales dans les économies émergentes, aideraient à imposer des limites. Pour que les avantages de la mondialisation deviennent plus réciproques et mieux acceptés, un nouveau mécanisme de contrôle effectif doit être créé et mis sur pied pour éviter de recréer tous ces types d'excès et de problèmes.

Peut-être cette suggestion est-elle naïve, mais comme l'Union européenne possède un conseil antitrust, à Bruxelles, qui s'occupe des intérêts publics et institutionnels en déterminant les limites de ce que les sociétés peuvent et ne peuvent pas faire au sein de l'Union européenne, nous pourrions aussi envisager la création d'une agence supranationale ayant les pouvoirs d'appliquer des accords équitables entre les multinationales, les prêteurs institutionnels et les gouvernements hôtes. Les agences de l'ONU travaillent de concert avec toutes les parties pour créer des structures pour les échanges mondiaux, la santé publique et le développement de l'infrastructure physique. Peut-être que l'infrastructure des investissements sur les marchés émergents a-t-elle besoin d'efforts comparables au moyen d'une agence similaire.

Aujourd'hui, les lois internationales et les ONG sont en place pour régler les problèmes de corruption et des abus liés aux Droits de l'homme. Le travail de Transparency International, d'Amnesty International et d'un grand nombre d'autres groupes de soutien a un impact positif. Mais ces efforts ne résolvent par directement les questions fondamentales de la pratique commerciale juste et équitable entre les multinationales et les gouvernements des pays hôtes. Quelle que soit la manière dont elle serait constituée, une plate-forme réglementaire améliorée devrait pouvoir offrir une protection aux intervenants locaux sur les marchés émergents, de même qu'une protection aux investisseurs internationaux. Elle ne peut pas être unilatérale.

QUEL RÔLE POUR LES CODES DE CONDUITE DES ENTREPRISES ET L'ISR ?

Un réexamen sérieux et une nouvelle réglementation sont nécessaires pour que la confiance du public revienne dans les marchés financiers, ce qui ne sera pas résolu en repassant tout simplement en revue les codes de conduite du gouvernement d'entreprise ou en réorganisant les comités internes, parce que l'industrie financière n'a jamais su démontrer qu'elle était capable d'appliquer sa propre autoréglementation. Elle fait l'objet de trop de conflits d'intérêts.

Le concept du développement durable, au titre duquel l'économie se développe pour répondre aux besoins de la société tout en limitant la détérioration de l'environnement, implique que les flux de capitaux d'investissement vont devoir être progressivement orientés, canalisés vers des sociétés qui produisent les meilleurs résultats dans le respect des principes de la triple *bottom line* (résultats financiers, environnementaux et sociaux) et en s'éloignant progressivement des sociétés qui ne respectent pas certains standards minimums. Dans un monde idéal, cela devrait se produire dans toutes les régions du monde et dans tous les secteurs de l'industrie. Toutefois, il n'est pas nécessaire d'aller jusque-là dans un premier temps.

Nous savons tous que les économies américaine et européenne sont très loin de se comporter conformément aux principes du développement durable. Mais dans les dix années qui ont suivi Rio[7], et dans le prolongement de Johannesburg[8], nous avons pu constater avec espoir quelques indications de progrès qui vont dans cette direction. Quatre éléments prometteurs le démontrent : des critères environnementaux et sociaux sont maintenant appliqués aux projets d'investissement et de prêt de la Banque mondiale et des banques de développement régional, comme la Banque interaméricaine de développement et l'Economic Development Board ; des fonds de placement socialement responsables qui passent au crible les sociétés à forte capitalisation, conformément à des grilles de critères environnementaux et sociaux, commencent à attirer certains investisseurs institutionnels, bien que ce soit encore au stade de l'expérimentation ; un petit nombre de fonds de souscription privée et de capital-risque investissent dans des sociétés non cotées dans le secteur agricole ou forestier durable ou dans les énergies de remplacement ; les banques de microcrédit offrent des prêts peu élevés et nécessaires au développement de certains des pays les plus pauvres du tiers monde.

Cependant, dans tous ces cas, le montant du capital impliqué reste minuscule comparé au stock de capital global et à l'ensemble des flux de capitaux. Il est certainement minuscule par rapport à ce qui est vraiment nécessaire pour maintenir le développement à l'extérieur de l'OCDE. Les entreprises et les marchés fonctionnent encore dans une grande mesure comme ils le faisaient avant Rio. Les actifs sous gestion des fonds qui appliquent des critères environnementaux et sociaux, de même que l'analyse financière, ne s'élèvent probablement pas à plus de 50 milliards d'euros aujourd'hui aux États-Unis, en Europe et au Japon. La capitalisation du marché de l'Indice de MSCI World, à lui seul, représente 13 000 milliards d'euros. Par conséquent, la totalité des fonds que l'on peut citer comme sélectionnant des actions cotées publiquement en ligne avec les critères de durabilité est inférieure à 0,4 % de l'univers des possibilités d'investissement coté et représenté dans l'indice. Ceci exclut encore toutes les petites et moyennes entreprises privées constituant le gros de l'économie et de l'emploi dans la majorité des pays. De manière similaire, sur les centaines de millions de pauvres qui pourraient bénéficier d'un microfinancement pour se procurer des moyens de subsistance, moins de 5 % en bénéficient aujourd'hui.

En bref, nous ne pouvons pas nous attendre à ce que les conditions de retraites durables et viables soient remplies par les différentes initiatives ISR. Pour des retraites durables et viables, il est nécessaire d'avoir une plus grande diversification des instruments de placement et des stratégies d'investissement au sein des marchés développés, et une meilleure orientation des principaux flux financiers et de placement vers les marchés émergents, avec des protections raisonnables, mais non excessives, pour les investisseurs et pour les intervenants locaux. La diversification dans l'investissement privé, à l'exemple du capital-risque, dans des entreprises de petite et moyenne taille sur des marchés développés et émergents, sera la seule vraie manière de s'affranchir et de réduire le risque durable parce qu'il y aura ainsi une cohérence avec la création d'emplois, la croissance des revenus, le progrès social et la stabilité institutionnelle.

Notre investissement dans nos retraites doit être considéré à long terme, et j'ai tenté d'indiquer que cela signifiait un réexamen de certains paramètres que nous trouvions jusqu'alors tous naturels dans le déroulement de nos activités au quotidien. Quand les investissements semblent ne pas comporter de risque ou sont protégés par des mesures excessives, que ce soit chez nous ou à l'étranger, il se peut que ce soit un signal qui devrait nous amener à réexaminer et à remettre en question leur durabilité financière. L'ISR offre de nouveaux outils analytiques et des techniques diverses pour améliorer la qualité de l'analyse fondamentale d'une société ; il propose aussi une nouvelle gamme de produits financiers dans lesquels nous avons le choix d'investir. Avec ou sans ISR, nous devons toujours nous protéger des dangers de l'investissement dans les sociétés de grande capitalisation et la gestion indicielle.

Le risque fait partie de la vie. Le risque fait partie des investissements. Regardons les choses en face. En acceptant des risques raisonnables, nous agirons probablement mieux dans l'intérêt de nos actionnaires et des autres parties prenantes de la société.

Notes

1. Notez la différence entre ce concept et l'ISR et l'investissement éthique. L'ISR et l'investissement éthique sont des techniques de gestion de portefeuilles qui ne considèrent généralement pas les conditions structurelles étayant l'économie. Ce sont plutôt des façons de différencier les entreprises les unes des autres en appliquant soit des critères éthiques limitatifs, soit des critères environnementaux ou sociaux inclusifs. Pour obtenir une présentation des méthodes ISR, voir le rapport de Mistra, *Screening of Screening Companies* (la sélection des sociétés de sélection), Stockholm, 2001.

2. Étude du Centre des études stratégiques et institutionnelles, Washington, 2002, mentionnée dans le *Financial Times* le 15 novembre 2002.

3. La capitalisation des indices d'actions de marchés émergents représente moins de 5 % de celle des pays développés. L'indice MSCI pour les marchés émergents représente 530 milliards de dollars contre 13 300 milliards de dollars pour le MSCI World Index. L'Amérique latine représente 88 milliards de dollars ou moins de 1% du World Index. MSCI n'a pas d'indice pour l'Afrique, mais l'Afrique du Sud représente 70 milliards de dollars, le Maroc 1,5 milliard de dollars et l'Égypte 1 milliard de dollars.

4. Notez ces extraits de l'interview de L. Weymouth avec le président élu Lula dans le *Washington Post* en novembre 2002. L.W. : « Il y a deux manières de générer la croissance : le libre-échange ou le modèle socialiste

qui se repose sur l'État. Quelle ligne d'action poursuivrez-vous ? ». L. : « Je ne pense pas que l'État doive nécessairement gérer les sociétés. Je me souviens de ce que le président Roosevelt a fait avec la Tennessee Valley Authority. Le rôle de l'État est de planifier, stimuler le développement au moyen de mesures de stimulation et, si nécessaire, fournir un financement en association avec le secteur privé... Pendant la campagne, j'ai mis sur pied un groupe de travail pour discuter de la structure d'un nouveau système financier. J'ai dit aux banquiers que les taux d'intérêt offerts par le gouvernement ne pouvaient pas être supérieurs aux profits dans le secteur de la fabrication. Les banquiers se sont plaints qu'il n'y avait pas suffisamment de mesures de stimulation pour investir dans l'immobilier. J'ai donc dit ensuite : pourquoi ne pas commencer à discuter des changements qui favoriseraient votre décision d'investir dans l'immobilier ? ». L.W. : « Êtes-vous prêt à dire aux investisseurs américains que vous ne renégocierez pas la dette du Brésil ? ». L. : « Vous pouvez dire aux investisseurs américains et aux citoyens américains que le gouvernement brésilien respectera tous les engagements contractuels qu'il a signés ».

5. Les pages du *Monde diplomatique* contiennent, depuis le milieu des années 1990, des articles prémonitoires critiquant le modèle argentin. Étant une analyse de tendance gauchiste, elle a été largement ignorée par les investisseurs étrangers.

6. Déclaré à la Conférence sur les lignes d'investissement triple plancher à Bruxelles, en novembre 2002, par Amnesty International. BP serait conscient du problème et est en train d'examiner cet aspect du contrat.

7. Conférence des Nations unies sur l'environnement et le développement qui a eu lieu à Rio en 1992, où le concept du développement durable a été reconnu et où les efforts de l'Agenda 21 ont commencé.

8. Pour une lecture positive de Johannesburg, voir de Perthuis C., *Les trois avancées de Johannesburg*, Sociétal, n° 38, 4ème trimestre, 2002.

MONDIALISATION ET ÉTHIQUE DES ÉCHANGES

JEAN-YVES NAUDET*

Le jugement critique porté sur le mouvement de mondialisation se place souvent sur le plan éthique : la mondialisation accroîtrait les inégalités, épuiserait les ressources naturelles au détriment des générations futures, maintiendrait le tiers monde dans la misère, détruirait l'environnement, aggraverait les difficultés sociales. Autant d'observations qui se situent largement sur un plan moral et qui aboutissent souvent à une condamnation du principe même de la mondialisation ou, du moins, de ses modalités actuelles.

Un jugement plus équilibré sur la mondialisation ne doit donc pas perdre de vue ces considérations éthiques. Or, pour l'économiste, ce jugement ne peut être porté qu'en revenant à la base de ce qu'est la mondialisation : une généralisation de l'échange, phénomène qui, lui, est naturel. Il faut remonter à la source et si l'échange, que la mondialisation ne fait que rendre universel, est éthique dans son principe, la mondialisation le sera aussi. Cela n'enlève rien aux difficultés ou aux scandales qui peuvent accompagner la mondialisation, mais cela empêche de la critiquer dans son principe, en la considérant en elle-même comme immorale.

On observera au préalable qu'il y a une ambiguïté dans la critique antimondialisation, qui regroupe deux courants diamétralement opposés : le premier considère que la mondialisation ruine le tiers monde, empêche son développement, accroît les inégalités mondiales, et donc que la mondialisation se fait contre le tiers monde, à son détriment ; le second pense au contraire que la mondialisation ruine les pays riches, les envahissant par la concurrence déloyale des bas salaires et des faibles conditions sociales, ruinant les entreprises des pays

---

* Professeur à l'université d'Aix-Marseille III, directeur du Centre de recherches en éthique économique.
Le Centre de recherches en éthique économique organise chaque année un colloque d'éthique économique. Cet article s'inspire du IXème colloque d'éthique économique qui a eu lieu les 4 et 5 juillet 2002 à Aix-en-Provence (université d'Aix-Marseille III) sous le titre « Mondialisation et éthique des échanges » et dont les actes seront publiés sous ce titre, en 2003, à la librairie de l'université d'Aix dans la collection « Éthique et déontologie ».

développés, menaçant leur agriculture par l'invasion des produits à bas prix et détruisant des emplois. Ces deux critiques sont contradictoires et il y a donc, au moins, deux types d'argumentation dans les courants antimondialisation.

L'ÉCHANGE, UN JEU À SOMME POSITIVE

Dans les deux cas, le point de départ est celui d'un jeu à somme nulle, avec un gagnant (le pays pauvre ou le pays riche, suivant les cas) et un perdant. Voilà effectivement qui rendrait la mondialisation immorale, puisque l'échange le serait également. Or, il y a là un contresens sur ce qu'est l'échange. Il s'agit dans tous les cas, s'il est libre et volontaire, d'un jeu à somme positive, source de création de richesses. Il y a deux gagnants dans l'échange (les deux partenaires), ce qui en fait la supériorité éthique. Cela vient de la conception subjective de la valeur des biens échangés : cette valeur est appréciée différemment par chacun des co-échangeurs. Celui qui vend accorde plus de valeur à ce qu'il achète qu'à ce dont il se sépare (sinon il ne le ferait pas), et celui qui achète en accorde plus à son tour à ce qu'il achète qu'à ce qu'il vend (sinon il ne le ferait pas non plus) : la motivation d'un échange libre tient à ce que chacun y trouve son compte. Il y a donc un gain net qui bénéficie aux deux parties, et l'échange ne peut être inégal puisque chacun en retire des satisfactions subjectives dont il n'existe pas de mesure objective : cela dépendra de l'usage que l'on fera du bien acheté. Ce sont ces différences d'appréciation qui, justement, provoquent l'échange.

Plus fondamentalement, l'échange repose sur un principe éthique fondamental : celui de deux volontés libres qui se rencontrent dans un contrat, lui aussi librement négocié, et qui échangent leurs propriétés légitimes, elles-mêmes obtenues par une création, un travail ou un autre échange. L'échange repose donc sur un principe moral, celui de la liberté des consentements, et l'on n'est jamais obligé d'accepter un échange, du moins si l'on se trouve, comme au niveau mondial, dans un climat général de concurrence : il n'y a qu'en monopole que l'échange peut être contraint.

ÉCHANGE ET ÉCLATEMENT DES CONNAISSANCES

Pour comprendre ce caractère éthique de l'échange, il faut remonter à sa source, qui tient à l'éclatement des connaissances et des informations. Aucun de nous, aucune entreprise, aucun pays, aucune personne ne peut tout savoir, et c'est pour cela que l'on pratique la division du travail, la spécialisation qui permet de bénéficier des qualités et des connaissances des autres et de faire bénéficier les autres de nos propres informations et qualités. Le marché, qui repose sur l'échange, n'est rien d'autre qu'un vaste système de traitement de l'information, et l'on sait que les tentatives de traitement centralisé de l'information, par une planification obligatoire, ont toutes échoué. Des auteurs comme Friedrich August Hayek ont souligné ce rôle de l'ignorance dans la vie économique.

Contrairement à ce que pensaient les économistes néoclassiques, nous ne sommes pas en information parfaite, mais en information partielle. Les prix ne sont rien d'autre qu'un système de traitement de l'information. Plus généralement, la division du travail et l'échange qui en résulte sont une façon d'acquérir, dans des produits finis, les connaissances, le savoir-faire, les qualités, les informations des autres. L'échange entraîne un progrès pour tous, d'où à nouveau sa dimension éthique, parce qu'il permet d'accroître le stock global de connaissances dont chacun peut bénéficier. Il est évident qu'en généralisant l'échange au niveau mondial, on accroît le champ global des connaissances dont chacun peut bénéficier.

À ces arguments de base en faveur de l'échange le plus général possible, on peut ajouter que la mondialisation des échanges a encore d'autres conséquences éthiques plus appliquées cette fois.

Tout d'abord, il est évident que si l'échange bénéficie aux deux parties, il a des conséquences favorables aussi lorsqu'il se fait entre entreprises de pays de niveau de développement différent, pour les pays pauvres comme pour les pays riches.

Pour les pays pauvres, l'échange permet de se procurer des biens nécessaires au développement, biens que l'on ne produit pas soi-même (biens d'équipement) et de trouver des débouchés pour ce que l'on produit (exportations). La mondialisation est donc ici facteur de développement, et l'on sait que le commerce est la meilleure forme d'aide au développement, très supérieure à l'aide publique souvent gaspillée. L'histoire montre bien que les pays fermés se sont enfoncés plus encore dans la misère, et que le développement a bénéficié (de l'Asie du Sud-Est à l'île Maurice) aux pays qui jouaient le jeu de l'ouverture internationale. Tous les pays, même les plus pauvres, ont des atouts à faire valoir en termes de capital humain, et le faible coût de la main-d'œuvre peut leur donner un avantage compensant une moindre productivité : peu à peu, le développement permettra d'améliorer salaire et protection sociale.

Pour les pays riches, on sait que le commerce a soutenu l'activité économique et qu'il est un stabilisateur de conjoncture ; en sens inverse, on voit très bien, en 1929 par exemple, comment le repli sur soi a aggravé la conjoncture. En outre, il faut voir les avantages pour le producteur (grâce aux exportations), mais aussi pour le consommateur (grâce aux importations) qui peut se procurer des produits meilleur marché : ce qui est souvent présenté comme un danger est au contraire un bénéfice dans une société de consommation : on bénéficie des avantages comparatifs des autres et de leurs efforts et gains de productivité.

ÉCHANGE LIBRE ET LIBÉRALISATION POLITIQUE

Ensuite, il est vrai que l'ouverture économique ne s'accompagne pas toujours d'une ouverture politique, et c'est cela qui freine les avantages de l'échange : les pays qui refusent les libertés fondamentales tirent moins de profits de l'échange que ceux qui jouent le jeu de la démocratie et des droits des personnes. Mais, il est évident - on l'a bien vu avec l'Europe de l'Est, ou plus près de nous avec le Portugal, l'Espagne ou la Grèce - que l'échange de produits ne va pas sans un échange des idées, des hommes, de l'information et des valeurs. En ce sens, l'échange libre peut être un facteur de libéralisation politique, ce qui, à nouveau, lui donne une supériorité éthique. L'échange est typique des sociétés ouvertes et non closes et des liens impersonnels. La généralisation de l'échange marque un mouvement - accentué par la chute du mur de Berlin - en faveur des sociétés de libertés, dont les libertés économiques font partie. Il y a bien une éthique dans le respect des droits fondamentaux, et ce respect peut, grâce à l'échange, s'étendre de la sphère économique vers la sphère politique : c'est ce que l'on peut espérer progressivement de la participation aux échanges de pays comme la Chine.

Certes, les adversaires de la mondialisation s'inquiètent des risques, pour l'éthique, de la domination d'un pays (les États-Unis en l'occurrence) ou d'un groupe de pays (l'OCDE par exemple) sur les autres. Il est vrai que l'hégémonie n'a rien d'éthique, mais cela repose sur un contresens : on raisonne comme si l'échange se faisait d'État à État, de gouvernement à gouvernement, entre pays, comme dans un commerce d'État. Or, l'échange n'est pas, contrairement à l'expression courante, international ; il se fait entre entreprises - voire entre personnes par nos achats quotidiens - et il n'y a pas de différence de fond entre un échange entre deux entreprises d'un même pays et un échange entre deux entreprises de deux pays différents. C'est le même principe qui est en jeu, et c'est d'autant plus vrai qu'aucun produit ne peut plus être considéré comme étant à 100 % d'un seul pays. Le moindre produit manufacturé a des composants, matières premières, sous-traitants ou services provenant de très nombreux pays, et la traçabilité de l'ensemble serait bien difficile à reconstituer, tant l'interpénétration des économies est déjà un fait.

LA MONDIALISATION EST UN FAIT

La mondialisation est un fait ; c'est une réalité. Comme toute action humaine, elle comporte des faiblesses, des risques, des limites. Mais, son principe ne peut être contesté, en tous cas sur un plan éthique. Quant au plan pratique, même les plus farouches adversaires de la mondialisation en utilisent tous les instruments, tous les moyens, communiquent par Internet, utilisent leur portable, prennent l'avion, envoient des fax et se servent de toutes les technologies qui abolissent les frontières entre les hommes. En ce sens, chacun, même les adversaires de la mondialisation, la reconnaît comme un fait acquis.

Il reste que la mondialisation suscite des craintes parce qu'elle véhicule, comme toute action humaine, le bien et le mal, les forces et les faiblesses des hommes, et que l'on se situe dans le monde réel, celui d'hommes imparfaits, et non dans un monde idéal, celui que donnerait des hommes parfaits. Parmi ces craintes, l'une est plus intéressante que les autres, c'est la peur de l'uniformisation culturelle qui résulterait de la mondialisation, et la préservation des cultures nationales ou locales a bien sûr une dimension éthique. En réalité, la mondialisation agit ici comme tout phénomène économique : il y a des destructions et des créations (comme dans la « destruction créatrice »). Et si certaines diversités disparaissent, d'autres apparaissent.

Mais cela vient nous rappeler que plus notre vision économique est large, à l'échelle de la planète désormais, plus il devient essentiel pour chacun de s'enraciner localement dans des traditions, dans des communautés, dans la société civile. Le mouvement de mondialisation sera d'autant plus « humanisé » que l'on aura pris conscience que l'économie n'est pas le tout de l'homme, et que cet homme a des dimensions culturelles ou affectives qui doivent, elles aussi, se développer, s'enraciner et servir de contrepoids à la mondialisation économique. Si la mondialisation c'est la diversité des échanges et des produits, elle doit s'accompagner aussi d'une plus grande diversité culturelle, grâce à une société civile forte et dynamique.

LES DÉFIS POSÉS AU GAFI

JOCHEN SANIO*

En juillet 2002, l'Allemagne a succédé à Hong Kong, Chine, à la présidence du Groupe d'action financière sur le blanchiment de capitaux (Gafi)[1]. Le cycle 2001/2002 des travaux du Gafi avait été marqué par les débuts de la lutte contre le financement du terrorisme. En plus de ses activités traditionnelles de lutte contre le blanchiment de capitaux, le Gafi est désormais pleinement engagé dans la mise en œuvre d'un plan d'action pour combattre le financement du terrorisme. Dans ce contexte, lors de leur réunion plénière du 9 au 11 octobre 2002 à Paris, les membres du Gafi ont adopté un programme de travail très ambitieux pour la quatorzième session des travaux du Gafi. Le présent article a donc pour objet de présenter une vue d'ensemble des activités du Gafi et des défis qui vont se poser au cours des prochains mois.

LA RÉVISION DES QUARANTE RECOMMANDATIONS

Le défi le plus important, et peut-être le plus difficile à réaliser, sera de mener à bien la révision des quarante recommandations contre le blanchiment des capitaux[2]. Ces recommandations sont désormais reconnues comme la norme internationale de référence pour la lutte contre le blanchiment d'argent. Elles contiennent l'ensemble des mesures juridiques, financières et opérationnelles pour agir contre le blanchiment. À la différence d'un traité ou d'une convention internationale, ces recommandations offrent une certaine flexibilité et peuvent être révisées au fil du temps. Le blanchiment de capitaux étant un phénomène évolutif, les mesures pour le combattre doivent s'adapter.

---

* Président du Gafi jusqu'au 1er juillet 2003, et également président de l'Autorité de contrôle du secteur financier (Bundesanstalt für Finanzdienstleistungsaufsicht) en Allemagne.
Les propos exprimés dans cet article n'engagent que l'auteur et ne reflètent pas nécessairement la position du Gafi.

Afin d'avancer la révision, beaucoup de travaux préparatoires, extrêmement utiles, ont été accomplis lors du Gafi-XIII, sous la présidence de Clarie Lo, avec notamment la publication d'un document de consultation publique qui contient l'ensemble des questions examinées dans la révision et qui présente des options pour traiter les risques, ou des propositions appropriées. Le document traite de nombreuses questions importantes, et se divise en trois sections principales abordant les thèmes majeurs suivants :
- l'identification et l'obligation de diligence vis-à-vis du client, les déclarations de transactions suspectes, la réglementation et le contrôle ;
- les renseignements sur les bénéficiaires réels et ceux qui contrôlent des structures sociétaires (par exemple, les sociétés, les fiducies, les fondations...), la couverture des risques, les objectifs pour lesquels des renseignements sont exigés, les obligations essentielles qui doivent être remplies et les mesures possibles qui peuvent être prises, avec une attention particulière sur les actions au porteur et les fiducies ;
- les activités et les professions non financières - certaines catégories d'activités ou de professions ont été identifiées comme étant de plus en plus susceptibles d'être utilisées de façon abusive pour du blanchiment de capitaux. Le Gafi est en train d'examiner la possibilité d'étendre les quarante recommandations à sept de ces catégories : les casinos et autres activités de jeux d'argent ; les agents en biens immobiliers et en objets de haute valeur ; les prestataires de services aux sociétés et fiducies ; les avocats ; les notaires ainsi que les professions comptables et les conseillers financiers.

Les nouvelles normes internationales antiblanchiment doivent répondre aux menaces et aux méthodes actuelles de blanchiment, tout en représentant un équilibre des positions et des politiques antiblanchiment des pays membres, ainsi qu'en prenant en compte, dans la mesure du possible, les opinions, voire les propositions du secteur privé, quant à la meilleure efficacité possible des mesures envisagées. À cet égard, et pour la première fois de son histoire, le Gafi a organisé une vaste consultation publique sur les changements à apporter aux quarante recommandations. Cet exercice s'est aussi concrétisé par l'organisation d'un forum international avec des représentants du secteur privé, le 8 octobre 2002, qui s'est tenu en marge de la réunion plénière du Gafi. À l'occasion de ce forum, l'ensemble des professions financières et non financières concernées ont pu s'exprimer sur les changements en cours d'examen par le Gafi. Les pays non membres du Gafi, mais surtout ceux qui font partie d'un groupe régional de type Gafi[3], participent aux travaux de révision.

Afin de terminer le processus de révision vers le milieu de l'année 2003, un groupe de travail unique[4] a été mis sur pied dès le mois de juillet 2002, et il doit désormais accélérer ses travaux et ses réunions pour préparer la voie à des changements acceptables par l'ensemble des membres. La tâche reste néanmoins immense et extrêmement délicate compte tenu de la nature des questions abordées tant sur le plan juridique (définition du délit de blanchiment et amélioration des mesures de coopération internationale) qu'au niveau du secteur financier (par exemple la question des clients à haut risque comme les personnes politiquement exposées, ou l'identification des clients dans le cas des apporteurs d'affaires...), et du droit des véhicules sociétaires (les renseignements sur les propriétaires-bénéficiaires et ceux qui en détiennent le contrôle des différents types de sociétés). Enfin, la révision des quarante recommandations aborde le thème des obligations antiblanchiment des entreprises et des professions non financières, ce qui représente une innovation majeure.

LA LUTTE CONTRE LE FINANCEMENT DU TERRORISME

Le deuxième grand défi du Gafi-XIV est de s'engager dans un effort coopératif sans précédent visant à la mise en oeuvre efficace des huit recommandations spéciales contre le financement du terrorisme. À la suite des événements du 11 septembre 2001 aux États-Unis, le Gafi a réagi avec rapidité et efficacité. Lors de la réunion plénière de Washington, des 29 et 30 octobre 2001, huit recommandations spéciales contre le financement du terrorisme ont été adoptées, ainsi qu'un vaste plan d'action de lutte contre ce fléau.

Les recommandations spéciales fournissent le cadre fondamental visant à détecter, prévenir et réprimer le financement du terrorisme. Le plan d'action s'est traduit par l'auto-évaluation immédiate des pays membres du Gafi vis-à-vis de ces recommandations, l'analyse des techniques et des méthodes du financement du terrorisme, ainsi que la publication de directives pour aider les institutions financières à prévenir et détecter le financement des actes terroristes. Ce plan s'est aussi traduit par une mobilisation internationale lancée lors d'un forum spécial organisé le 1er février 2002 à Hong Kong, Chine. Lors du Forum, plus de soixante pays ont adhéré aux huit recommandations spéciales et se sont engagés à remplir le questionnaire d'auto-évaluation sur le financement du terrorisme. À ce jour, plus de 130 pays ont participé à cet exercice mondial d'évaluation des mesures antifinancement du terrorisme. Son but est de permettre au Gafi d'identifier les pays prioritaires pour recevoir de l'assistance technique de la part du Fonds monétaire international (FMI), de la Banque mondiale et des Nations unies, afin d'améliorer leur système de lutte contre le financement du terrorisme.

En dépit des avancées immenses réalisées depuis octobre 2001, il reste encore beaucoup de travail à effectuer pour s'assurer d'une mise en œuvre totale et efficace des huit recommandations spéciales. Conscient de la nécessité d'entrer dans la deuxième phase de la lutte contre les finances du terrorisme mondial, le Gafi a récemment adopté des directives sur les meilleures pratiques à suivre pour éviter que les organismes à but non lucratif, comme les fondations, les associations, les organismes religieux, ne soient détournés de leurs objectifs légitimes pour servir à financer des actes terroristes. Ces directives se réfèrent à un certain nombre de règles et de pratiques à suivre dans les domaines de la transparence financière, de la compatibilité, du contrôle des dirigeants et de la supervision. C'est probablement la première fois qu'un document de cette nature fournit, au niveau international, des fondements précis pour une action complète et efficace visant à empêcher l'utilisation abusive des finances des organismes à but non lucratif à des fins criminelles.

Un autre progrès récent et important effectué par le Gafi XIII dans la lutte contre le financement du terrorisme a été le développement d'une note interprétative sur les virements électroniques. En octobre 2001, le Gafi avait adopté la recommandation spéciale VII avec l'objectif de détecter et de prévenir le libre accès des terroristes et d'autres criminels aux virements et aux transferts de fonds pour déplacer leurs capitaux. Ayant estimé que l'accès des services opérationnels et d'enquêtes aux renseignements essentiels sur les donneurs d'ordre de transfert de fonds (nom, adresse, numéro de compte) devait être amélioré, le Gafi a adopté une proposition de note interprétative visant à mettre en œuvre de façon efficace les mesures contenues dans la recommandation spéciale VII. Il s'agit, pour l'instant, encore d'un projet, car le Gafi n'a pas l'intention d'imposer des normes rigides dans le domaine du système de paiement, sans avoir consulté au préalable le secteur privé. À l'issue de la période de consultation, le Gafi devra examiner les commentaires reçus et adopter un texte définitif lors de sa prochaine réunion en février 2003. Cette question est délicate mais fondamentale dans la lutte antifinancement du terrorisme, compte tenu de l'utilisation répétée des transferts de fonds, notamment par les auteurs des attentats terroristes du 11 septembre 2001.

Le renforcement de la mise en œuvre des mesures antifinancement du terrorisme ne s'arrête pas aux organismes à but non lucratif et aux virements électroniques, mais concerne d'autres aspects traités dans les recommandations spéciales comme le gel et la confiscation des avoirs des terroristes, et le transfert de fonds ou de valeurs à travers les réseaux alternatifs et informels. Cette dernière question est essentielle tant pour le combat contre les finances du terrorisme que pour la lutte contre le blanchiment de capitaux. Il est désormais grand temps de se livrer à une attaque en règle contre cette zone de « non-droit » de la finance internationale que représentent les différents systèmes alternatifs de remise de fonds, connus sous les noms de Hawala, Hindi...

À cet égard, il s'agit à nouveau pour le groupe de travail du Gafi sur le financement du terrorisme de préparer les mesures appropriées pour s'attaquer aux canaux secrets des capitaux terroristes. Ce travail doit s'accompagner des études typologiques nécessaires, afin de mieux analyser et comprendre les méthodes des blanchisseurs, des terroristes et de ceux qui les soutiennent. Au cours de l'année passée, le système informel de remise de valeurs Hawala et l'utilisation abusive des organisations à but non lucratif ont tous les deux été décrits comme étant des techniques essentielles utilisées pour le financement du terrorisme. L'exercice sur les typologies de l'année dernière a traité ces deux sujets comme partie d'une analyse générale des méthodes de financement du terrorisme. Cependant, il reste encore des questions à traiter comme celles relatives au rôle exact qu'ils jouent et à l'importance de ces méthodes dans les cas concrets.

LE RAPPORT 2002/2003 SUR LES TYPOLOGIES

Notre étude annuelle des techniques et des méthodes de blanchiment contiendra donc cette année, pour la deuxième fois, un volet important sur le financement du terrorisme. Un autre sujet important de l'exercice 2002/2003 sur les typologies du blanchiment consistera à examiner les vulnérabilités du secteur des valeurs mobilières au blanchiment de capitaux. Le Gafi a déjà étudié cette question dans le passé, mais nous devrons à nouveau mener une analyse rigoureuse, afin d'élaborer les réponses qui s'imposent en matière de mesures à prendre. Les quarante recommandations du Gafi s'appliquent au secteur des valeurs mobilières de la même manière qu'elles s'appliquent au secteur financier en général. Néanmoins, des pays et territoires continuent de considérer que le secteur des valeurs mobilières est vulnérable aux utilisations abusives aux fins de blanchiment de capitaux. Cela provient soit du fait que les quarante recommandations du Gafi ne traitent pas certaines caractéristiques qui sont spécifiques au secteur, soit parce que la nature et l'étendue des risques réels ne sont pas bien comprises.

Enfin, le rapport 2002/2003 du Gafi sur les typologies abordera la question du commerce des diamants, de l'or et des métaux et des liens avec le blanchiment de capitaux et le financement du terrorisme. Les diamants, l'or et les autres métaux précieux et pierres précieuses sont des éléments qui ont été utilisés pour « stocker des valeurs » ou pour les « transférer » depuis l'Antiquité. En tant que matériaux de grande valeur intrinsèque, les métaux précieux et les pierres précieuses offrent certains des avantages que présentent les espèces aux individus qui souhaitent cacher ou déplacer des valeurs hors du système financier traditionnel ou surveillé. Dans certains lieux, le commerce des diamants ou de l'or est un circuit essentiel pour faciliter les activités illégales, telles que le trafic d'armes, de narcotiques et d'êtres humains, la contrebande et le financement du terrorisme.

LA COOPÉRATION AVEC LES INSTITUTIONS FINANCIÈRES INTERNATIONALE

Il est difficile d'évoquer le programme du Gafi-XIV sans mentionner notre collaboration renforcée avec les institutions financières internationales qui marque le début d'un véritable partenariat global entre le Gafi, le FMI et la Banque mondiale, pour évaluer les systèmes antiblanchiment de capitaux et antifinancement du terrorisme de tous les pays.

Depuis juillet 2000, le Gafi a sérieusement renforcé sa collaboration avec le FMI et la Banque mondiale. En avril 2001, les conseils d'administration du FMI et de la Banque mondiale ont décidé que les deux institutions devaient intensifier leurs travaux pour lutter contre le blanchiment dans le monde et, pour ce faire, examiner les aspects des politiques antiblanchiment qui touchent à la surveillance dans le contexte du programme conjoint FMI/ Banque mondiale d'évaluation du secteur financier et de l'initiative du FMI concernant les centres financiers *offshore*. Pour répondre en partie aux événements du 11 septembre 2001, le Comité monétaire et financier international et le Comité du développement ont approuvé, en novembre 2001, une participation accrue du FMI et de la Banque mondiale aux travaux concernant la lutte contre le blanchiment d'argent. En avril 2002, ces deux comités se sont félicités des progrès accomplis par le FMI et la Banque mondiale dans la mise en œuvre de ce plan d'action visant à intensifier les travaux concernant la lutte contre le blanchiment et contre le financement du terrorisme. Ces orientations ont été confirmées lors des assemblées annuelles du FMI et de la Banque mondiale en septembre 2002.

Après avoir avalisé les quarante et les huit recommandations du Gafi, le FMI et la Banque mondiale ont élaboré avec le Gafi, au cours des derniers mois, une méthodologie commune pour évaluer la conformité des pays du monde entier aux recommandations du Gafi. Lors de sa réunion plénière de septembre 2001, le Gafi avait créé un groupe de travail chargé d'élaborer un document méthodologique pour évaluer le respect des recommandations du Gafi dans le cadre du programme conjoint FMI/ Banque mondiale, de rapport sur l'observation des règles et des codes (ROSC). Ce groupe a terminé ses travaux en juin 2002 et préparé la voie à l'adoption du document méthodologique. À l'issue de sa réunion plénière du 9 au 11 octobre 2002, le Gafi a annoncé qu'il allait collaborer avec le FMI et la Banque mondiale sur une initiative importante dans la lutte internationale contre le blanchiment des capitaux et le financement du terrorisme. À cette fin, la méthodologie commune sera utilisée par le Gafi, le FMI et la Banque mondiale pour évaluer les systèmes antiblanchiment et antifinancement du terrorisme. Enfin, le FMI et la Banque mondiale ont mis en place un mécanisme de coordination de l'assistance technique fournie aux pays pour renforcer leur système économique, financier et juridique dans le domaine de la lutte contre le blanchiment et le financement du terrorisme.

Une coopération internationale étroite est vitale pour combattre ces phénomènes avec efficacité. La communauté internationale doit mener à bien une action concertée pour empêcher les terroristes et le crime organisé de se livrer à une utilisation abusive des institutions financières et du système financier international. Au cours des dernières années, les efforts pour lutter contre le blanchiment de capitaux et le financement du terrorisme se sont intensifiés. Toutefois, le Gafi estime qu'il est encore nécessaire de donner davantage de priorité à la coopération internationale pour lutter contre le blanchiment et le financement du terrorisme.

Au cours des mois à venir, le Gafi continuera de mettre en œuvre son plan d'action de lutte contre le financement du terrorisme avec vigueur. Dans le même temps, les travaux du Gafi dans d'autres domaines, notamment la révision des quarante recommandations, aura un effet important au niveau mondial sur la mise en œuvre de mesures antiblanchiment efficaces. Qu'il s'agisse de suivre la trace des capitaux blanchis, liés au terrorisme, à la corruption, au trafic de stupéfiants ou à la criminalité organisée, les solutions ne peuvent être trouvées qu'en adoptant des mesures efficaces sur le plan national et en travaillant ensemble à leur mise en œuvre au niveau international.

Notes

1. Le Gafi est un organisme international indépendant dont le secrétariat est installé à l'OCDE. Les vingt-neuf pays et gouvernements membres du Gafi sont les suivants : Allemagne, Argentine, Australie, Autriche, Belgique, Brésil, Canada, Danemark, Espagne, États-Unis, Finlande, France, Grèce, Hong Kong, Chine, Irlande, Islande, Italie, Japon, Luxembourg, Mexique, Norvège, Nouvelle-Zélande, Pays-Bas, Royaume-Uni, Portugal, Singapour, Suède, Suisse et Turquie. Deux organisations internationales sont également membres du Gafi : la Commission européenne et le Conseil de coopération du Golfe. L'Afrique du Sud et la Fédération de Russie ont le statut de membres observateurs.
Pour plus d'informations sur le Gafi, ses efforts pour combattre le financement du terrorisme, la révision des quarante recommandations et la liste actuelle des pays et territoires non coopératifs, veuillez consulter son site Internet (www.fatf-gafi.org/index_fr.htm).

2. Les quarante recommandations de lutte contre blanchiment de capitaux ont été adoptées en 1990, puis révisées une première fois en 1996. Depuis octobre 2001, il existe également huit recommandations spéciales de lutte contre le financement du terrorisme.

3. À l'heure actuelle, il existe cinq groupes régionaux de type Gafi (Groupe d'action financière des Caraïbes, Groupe Asie/Pacifique sur le blanchiment de capitaux, Groupe Moneyval, Groupe antiblanchiment de l'Afrique orientale et australe, Groupe d'action financière sur le blanchiment de capitaux en Amérique du Sud) qui représentent, avec le Gafi, plus de 130 pays et territoires dans le monde.

4. En 2001/2002, trois groupes de travail avaient été créés pour préparer les travaux de révision (les trois groupes traitaient des questions suivantes : l'identification des clients et la diligence raisonnable ; la déclaration des transactions suspectes ; la réglementation et la surveillance ; les structures sociétaires.

L'ACTION DE TRACFIN DANS LA LUTTE CONTRE LE BLANCHIMENT D'ARGENT ET LE FINANCEMENT DU TERRORISME

TRACFIN*

La plupart des pays se sont aujourd'hui engagés dans un processus volontariste de lutte contre le blanchiment des capitaux. Pour ce faire, au-delà d'une législation renforcée et à la sévérité sans cesse accrue, chacun d'entre eux a mis en place un service spécialisé dans cette mission, communément appelé cellule de renseignement financier (CRF).

Selon les États, leurs traditions, leur environnement juridique, leur pôle d'expertise déjà existant, ces CRF sont soit totalement autonomes, parfois rattachées à la Banque centrale, soit partie intégrante du système judiciaire ou d'un service de police. D'autres, enfin, relèvent des ministères des Finances.

C'est le cas en France où Tracfin est un service administratif rattaché au ministère de l'Économie, des Finances et de l'Industrie. Créé par un décret du 9 mai 1990, ses attributions en matière de lutte contre le blanchiment ont été clairement définies par la loi n° 90-614 du 12 juillet 1990, désormais insérée dans le Code monétaire et financier.

ORGANISATION ET STRUCTURE

Au 1er septembre 2002, l'effectif de Tracfin s'élève à 44 personnes, dont 29 enquêteurs-analystes financiers formant le « noyau dur » de la structure, c'est-à-dire son rouage opérationnel. Tous les personnels sont des fonctionnaires d'État, issus de diverses administrations financières (direction générale des douanes, services extérieurs du Trésor...). Un magistrat assure les liaisons avec les parquets territoriaux et, depuis le 1er août 2002, un officier de gendarmerie a été mis à disposition en qualité d'officier de liaison (un cadre de la police nationale devrait le rejoindre à terme).

* Traitement du renseignement et action contre les circuits financiers clandestins.

MISSIONS ET PRÉROGATIVES

Les missions originelles

Tracfin est à la fois une centrale du renseignement sur les circuits financiers clandestins et un service d'expertise antiblanchiment.

Deux missions principales lui sont, en effet, confiées :

- recueillir, traiter et diffuser le renseignement relatif aux circuits financiers clandestins et au blanchiment de l'argent, et coordonner, sur ce sujet, l'action des services relevant du ministère de l'Économie, des Finances et de l'Industrie, (décret du 9 mai 1990) ;
- recevoir et enrichir les déclarations de soupçon des organismes financiers (banques, établissements financiers publics, bureaux de change manuel, sociétés d'assurances, courtiers d'assurances et de réassurances, entreprises d'investissement, mutuelles) et de certaines professions non financières (notaires et agents immobiliers, responsables de casinos, commissaires-priseurs judiciaires et sociétés de ventes volontaires, ainsi que les marchands de biens de grande valeur). La transposition en cours de la directive européenne antiblanchiment du 4 décembre 2001 devrait inclure les experts-comptables, les commissaires aux comptes et les avocats parmi les professions soumises à l'obligation de transmission de déclarations de soupçon.

Ces déclarations, qui constituent la clé de voûte du dispositif français antiblanchiment, sont établies lorsque les sommes inscrites dans les livres des professionnels assujettis, ou les opérations s'y rapportant, pourraient provenir du trafic de stupéfiants ou d'activités criminelles organisées.

Ce mécanisme déclaratif, par essence subjectif, laissé à la libre appréciation du professionnel, est complété, depuis l'entrée en vigueur de la loi sur les nouvelles régulations économiques (NRE) du 15 mai 2001, par des déclarations automatiques, de nature objective, applicables aux seules institutions financières, pour certaines opérations considérées comme particulièrement sensibles.

Pour mener à bien sa mission antiblanchiment, Tracfin dispose de pouvoirs spécifiques :

- il peut faire opposition à l'exécution de l'opération déclarée pendant une durée maximale de douze heures. Ce délai peut être prorogé, sur requête de Tracfin et après avis du parquet, par le président du Tribunal de grande instance de Paris ;
- il peut demander, aux organismes financiers, communication de toutes pièces et documents relatifs à une opération soit pour disposer, suite à une déclaration de soupçon, de l'ensemble des transactions effectuées par une personne physique ou morale, soit pour renseigner, dans les conditions prévues par la loi, un service étranger exerçant des compétences analogues. Le secret bancaire n'est donc pas opposable à Tracfin.

Lorsqu'à l'issue de son expertise financière, Tracfin est parvenu à transformer le soupçon initial en présomption de blanchiment du produit du trafic de stupéfiants ou d'une activité criminelle organisée, il porte les faits à la connaissance du procureur de la République territorialement compétent.

Il saisit également les autorités judiciaires, sur la base des dispositions de l'article 40 du Code de procédure pénale, chaque fois que ses investigations mettent en lumière des faits délictueux situés en dehors du champ strict de la déclaration de soupçon : infractions aux lois sur les sociétés ; fraudes et contrefaçons ; atteintes aux biens (escroqueries notamment à la TVA intracommunautaire, abus de confiance, faux et usage, vols et recels), à la probité publique (corruption), à la confiance publique (faux monnayage), voire aux personnes (proxénétisme).

Dans le cadre de l'exercice de sa mission, Tracfin peut échanger des informations avec les officiers de police judiciaire de l'Office central pour la répression de la grande délinquance financière, les services douaniers et les autorités de contrôle des professions assujetties au mécanisme déclaratif (Commission bancaire, Commission de contrôle des assurances...). En outre, depuis la loi NRE, il peut recevoir, des administrations de l'État, des collectivités territoriales et de leurs établissements publics, toutes les informations qui lui sont nécessaires.

En contrepartie des prérogatives qui lui sont confiées, Tracfin doit respecter des règles déontologiques strictement définies par la loi : les signalements qu'il reçoit ne peuvent être utilisés à d'autres fins que la lutte contre le blanchiment (interdiction, par exemple, d'un usage fiscal), ni transmis à d'autres interlocuteurs que ceux précités et limitativement énumérés dans le Code monétaire et financier.

Les intermédiaires financiers et non financiers bénéficient, quant à eux, d'une exonération de responsabilité pénale, civile et professionnelle du chef de violation du secret professionnel, lorsqu'ils ont, de bonne foi, déclaré leurs soupçons à Tracfin.

Une mission nouvelle : la lutte contre le financement du terrorisme

Les attentats du 11 septembre 2001 ont renforcé la lutte contre les réseaux terroristes et leurs sources de financement.

En effet, les actes terroristes étant assimilés à des activités criminelles organisées, il est admis - notamment par les membres du Groupe d'action financière sur le blanchiment de capitaux (Gafi) - que les fonds suspectés de provenir de telles actions, ou destinés à leur commission, donnent lieu, comme en matière de blanchiment d'argent, à déclaration de soupçon.

De fait, les CRF, à l'instar de Tracfin, sont devenues *ipso facto* des acteurs privilégiés de cette mobilisation. Car, si les deux problématiques (blanchiment d'argent sale et financement du terrorisme) ne se superposent pas (dans le cadre de la seconde, il s'agit davantage de « noircir » des capitaux propres), elles interfèrent et se nourrissent mutuellement. En tout état de cause, l'arsenal utilisé pour traquer les blanchisseurs peut et doit être mis au service de la détection des moyens financiers des groupes terroristes.

Dans ce domaine, qui est désormais une de ses priorités premières, Tracfin mène une triple action :

- sensibilisation des partenaires financiers (banques et bureaux de change, essentiellement) à la nécessité impérieuse de signaler toute opération pouvant financer un groupe terroriste. Les déclarations recueillies sont traitées prioritairement. Tracfin a ainsi reçu de nombreux signalements, portant sur des transactions nationales ou internationales, parfois à destination ou en provenance de pays censés abriter des réseaux terroristes, dépourvues de justification économique et réalisées le plus souvent en espèces. Après enrichissement, Tracfin a transmis plusieurs dizaines de dossiers aux parquets (pour l'essentiel, au procureur de la République de Paris) concernant des opérations susceptibles d'alimenter des mouvements terroristes ;

- en parallèle, renforcement des synergies opérationnelles avec de nombreux services institutionnels, notamment les services de police. En outre, Tracfin collabore à Finater, cellule de lutte contre le financement du terrorisme mise en place au sein du Minefi le 27 septembre 2001. Sa connaissance des typologies du blanchiment et, plus largement, des circuits financiers clandestins, y constitue un apport, tant conceptuel qu'opérationnel, à l'action menée contre le financement du terrorisme ;
- enfin, une coopération internationale renforcée, condition d'un combat efficace contre le financement du terrorisme. Elle s'exprime tant au niveau bilatéral que multilatéral.

Le réseau des CRF - auquel appartient Tracfin - offre le moyen de mieux appréhender l'activité des groupes terroristes au travers de leurs ressources financières. La coopération s'organise de manière satisfaisante, en particulier au sein de l'Union européenne (sur le fondement de la décision du conseil du 17 octobre 2000, relative aux modalités de coopération entre CRF).

Avec les États-Unis, les liaisons opérationnelles antiterroristes ont débuté au lendemain des attaques contre le World Trade Center et le Pentagone. Tracfin est notamment parvenu à rassembler des informations concordantes concernant l'activité de plusieurs des individus ciblés par son homologue américain, FinCEN. Il a, en particulier, isolé des transferts de fonds entre la France et les États-Unis au profit des intéressés, mis au jour des adresses et identifié les contacts de certains suspects dans notre pays.

COOPÉRATION INTERNATIONALE

Le blanchiment, organisé et structuré, s'affranchit, par essence, des frontières et dispose d'une capacité d'intervention planétaire. Cette mondialisation du phénomène, étroitement liée à celle de l'économie, prend appui sur les technologies les plus récentes, favorables à la circulation et à la dissimulation des capitaux frauduleux. En réponse, les instruments juridiques répressifs et les acteurs opérationnels se sont aussi internationalisés.

Ainsi, dans le cadre de la coopération bilatérale, Tracfin dispose-t-il d'un droit de communication et d'échange de renseignements avec les unités étrangères exerçant des compétences analogues (les CRF) et soumises aux mêmes obligations de secret professionnel. Depuis sa création, il a multiplié les actions de coopération avec de telles structures, et a signé, à ce jour, vingt-

deux accords bilatéraux avec ses homologues :
- d'Europe : Andorre, Belgique, Chypre, Espagne, Finlande, Grèce, Guernesey, Italie (UIC, Garde des finances et DIA), Luxembourg, Monaco, Portugal, République Tchèque et Royaume-Uni ;
- d'Amérique du Nord : États-Unis ;
- d'Amérique latine : Argentine, Brésil, Colombie, Mexique et Panama ;
- d'Océanie : Australie.

Sur le plan multilatéral, Tracfin collabore à des projets d'envergure traités par des enceintes internationales, principalement le Gafi et le Groupe Egmont.

Le Gafi

Le Gafi, organe intergouvernemental, créé lors du sommet économique de 1989 - dit sommet de l'Arche -, a reçu pour mandat de concevoir et d'impulser des stratégies de lutte contre le blanchiment de capitaux. Il regroupe actuellement 29 pays, dont la France, et deux organisations internationales (la Commission européenne et le Conseil de coopération du Golfe).

En avril 1990, il a défini un programme de quarante recommandations - révisées une première fois en 1996 (un nouveau processus de révision a été lancé) - destinées à être appliquées par ses membres (sans préjudice des États non membres), au travers de leurs législations nationales. Ce texte est aujourd'hui reconnu comme le standard international de normes de prévention et de lutte contre le blanchiment de capitaux. À la fin octobre 2001, huit recommandations spéciales ont été élaborées au titre de la lutte contre le financement du terrorisme.

La France occupe une place centrale au sein du Gafi, dont elle a assuré les deux premières années de présidence. Membre actif de la délégation française (conduite par la direction du Trésor), Tracfin y apporte une contribution d'expert opérationnel, particulièrement utile lors de la tenue de l'exercice typologique annuel et de la conduite des travaux spécifiques sur le financement du terrorisme. Il participe également au suivi de la liste des pays et territoires non coopératifs, révisée en octobre 2002.

Le Groupe Egmont

Le Groupe Egmont est né en juin 1995 de la volonté de quelques CRF de disposer d'un forum de rencontre et d'échanges dans un cadre spécifique, indépendant des dispositifs policiers, judiciaires ou diplomatiques en vigueur. Les dirigeants des unités de renseignement à l'origine de cette initiative sont convenus de mettre en place un dispositif fondé sur les principes prévalant dans le monde des affaires : confiance ; rapidité ; absence de formalisme. Les relations entre membres du groupe sont donc établies sur une base novatrice pour des administrations : pas de protocole ; affranchissement des structures et des procédures diplomatiques ; indépendance ou, du moins, grande liberté d'action des unités ; personnalisation maximale des rapports ; décision par consensus.

Le Groupe concentre ses travaux sur les moyens concrets d'améliorer la coopération internationale dans la lutte antiblanchiment, et notamment l'échange de renseignements opérationnels entre cellules antiblanchiment (*via* le réseau crypté de l'Egmont Secure Web).

Il réunit aujourd'hui soixante-neuf CRF de tous les continents. En juin 2002, il s'est doté d'un comité d'orientation de onze membres, tous chefs de CRF, dont Tracfin. Cet organe, qui siège trois fois par an, a essentiellement une mission d'impulsion, de coordination et de représentation.

Par ailleurs, Tracfin participe activement aux trois groupes de travail : juridique ; formation et communications ; développement et appui aux CRF émergentes.

RÉSULTATS

Depuis son démarrage opérationnel en 1991, l'activité de Tracfin a connu une montée en puissance régulière. Celle-ci est la conséquence, à la fois, des évolutions successives du dispositif juridique antiblanchiment et des actions de sensibilisation menées par le service à l'intention de ses partenaires.

En 2001, Tracfin a recueilli près de 3 600 déclarations de soupçon (contre 2 537 en 2000), soit une hausse de 42 %. La progression enregistrée s'est même amplifiée en 2002, permettant d'envisager un volume d'environ 7 000 signalements au 31 décembre 2002.

La participation des professions assujetties s'avère contrastée. Toujours en 2001, le secteur bancaire (privé et public) a assuré 77,93 % des déclarations de soupçon. Rapporté à leur champ d'intervention financière, le niveau des bureaux de change et des notaires s'est avéré satisfaisant (respectivement, 14,42 % et 1,50 %). En revanche, la participation des compagnies d'assurances et des entreprises d'investissement peut encore s'accroître (4,67 % et 1,25 %).

À l'issue du traitement de l'ensemble de ces déclarations, Tracfin a porté, au titre de 2001, 226 dossiers en justice - soit une augmentation de 45 % par rapport à l'année précédente - qui regroupent 24 % des déclarations de soupçon, pour lesquelles l'enquête du service a été clôturée.

Ces affaires, mettant en jeu un montant cumulé d'environ 1,32 milliard d'euros, portent essentiellement sur le blanchiment présumé d'activités criminelles organisées. Tracfin participe ainsi au démantèlement de réseaux d'ingénierie financière mis en place pour dissimuler et recycler des produits de montants considérables, sans préjudice de son action à l'encontre du financement du terrorisme.

PERSPECTIVES D'ACTION

Les prochaines années verront certainement encore s'intensifier la lutte antiblanchiment.

À ce titre, Tracfin doit renforcer et actualiser ses objectifs d'action :
- sensibilisation accentuée des nouvelles professions partenaires (casinos, sociétés de ventes volontaires et marchands de biens de grande valeur), puis celles du chiffre et du droit ;
- amélioration du traitement de l'information et notamment de la gestion des déclarations automatiques (en

cas de doute sur l'identité du donneur d'ordre ou du bénéficiaire d'une opération financière, en cas d'intervention d'un fonds fiduciaire ou d'un centre *offshore*) ;

- animation, aux côtés de la Direction des affaires criminelles et des grâces du ministère de la Justice, du comité de liaison de la lutte contre le blanchiment des produits des crimes et des délits ; cette enceinte, créée par un décret du 3 mai 2002, réunit les professions déclarantes, les autorités de contrôle et divers services de l'État (police, douane, justice...) ;
- augmentation des effectifs et accroissement des moyens matériels en vue d'une plus grande réactivité du service.

Sur la scène internationale, Tracfin devrait signer rapidement de nouveaux accords de coopération bilatérale, lui permettant d'étendre encore son réseau de partenaires opérationnels à l'étranger. Plusieurs négociations engagées avec les CRF de Suisse, de Jersey, du Liechtenstein et de Russie, devraient prochainement aboutir.

La coopération entre les CRF européennes va également se développer, en application de la décision du conseil du 17 octobre 2000. Un réseau télématique sécurisé et crypté d'échange d'informations financières relie déjà Tracfin à quatre d'entre elles. Après une phase de test, le système pilote devrait s'étendre aux quinze cellules de renseignement financier de l'Union européenne et constituer ainsi une véritable *task force*.

Enfin, dans le cadre multilatéral, Tracfin s'appuiera sur sa participation au comité d'orientation du Groupe Egmont pour améliorer encore le fonctionnement de cet organe de concertation et accompagner son ouverture à de nouveaux pays.

CINQ ANS D'APPLICATION DE LA LÉGISLATION ANTIBLANCHIMENT EN SUISSE : BILAN ET PERSPECTIVES

GILLES VAYSSET*

La Suisse étant le principal centre mondial de gestion de l'épargne placée à l'extérieur (on évalue les dépôts dans les banques suisses effectués par des personnes non résidentes à environ un tiers de la fortune mondiale *offshore*), il est en quelque sorte naturel qu'elle se trouve sous le feu croisé des projecteurs ; ceux des grandes banques internationales ou des places financières concurrentes, des États soucieux de l'évasion fiscale, des autorités chargées de la lutte contre la corruption, le blanchiment ou le financement du terrorisme, ou des organisations non gouvernementales (ONG) traquant l'argent des dictateurs ou de leurs proches, en poste ou déchus...

S'il y a matière à pointer du doigt la Suisse, il convient cependant de souligner que les pays qui le font ne sont pas toujours irréprochables, et que certains, y compris parmi les pays européens, se retrouvent parfois à leur tour sous les feux de l'actualité. Néanmoins, la Suisse ne pratiquant toujours pas les vertus de transparence et d'harmonisation qu'on voudrait lui voir développer (le secret bancaire ne saurait être remis en cause, y entend-on, et la fiscalité continue d'y être attractive sous certaines conditions pour les non-résidents), il ne faut pas s'étonner que l'actualité place régulièrement la Confédération à la une des journaux : affaires des fonds de dirigeants au ban des nations pour des sommes faramineuses (1 milliard de dollars dans l'affaire Abacha), rapport de la mission d'information parlementaire française dite Peillon-Montebourg (du nom de son président et de son rapporteur) sur les obstacles au contrôle et à la répression du blanchiment des capitaux en Europe...

Pourtant, la Suisse est une pionnière de la lutte antiblanchiment : depuis le premier appel, lointain maintenant, de Jean Ziegler, un dispositif de contrôle s'est progressivement mis en place, professionnel dans un premier temps puis légal ; la loi de 1997 est une des plus complètes en ce domaine et son application a donné lieu à quelques résultats

* Ancien conseiller financier pour les pays d'Europe centrale et orientale auprès de l'ambassade de France en Autriche.

remarquables. La Confédération se montre aussi de plus en plus coopérative sur la scène internationale, prenant parfois l'initiative, comme par exemple sur les fonds des dirigeants (les *politically exposed persons* - PEP).

La Suisse serait-elle alors seulement victime de sa réputation de place refuge ? La stabilité politique de ce petit pays, sa neutralité véritable (l'adhésion à l'ONU vient juste d'être acceptée par la population), la qualité et la taille de ses banques (mais aussi de ses assurances et de ses entreprises, dont beaucoup figurent parmi les premières mondiales), et sa monnaie (qui dès que la conjoncture s'obscurcit, comme en ce moment, regagne de l'intérêt et s'apprécie sur les marchés) sont autant de raisons objectives de choisir d'y placer son épargne.

La situation n'est bien sûr pas aussi simple et la Suisse est traversée de différents courants qui ne rendent pas aisée l'exacte perception de la réalité (d'autant que la discrétion n'y est pas le seul apanage des gestionnaires de fortune) : les intérêts à protéger sont très forts (la part de PIB générée par l'activité bancaire, 11 %, est de l'ordre du double de ce qu'on observe dans les grands pays d'Europe, comme la France et l'Allemagne[1]) et la position officielle de l'Association des banques est sans équivoque, mais certains banquiers admettent que la réputation de la Suisse, de sa monnaie et de ses banques devrait leur permettre de survivre à l'abandon du secret bancaire. Dans la sphère politique, nombreux sont les tenants de la vertu, mais tous conviennent que l'opinion n'est pas mûre (l'initiative de 1984 visant à abolir le secret bancaire a été repoussée par referendum à une large majorité). Si les Suisses sont très conscients de l'environnement international, de par le rôle de leur place financière ou la taille de leurs principales entreprises, ils sont aussi très jaloux de leurs spécificités et n'aiment pas les choix ou les modèles imposés de l'extérieur.

Le bilan de cinq ans d'application de la loi antiblanchiment ne peut donc être que provisoire. La Suisse a évolué très favorablement sur ce terrain, et si des critiques peuvent encore être formulées, il convient d'admettre que cette évolution n'est pas achevée et qu'elle sera d'ailleurs sans doute longue. Aujourd'hui, la situation présente les caractéristiques suivantes :

- la Suisse a considérablement renforcé son arsenal de lutte antiblanchiment, mais certaines options du dispositif sont contestables, et la surveillance est inégale selon les secteurs ;
- la volonté politique d'améliorer le dispositif antiblanchiment est présente, comme en témoignent certaines initiatives ainsi que la forte réactivité au nouveau défi du financement du terrorisme ;
- mais le caractère non délictueux en Suisse de l'évasion fiscale reste la principale brèche dans le dispositif antiblanchiment.

UN ARSENAL AUJOURD'HUI TRÈS COMPLET

Les préoccupations liées à l'argent sale se sont développées de manière précoce tant au niveau des autorités fédérales (la Suisse étant un des membres fondateurs du Groupe d'action financière sur le blanchiment des capitaux - Gafi - en 1989) que dans la profession bancaire (les premiers scandales remontent, il est vrai, à longtemps...). Les règles déontologiques ont précédé les dispositions pénales. La première pierre du dispositif antiblanchiment est la convention de diligence des banques (CDB), conclue en 1977 entre les banques de la place sous l'égide de la Banque nationale suisse, qui imposait à la profession l'identification systématique du titulaire du compte ou de l'ayant droit économique au moment de l'entrée en relation d'affaires ou pour toute opération de caisse d'un montant supérieur à 25 000 francs suisses : la CDB prohibe de manière générale l'assistance active à la fuite des capitaux et à la fraude fiscale. Les organes de révision (audit ou commissariat aux comptes) sont chargés de contrôler le respect de la CDB par les établissements bancaires. Les manquements à la surveillance peuvent être dénoncés à la Commission fédérale des banques et à une commission de surveillance indépendante dotée d'un pouvoir de sanction pécuniaire.

Les règles professionnelles ont été relayées, dans le courant des années 1990 par des dispositions légales de plus en plus contraignantes et larges d'application. Le Code pénal suisse réprime, depuis le 1er août 1990, le défaut de vigilance (manquement à l'obligation de vérifier l'identité, ce qui met définitivement fin aux comptes anonymes) et le blanchiment, en sanctionnant l'entrave à l'identification de l'origine, la découverte ou la confiscation de valeurs patrimoniales provenant d'un crime (article 305 du Code pénal). Une loi de 1994 consacre le droit de communication du financier aux autorités judiciaires cantonales ou aux autorités fédérales compétentes, ce qui le libère légalement de l'obligation de discrétion professionnelle à l'égard du client soupçonné. Cette loi permet aussi de prendre des mesures conservatoires (confiscation des valeurs concernées).

La loi du 1er octobre 1997 contre le blanchiment d'argent (LBA), qui est entrée en vigueur le 1er avril 1998 et aura donc bientôt cinq ans d'application, donne sa forme au dispositif actuel, en apportant une modification fondamentale : le droit de communication des soupçons de blanchiment est transformé en obligation, assortie d'un blocage provisoire des fonds concernés. Les obligations pesant sur les intermédiaires financiers sont les suivantes : vérification de l'identité du client ou de l'ayant droit économique (c'est-à-dire la personne pour le compte de laquelle l'opération est effectuée) ; renouvellement de cette identification dans le courant de la relation d'affaires en cas de doute ; clarification de l'origine des fonds, si une origine criminelle ou l'implication d'une organisation criminelle est soupçonnée ; conservation dix ans durant des documents relatifs ; information des autorités compétentes ; blocage des fonds, sans en informer les personnes concernées, ni les tiers, pendant cinq jours à compter de l'information des autorités et, le cas échéant, au-delà dans les conditions fixées par l'autorité de poursuite pénale compétente. Des mesures d'organisation doivent également être prises, comme la formation du personnel et les contrôles internes.

D'autre part, cette obligation est étendue au secteur non bancaire, défini de manière extensive. Les intermédiaires financiers visés sont : les banques ; les fonds de placement ; les assurances-vie ; toute entité ou personne qui accepte, garde en dépôt ou aide à placer des valeurs mobilières (gestionnaires de fortune, conseils, sociétés fiduciaires) ; les avocats ; les notaires dès lors qu'ils offrent à leurs clients des prestations financières ; toute personne ou entité faisant commerce des moyens de paiement (bureau de change, hôtels le cas échéant), des matières premières et des métaux précieux[2].

À cette occasion, les institutions compétentes actuelles sont mises en place : les déclarations de soupçon sont reçues par un bureau de communication en matière de blanchiment d'argent (MROS), qui dépend de l'Office fédéral de la police. Une autorité de contrôle LBA, rattachée à l'Administration fédérale des finances (AFF), assure la mise en œuvre de la loi dans le secteur non bancaire. La Commission fédérale des banques édicte de nouvelles directives pour ses assujettis (applicables depuis mi-1999) et la CDB est revue[3]

Au total, non seulement le secret bancaire n'est pas opposable aux informations relatives au blanchiment d'argent (pas plus qu'à toute information relative à un fait incriminé pénalement), mais les obligations de surveillance et de déclaration incombant aux intermédiaires financiers suisses figurent parmi les plus complètes et s'appliquent à un périmètre des plus vastes[4].

CERTAINS STANDARDS POURRAIENT NÉANMOINS ÊTRE AMÉLIORÉS

La Suisse, en tant que membre de l'OCDE et du Gafi, fait l'objet d'un suivi régulier de sa législation et de sa pratique antiblanchiment. Globalement, les standards sont bons. La Suisse n'a jamais figuré sur la liste « noire » des juridictions non coopératives, à la différence du Liechtenstein par exemple[5]. Elle n'a pas non plus été menacée de sanctions par le Gafi, pour insuffisance de son dispositif, contrairement à l'Autriche qui bien que membre fondateur du Gafi a été menacée d'exclusion pour ne pas respecter un des principes constitutifs, l'interdiction des livrets d'épargne au porteur anonymes qu'elle s'est résolue à abroger légalement en dernière extrémité.

Quelques options fondamentales du système institué en Suisse constituent cependant de possibles échappatoires à la lutte antiblanchiment.

L'obligation qui incombe au banquier de prendre toute mesure pour identifier correctement son client ou l'ayant droit de ce client ne s'applique qu'à partir du moment où les deux parties sont entrées en relation d'affaires. Si, quelle qu'en soit la raison, le banquier renonce à faire affaire avec le demandeur, il n'est pas tenu de communiquer ses soupçons aux autorités fédérales. Or, on peut précisément imaginer qu'une des raisons pour lesquelles un intermédiaire financier refuse une relation de clientèle est qu'il soupçonne que le demandeur n'est pas recommandable ou que l'opération n'est pas saine.

Autre maille lâche du filet, la notion de « soupçon fondé » : la déclaration à laquelle est tenu un intermédiaire suisse n'est ni systématique (toute opération au-dessus d'un certain seuil, par exemple), ni même fréquente (simple soupçon). C'est uniquement lorsque la suspicion est lourde que l'intermédiaire est tenu de faire une déclaration. Il est vrai que cette dernière entraîne en Suisse, contrairement à d'autres systèmes, une suspension automatique et non communiquée à l'intéressé de l'opération demandée (transfert) en attendant la décision fédérale. Or, s'il est toujours possible de soupçonner quelque chose, ne serait-ce que par simple intuition, devoir justifier d'un soupçon fondé nécessite plus d'informations que l'intermédiaire n'en a le plus souvent recueillies dans le seul cadre de sa relation d'affaires.

Une conséquence visible de cette disposition est que le nombre de déclarations est relativement faible, rapporté aux nombres des intermédiaires et aux masses gérées. Jusqu'en 2001, où le MROS a reçu 417 déclarations, chiffre record tant en nombre (en augmentation de 34 % en un an) qu'en montants sous-jacents (2,7 milliards de francs suisses contre 655 millions de francs suisses en 2000), le nombre des déclarations a été faible comparativement à ce qui est enregistré sur d'autres places, où s'appliquent certes des règles différentes (en France, les déclarations reçues par Tracfin se sont élevées à 3 598 en 2001), ce que les autorités ne contestent pas. Ces dernières insistent sur la qualité des déclarations. Le ratio de dossiers transmis par le MROS aux autorités judiciaires est, en effet, très élevé (une suite a été donnée à 93 % des déclarations en 2000, 99 % en 2001, alors qu'en France 6 % des déclarations reçues par Tracfin ont fait l'objet d'un dossier transmis au parquet[6]). Mais nombreux sont les professionnels ou les observateurs qui soulignent que les dossiers transmis aux autorités fédérales portent très souvent sur des affaires déjà connues à l'étranger ou en Suisse (le cas échéant dans le cadre d'instruction en cours) rapportées par la presse, et qu'il est donc manifestement impossible d'ignorer[7]. Il est difficile de juger de ce qui se passe concrètement dans une banque par exemple, mais on peut constater que certaines transactions n'ont été portées au jour par les banques qu'après qu'un événement a rendu impossible plus longtemps le devoir de discrétion professionnelle du banquier.

Ces deux options (soupçon fondé dans le cadre d'une relation d'affaires) sont certes fondatrices d'un système qui a été assez largement précurseur et qui ne résulte donc pas de mesures ayant fait leurs preuves par ailleurs (au demeurant, il convient d'admettre que l'adoption d'un autre standard ne saurait à elle seule garantir la totale efficacité de la lutte antiblanchiment[8]). Sans vouloir ignorer la spécificité du système suisse, qui présente par ailleurs bien des qualités, ni son histoire, il n'est cependant pas possible de se départir totalement de l'idée selon laquelle ces principes correspondent avant tout à l'intérêt bien compris de la place. La Suisse, dans sa recherche d'efficacité et de crédibilité, aurait sans doute beaucoup à gagner à assouplir les obligations de déclarations en ne les restreignant pas au seul soupçon fondé.

UNE SURVEILLANCE INÉGALE SELON LES SECTEURS

La surveillance de l'activité de blanchiment est aujourd'hui une tâche bien rôdée dans le secteur bancaire. Le respect des obligations de diligence fait l'objet d'un suivi depuis la CDB de 1977 qui s'est renforcé et perfectionné à mesure que les risques se développaient.

Il s'est renforcé dans la mesure où, comme on l'a vu, les règles de la CDB revêtent le caractère de règles de droit depuis la loi LBA de 1998, et la jurisprudence de la commission de surveillance de l'Association suisse des banquiers relative à la CDB est reprise par les autorités judiciaires. D'autre part, la Commission fédérale des banques, qui assure de manière générale la surveillance et le contrôle des activités bancaires, exerce activement son rôle dans ce domaine particulier : elle surveille le respect des obligations de diligence des banques à travers les rapports des réviseurs mandatés (qui doivent notamment vérifier que les procédures internes LBA répondent aux normes et qu'elles sont correctement appliquées)[9].

Sous l'influence des événements, certains scandales ayant constitué un choc pour la place financière helvétique, les banques ont cherché à perfectionner leur dispositif pour assurer une meilleure connaissance de leurs clients et de leurs opérations. Outre un appel général au renforcement de la vigilance (« principes de Wolfsberg », du nom d'un centre de l'Union des banques suisses - UBS - proche de Zürich, adoptés en 2001 par de grandes banques internationales, dont l'UBS et le Crédit Suisse First Boston), certaines banques se sont ainsi engagées dans la création d'un département de déontologie, la mise en place de « comités d'acceptation de la clientèle » - au-dessus d'un certain montant -, la vérification du stock de comptes existant, le renforcement des procédures d'identification des nouveaux comptes ou la mise en place de systèmes expert pour la surveillance des flux et la détection d'opérations « anormales ». Ces mesures représentent bien évidemment un coût de gestion supplémentaire.

À l'instar de la pratique dans le secteur des banques, la loi LBA a consacré le principe d'autosurveillance pour les autres professions financières. Les autres secteurs exposés au risque de blanchiment se sont vus dans l'obligation de s'organiser et de s'assujettir à des organismes d'autorégulation (OAR) ou directement auprès de l'AFF, à l'exception des professions faisant déjà l'objet d'une surveillance fédérale (Office fédéral des assurances privées, Commission fédérale des maisons de jeu). Cependant, ces professions, nouvellement assujetties à la LBA, ne bénéficient pas des acquis d'une réglementation et d'une sensibilisation aussi ancienne que pour les banques. La mise en place des OAR s'est révélée particulièrement laborieuse : de nombreux intermédiaires n'ont pas reçu leur agrément dans les temps voulus et leur autorité de contrôle, qui dépend de l'AFF, a elle-même eu beaucoup de mal à se structurer. Ces difficultés de démarrage sont dues à trois facteurs :

- la place de l'autorité de contrôle au sein de l'AFF, à l'origine ni indépendante ni intégrée. Le premier responsable de cette autorité (qui aurait tout aussi bien pu s'appeler bureau ou service car il n'existe pas, en Suisse, d'autorité administrative indépendante) est rapidement rentré en conflit avec l'AFF, en particulier avec

le service juridique qui sert d'instance de recours. Les rapports internes se sont vite envenimés, et le conseiller fédéral chargé de l'AFF a confié, à une commission *ad hoc,* le soin de conseiller l'autorité pour développer plus rapidement ses activités. Cette période de fortes turbulences, tant les prises de position publiques du responsable de l'autorité devenaient vives, qui était très préjudiciable à l'acceptation et à la mise en œuvre effective des dispositions de la LBA chez les nouveaux assujettis, s'est achevée avec la nomination d'une nouvelle responsable, en octobre 2001. L'autorité devient alors une division à part entière de l'AFF, ce qui la conforte dans cette structure et lui permet de démarrer réellement, mais pourrait la conduire à infléchir ses positions pour prendre en compte les intérêts commerciaux et financiers de la place suisse (par exemple, ne pas suggérer de mesures innovatrices et attendre qu'elles soient appliquées dans les principales places concurrentes pour les recommander) ;
- les imprécisions sur le champ d'application de la LBA ont retardé de nombreuses demandes d'agrément. Cette difficulté a moins concerné les OAR, au nombre de douze, que les intermédiaires ayant choisi d'être directement contrôlés par l'autorité. À la nomination de la nouvelle responsable de l'autorité de contrôle, 800 dossiers d'agrément individuels étaient en instance, et cette dernière prévoyait qu'il faudrait environ un an pour apurer ce stock (six mois après, il n'en restait plus que 250). Plusieurs éclaircissements sont attendus : certains concernent des professions importantes en nombre d'assujettis potentiels (hôteliers, changeurs dans les stations service...), mais avec des enjeux financiers dans certains cas limités ; d'autres ne concernent que quelques intermédiaires (en particulier les courtiers en matière première qui sont intermédiaires à leurs propres risques et non pour compte de tiers), mais brassant d'importants fonds ;
- les effectifs : de légers à sa création, ils sont devenus quasi nuls, à la suite de démissions au plus fort de la crise entre le premier responsable de l'autorité et l'AFF. Ils se sont rapidement reconstitués grâce à la nouvelle responsable et au nouveau statut de division de l'AFF, et ils se situent aujourd'hui à un niveau satisfaisant (vingt-cinq personnes).

Au total, les 12 OAR agréés recouvrent plus de 6 000 intermédiaires. Deux, parmi les premiers à être agréés, n'ont qu'un assujetti (la Poste et les Chemins de fer fédéraux). D'autres regroupent chacun un grand nombre de membres soit comme organisme de branche, comme celui des avocats, soit comme organisme « généraliste ». Ce sont des associations à but non lucratif dont les prestations auprès des membres sont payantes. Après une mise en place chaotique, l'autorité de contrôle fonctionne : les OAR ont déjà fait l'objet d'une vérification[10].

Mais, il faudra sans doute quelque temps pour que l'autorégulation du secteur non bancaire fonctionne de manière totalement satisfaisante. Les risques ne sont certes pas à la hauteur des sommes gérées par le secteur bancaire : comme le souligne l'autorité de contrôle, les masses que les 6 000 intermédiaires gèrent s'élèvent à moins de 10 % des montants sous gestion dans les banques de la place. En outre, ces fonds - ceux en particulier des gestionnaires de fortune - sont en partie déposés dans les banques et sont, dès lors, également soumis aux obligations de vigilance de cette dernière profession. Néanmoins, le blanchiment ayant tendance à moins utiliser les intermédiaires de mieux en mieux contrôlés que sont les banques et à plus recourir à des professions qui ne sont pas au cœur de la finance, c'est bien dans ce secteur des intermédiaires sous contrôle des OAR ou adhérents directs à l'autorité de contrôle que se situent les nouveaux enjeux.

Les déclarations faites à la MROS dénotent encore ce « déséquilibre » entre anciens et nouveaux assujettis qui s'atténue cependant rapidement. En 2001, 61 % des déclarations reçues provenaient des banques contre 75 % l'année précédente (en France, les banques étaient à l'origine de 67 % des déclarations de 2001).

UNE FORTE VOLONTÉ POLITIQUE D'AMÉLIORER L'IMAGE DE LA SUISSE

Les autorités suisses, souvent accusées d'abriter les fortunes de dirigeants peu recommandables, se montrent depuis quelques années en pointe sur cette question des PEP. L'affaire Abacha a mis en relief l'efficacité des procédures de surveillance, quand elles sont activement relayées par les autorités de contrôle. Le fait qu'après les premiers soupçons, la Commission fédérale des banques ait pris les devants en faisant circuler une liste de noms, puis en menant une enquête dont les conclusions nominatives sur les dysfonctionnements constatés dans certaines banques ont été rendues publiques, et que le gouvernement fédéral ait appelé à une coopération internationale sur ce dossier a permis d'engranger de bons résultats.

Dans l'affaire Abacha, les difficultés de la coopération judiciaire internationale, tant avec d'autres places financières ayant recueilli des fonds qu'avec l'État d'origine, ne permettant pas d'entrevoir une issue rapide aux procédures initiées et plutôt que de consigner les sommes incriminées jusqu'à une issue juridiquement certaine mais fort lointaine, les autorités suisses ont préféré avancer dans la voie d'une transaction : en contrepartie de l'abandon des poursuites personnelles au titre du détournement des fonds au Nigeria, l'accord des parties a été obtenu pour la disposition des fonds et leur restitution à l'État nigérian (à l'exception d'une fraction revenant à la famille).

L'accord d'avril 2002, qui permet la restitution d'environ 1 milliard de dollars au Nigeria, n'est certes pas le premier cas de restitution (la Suisse a par exemple restitué environ 500 millions de dollars aux Philippines dans l'affaire Marcos, au terme d'une procédure très longue), mais il constitue néanmoins un précédent sur plusieurs points :
- il implique les banques dépositaires de plusieurs États : l'administration fédérale se plaît à souligner que c'est un cap en matière de coopération internationale dans ce domaine, en particulier pour le Royaume-Uni - il s'agirait pour ce pays du premier cas de restitution ;
- il fait transiter ces fonds par une institution internationale, en l'occurrence la Banque des règlements internationaux (BRI), ce qui permettra d'assurer

un contrôle de l'utilisation de ces fonds conforme à l'affectation convenue ;
- l'affectation des fonds n'est pas laissée à la seule appréciation de l'État d'origine (contrairement au cas Marcos, où le reversement des fonds dépend d'une décision de justice philippine) : il est d'ores et déjà prévu qu'une partie soit directement affectée à l'amortissement de la dette externe du Nigeria, une autre partie devant faire l'objet du contrôle du Parlement.

L'administration fédérale, forte du succès de cette opération, souhaiterait que la communauté internationale s'en inspire pour établir des lignes directrices dans la pratique ou dans les conventions internationales en cours de discussion (processus de Vienne sur la corruption, par exemple).

Les autorités suisses ont également montré une forte réactivité au défi nouveau du financement du terrorisme.

La Suisse peut, en effet, faire valoir sa forte implication dans la lutte contre le financement du terrorisme au lendemain des attentats du 11 septembre : une suite a été donnée aux différentes listes, quel qu'en soit le statut (dressées par l'administration américaine ou approuvées par les Nations unies), sur la base d'instructions ou de recommandations de nature variée, mais aboutissant toutes au blocage des fonds incriminés.

En effet, si les autorités fédérales n'avaient pas de réserves face aux listes approuvées par les Nations unies ou celles de l'Administration Bush portant sur les personnes ou organisations liées aux attentats du 11 septembre, une difficulté surgissait dans le cas de celles visant différentes organisations terroristes, la Suisse ne condamnant pas certaines d'entre elles, mais seulement les actes qui pouvaient éventuellement leur être attribués. Ces dernières listes ont néanmoins été distribuées et accompagnées non pas d'un ordre de blocage systématique des fonds, mais d'un simple appel à une vigilance accrue en raison des liens possibles avec des activités criminelles. Le résultat d'une déclaration de soupçon, dans ce cas, est cependant le même que pour les autres listes, le MROS ayant consigne de transmettre automatiquement au parquet, ce qui revient donc à bloquer les fonds. Depuis le 11 septembre, les États-Unis ont à plusieurs reprises félicité publiquement la Suisse pour sa coopération dans ce domaine.

Par ailleurs, les autorités fédérales s'emploient à améliorer la coopération judiciaire internationale, maillon relativement faible de la lutte antiblanchiment.

Le dispositif de lutte antiblanchiment butte, en effet, souvent sur les modalités de la coopération internationale. Si la justice a besoin des intermédiaires financiers pour que les transactions douteuses soient détectées, l'action de ces derniers n'est rien si la justice ne parvient pas à faire la preuve de l'origine délictueuse des fonds. Or, les opérations de blanchiment empruntant le plus souvent des chemins complexes passant par plusieurs pays, l'obtention d'informations auprès d'autres pays dans le cadre d'une instruction est déterminante.

La Suisse a souvent été dénoncée comme un pays où les demandes d'entraide judiciaire ne recevaient guère de suites, ou au terme d'une procédure trop longue, en raison à la fois du principe de la double incrimination - le fait délictueux d'origine doit être qualifié dans les mêmes conditions en Suisse et dans le pays demandeur - et du double niveau de juridiction - justice cantonale/ministère public de la Confédération[11].

Conscientes de la nécessité d'améliorer les conditions de la coopération internationale dans le domaine du crime organisé et de la délinquance financière, les autorités fédérales ont récemment pris une mesure importante : la création d'une structure fédérale reprenant l'activité des cantons dans le domaine de la criminalité économique, du blanchiment et du crime organisé. Cette mesure supprime le double niveau de juridiction (le niveau de recours de droit commun en matière d'entraide judiciaire était auparavant le canton) et doit permettre de gagner en temps et en efficacité[12].

Il n'en reste pas moins que le principe de double incrimination est maintenu et qu'il constitue un obstacle important dans la lutte antiblanchiment, dans la mesure où la Suisse ne pénalise pas l'évasion fiscale et ne donne donc suite qu'en cas de fraude fiscale.

L'ÉVASION FISCALE, DERNIÈRE BRÈCHE DU BLANCHIMENT EN SUISSE

L'évasion fiscale n'étant pas un délit en Suisse, le secret bancaire ne peut être levé lorsqu'elle est à l'origine des fonds blanchis. Non seulement, il n'y a pas de déclaration de soupçon de la part de l'intermédiaire suisse, mais toute demande d'entraide administrative ou judiciaire est vaine. Or, la Suisse a toujours été un pays d'accueil des fonds de l'évasion fiscale - pour des montants qu'on ne peut certes évaluer. La fiscalité suisse repose en effet sur des principes qui ne permettent pas d'appréhender tous les revenus des non-résidents. En matière de fiscalité des produits de l'épargne, l'imposition s'effectue au niveau de l'agent débiteur, c'est-à-dire l'entreprise émettrice des titres, et non chez l'agent payeur qui est la banque : ainsi, les revenus des titres d'entreprises non suisses déposés dans des banques suisses par des non-résidents échappent à toute fiscalité[13].

Cette situation apparaît d'autant moins satisfaisante aujourd'hui que l'Union européenne entend franchir un pas supplémentaire dans la lutte contre l'évasion fiscale dans le domaine des produits de l'épargne. Aux termes du projet de directive faisant l'objet du « compromis de Feira », les États membres entendent garantir le minimum envisagé d'imposition des revenus de l'épargne sous forme d'intérêts, non pas par une retenue à la source mais par l'échange automatique d'informations entre administrations fiscales. Pour éviter des sorties de capitaux liées à ces nouvelles dispositions, l'Union européenne souhaite engager dans sa démarche un certain nombre d'États.

La Suisse subit ainsi en ce moment une très forte pression de l'Union européenne pour qu'elle consente à un échange d'informations dans le domaine fiscal quelle que soit l'infraction, ce qui reviendrait concrètement à abolir le secret bancaire. Les enjeux sont gros, car il s'agit à la fois d'égalisation des conditions de concurrence entre places financières (dont la place suisse pourrait pâtir) et de réussite d'une étape majeure dans la construction européenne qui est l'harmonisation fiscale. Or, l'accord européen n'entrera en vigueur (il devra être effectif pour tous les États membres en 2010) que si les États associés s'engagent à adopter un dispositif « identique » et les États tiers (parmi lesquels la Suisse) à introduire un système « équivalent » (les négociations avec l'Union européenne devaient s'achever fin 2002).

La mesure d'équivalence proposée par la Suisse est une imposition à la source des revenus des titres de débiteurs non suisses détenus par des non-résidents effectuée par l'agent payeur. Cette exception aux dispositions législatives suisses serait fondée sur le traité qui lierait la Suisse et l'Union européenne : le traité instituerait une entraide de nature procédurale en vue d'exécuter une imposition pour le compte de l'Union européenne des intérêts perçus par ses ressortissants[14]. L'imposition à la source ne serait pas incompatible avec le secret bancaire, car elle entraînerait non pas l'échange d'informations mais le reversement du produit de cette retenue aux États d'origine des détenteurs de titres. L'Union européenne n'accepte pas à ce stade cette proposition et demande en fait l'adoption par la Suisse de mesures permettant l'échange d'information, c'est-à-dire d'un système « identique ».

La réticence suisse à s'engager dans cette voie est extrêmement vive, pour de multiples raisons qui ne relèvent pas seulement d'une crispation sur un principe qui serait en quelque sorte consubstantiel à l'identité suisse et donc intangible, le secret bancaire[15]. Les Suisses s'estiment vertueux sur le plan fiscal, et il est vrai que la fiscalité suisse repose sur des niveaux de taux et des modalités de perception qui sont très contraignants pour les Suisses et laissent peu de place à l'évasion dans leur pays. Ils ne veulent globalement pas vivre dans un pays qui serait un « dépotoir » de l'argent sale et, à regarder le dispositif antiblanchiment élaboré ces dernières années, on peut les créditer d'une réelle volonté de lutter dans ce domaine[16]. S'agissant plus particulièrement de l'évasion fiscale par des non-résidents, la mesure proposée de retenue à la source[17] sur les revenus de l'épargne en titres non suisses des non-résidents, si elle ne satisfait pas l'Union européenne, constitue néanmoins objectivement une mesure portant sérieusement atteinte aux intérêts de ses ressortissants adeptes de l'évasion fiscale à l'étranger. Un engagement aujourd'hui à accepter un système identique à celui qui constitue l'objectif à terme des États membres de l'Union européenne ne peut rencontrer qu'un soutien particulièrement faible dans un pays qui n'est pas candidat à l'adhésion et qui vient récemment encore de rejeter par référendum l'initiative populaire « Oui à l'Europe ». De surcroît, les autorités et les professionnels font remarquer que s'engager dans cette voie nécessiterait alors que des mesures identiques ou équivalentes soient exigées de beaucoup plus de pays que ceux visés par l'Union européenne, et que cela ne se limite pas à la Suisse, aux USA, à Monaco, Andorrre, San Marino et Liechtenstein, mais concerne aussi d'autres grandes places comme Singapour, Hong Kong ou le Canada. Il est vrai que l'imposition chez l'agent payeur permet aux capitaux de se déplacer très vite, car il suffit de confier son portefeuille par transfert à une banque située dans un pays non lié par une convention à l'Union européenne pour échapper à son dispositif[18].

Les mesures de rétorsion imaginées par l'Union européenne (suspension des négociations en cours sur certains accords bilatéraux, suspension des conventions bilatérales en matière d'imposition...) ne seront vraisemblablement pas suffisantes, et d'ailleurs elles posent des problèmes juridiques et méritent un bilan approfondi des avantages et des inconvénients. Des compromis sont sans doute possibles encore sur des mesures additionnelles (renforcement de la coopération administrative en matière de fraude fiscale ou douanière par exemple), mais qui ne remettront vraisemblablement pas en cause le fond de la position suisse, c'est-à-dire le refus de supprimer le secret bancaire ou de pénaliser l'évasion fiscale (ce qui reviendrait à vider le secret bancaire de son sens), voire même d'imaginer un délit « d'évasion qualifiée ».

On peut cependant signaler que, dans un autre contexte et face à d'autres pressions, la Suisse a su trouver les voies permettant d'échanger des informations, en l'occurrence avec le fisc américain. La loi américaine s'imposant aux entreprises et aux citoyens américains et à leurs intérêts où qu'ils soient versés ou reçus dans le monde, les banques suisses ont adopté le statut de *qualified intermediary* qui leur permet, selon les cas, de reverser le montant des impositions dues ou de communiquer des informations nominatives. Dans ce dernier cas, il n'y a pas formellement entorse au secret bancaire, les clients américains se voyant demander par leur banque de bien vouloir la libérer vis-à-vis du fisc de leur pays de l'obligation de discrétion professionnelle. Dans la pratique, c'est ce qu'ont fait les clients visés qui auraient sinon encouru des mesures confiscatoires fort dissuasives[19].

Avec la loi LBA, la Suisse s'est véritablement donné les moyens de réaliser, à terme, les objectifs ambitieux fixés à l'ensemble des acteurs de la place financière helvétique. Presque cinq ans après l'entrée en vigueur de la LBA, et sous l'impulsion des autorités compétentes, beaucoup de travail a été fait au plan national, dans le secteur bancaire, mais aussi pour l'implication des intermédiaires financiers dans la lutte antiblanchiment. D'importantes initiatives ont également été prises sur la scène internationale.

L'activité déployée par la Suisse n'est-elle qu'« un combat de façade »[20] ? S'il est clair qu'en Suisse autant qu'ailleurs, les mesures prises sont toujours étudiées à l'aune des intérêts de la place, il n'en reste pas moins que l'espace disponible pour se dissimuler derrière la façade s'est singulièrement restreint. La seule véritable brèche est d'ordre fiscal : pour le reste, les blanchisseurs ne trouvent plus en Suisse un refuge si tranquille. Les autorités suisses seront sans doute d'autant plus fermes à l'avenir en matière de lutte contre le blanchiment d'argent qu'elles souhaiteront préserver les spécificités de leur système fiscal et bancaire. Il est vraisemblable que plus les autorités suisses se montreront irréprochables dans la lutte contre l'argent du crime (la lutte contre les fuites d'argent des potentats et contre le financement du terrorisme, l'amélioration de la coopération administrative ou judiciaire, en sont autant de manifestations), plus elles se sentiront fondées à proclamer leur foi dans la justesse de leur système fiscal (lié à une politique budgétaire et d'endettement vertueuse) et le bien-fondé de la concurrence entre nations ou entre places financières sur ce terrain[21].

Les tensions actuelles entre l'Union européenne et la Suisse autour de l'harmonisation de la fiscalité des intérêts et la suppression du secret bancaire ne s'inscrivent pas dans un calendrier favorable. Après le rejet de l'initiative populaire « Oui à l'Europe », les perspectives d'adhésion ont été repoussées, peut-être de dix ans. La Suisse n'a aucun avantage à abolir le secret bancaire dans ce contexte : en revanche, cette mesure s'imposera sans doute d'elle-même quand la Suisse aura décidé d'adhérer à l'Union européenne. Chercher, de la part de l'Union européenne, à l'imposer aujourd'hui ne peut que susciter, dans la population suisse, des manifestations de rejet et des sentiments anti-européens, ce qui serait dommageable à l'objectif ultérieur d'adhésion.

Notes

1. Le produit de la gestion de fortune en explique plus de la moitié. Au 1er janvier 2000, les banques suisses géraient des fonds et des dépôts de clientèle pour une valeur de quatre billions de francs suisses, dont une bonne moitié pour le compte de clients privés et l'autre de clients institutionnels. Cette activité a généré, en 1999, 25,6 milliards de francs suisses de valeur ajoutée, soit 6,5 % du PIB suisse : 85 % vient de la gestion des comptes privés, le solde des comptes d'institutionnels. Plus de la moitié de la valeur ajoutée dégagée de la clientèle privée provient des clients étrangers.

2. Les agents immobiliers ne sont cependant pas couverts. Mais il est, par ailleurs, très difficile pour des étrangers d'acquérir des terrains et des immeubles en Suisse.

3. Il est actuellement envisagé (cf. propositions de la commission Zimmerli) que la CFB puisse désormais infliger des sanctions pécuniaires, à l'instar de la commission de surveillance de la CDB (cette dernière peut imposer aux banques des sanctions pécuniaires, qui peuvent aller jusqu'à 10 millions de francs suisses, donc très supérieures aux 200 000 francs suisses de l'amende prévue dans le cadre général de la LBA).

4. Par exemple, l'inclusion des professions juridiques et comptables, pour leur activité de conseil financier dans le champ des obligations antiblanchiment, n'est pas encore effective partout au sein de l'Union européenne.

5. La Suisse figure en revanche sur une des listes de paradis fiscaux, au motif qu'elle n'applique pas exactement les mêmes dispositions pour les non-résidents (cantonnement), ce qu'elle dénonce.

6. 6 % est le rapport au cours d'une même année entre le flux des déclarations reçues et celui des dossiers transmis à la justice : cette proportion s'améliore considérablement si l'on rapporte le nombre de dossiers transmis au nombre de dossiers pour lesquels l'enquête de Tracfin est achevée. Elle s'élève alors à 24 % en 2001 selon le rapport annuel de Tracfin, ce qui reste tout de même très inférieur au taux publié par le MROS suisse.

7. Le rapport 2001 du MROS indique d'ailleurs que les éléments à l'origine du soupçon sont liés pour plus de 27 % aux médias, pour plus de 10 % aux informations en provenance des autorités de poursuite pénale, et que la principale source est l'information des tiers pour 30,5 %. L'origine n'est liée que pour 4 % aux transactions en liquide, pour 1 % au change et pour 1,7 % au trafic de chèques.

8. Il n'est, par exemple, pas sûr que les États-Unis tirent tout le bénéfice de leur système d'information systématique des autorités sur les transactions.

9. La CFB souhaite renforcer ses contrôles sur les banques et sur les « réviseurs », dans le cadre du maintien du système dualiste actuel (révisions confiées par la CFB au secteur privé et contrôles directs de la CFB), en renforçant les contrôles sur place par la CFB (ce n'est le cas actuellement que pour les grandes banques) et la surveillance directe exercée sur les sociétés de révision. La CFB veut développer les « révisions extraordinaires » et mandater de temps à autre un réviseur différent. Pour les plus importants, la CFB fera des contrôles sur place de la qualité du travail du réviseur, sur des thèmes ciblés comme celui de la prévention du blanchiment d'argent.

10. Il convient à cet égard de noter les modalités assez restrictives de contrôle du respect des obligations LBA dans les professions à secret professionnel. Seules les personnes habilitées au même secret peuvent effectuer des contrôles chez un assujetti (pour les professionnels du barreau, et même pour leur activité de conseil financier, seul un avocat peut être diligenté pour mener un contrôle).

11. À l'inverse, les autorités suisses se plaignent souvent de demandes restées sans réponse de la part de justices étrangères. En particulier, la Suisse et l'Italie entretiennent à ce sujet de mauvais rapports. Estimant que les nouvelles dispositions votées par le Parlement italien contrevenaient à l'esprit de l'accord d'entraide judiciaire bilatéral signé en 1998, le Conseil fédéral a dernièrement refusé de ratifier cette convention.

12. L'entrée en vigueur au 1er janvier 2002 d'un nouvel alinéa de l'article 340 bis du Code pénal donne en effet compétence exclusive au ministère public de la Confédération en matière d'infractions aux dispositions relatives au crime organisé, au blanchiment d'argent, au défaut de vigilance en matière d'identification et de corruption, pour autant que les actes punissables aient été commis pour une part prépondérante à l'étranger ou dans plusieurs cantons.

13. Les bénéficiaires étrangers de revenus d'épargne sur des débiteurs suisses sont en revanche soumis comme les nationaux à l'impôt à la source (*verrechnungssteuer*) de droit commun, soit 35 % : pour pouvoir en obtenir le remboursement dans le cadre des conventions bilatérales de non double imposition, il est nécessaire pour ces bénéficiaires étrangers de déclarer, auprès de leurs autorités nationales, les sommes retenues. À défaut, les non-résidents n'ont pas la possibilité de récupérer l'impôt perçu en Suisse. Si l'on en croit le taux de remboursement (variable selon les années, mais le plus souvent de l'ordre des quatre cinquièmes), il n'y a pas de phénomène massif d'évasion fiscale sur ce type de placement.

14. Il n'y aurait donc pas création d'un nouvel impôt fédéral, ce qui imposerait une modification constitutionnelle pour instituer une retenue chez l'agent payeur, ni mesure discriminatoire en droit suisse entre type de déposants.

15. S'il s'agit d'une vieille pratique, le secret bancaire n'a cependant qu'une valeur législative : c'est en 1934 qu'une loi a sanctionné le manquement à l'obligation de discrétion professionnelle du banquier. Un vote à majorité simple du Parlement suffit donc pour l'abolir. Cependant, toute loi sur ce sujet ferait vraisemblablement l'objet d'une demande de consultation populaire (50 000 signatures sont nécessaires). Or, l'initiative populaire (requérant 100 000 signatures) de 1984 en faveur de l'abolition du secret bancaire a été repoussée par trois quarts des voix.

16. Les délits sous-jacents aux déclarations de soupçon sont liés au terrorisme (23 %), à l'escroquerie (18 %), à la corruption (10 %), à l'abus de confiance (8 %), à la drogue (5 %)... (rapport 2001 du MROS).

17. Le taux proposé est de 20 %, mais il pourrait être supérieur au terme de la négociation : rappelons que le droit commun pour les intérêts sur les titres suisses est de 35 %.

18. Les autorités suisses soulignent également d'autres défauts du système européen projeté. Il ne vise que les personnes physiques : il suffit que l'investisseur désigne une personne morale pour échapper à ces nouvelles règles. Il n'impose que les intérêts, ce qui peut également pousser les investisseurs à rechercher d'autres formes de revenus (sur participations). Enfin, mais il ne s'agit que d'une mesure limitée dans le temps, une clause de *grandfather* est prévue, ne faisant pas tomber dans le champ de la directive les titres négociables émis avant le 1er mars 2001.

19. On peut imaginer que les banques suisses ont redouté d'éventuels obstacles à leur développement aux USA : c'est l'époque où notamment le Crédit suisse fusionne avec First Boston et rachète Donaldson, Lufkin

et Jenrette. Dans le cas de tensions dans les relations avec l'Union européenne, ce seraient plutôt les banques européennes qui pourraient redouter des difficultés : BNP Paribas Suisse SA figure, par exemple, dans les toutes premières banques suisses après CSFB et UBS.

20. C'est ainsi que la commission d'information parlementaire « Peillon-Montebourg » avait sous-titré son rapport sur la Suisse.

21. C'est la démarche adoptée par le Liechtenstein qui, épinglé par le Gafi sur la liste noire des pays tiers non coopératifs, a très rapidement rectifié le tir, s'est vu retiré de la liste, mais entend rester fiscalement attractif au titre du même credo libéral.

LES INDICES 2002 DE PERCEPTION DE LA CORRUPTION PASSIVE ET ACTIVE DE TRANSPARENCY INTERNATIONAL

INDICE DE PERCEPTION DE LA CORRUPTION PASSIVE

Depuis 1995, Transparency International (TI) établit chaque année un indice de perception de la corruption[1] (IPC). En le publiant, cette organisation non gouvernementale en rappelle régulièrement les limites. Il est le résultat d'une collecte d'opinions, non des faits objectifs lesquels font défaut dans ce domaine. Il tend à apprécier le degré de corruption passive qui prévaut dans l'appareil public de différents pays et exclut donc aussi bien la propension des entreprises à corrompre (c'est l'objet de l'indice de perception de la corruption active traité ci-après) que le blanchiment. L'IPC ne couvre qu'environ la moitié des pays souverains, ceux pour lesquels on disposait d'au moins trois sondages, afin d'assurer un minimum de fiabilité aux données recueillies.

Pour sa huitième édition, l'IPC offre un tableau déprimant : 69 % des pays recensés n'atteignent pas le score de 5/10, contre 60 % en 2001.

Ce constat doit être reçu comme un signal d'alarme. La convention de l'OCDE, conçue depuis bientôt cinq ans et en vigueur depuis deux à trois ans selon les pays, devrait marquer une étape décisive dans la lutte contre la corruption internationale. Mais aucun changement n'est encore perceptible.

Le recul apparent d'une année sur l'autre est en partie dû au fait que le nombre de pays recensés a été porté à 102, en incluant 11 pays nouveaux, mais aussi au fait que plusieurs pays repassent sous la barre des 5/10 (Hongrie, Tunisie, Malaisie). Les comparaisons d'une année à l'autre sont fragiles[2]. Il y a néanmoins des variations significatives, telles que la chute de l'Argentine (de 3,5 à 2,8). En sens inverse, la Russie progresse, tout en conservant une note misérable (de 2,3 à 2,7). La France se traîne au 25ème rang avec un score de 6,3 (elle était 23ème avec 6,7 en 2001). Elle ne devance, parmi les pays occidentaux, que l'Italie et la Grèce, et elle se fait dépasser par le Botswana.

La méthode suivie est celle des années précédentes. En 2002, les travaux de 9 instituts au lieu de 7 ont été exploités.

Indice 2002 de perception de la corruption passive

Rang	Pays	Score IPC 2002	Études utilisées	Écart type
1	Finlande	9,7	8	0,4
2	Danemark	9,5	8	0,3
	Nouvelle-Zélande	9,5	8	0,2
4	Islande	9,4	6	0,4
5	Singapour	9,3	13	0,2
	Suède	9,3	10	0,2
7	Canada	9,0	10	0,2
	Luxembourg	9,0	5	0,5
	Pays-Bas	9,0	9	0,3
10	Royaume-Uni	8,7	11	0,5
11	Australie	8,6	11	1,0
12	Norvège	8,5	8	0,9
	Suisse	8,5	9	0,9
14	Hong Kong	8,2	11	0,8
15	Autriche	7,8	8	0,5
16	États-Unis	7,7	12	0,8
17	Chili	7,5	10	0,9
18	Allemagne	7,3	10	1,0
	Israël	7,3	9	0,9
20	Belgique	7,1	8	0,9
	Japon	7,1	12	0,9
	Espagne	7,1	10	1,0
23	Irlande	6,9	8	0,9
24	Botswana	6,4	5	1,5
25	France	6,3	10	0,9
	Portugal	6,3	9	1,0
27	Slovénie	6,0	9	1,4
28	Namibie	5,7	5	2,2
29	Estonie	5,6	8	0,6
	Taiwan	5,6	12	0,8
31	Italie	5,2	11	1,1
32	Uruguay	5,1	5	0,7
33	Hongrie	4,9	11	0,5
	Malaisie	4,9	11	0,6

Indice 2002 de perception de la corruption passive (suite)

Rang	Pays	Score IPC 2002	Études utilisées	Écart type
	Trinité et Tobago	4,9	4	1,5
36	Biélorussie	4,8	3	1,3
	Lituanie	4,8	7	1,9
	Afrique du Sud	4,8	11	0,5
	Tunisie	4,8	5	0,8
40	Costa Rica	4,5	6	0,9
	Jordanie	4,5	5	0,7
	Ile Maurice	4,5	6	0,8
	Corée du Sud	4,5	12	1,3
44	Grèce	4,2	8	0,7
45	Brésil	4,0	10	0,4
	Bulgarie	4,0	7	0,9
	Jamaïque	4,0	3	0,4
	Pérou	4,0	7	0,6
	Pologne	4,0	11	1,1
50	Ghana	3,9	4	1,4
51	Croatie	3,8	4	0,2
52	République Tchèque	3,7	10	0,8
	Lettonie	3,7	4	0,2
	Maroc	3,7	4	1,8
	Slovaquie	3,7	8	0,6
	Sri Lanka	3,7	4	0,4
57	Colombie	3,6	10	0,7
	Mexique	3,6	10	0,6
59	Chine	3,5	11	1,0
	République Dominicaine	3,5	4	0,4
	Éthiopie	3,5	3	0,5
62	Égypte	3,4	7	1,3
	El Salvador	3,4	6	0,8
64	Thaïlande	3,2	11	0,7
	Turquie	3,2	10	0,9
66	Sénégal	3,1	4	1,7
67	Panama	3,0	5	0,8
68	Malawi	2,9	4	0,9

Indice 2002 de perception de la corruption passive (suite)

Rang	Pays	Score IPC 2002	Études utilisées	Écart type
	Ouzbékistan	2,9	4	1,0
70	Argentine	2,8	10	0,6
71	Côte d'Ivoire	2,7	4	0,8
	Honduras	2,7	5	0,6
	Inde	2,7	12	0,4
	Russie	2,7	12	1,0
	Tanzanie	2,7	4	0,7
	Zimbabwe	2,7	6	0,5
77	Pakistan	2,6	3	1,2
	Philippines	2,6	11	0,6
	Roumanie	2,6	7	0,8
	Zambie	2,6	4	0,5
81	Albanie	2,5	3	0,8
	Guatemala	2,5	6	0,6
	Nicaragua	2,5	5	0,7
	Venezuela	2,5	10	0,5
85	Géorgie	2,4	3	0,7
	Ukraine	2,4	6	0,7
	Vietnam	2,4	7	0,8
88	Kazakhstan	2,3	4	1,1
89	Bolivie	2,2	6	0,4
	Cameroun	2,2	4	0,7
	Équateur	2,2	7	0,3
	Haïti	2,2	3	1,7
93	Moldavie	2,1	4	0,6
	Ouganda	2,1	4	0,3
95	Azerbaïdjan	2,0	4	0,3
96	Indonésie	1,9	12	0,6
	Kenya	1,9	5	0,3
98	Angola	1,7	3	0,2
	Madagascar	1,7	3	0,7
	Paraguay	1,7	3	0,2
101	Nigeria	1,6	6	0,6
102	Bangladesh	1,2	5	0,78

INDICE 2002 DE PERCEPTION DE LA CORRUPTION ACTIVE

Pour la première fois en 1999, TI a pu élaborer un indice de corruption active[3], portant sur la propension des entreprises d'une vingtaine des principaux pays exportateurs de produits industriels à recourir à la corruption pour s'assurer des marchés.

Une nouvelle enquête[4] semblable a été menée par TI en 2002 dans 15 grands pays émergents[5] auprès de 835 professionnels du commerce extérieur (responsables de grandes sociétés et de banques - expatriés ou locaux -, avocats d'affaires, auditeurs, représentants de chambres de commerce étrangères).

Indice 2002 de perception de la corruption active

Pays	2002	1999
Australie	8,5	8,1
Suède	8,4	8,3
Suisse	8,4	7,7
Autriche	8,2	7,8
Canada	8,1	8,1
Pays-Bas	7,8	7,4
Belgique	7,8	6,8
Royaume-Uni	6,9	7,2
Singapour	6,3	5,7
Allemagne	6,3	6,2
Espagne	5,8	5,3
France	5,5	5,2
États-Unis	5,3	6,2
Japon	5,3	5,1
Malaisie	4,3	3,9
Hong Kong	4,3	Inclus dans Chine
Italie	4,1	3,7
Corée du Sud	3,9	3,4
Taiwan	3,8	3,5
Chine	3,5	3,1
Russie	3,2	Non retenu
Votre pays	1,9	Non retenu

Comparée à celle de 1999, elle fait ressortir de grandes constantes, d'autant plus frappantes que les neuf dixièmes des personnes interrogées en 2002 ne font pas partie de celles qui l'avaient été en 1999. Quelques tendances nouvelles se dégagent cependant.

Chaque pays se voit attribuer une note de 0 à 10. La note est d'autant plus basse que les exportateurs du pays concerné sont considérés, par les personnes interrogées, comme davantage portés à recourir aux pots-de-vin pour emporter des marchés.

Le début et la fin de la liste n'ont que fort peu changé en trois ans. Le fait saillant est le recul des États-Unis, qui passent du 9ème au 13ème rang, juste derrière la France dont la place reste pourtant peu flatteuse et ne devance, en Europe, que celle de l'Italie.

La rubrique « votre pays », introduite en 2002, vise à recueillir l'opinion des personnes interrogées sur le recours à la corruption par les entreprises de chaque pays émergent où l'enquête est conduite.

Notes

1. L'indice 2002 est paru dans la *Lettre de Transparence,* n° 15, octobre 2002, publication trimestrielle de Transparence International (France) : une ONG dont l'objectif est de combattre la corruption.

2. Certains instituts, dont les travaux sont pris en compte dans la compilation de TI, peuvent ne pas reconduire ces travaux ou, au contraire, intervenir pour la première fois ou encore introduire ou abandonner certains pays dans leurs enquêtes.

3. Cf. la *Lettre de Transparence,* n° 4, janvier 2000, et Rapport moral sur l'argent dans le monde 1999, p. 365.

4. Document paru dans la *Lettre de Transparence,* n° 13, avril 2002.

5. En Asie/Pacifique : Inde, Indonésie, Thaïlande, Corée du Sud, Philippines. En Afrique : Nigeria, Afrique du Sud, Maroc. En Amérique latine : Brésil, Argentine, Colombie, Mexique. En Europe : Russie, Pologne, Hongrie.

Entreprises et investisseurs en Europe : une responsabilité partagée

Elena BONFIGLIOLI*
Adeline HINDERER**

Les notions de responsabilité sociétale ou sociale de l'entreprise (RSE) et de développement durable ont, depuis quelques années, mobilisé tant les médias que les acteurs économiques et politiques. L'année 2002 ne fit pas exception et restera marquée par les conséquences de la chute d'Enron, par le sommet de Johannesburg ou encore la parution de la communication de la Commission européenne sur la responsabilité sociale de l'entreprise[1].

Les entreprises, employeurs et acteurs économiques internationaux sont confrontés à des attentes nouvelles dans des contextes nationaux et locaux parfois difficiles, mais aussi à une méfiance et une suspicion croissantes. Ainsi, les sondages montrent que les organisations non gouvernementales (ONG) sont considérées comme plus crédibles que les entreprises ou les médias pour les questions relevant des Droits de l'homme, de la santé ou de l'environnement[2].

Ces éléments appellent une nouvelle vision du succès de l'entreprise qui prend en compte l'ensemble des parties prenantes plutôt que le seul intérêt des actionnaires[3], qui va au-delà des aspects purement financiers, en reconnaissant les facteurs cruciaux que sont la gestion du capital humain et l'éducation tout au long de la vie, l'intégration de la diversité, les relations avec les parties prenantes ou le souci de l'environnement.

Ce constat de l'évolution de l'entreprise a conduit, dès 1995, sous l'impulsion d'une équipe de la Commission européenne dirigée par Jacques Delors et d'un petit groupe d'entreprises, au manifeste européen des entreprises contre l'exclusion. Ce manifeste donna, par la suite, lieu à la création d'un réseau ayant pour but la promotion de la responsabilité sociétale

* Directrice des programmes, CSR Europe.
** Coordinatrice du programme ISR, CSR Europe.
Les opinions exprimées dans cet article le sont à titre personnel.

de l'entreprise, CSR Europe[4]. À la fois acteur et observateur, le réseau a pu suivre et accompagner, au cours de ces années, la mise en avant des thématiques sociales et environnementales qui, désormais, est à l'ordre du jour des entreprises, des ONG et des décideurs politiques au niveau local, national, européen et international.

Sur la base de l'expertise développée au sein de CSR Europe, cet article dresse un état des lieux de l'intégration des considérations sociales et environnementales aux pratiques d'entreprises, et analyse la contribution du secteur financier à cette évolution. Il met également en lumière les difficultés relatives aux aspects sociaux et environnementaux de la performance se posant aux entreprises et aux investisseurs, ainsi que les opportunités qui existent afin de promouvoir une nouvelle vision de la valeur de l'entreprise.

RESPONSABILITÉ DES ENTREPRISES : UN ÉTAT DES LIEUX

Les mutations du contexte dans lequel opèrent les entreprises

Les entreprises et, en premier lieu, les multinationales opèrent aujourd'hui dans un contexte où elles doivent faire face à des attentes et des contraintes nouvelles.

Dans un monde où une information peut faire le tour du globe de manière quasi instantanée, une crise liée au comportement de l'entreprise vis-à-vis de ses parties prenantes peut avoir un impact considérable en termes de réputation. Ceci est d'autant plus vrai pour les entreprises dont le succès repose sur la valeur d'une marque visible et vulnérable. Les ONG ont su exploiter la société de l'information : elles exercent une pression plus efficace sur les entreprises, en particulier sur les questions concernant la protection des Droits de l'homme ou de l'environnement. Certaines ONG poursuivent une logique d'affrontement contre des entreprises ayant valeur d'exemple, alors que d'autres s'engagent dans des partenariats, comme le World Wildlife Fund avec Lafarge ou Amnesty International qui assure une formation pour Norsk Hydro en Norvège.

Les comportements et les attentes des consommateurs ont également évolué. Les sondages effectués auprès des consommateurs révèlent une plus grande propension à prendre en compte les éléments sociaux et environnementaux lors de l'achat de produits et de services. Ainsi, 25 % des consommateurs interrogés dans douze pays affirment que la responsabilité sociale des entreprises est importante dans leur décision d'achat d'un produit. En outre, 45 % des personnes interrogées affirment que cet élément est relativement important pour leur choix[5].

Enfin, le développement durable figure désormais en bonne place sur la liste des priorités des décideurs politiques. Au sommet de Lisbonne de mars 2000, la responsabilité sociétale des entreprises apparaît pour la première fois comme une priorité à l'agenda des chefs d'État et de gouvernement. Elle est reconnue comme l'un des facteurs nécessaires pour permettre à l'Union européenne de devenir d'ici à 2010

« l'économie de la connaissance la plus compétitive et la plus dynamique du monde, capable d'une croissance économique durable accompagnée d'une amélioration quantitative et qualitative de l'emploi et d'une plus grande cohésion sociale[6] ».

La Commission européenne s'est également saisie de la question, notamment en lançant en juillet 2001 un processus de consultation avec un Livre vert sur la responsabilité sociale de l'entreprise[7]. Après analyse des nombreuses réponses obtenues, la Commission a publié, en 2002, une communication sur le thème « Responsabilité sociale de l'entreprise : une contribution des entreprises au développement durable [8] ». Cette communication a notamment débouché sur la création, en octobre 2002, d'une instance de débat, le « European Multistakeholder Forum » ou forum « pluripartite » auquel participent des représentants d'associations d'entreprises, de fédérations de syndicats, d'ONG et de groupements d'investisseurs. Le forum se réunit régulièrement pour discuter de thèmes précis, avec l'objectif de construire, d'ici à 2004, un consensus sur des lignes directrices pour l'action de la Commission européenne.

La réflexion sur la responsabilité des entreprises avance également au niveau international, comme en témoigne la présence de plus d'une centaine de chefs d'État et de gouvernement au sommet de Johannesburg, même si le bilan concret de l'action internationale en ce domaine reste encore limité.

Ces attentes nouvelles ont suscité une prise de conscience à la tête des entreprises. Un sondage révèle que 70 % des dirigeants d'entreprises interrogés considèrent que la RSE est un élément stratégique essentiel à la profitabilité d'une entreprise[9].

Le contexte nouveau dans lequel évoluent les entreprises a eu des répercussions sur la manière dont les entreprises s'organisent et fonctionnent.

L'évolution des structures et du fonctionnement de l'entreprise

La plupart des multinationales ont répondu aux préoccupations et aux pressions de leurs parties prenantes par une transparence accrue sur leur performance et leur impact social et environnemental. Cette tendance s'exprime dans l'augmentation du nombre d'entreprises qui produisent des rapports sur leur performance non financière, sous des appellations diverses telles que « rapport de développement durable » ou « rapport social et environnemental ». Ainsi, 68 % des entreprises en Europe incluent des informations sur leur performance sociale et environnementale dans leurs rapports[10]. Il est important de noter que la publication de rapports, outre sa valeur en termes de transparence, joue par ailleurs un rôle crucial en interne en tant que processus de sensibilisation et catalyseur de changement au sein de l'entreprise[11].

Des changements ont également eu lieu dans la structure de l'entreprise. Celle-ci a, en effet, évolué au cours des dernières années : il existe désormais des départements, centres ou fonctions spécialisées sur le développement durable, la responsabilité sociétale des entreprises, les relations avec les parties prenantes... De plus en plus, un membre du conseil d'administration se voit confier la responsabilité du suivi de ces questions.

Par ailleurs, l'importance croissante des préoccupations sociales et environnementales au sein de l'entreprise et pour ses parties prenantes a parfois généré un processus d'innovation au niveau des produits et des services. L'industrie alimentaire et les détaillants ont lancé les produits « verts » ou « bio », mais aussi des produits développés spécifiquement pour les marchés des pays en voie de développement tels que des aliments enrichis pour pallier les déficits en vitamines et minéraux propres à certaines régions du globe. En outre, une attention nouvelle est portée à la qualité et la sécurité des produits existants, ainsi qu'aux aspects éthiques des processus de production. Les campagnes visant à dénoncer le travail des enfants ou les conditions de travail extrêmement difficiles, notamment dans certains pays d'Asie, ont conduit les entreprises à une plus grande attention aux conditions de production dans les pays en voie de développement. Beaucoup d'entreprises exercent désormais leur influence sur leurs fournisseurs pour obtenir des garanties en matière de protection des Droits de l'homme, de santé et de sécurité, quelles que soient les exigences des normes locales.

Le processus de développement des produits est désormais fondé, dans de nombreux secteurs, sur une mesure de l'impact environnemental des produits, depuis leur conception jusqu'à leur destruction. Sur la base de cette évaluation, des entreprises ont développé des techniques et des produits innovants permettant de les réutiliser. Ainsi, Nike a mis en place aux États-Unis un système dans le but de récupérer les chaussures de sport usagées qui sont alors transformées en matériau destiné à construire des terrains de sport. Un autre exemple est fourni par Basf qui a développé une matrice de mesure de l'éco-efficience permettant d'évaluer, à la fois, le coût des matériaux et des produits et leur impact social et environnemental.

Les entreprises se sont également dotées de nouveaux instruments. Nombreuses sont celles qui ont codifié ou mis en place des règles et des principes dans des codes de conduite. De nouveaux outils de management ont vu le jour, tels que les *balanced scorecards*, tableaux de bord qui aident à la définition de stratégies et d'objectifs intégrant la dimension sociale et environnementale et traduisant ces éléments en mesures de performance financière et non financière[12]. D'autres instruments, développés par exemple au sein de Danone, permettent aux managers d'évaluer les unités qu'ils dirigent au regard de leur performance vis-à-vis des employés, des fournisseurs, des clients, de la société civile et de l'environnement, puis d'établir un plan d'action en conséquence[13].

En outre, l'importance croissante des dimensions sociales et environnementales dans le fonctionnement de l'entreprise nécessite de former les employés à de nouvelles compétences. Des entreprises comme Shell, BP ou Novo Nordisk, ont mis en place des systèmes qui combinent les objectifs individuels financiers et non financiers et qui permettent d'intégrer les dimensions sociales et environnementales à l'évaluation des performances et/ou à la rémunération de leurs cadres supérieurs. Le défi auquel font face la plupart des entreprises pionnières dans ce domaine est l'extension de tels systèmes à l'ensemble de l'entreprise, pour que les aspects sociaux et environnementaux puissent faire partie du quotidien des managers à tous les niveaux de l'organisation[14].

L'ampleur des changements au sein de certaines entreprises ne doit pas faire oublier que les dimensions sociales et environnementales restent encore étrangères à de nombreuses directions d'entreprises. D'autres communiquent fièrement leurs valeurs et leurs politiques sans qu'une véritable stratégie ou réflexion sur ces questions soit en place. Enron n'affichait-elle pas des valeurs telles que la transparence et l'honnêteté ? Au sein des entreprises, un choix doit souvent être opéré entre des décisions qui privilégient un profit à court terme, souvent dommageable sur le plan social et environnemental, et une stratégie de long terme plus compatible avec les exigences du développement durable. Pour les soutenir dans ces choix difficiles, les dirigeants ont besoin de l'appui de leurs actionnaires et de la communauté financière en général. Plusieurs initiatives vont dans cette direction.

LE RÔLE DE LA COMMUNAUTÉ FINANCIÈRE

L'émergence de produits, de pratiques et d'acteurs

La communauté financière n'est pas restée insensible au mouvement de fond en faveur d'un développement économique soucieux de l'environnement et de la société. Ainsi, en 1996, un groupe de financiers a signé une déclaration « pour l'emploi et contre l'exclusion sociale[15] », dans laquelle ils affirment vouloir « mettre la finance au service de l'homme » et s'engagent notamment à « prendre davantage en compte, dans l'appréciation des actifs, la capacité de développement à long terme des entreprises et, en particulier, leur capacité à valoriser au mieux leur capital humain ».

Aujourd'hui, l'élément le plus tangible permettant de mesurer l'attention croissante de la communauté des investisseurs aux pratiques responsables des entreprises est le développement de l'investissement socialement responsable (ISR). Le marché des fonds socialement responsables en Europe a considérablement évolué depuis les premiers fonds développés dans les années 1980 en réponse aux attentes de groupes religieux qui ne souhaitaient pas investir dans certains secteurs d'activité. Les critères sont désormais plus nombreux et plus sophistiqués en réponse aux préoccupations diverses des investisseurs. La plupart des fonds pratiquent toujours l'exclusion de quelques secteurs, mais beaucoup utilisent désormais en complément des critères positifs permettant d'identifier les entreprises les plus performantes sur le plan social et environnemental.

On recense désormais plus de 280 fonds socialement responsables à destination des particuliers[16]. Les volumes gérés par ces fonds restent relativement modestes. La Belgique et les Pays-Bas sont les pays européens où la proportion de l'ISR des particuliers et la pénétration des fonds d'ISR sont les plus importantes, avec respectivement 1,70 % et 1,4 % des encours[17].

L'augmentation du nombre de fonds est cependant considérable, en particulier dans des pays comme la France où le nombre de fonds ISR a triplé entre fin 1999 et fin 2001. Cette tendance est d'autant plus remarquable que le contexte économique et boursier actuel favorise une diminution des investissements. L'ISR constitue ainsi, en Europe, un marché dynamique : les encours gérés par les fonds socialement responsables en Europe ont augmenté de 30 % de la fin 1999 à la fin 2001.

En outre, ces chiffres ne prennent pas en compte les encours gérés pour le compte d'investisseurs institutionnels ou de fortunes privées, et les encours des fonds pratiquant une politique d'engagement. Ces montants, difficiles à évaluer, sont considérables dans certains pays, en particulier au Royaume-Uni.

Enfin, l'ISR croît sous une autre forme : l'engagement des actionnaires. Par leur influence sur la gestion des entreprises, les actionnaires constituent en effet l'un des leviers essentiels de la promotion de pratiques d'entreprises responsables. L'engagement peut a voir lieu de manière formelle par le vote de résolutions, ou de manière informelle.

Une première méthode est la proposition de résolutions revendiquant des pratiques sociales et environnementales plus responsables lors d'assemblées générales des multinationales, le but étant de faire pression sur la direction de l'entreprise en attirant l'attention sur ces pratiques. Des résolutions ont, par exemple, critiqué la position d'Exxon sur les énergies renouvelables, demandant à la direction d'investir en recherche et développement dans ces nouvelles formes d'énergie. Les ONG tentent souvent de convaincre les actionnaires importants d'une entreprise de soutenir certaines résolutions. Cette pratique est assez courante dans les pays anglo-saxons. Un des pionniers de l'ISR aux États-Unis, Domini Social Investment, publie chaque année un résumé des résolutions soutenues ainsi que des explications s'y rapportant et les résultats des votes effectués. Au Royaume-Uni, le groupe Morley Fund Management vote systématiquement contre le bilan d'une entreprise dont il détient des actions, si celle-ci ne produit pas de rapport environnemental. Le fonds de pension néerlandais PGGM, l'un des plus grands fonds de pension européens, a chargé Isis Asset Management, un gestionnaire de fonds qui dispose de sa propre équipe d'analystes spécialistes de la gouvernance d'entreprise et des questions sociales et environnementales, de gérer pour lui le droit de vote dans les entreprises dont il est actionnaire.

Des pratiques d'engagement plus informelles se développent également. Des gestionnaires de fonds, tels que Henderson Global Investors, Isis Asset Management ou Morley Fund Management, n'hésitent pas à interpeller la direction des entreprises dont ils sont actionnaires sur des questions sociales et environnementales qu'ils considèrent préjudiciables pour la profitabilité à long terme de l'entreprise. Certains investisseurs ont ainsi exprimé aux entreprises opérant en Birmanie leurs craintes pour leur réputation et profitabilité, liées aux campagnes de dénonciation et de boycott menées par les ONG et aux risques de recours en justice.

L'importance nouvelle accordée à la performance sociale et environnementale se traduit également par l'apparition de nouveaux acteurs : les agences de notation ou groupes de recherche spécialisés sur l'évaluation de la performance non financière des entreprises. Ces organisations évaluent les performances sociales et environnementales sur la base d'information émanant de l'entreprise (souvent sous la forme d'un questionnaire), ainsi que d'autres sources d'information telles que syndicats, médias ou ONG. Les notations peuvent être effectuées pour le compte des investisseurs, mais aussi des entreprises elles-mêmes dans le cadre de notations sollicitées qui peuvent être assimilées à un audit social et environnemental de l'entreprise. L'augmentation du nombre d'agences de notation révèle l'existence d'un marché en expansion. L'exemple de la France, où trois agences - Vigeo, Innovest et Core Ratings - se partagent désormais le marché, est particulièrement éloquent. Des organisations visant à promouvoir l'ISR ont vu le jour, en particulier Eurosif, le forum européen de l'investissement responsable[18].

L'apparition de nouveaux produits implique le développement de méthodes et d'outils différents, tels que les indices socialement responsables, DJSI, FTSE4Good ou ASPI, pour n'en citer que quelques-uns, sur lesquels certains fonds ISR sont indexés. Ces indices ont souvent fait l'objet de critiques, notamment pour le choix de critères valorisant l'existence, au sein des entreprises, de codes et de systèmes plutôt que leur efficacité et leur mise en œuvre ou pour l'exclusion des entreprises ne répondant pas aux questionnaires quel que soit leur bilan social et environnemental. Il n'en reste pas moins que la visibilité des indices a renouvelé le débat sur le positionnement des investisseurs quant aux a spects sociaux et environnementaux de la performance, et a suscité des changements au sein de certaines entreprises cherchant à éviter l'exclusion des indices ou à améliorer leur classement.

Par ailleurs, les fonds ISR ont également développé des modes de communication spécifiques tels que des lettres d'information ou des sites Internet pour informer leurs clients, particuliers ou institutionnels, sur l'évolution des critères utilisés et l'inclusion ou l'exclusion de certaines entreprises[19].

De nouvelles réflexions sur le rôle et l'impact de la communauté financière

Plusieurs initiatives d'investisseurs ont permis de nourrir la réflexion sur le rôle et les attentes de la communauté financière quant à la performance sociale et environnementale des entreprises. Ainsi, l'association des assureurs britanniques a publié des lignes directrices reprenant les informations touchant aux aspects sociaux, environnementaux et éthiques que ses membres souhaitent trouver dans les rapports annuels des entreprises[20]. Au sommet de Johannesburg, ont été présentés, par le gouvernement britannique, les *London Principles,* sept principes pour améliorer la contribution du monde de la finance au développement durable[21]. Ces principes sont le résultat d'un projet de recherche impliquant une cinquantaine d'institutions financières britanniques, basé sur des études de cas liées aux dimensions sociales et environnementales dans l'évaluation des actifs, l'exercice des droits liés à la détention d'actions, l'accès au capital et le développement d'outils de gestion du risque.

Par ailleurs, on peut observer une certaine prise de conscience au niveau des analystes financiers et gérants de fonds, comme le révèle un sondage réalisé par la Sofres pour Euronext et CSR Europe. En effet, 51 % des gérants de fonds et 37 % des analystes interrogés dans neuf pays européens affirment qu'ils accordent une prime aux entreprises responsables, lors de leurs décisions et recommandations d'investissement. Pour 50 % d'entre eux, la performance sociale et environnementale constitue un indice d'une bonne gestion du risque[22].

Outre le développement de produits spécifiques prenant en compte les dimensions sociales et environnementales dans la sélection des investissements, les institutions financières commencent à s'engager dans une réflexion poussée sur leur impact social et environnemental. Le secteur financier est, certes, moins exposé que d'autres secteurs en raison de son faible impact environnemental, de l'absence de chaîne de production ou du faible niveau d'opération dans les pays en voie de développement. Néanmoins, plus d'attention a été portée récemment à l'impact social et environnemental qu'ont les institutions financières par le biais de leur politique de crédit. On retiendra, par exemple, les critiques de groupes financiers, tels Morgan Stanley Dean Witter pour leur implication dans le financement d'un barrage en Chine dont la construction nécessite le déplacement forcé de plus d'un million de personnes et a de lourdes conséquences environnementales. Certaines institutions financières, telles que la Cooperative Bank au Royaume-Uni, ont développé une stratégie mettant en avant la dimension responsable et éthique de leurs activités en tant que facteur de différenciation. Pour la Cooperative Bank, cette stratégie a été un succès puisque l'institution estime que 20 % de son chiffre d'affaires est lié à son engagement en faveur de l'environnement, de l'éthique et de la responsabilité sociale[23].

Enfin, certains gouvernements européens ont mis en place des législations dans le but de soutenir l'ISR. Aux Pays-Bas, il existe un abattement fiscal pour les particuliers investissant dans des produits financiers incluant des critères environnementaux. Au Royaume-Uni, en Belgique, en Suède et en Allemagne, ont été développées des législations qui obligent des fonds de pension à indiquer s'ils prennent en compte des critères sociaux, environnementaux ou éthiques dans leurs choix d'investissement.

Le tableau est cependant à nuancer. De telles initiatives et avancées constituent, hélas, la partie émergée de « l'iceberg financier », cachant l'inaction d'une grande partie de la communauté financière. Beaucoup de travail reste donc à faire pour une contribution généralisée des entreprises et des investisseurs en faveur du développement durable.

ENTREPRISES ET INVESTISSEURS : VERS UNE REDÉFINITION DE LA VALEUR DE L'ENTREPRISE

Entreprises et institutions financières font face à des questions essentielles et des défis considérables dans l'optique d'une contribution au développement durable, mais ont également à leur portée de réelles opportunités de changement.

Les difficultés des entreprises et des investisseurs

Il est difficile de contester à ce jour que les marchés financiers ont une vision à court terme, basée sur le cours quotidien des actions et les résultats trimestriels de l'entreprise. Les fonds communs de placement achètent et vendent des actions au jour le jour, et font preuve de peu d'intérêt et d'implication dans la gestion des entreprises dont ils possèdent des actions. Cette situation est d'autant plus alarmante, si on prend en compte le fait que 80 % des actions détenues aux États-Unis et 70 % des actions détenues au Royaume-Uni le sont par des institutions qui gèrent principalement l'argent des retraites de salariés[24].

Les pourcentages investis par les fonds de pension en utilisant, outre des critères purement financiers, des critères sociaux, environnementaux ou éthiques, sont souvent minimes. Les entreprises, et en particulier les responsables des relations avec les investisseurs, font le constat du manque d'intérêt des investisseurs pour les considérations sociales et environnementales et leur impact en termes de risques et opportunités[25]. À titre d'exemple, une étude effectuée auprès des fonds de pension britanniques met en évidence l'absence d'expertise sur les questions sociales et environnementales ou de contrôle des gestionnaires sur les investissements réalisés, et ce, même si les fonds indiquent prendre en compte les critères extrafinanciers[26].

Des difficultés concrètes existent également pour les entreprises. Un premier écueil est la prise en compte des actifs intangibles dans les mesures comptables et de performance[27]. La responsabilité sociétale de l'entreprise, par son influence directe sur des éléments tels que le capital intellectuel, la fidélité et la productivité des employés, la confiance dans le management, la capacité d'innovation de l'entreprise, la satisfaction des clients et des partenaires, est liée aux actifs intangibles de l'entreprise. Les organismes de standardisation des mesures comptables (International Accounting Standards Board - IASB -, Financial Accounting Standards Board - FASB) reconnaissent l'importance d'une recherche plus poussée dans ce domaine. Des projets de recherche devant permettre l'inclusion des intangibles générés en interne dans les comptes et les bilans de l'entreprise existent, mais sans résultats concrets à ce stade. Le FASB, en particulier, évoque l'importance des actifs intangibles pour le succès de l'entreprise. Ils ont un lien étroit avec la stratégie de l'entreprise à long terme et sont donc cruciaux, tant pour la prise de décisions par les managers que pour la qualité de l'information fournie aux investisseurs sur les entreprises.

Une autre indication de l'ampleur des défis qui restent à relever est fournie par les plaintes des responsables du développement durable, de la RSE ou des relations avec les parties prenantes au sein des entreprises, qui avouent devoir souvent faire face à de l'incompréhension, du scepticisme et des résistances en interne. De manière similaire, au sein des institutions financières, les analystes de la gouvernance d'entreprise et de la performance sociale et environnementale ou les gérants de fonds socialement responsables peinent à faire entendre leur voix et à promouvoir une vision différente du succès de l'entreprise au sein de leur organisation.

Malgré ces difficultés, il est possible d'identifier des opportunités et des facteurs de changement pour le monde de la finance et de l'entreprise.

Promouvoir l'entreprise responsable

L'action d'analystes et de gérants de fonds visionnaires a permis de montrer la voie. Leurs résultats, souvent égaux voire supérieurs à ceux de leurs collègues, sont à l'origine d'un effet d'entraînement. En parallèle, les politiques d'engagement de certains investisseurs ont contribué à une prise de conscience des risques que des politiques, ignorant les dimensions sociales et environnementales, font courir à l'entreprise. Certains membres d'institutions financières considèrent que les entreprises n'abordent pas spontanément les questions sociales et environnementales. Ils estiment que les responsables des relations avec les investisseurs pourraient faire preuve de plus d'initiatives dans leurs présentations ou leurs contacts réguliers avec la communauté financière, afin de valoriser l'impact positif de la performance sociale et environnementale de l'entreprise.

Ce constat met en lumière l'importance des interactions au sein des entreprises entre les financiers, les responsables des relations investisseurs et des aspects sociaux et environnementaux. De même, les gérants de fond ISR ont un rôle considérable à jouer pour sensibiliser leurs collègues en interne, et les personnes qu'elles rencontrent au sein des entreprises.

La parution de rapports sur le développement durable peut inquiéter dans la mesure où elle semble indiquer que les risques et les opportunités liés aux questions sociales et environnementales restent annexes à l'entreprise - dont l'activité propre est traitée au sein du rapport annuel. Néanmoins, la plupart des spécialistes s'accordent sur le fait que les rapports environnementaux ou de développement durable constituent une étape essentielle vers une intégration complète des dimensions sociales et environnementales au cœur du fonctionnement de l'entreprise. Beaucoup d'entreprises considèrent qu'il s'agit d'un stade intermédiaire dont l'aboutissement logique est un rapport annuel incluant la performance sociale et environnementale de l'entreprise. Certaines entreprises se sont déjà engagées dans cette voie, notamment Suez qui publie désormais un seul rapport « d'activité et de développement durable ».

Le rôle incitatif que peuvent jouer les gouvernements, institutions européennes et internationales est un autre facteur de changement. Il ne s'agit pas seulement de menacer les récalcitrants et récompenser les « bons élèves », mais aussi de montrer l'exemple. Vont ainsi dans le bon sens des initiatives telles que l'intégration des considérations sociales et environnementales dans les appels d'offre des organismes publics, l'engagement de la Commission européenne à produire un rapport de développement durable d'ici à 2004, ou encore la réflexion du gouvernement français sur l'intégration du développement durable au sein de tous les ministères. Nombreuses sont les pistes qui peuvent être explorées par les autorités publiques à différents niveaux dans des domaines tels que l'investissement dans les pays en voie de développement, les mécanismes d'échanges de droits d'émission, l'impact de la fiscalité ou encore les alliances en faveur du développement local entre le secteur public et privé.

D'autres acteurs ont un rôle à jouer. Les fédérations européennes de syndicats ont pu paraître parfois dépassées par l'émergence du concept de responsabilité sociétale de l'entreprise, qui introduisait d'autres acteurs dans un domaine dominé jusqu'alors par le dialogue employeurs/employés. Les représentants de syndicats jouent désormais un rôle beaucoup plus actif au niveau européen, notamment au sein du forum pluripartite sur la RSE. Des initiatives intéressantes ont lieu dans certains pays. En France, la CFDT, la CGT, la CFTC et la CGC se sont unies pour créer le Comité intersyndical de l'épargne salariale, qui examine les politiques d'investissement des fonds d'épargne salariale et donne un label aux fonds garantissant un investissement dans des entreprises socialement responsables. Au Canada et aux États-Unis, des syndicats se sont impliqués dans la création de fonds permettant aux employés d'accroître leur contrôle sur leur fonds de pension, en choisissant notamment d'investir dans des entreprises qui améliorent les conditions de travail de leurs salariés.

Enfin, un des leviers d'action les plus importants est la formation des managers et des investisseurs de demain, car elle peut permettre de créer un véritable changement de mentalité. Des universités et des écoles de commerce européennes, telles que Esade, HEC, IMD, Insead, London Business School ou Vlerick-Leuven-Ghent, ont créé de nouveaux enseignements relatifs à la responsabilité sociétale des entreprises, ou ont intégré les aspects sociaux et environnementaux au sein du cursus traditionnel. Ces aspects sont également traités dans les programmes de formation dispensés par certaines universités d'entreprises. Afin de développer la recherche et les synergies entre écoles et entreprises pour que ces questions soient valorisées dans la formation des étudiants et dirigeants actuels, plusieurs écoles de commerce et d'entreprises ont récemment créé une Academy of Business in Society[28]. Ce réseau virtuel d'entreprises, d'écoles de commerce et d'universités pourra jouer un rôle de catalyseur accélérant le processus de sensibilisation au développement durable des actuels ou futurs financiers et dirigeants d'entreprises.

Les débats et les pratiques liés au

développement durable et à la responsabilité sociale des entreprises ont évolué. Ainsi, pour les entreprises les plus avancées, a succédé au temps des « missionnaires » et « visionnaires », montrant la voie du développement durable au sein des entreprises, le temps des « intégrateurs » et « organisateurs », qui mettent en place des objectifs, des structures et des systèmes permettant d'intégrer les dimensions sociales et environnementales à tous les niveaux de l'organisation.

Le rôle de la communauté financière est crucial pour encourager et généraliser ce mouvement, par la création d'un environnement dans lequel les investisseurs cessent de considérer le coût de l'action comme la clé du succès de l'entreprise, investissent dans les entreprises sur le long terme et utilisent leurs droits de vote d'une manière responsable.

Pour les années qui viennent, le dialogue entreprise/investisseurs, tant au niveau opérationnel qu'au niveau des dirigeants, apparaît donc comme un levier puissant pour faire évoluer les mentalités, changer les pratiques et faire émerger une nouvelle vision de la valeur de l'entreprise.

Certains critiques ou sceptiques verront peut-être de simples prophéties dans le lien entre performance sociale et environnementale et performance financière à long terme de l'entreprise. Il pourrait cependant bien s'agir de « prophéties autoréalisatrices », pour autant que les gérants de fonds et les analystes financiers y croient.

NOTES

1. *Promouvoir un cadre européen pour la responsabilité sociale des entreprises*, Livre vert, Commission des communautés européennes, juillet 2001.

2. StrategyOne, Edelman PR Worlwide, 2000.

3. La notion de partie prenante de l'entreprise (*stakeholder*) a été développée pour répondre au concept *shareholder* (actionnaire) en réaction à une vision de l'entreprise dont la finalité serait de générer de la valeur pour ses actionnaires uniquement. Font partie des *stakeholders*, outre les actionnaires, les employés, les clients et les fournisseurs, la communauté dans laquelle l'entreprise est implantée, la société civile, l'environnement.

4. Initialement sous le nom d'European Business Network for Social Cohesion (EBNSC), réseau d'entreprises européen pour la cohésion sociale. CSR Europe compte aujourd'hui 60 multinationales membres et coopère avec 17 organisations partenaires actives au niveau national dans l'Union européenne et en Europe de l'Est (www.csreurope.org).

5. *European Survey of Consumers' Attitudes towards Corporate Social Responsibility*, sondage effectué par Mori pour CSR Europe auprès de 12 000 consommateurs dans 12 pays européens en septembre 2000.

6. Conclusions de la présidence, Conseil européen de Lisbonne, 23 et 24 mars 2000.

7. *Promouvoir un cadre européen pour la responsabilité sociale des entreprises*, Livre vert, Commission des communautés européennes, juillet 2001.

8. Communication : *La responsabilité sociale des entreprises : une contribution des entreprises au développement durable*, Commission des communautés européennes, juillet 2002.

9. Price Waterhouse Coopers, Fifth Annual CEO Survey, janvier 2002.

10. Price Waterhouse Coopers, *Management Barometer,* septembre 2002.

11. Cette conclusion est le fruit d'une étude menée par CSR Europe et Accountability, basée sur des entretiens et séminaires avec onze entreprises : *Impacts of Reporting, the Role of Social and Sustainability Reporting in Organisational Transformation,* CSR Europe and Accountability, novembre 2002.

12. Robert S. Kaplan, David P. Norton, 1996, *The Balanced Scorecard : Translating Strategy into Action,* Harvard Business School Press. Cet instrument développé par Kaplan et Norton est appliqué par des entreprises ou souvent adapté aux priorités et spécificités de l'entreprise. C'est le cas du Kompass System de Storebrand.

13. Voir notamment *Exploring Business Dynamics, Mainstreaming CSR* in *A Company's Strategy, Structures and Systems,* CSR Europe, Entreprise&Personnel, Ashridge.

14. *Exploring Business Dynamics, Mainstreaming CSR* in *A Company's Strategy, Structures and Systems,* CSR Europe, Entreprise&Personnel, Ashridge, novembre 2002.

15. Le texte de cette déclaration a été publié dans la revue Échange et Projets, n° 78, novembre 1997.

16. Fonds UCITS (qui répondent aux exigences de la directive n° 85/611/EEC du 20 octobre 1985 et peuvent, en conséquence, être vendus dans tous les pays de l'Union européenne) appliquant des critères positifs et/ou négatifs.

17. *Green, Social and Ethical Funds in Europe 2002,* SiRi Group en coopération avec CSR Europe, (disponible sur le site Internet : www.sricompass.org).

18. Eurosif, European Sustainable and Responsible Investment Forum, a été créé en novembre 2001, avec le soutien de la Commission européenne.

19. *SRI Funds' Feature,* Avanzi and CSR Europe, (disponible sur le site Internet : www.sricompass.org).

20. *Investing in Social Responsibility, Risks and Opportunities,* 2001, Association of British Insurers.

21. *Big Investors Sign Charter for Sustainability, Financial Times,* 11 août 2002.

22. *The European Survey on SRI and the Financial Community,* CSR Europe and Euronext, novembre 2001.

23. Co-operative Bank, Partnership Report 2001.

24. *Unlikely Revolutionaries, Financial Times,* 20 novembre 2002.

25. Étude en cours de réalisation par CSR Europe en partenariat avec Investor Relations Society et le soutien de Insead CMER, basée sur des entretiens avec des spécialistes en relations investisseurs de vingt-cinq multinationales. À paraître début 2003.

26. Coles D. et Green D., *Do UK Funds Invest Responsibly ? A Survey of Current Practices on Socially Responsible Investment,* Just Pensions, juillet 2002.

27. Ittner C.-D. et Larcker D.-F., *Pour une meilleure mesure de la performance,* Wharton School, université de Pennsylvanie, (www.lesechos.fr/formations/management/articles/article_2_11.htm).

28. www.csrcampaign.org/academy

La loi NRE, le gouvernement d'entreprise et le développement durable

Guillaume ÉLIET*

La loi sur les nouvelles régulations économiques (NRE), adoptée le 15 mai 2001[1], peut, au premier abord, être considérée comme un nouvel exemple de loi « fourre-tout », sans unité ou ligne directrice, à l'instar des autres lois DDOEF[2] ou Murcef[3], dans lesquelles le législateur rassemble des dispositions éparses, dénuées de « projet global ou de vision d'ensemble »[4].

Même si ce constat est un peu sévère, il n'est pas sans fondement. En effet, la loi NRE se présente comme un ensemble de règles assez disparates, dont la lecture est rendue d'autant plus difficile que la grande majorité des articles ne font qu'apporter des amendements à d'autres textes, modifiant tour à tour le Code de commerce, le Code monétaire et financier, le Code de la consommation, le Code des assurances, le Code pénal ou le Code général des impôts.

Par ailleurs, comme il est de coutume, le projet s'est enrichi de dispositions sans rapport avec les orientations initiales au fur et à mesure de l'avancée des débats parlementaires.

Ainsi, la loi NRE aborde des thèmes aussi variés que l'organisation des autorités de régulation, la modernisation de la lutte contre le blanchiment d'argent, la réforme du code de l'industrie cinématographique ou l'aménagement des pouvoirs au sein des sociétés anonymes.

Il n'en reste pas moins que la loi NRE est un texte d'importance, qui modifie en profondeur plusieurs domaines du droit des affaires.

Ainsi, la loi s'insinue dans les débats contemporains relatifs au gouvernement d'entreprise et au développement durable. À ce titre, elle adopte toute une série de règles directement inspirées des travaux nationaux et internationaux portant sur la nouvelle répartition des pouvoirs au sein des entreprises et sur le rôle que ces dernières doivent jouer dans le développement social et la protection de l'environnement.

---

* Avocat à la Cour, Coudert frères, membre du Cercle d'éthique des affaires.

C'est autour de ces deux thèmes - la répartition des pouvoirs et le développement durable - que nous axerons nos propos, en tentant de situer l'apport du travail législatif dans des contextes plus théoriques.

LA RÉPARTITION DES POUVOIRS

La loi NRE contient d'importantes innovations en matière d'organisation du pouvoir au sein des sociétés anonymes, ajustant le rôle des principaux organes sociaux et reconnaissant des droits nouveaux aux salariés, aux actionnaires et à d'autres acteurs extérieurs de la vie des entreprises.

Ces aménagements des rapports de pouvoirs dans les entreprises s'inscrivent à notre sens dans les mouvements fondamentaux actuels de la « gouvernance » des États ou des institutions, marqués par le « déclin de l'autorité » et l'accélération du « dynamisme social ».

Le déclin de l'autorité s'exprime par la chute progressive des empires construits autour d'un pouvoir refermé et opaque.

Ces pouvoirs, autant nourris de la croyance sincère dans les vertus du dirigisme qu'organisés comme une protection de leurs propres excès, s'effritent ou explosent sous les chocs de l'uniformisation libérale, des progrès qu'on lui accorde et de la sacralisation de la personne humaine dans les enjeux politiques et économiques modernes.

Le déclin de la passivité, appelé avec plus d'optimisme, le regain de « dynamisme social » est l'expérience, par les individus, de leur capacité à construire leur identité de façon plus autonome, sans faire référence aux modèles anciens de hiérarchie ou de pouvoirs. Cette construction d'identité conduit à plus d'implications des individus dans les prises de décisions et leur mise en œuvre[5].

À son niveau, et sur les sujets qui la concernent, les dispositions de la loi NRE illustrent ces tendances : le pouvoir se diffuse.

Elles démontrent également la montée en puissance de la place des salariés dans les prises de décisions, en parallèle ou en concurrence avec les pouvoirs traditionnellement dévolus aux managers et aux actionnaires : le pouvoir s'équilibre.

Diffusion des pouvoirs

Une des réformes majeures du droit des sociétés introduites par la loi NRE est la dissociation des fonctions de président du conseil d'administration et de directeur général dans les sociétés anonymes.

Les nouvelles dispositions introduites dans le Code de commerce limitent singulièrement le rôle du président du conseil d'administration. Désormais, il gère le conseil et veille au bon fonctionnement des organes de la société[6].

Le directeur général, quant à lui, nommé par le conseil d'administration, est investi des pouvoirs les plus étendus pour agir en toute circonstance au nom de la société[7].

En d'autres termes, les pouvoirs auparavant dévolus au président du conseil d'administration sont désormais transmis au directeur général.

Ce dernier est nommé par le conseil d'administration, parmi ou en dehors du conseil. Le directeur général n'est plus nommé, comme c'était le cas auparavant, sur proposition du président, mais directement par le conseil, ce qui constitue un nouvel exemple de l'affaiblissement du rôle du président. Et notons que cette nouvelle disposition pourra engendrer des situations de conflit, spécialement lorsque le directeur général, émanation du conseil, n'aura pas l'appui du président.

Mais il faut immédiatement préciser que la loi permet, au conseil, de nommer le président du conseil d'administration au poste de directeur général. Ce cumul des fonctions place le président du conseil d'administration dans une situation quasi identique à celle qui était la sienne auparavant.

Néanmoins, le nouveau schéma proposé par la loi NRE réalise bien, selon nous, une diffusion du pouvoir.

D'une part, la loi a mis fin à l'ancienne rédaction de l'article L. 225-35 du Code de commerce qui disposait que le conseil était « investi des pouvoirs les plus étendus pour agir en toutes circonstances au nom de la société ». Désormais, le conseil d'administration « détermine les orientations de l'activité de la société et veille à leur mise en œuvre ». La loi semble ainsi vouloir octroyer au conseil une fonction d'orientation stratégique et de contrôle des affaires de la société.

Pourtant, certaines ambiguïtés demeurent, la loi autorisant le conseil, dans une formule dont l'imprécision a été critiquée[8], à « se saisir de toute question intéressant la bonne marche de la société et à régler, par ses délibérations, les affaires qui la concernent »[9]. Nul doute que cette disposition posera des difficultés pratiques que la doctrine et la justice se devront de résoudre.

Si l'on ne retient que la philosophie de la loi en laissant à l'écart ses imperfections terminologiques et les ambiguïtés auxquelles elles conduisent, le nouveau texte fait pénétrer le pouvoir vers ce que Galbraith appelait la « technostructure », c'est-à-dire les responsables opérationnels que sont appelés à devenir les directeurs généraux et les directeurs généraux délégués.

Le conseil est dessaisi de son pouvoir d'administration générale au profit d'une mission d'orientation stratégique et le président, lorsqu'il ne cumule pas les fonctions de directeur général, se limite à gérer le fonctionnement du conseil d'administration. Le pouvoir s'infiltre donc dans l'organigramme jusqu'au directeur général, lequel ne sera pas nécessairement administrateur de la société.

Par ailleurs, il pourra être assisté par plusieurs directeurs généraux délégués, nommés par le conseil d'administration.

L'ancienne loi prévoyait déjà cette cascade de répartition du pouvoir, mais de façon plus limitative.

En effet, la nomination d'un directeur général n'était pas obligatoire, le conseil d'administration ne procédant à cette nomination que sur proposition de son président.

Par ailleurs, le recours à des directeurs généraux n'était admis que dans les sociétés ayant un capital d'au moins 500 000 francs. Cette règle était, en outre, assortie de deux contraintes : le nombre de directeurs généraux ne pouvait dépasser deux personnes, lorsque le capital n'atteignait pas 10 millions de francs et, pour les sociétés dont le capital excédait ce montant, cinq directeurs généraux pouvaient être choisis si au moins trois d'entre eux étaient en même temps administrateurs.

Si le directeur général a pris les habits du président du conseil d'administration, il convient de noter que sa position est moins fragile, car le conseil d'administration n'a pas, à l'égard du directeur général, de pouvoir de révocation *ad nutum.*

En effet, la loi NRE offre une certaine sécurité à la fonction de directeur général en posant en principe que la révocation décidée sans juste motif pourra donner lieu au versement de dommages-intérêts au profit du directeur remercié[10].

D'autre part, la diffusion du pouvoir se réalise aussi par la limite du cumul de mandats sociaux.

Ainsi, en un seul article[11], la loi NRE introduit un des principes-clés dégagés par les travaux sur le gouvernement d'entreprise[12]. On considère, en effet, que chaque titulaire d'un mandat social a un devoir de diligence « qui l'oblige à consacrer à ses fonctions le temps et l'attention nécessaires »[13]. Or, la multiplication des mandats peut s'avérer « peu compatible »[14] avec le respect de ces obligations.

Désormais, la loi limite à cinq (et non plus à huit) le nombre de mandats d'administrateurs ou de membres du conseil de surveillance qui peuvent être exercés par une même personne physique. Cette limitation s'applique également aux représentants permanents de personnes morales administrateurs, alors que ces personnes échappaient auparavant aux règles de cumul[15].

La loi prévoit, par ailleurs, qu'une même personne physique ne peut pas exercer plus d'un mandat de directeur général, de membre du directoire ou de directeur général unique. Toutefois, des dérogations existent, récemment aménagées[16], s'agissant du cumul des mandats dans les groupes de sociétés. En effet, les mandats d'administrateurs ou de membres de conseils de surveillance au sein de sociétés appartenant à un même groupe ne sont pas pris en compte pour l'application de la règle de limite du cumul. Pour les mandats de directeur général, de membre du directoire ou de directeur général unique, la loi autorise le cumul de deux mandats identiques au sein d'un groupe.

Ainsi, cette limite au cumul des mandats, malgré la machinerie complexe et parfois confuse mise en place par la loi, conduit à réduire la consanguinité des organes sociaux et, en conséquence, à diffuser le pouvoir au-delà des cercles traditionnels.

On peut toutefois regretter que ces dispositions ne s'appliquent qu'aux sociétés anonymes, laissant toute liberté au cumul des mandats dans les sociétés par actions simplifiées et les sociétés en nom collectif par exemple.

Si l'on peut ainsi percevoir dans la loi NRE une contribution à la diffusion du pouvoir au sein des sociétés, il faut également lui reconnaître une participation à l'avènement des contre-pouvoirs, au partage du pouvoir.

Partage du pouvoir

Plusieurs dispositions de la loi NRE visent à renforcer les pouvoirs des actionnaires minoritaires et des salariés des sociétés.

On peut y voir une forme de promotion des contre-pouvoirs qui sied tant au capitalisme moderne[17]. On y verra surtout une tentative d'associer, à la marche et aux décisions de l'entreprise, tous les acteurs de son développement.

Ce sont surtout les salariés, au travers de leur comité d'entreprise, qui profitent de la réforme. Trois évolutions en leur faveur doivent être notées.

Ainsi, dans les sociétés anonymes, le comité d'entreprise s'insinue auprès de l'assemblée des actionnaires. En effet, il peut désormais demander en justice la désignation d'un mandataire chargé de convoquer l'assemblée générale des actionnaires en cas d'urgence[18]. Cette nouvelle prérogative est accompagnée de la possibilité, désormais offerte au comité d'entreprise, de requérir l'inscription de projets de résolution à l'ordre du jour des assemblées d'actionnaires. Enfin, deux représentants du comité d'entreprise peuvent désormais assister aux assemblées[19], instance qui leur était jusqu'alors fermée sauf si des membres du comité avaient pris soin d'acquérir une action à titre personnel, ce qui ne concernait essentiellement que les sociétés cotées.

Cette intrusion des salariés dans l'instance suprême de décision qu'est l'assemblée des actionnaires pouvait apparaître comme « inimaginable » dans le découpage traditionnel des pouvoirs au sein des entreprises, où coexistaient sans se rencontrer la sphère des associés et celle des salariés[20].

Une autre disposition de la loi NRE introduit cependant une intrusion plus singulière des représentants des salariés dans les décisions revenant aux associés. En effet, le nouvel article L. 432-6-1 du Code du travail prévoit que les représentants du comité d'entreprise peuvent demander à être entendus lors de toutes les délibérations requérant l'unanimité des associés. Cette fois, cette disposition concerne toutes les formes de sociétés et non plus uniquement les sociétés anonymes.

La singularité tient au fait que les décisions dont il s'agit sont essentiellement celles qui concernent strictement les droits et obligations des associés, tout particulièrement les décisions dont l'objet est d'augmenter leurs engagements ou les décisions visant à transformer la forme de la société.

Il peut apparaître ainsi assez paradoxal de donner aux salariés le droit d'être entendus sur les décisions qui, *a priori,* ne concernent qu'indirectement leurs conditions de travail, alors que ce droit ne leur est pas reconnu lorsque l'assemblée délibère sur des projets qui induisent des enjeux salariaux immédiats.

Une exception à ce paradoxe doit néanmoins être abordée : il s'agit de la troisième évolution de la loi dans le sens d'une plus grande participation des salariés au pouvoir dans l'entreprise. La loi NRE renforce considérablement les prérogatives du comité d'entreprise dans le cadre des offres publiques. Ainsi, le comité d'entreprise de la société cible, tenu informé par le chef d'entreprise qu'une offre publique est déposée sur le capital de la société, peut demander à entendre l'auteur de l'offre. Ce dernier est tenu de répondre à cette invitation. À défaut, la sanction est rigoureuse : l'auteur de l'offre perd le droit d'exercer les droits de vote attachés aux titres qu'il détient ou viendrait à détenir dans le capital de la société faisant l'objet de l'offre[21].

Par ailleurs, l'auteur de l'offre doit communiquer au comité d'entreprise la note d'information publiée à l'occasion de l'opération. Celle-ci précisera si le comité d'entreprise a souhaité entendre l'auteur de l'offre[22].

S'agissant du renforcement des pouvoirs accordés aux actionnaires, la réforme soulève moins de commentaires.

L'apport essentiel de la loi NRE dans ce domaine est d'avoir abaissé de 10 % à 5 % le seuil minimum de détention du capital social qui permet aux actionnaires de demander en justice la désignation d'un expert de gestion. Il convient toutefois de préciser que cette procédure ne peut être enclenchée que si le président du conseil d'administration ou du directoire n'a pas répondu ou n'a pas apporté de réponse satisfaisante à une question écrite qui lui aura été préalablement posée au sujet d'une ou plusieurs opérations de gestion[23]. Notons enfin que les questions sur lesquelles la nomination d'un expert de gestion peut être demandée peuvent désormais concerner la société elle-même, mais aussi les sociétés de son groupe.

LE DÉVELOPPEMENT DURABLE

Les entreprises sont appelées à contribuer à améliorer la société. C'est en peu de mots ce que recouvre le concept de responsabilité sociale, décliné le plus souvent autour du thème du développement durable[24]. Il ne s'agit pas de nier la vocation primaire de toute entreprise, qui est de créer de la richesse, mais de reconnaître, au-delà de cette vocation, son rôle-clé dans le fonctionnement de la société, son progrès et son avenir. Plus encore, il n'y a pas d'opposition, mais un lien utile, entre générer du profit et participer au développement social et à la protection de l'environnement.

C'est le sens que les autorités européennes ont souhaité promouvoir dans le Livre vert de 2001 sur la responsabilité sociale. La Commission européenne y affirme ainsi que « bien que leur responsabilité première soit de générer des profits, les entreprises peuvent en même temps contribuer à des objectifs sociaux et à la protection de l'environnement, en intégrant la responsabilité sociale comme investissement stratégique au cœur de leur stratégie commerciale, dans leurs instruments de gestion et leurs activités »[25].

Responsabilité et développement durable

Malgré toutes les bonnes intentions, l'inscription de l'activité de l'entreprise dans la promotion d'une responsabilité sociale et du développement durable n'est pas aussi naturelle. Elle suppose une démarche combattante, à la fois sur le thème de la responsabilité et sur celui du développement.

Concernant la responsabilité, l'entreprise doit s'affranchir de la tutelle exercée par le droit sur le concept de responsabilité, pour lui réserver une acception plus proche de la morale. En effet, cette responsabilité sociale ne doit pas être appréhendée comme le serait la responsabilité juridique, c'est-à-dire comme une situation qu'il faut éviter à tout prix. La responsabilité sociale ne conduit pas à éviter les risques, mais à les reconnaître comme des éléments intrinsèques de sa personne, et à les placer comme fondation ou découverte de ses propres devoirs. « Autant la responsabilité morale pousse à prendre des risques, autant la législation sur la responsabilité civile retient d'en prendre », résume ainsi Alain Etchegoyen[26].

S'agissant du développement durable, la révolution intellectuelle qu'il est demandé aux entreprises et à leurs propriétaires n'est pas plus aisée. Il s'agit, d'une part, d'inscrire la croissance dans le temps en rejetant la tentation de préférer un profit immédiat et, d'autre part, d'adopter une démarche plus collective en acceptant comme impératif que le développement de l'entreprise satisfasse des enjeux qui dépassent ses premiers cercles d'intérêt, c'est-à-dire son activité, ses actionnaires et même ses salariés.

En résumé, l'entreprise doit faire sienne l'approche philosophique chère à Emmanuel Lévinas qui consiste à considérer qu'« il y a une sorte de vulgarité et de bassesse dans une action qui ne se conçoit que pour l'immédiat, c'est-à-dire, en fin de compte, pour notre vie seule »[27].

Pour les entreprises, le chemin peut sembler long tant le poids des marchés financiers, avides de résultats rapides et constants, et la promotion de la concurrence comme mode de régulation de la vie économique, peuvent sembler éloignés de ces aspirations.

Loin d'entrer de façon frontale dans ces débats, la loi NRE a néanmoins amorcé un pas vers une plus grande prise en compte par les entreprises des conséquences sociales et environnementales de leurs activités.

Transparence et environnement

À ce titre, le nouvel article L. 225-102-1 du Code de commerce impose aux sociétés cotées de mentionner, dans leur rapport annuel, « des informations sur la manière dont la société prend en compte les conséquences sociales et environnementales de son activité ».

La nature de ces informations, qui devront figurer pour la première fois dans les rapports annuels se rapportant à l'exercice social ouvert à compter du 1er janvier 2002, a été précisée par un décret du 20 février 2002 complété par un arrêté du 30 avril 2002.

S'agissant des informations de nature sociale, le rapport du conseil d'administration ou du directoire, qui est présenté à l'assemblée des actionnaires, doit indiquer les évolutions des effectifs, préciser les éventuels plans de réduction des effectifs, décrire l'organisation du travail, les rémunérations, les relations professionnelles et les accords collectifs. Il doit également donner des informations sur les conditions d'hygiène et de sécurité, la formation, l'emploi et l'insertion des travailleurs handicapés, les œuvres sociales et les conditions de recours à la sous-traitance. Le rapport doit également décrire « la manière dont la société prend en compte l'impact territorial de ses activités en matière d'emploi et de développement régional ».

Pour ce qui concerne l'obligation d'information environnementale, le décret a également établi une liste des informations jugées nécessaires, pour autant qu'elles soient pertinentes en fonction de la nature de l'activité de la société[28]. Ainsi, le rapport devra aborder des questions purement environnementales comme, par exemple, l'identification des besoins de ressources en eau, matières premières ou énergie, les conditions d'utilisation des sols et les rejets et nuisances affectant gravement l'environnement. Le rapport présentera également les démarches d'évaluation ou de certification entreprises en matière d'environnement, ainsi que les mesures prises pour se conformer à la réglementation dans ces domaines. Enfin, le conseil d'administration - ou le directoire - est tenu d'apporter des éclairages d'ordre comptable relatifs aux dépenses engagées pour prévenir les conséquences de l'activité de la société sur l'environnement.

Le législateur poursuit un objectif intéressant : celui d'obliger les sociétés cotées à s'intéresser aux impacts de leurs activités sur l'environnement. Il adopte à cet égard une démarche *a priori* peu contraignante : seule la transparence est exigée. On peut ainsi s'interroger sur l'impact d'une telle transparence : conduira-t-elle les entreprises à améliorer leurs pratiques dans le sens d'un meilleur respect de l'environnement ?

C'est probable, mais de façon indirecte. Le législateur semble, en effet, s'en remettre à la pression du public et des investisseurs plutôt qu'à l'édiction de mesures de contrainte qui, de fait, seraient bien difficiles à formaliser. À cet égard, le choix de la loi française correspond à celui de la plupart des États européens qui ont imposé la publication de rapports environnementaux[29].

À ce titre, il est remarquable que l'obligation d'établissement d'un rapport environnemental s'applique de la même façon aux industries lourdes et aux sociétés de services, dont les activités n'ont, *a priori,* pas le même impact sur l'environnement. En revanche, cette obligation ne concerne que les sociétés cotées, c'est-à-dire celles soumises à la pression des marchés, des analystes et des investisseurs.

Si l'on peut estimer que ce champ d'application limité s'explique par la lourdeur de l'obligation - le rapport environnemental ne pourrait s'appliquer qu'aux sociétés cotées, car seules celles-ci auraient les moyens de mener les investigations imposées par la loi -, cette explication ne nous paraît pas satisfaisante.

D'une part, nombre de petites entreprises sont cotées sur des marchés boursiers, notamment sur les marchés qui leur sont réservés comme le second marché ou le nouveau marché d'Euronext Paris. D'autre part, l'inverse est aussi vrai : de grandes entreprises ne recourent pas aux marchés financiers pour leur financement et échappent ainsi à l'obligation de transparence environnementale, alors qu'elles peuvent exercer dans des métiers polluants.

Il faut donc considérer que le législateur a choisi de ne viser que les entreprises cotées, car elles seules sont soumises à la pression des marchés, outil choisi pour les contraindre à améliorer leurs pratiques.

Enfin, on peut peut-être regretter

que le rapport environnemental ne soit pas soumis à un contrôle externe et indépendant, comme le rapport financier est examiné et certifié par les commissaires aux comptes. Mais, on constate d'ores et déjà que de grands groupes cherchent à donner, à leurs rapports environnementaux, une caution externe, soit en mettant en place des partenariats avec des associations de protection de l'environnement[30], soit en se soumettant à des mécanismes de notation ou de certification *ad hoc*[31].

Il est une question complémentaire que l'on peut aborder en guise de conclusion. C'est celle de l'écriture du droit.

Plusieurs tendances actuelles du travail rédactionnel du législateur peuvent être reconnues dans la loi NRE.

Il faut constater, d'une part, que la loi NRE, comme de nombreuses lois contemporaines, se présente sous la forme d'un *patchwork* de dispositions éparses, sans lien ni cohérence, rendant impossible une lecture d'ensemble. Et la loi NRE stigmatise ainsi les critiques récurrentes sur la dégradation du mode de création du droit en France. Ce constat nous semble un peu sévère.

En effet, les difficultés de lecture de la loi NRE sont essentiellement la conséquence des grandes codifications mises en chantier en France depuis près de dix ans et qui contribuent manifestement à améliorer l'accès et la lisibilité du droit.

À cet égard, la loi NRE, comme de nombreuses réformes, ne peut pas être lue dans sa singularité, car chacune de ses dispositions s'intègre dans des codes différents. Avec le recul, on perçoit que chaque disposition participe à une réforme transversale. Et, à partir de la simple litanie des amendements d'une loi en trompe l'œil, se dégagent les unités parallèles de chacun des codes.

Par ailleurs, il ne nous apparaît pas choquant que les textes législatifs fassent l'objet d'aménagements réguliers. Le droit est une matière vivante et la modernisation des lois fait incontestablement partie des devoirs du Parlement. S'agissant de la loi NRE, on regrettera toutefois qu'un an après son adoption, des voies s'élèvent déjà pour dénoncer les difficultés d'application qu'elle engendre et suggérer au gouvernement de revisiter, dans son ensemble, le droit français des sociétés[32].

D'autre part, on peut s'interroger sur la pérennité de textes manifestement inspirés par la conjoncture entourant leur adoption.

Il apparaît que, dès l'origine, la loi NRE a été marquée par la conjoncture économique dans laquelle elle se plaçait. En effet, la loi NRE est sans conteste une loi de période de croissance. Les travaux préparatoires en font brillamment la démonstration, et c'est sans doute avec un peu de nostalgie que l'on relit aujourd'hui les premiers mots de l'avis présenté à l'Assemblée nationale par André Vallini : « (...) la croissance est forte, le chômage recule, la confiance des ménages est avérée (...). Pourtant, malgré ces performances remarquables, notre pays a encore besoin de réformes »[33].

À ce titre, on ne résiste pas à s'interroger sur la viabilité de certaines dispositions de la loi NRE, adoptée en période de croissance, dans une situation économique plus morose et incertaine.

En particulier, la répartition des pouvoirs dans l'entreprise conduisant à affaiblir le conseil d'administration au profit du directeur général, dans un diptyque subtil laissant présager des conflits de pouvoirs, la montée en puissance des comités d'entreprise dans les discussions stratégiques et les prises de décisions, fonctionneront-ils aussi bien en période de crise qu'en période de croissance ? Ne conduiront-ils pas à des blocages insupportables pour une entreprise affaiblie par le climat économique ?

Par ailleurs, il apparaît que certaines de ces réformes n'ont constitué que des réponses de circonstance à des événements économiques pour lesquels le silence de la loi ne rivalisait qu'avec l'impuissance ou la circonspection des pouvoirs publics. Il en fut ainsi de la grande bataille boursière dans le domaine bancaire entre la BNP, Paribas et la Société générale, qui a conduit à renforcer les pouvoirs des comités d'entreprise et à aménager la procédure d'offre publique mettant en cause des établissements de crédit.

S'il est normal que la loi remédie aux imperfections du système juridique révélées par les pratiques économiques quotidiennes, on s'interroge sur ce qui devrait être le degré d'influence acceptable de la pratique sur la construction de la loi.

Car, si la loi répond souvent à des événements de l'actualité, c'est également la mise en pratique de la nouvelle loi qui précipite sa chute.

L'aménagement récent des règles de cumul des mandats sociaux que la loi NRE avait réformées en est une preuve éclatante. Un peu plus d'un an après l'adoption de la loi NRE, le Parlement fait un constat sans appel : « Les règles applicables en matière de cumul des mandats sociaux (...) posent aujourd'hui de redoutables problèmes pratiques aux entreprises, en raison de leur ambiguïté, de leur complexité et de leur rigidité excessives. (...) Nos entreprises n'ont pas à pâtir d'un environnement juridique aussi volatil et flou »[34].

Le travail législatif s'apparente ainsi à une marche à tâtons, à la fois dirigé et anéanti par les nécessités et les pressions des professionnels.

En tout état de cause et même s'il est encore un peu tôt pour dresser un bilan de la loi NRE, il apparaît clairement que cette loi marquera le droit positif français de son empreinte par la profondeur des réformes qu'elle initie, mais aussi par sa participation singulière aux débats contemporains sur le pouvoir et l'entreprise.

Notes

1. Loi n° 2001-420 du 15 mai 2001 sur les nouvelles régulations économiques, J.O. du 16 mai 2001.

2. Loi portant diverses dispositions d'ordre économique ou financier.

3. Loi portant mesures urgentes de réforme à caractère économique et financier.

4. Philippe Marini, rapport présenté au nom de la commission des finances sur le projet de loi, doc. Sénat, n° 5.

5. Wolfgand Michalski, Riel Miller, Barrie Stevens, *La gouvernance au XXIème siècle : les pouvoirs dans l'économie et la société mondiale du savoir* in *La Gouvernance au XXIème siècle,* OCDE, 2002.

6. Article L. 225-51-1 nouveau du Code de commerce.

7. Article L. 225-56 nouveau du Code de commerce.

8. Dominique Bureau, *La loi relative aux nouvelles régulations économiques. Aspects de droit des sociétés* in bulletin Joly sociétés, juin 2001, p. 553 et s.

9. Article L. 225-35 alinéa 1 du Code de commerce.

10. Article L. 225-55 du Code de commerce. Lorsque le directeur général est également président du conseil d'administration, la règle de la révocabilité à tout moment et sans justification redevient applicable.

11. Article 110 de la loi NRE.

12. Ainsi en est-il des rapports Viénot : *Le conseil d'administration des sociétés cotées,* juillet 1995 ; *Rapport du comité sur le gouvernement d'entreprise,* juillet 1999.

13. Philippe Marini, rapport présenté au nom de la commission des finances sur le projet de loi, doc. Sénat, n° 5.

14. Philippe Marini, *op. cit.*

15. Nicolas Damas, *Loi NRE et cumul de mandats sociaux,* JCP E 2001, Comm., p. 1803 et s.

16. Loi n° 2002-1303 du 29 octobre 2002 modifiant certaines dispositions du Code de commerce relatives aux mandats sociaux.

17. Alain Minc, *Capitalisme, l'esprit contre l'éthique ?* in *Le Monde,* 24 août 2002.

18. Article L. 432-6-1 nouveau du Code du travail. Cette disposition est le résultat d'une intense discussion entre les deux assemblées, l'Assemblée nationale voulant placer le comité d'entreprise dans la situation d'un actionnaire minoritaire et lui faisant attribuer, de plein droit, la propriété d'une action de la société. Cette proposition a été vigoureusement critiquée, essentiellement sur le plan technique, et les deux assemblées se sont finalement entendues pour attribuer, au comité d'entreprise, de nouvelles prérogatives sans pour autant en faire un actionnaire.

19. La loi ne leur reconnaît pas pour autant le droit de participer aux débats.

20. Bernard Saintourens, *Les prérogatives du comité d'entreprise après la loi relative aux nouvelles régulations économiques,* bulletin Joly sociétés, janvier 2002, p. 7 et s.

21. Article L. 432-1 du Code du travail.

22. Bulletin COB n° 359, 2001, p. 43.

23. Article L. 225-231 du Code de commerce.

24. *Éthique et développement durable,* Entreprise éthique, n° 16, avril 2002.

25. Commission européenne, *Promouvoir un cadre européen pour la responsabilité sociale des entreprises,* Livre vert 2001, COM(2001) 366 final.

26. Alain Etchegoyen, *La vraie morale se moque de la morale. Être responsable,* Seuil, essais, avril 1999.

27. Pierre-Antoine Chardel, *Responsabilité juridique et responsabilité éthique : une dialectique nécessaire pour l'entreprise ?* in *Ethique et développement durable,* Entreprise éthique, n° 16, avril 2002.

28. Laurence Lanoy, *Le contour de l'obligation d'information environnementale dans le rapport annuel des sociétés cotées* in *Droit de l'environnement,* n° 99, juin 2002, p. 152 et s.

29. Voir sur ce sujet le rapport publié par l'International Institute for Industrial Environment (IIIE), *Corporate Environmental Reporting, Review of Policy Action in Europe,* février 2002.

30. Il en est ainsi du rapport environnemental 2001 du groupe Lafarge, élaboré en partenariat avec WWF International.

31. Comme Vigeo ou Core Ratings par exemple.

32. Olivia Dufour, *À l'épreuve de la pratique, la loi NRE laisse apparaître certaines difficultés d'application* in *l'Agefi,* 16 octobre 2002.

33. Avis présenté à l'Assemblée nationale par André Vallini, doc. AN n° 2309.

34. Philippe Houillon, rapport AN, n° 233.

2002 : UNE ANNÉE PARADOXALE POUR LES DÉMARCHES D'INVESTISSEMENT SOCIALEMENT RESPONSABLE

JEAN-PIERRE SICARD*

Trois paradoxes ont marqué l'investissement socialement responsable (ISR) en 2002 : alors que le développement durable a acquis une crédibilité nouvelle et qu'un nombre croissant d'investisseurs affirment leurs intentions de recourir à l'ISR, l'évolution des cours a été très défavorable au développement de ces placements essentiellement en actions ; la crise de confiance consécutive à « l'affaire Enron » justifie la montée en puissance d'un courant préoccupé d'éthique, mais pousse à douter des données comptables elles-mêmes, et souligne les limites de *reporting* élargies aux dimensions sociétales ; les outils d'information sur l'ISR se développent, mais beaucoup d'offreurs restent timides dans la mise en valeur de ce qui fait la spécificité de ces fonds.

ENGOUEMENT POUR L'ISR, MAIS ENCORE PEU DE PASSAGE À L'ACTE

Il a été fort peu question d'ISR lors du sommet de Johannesburg. Pourtant, ce moment fort du débat mondial sur le développement durable a consacré la place désormais acquise dans notre société par les enjeux de la responsabilité sociale des entreprises. Que l'on juge les résultats de la négociation décevants ou qu'on mette l'accent sur ses retombées positives n'y changent rien : ces questions sont désormais sur la place publique, et plus une grande entreprise ne s'en désintéresse. Du même coup, l'ISR - qui, rappelons-le, mobilise l'argent des investisseurs dans des entreprises répondant à des critères de cohésion sociale et de respect de l'environnement tout en recherchant le rendement financier - change de nature. Auparavant, il s'agissait d'un dispositif plutôt marginal qui regroupait des « fonds éthiques » constitués en excluant certains secteurs pour des raisons d'ordre moral et souvent destinés aux congrégations religieuses d'obédience diverse. Aujourd'hui, ce sont les fonds « développement durable » ou « socialement responsables », ancrés sur une nouvelle approche financière, qui occupent le devant de la scène.

* Président de Novethic (groupe Caisse des dépôts).

Appuyés sur des facteurs explicatifs plus larges du rendement à long terme des portefeuilles, ils sont l'un des éléments de la mise en œuvre pratique du concept de développement durable.

Les attentes des investisseurs ont elles-mêmes fortement évolué. La majeure partie de l'offre d'ISR s'adresse aux investisseurs institutionnels (caisses de retraite, mutuelles, fondations...). Le point de vue des gérants et des analystes européens sur l'ISR avait été étudié par une enquête Sofres - CSR Europe, Euronext, CDC - à l'automne 2001 : 60 % d'entre eux y affirmaient que le développement de l'ISR va amener les investisseurs institutionnels à modifier leurs choix d'investissement, et répondaient à 92 % que c'est une démarche qu'il convient d'encourager. Au printemps 2002, Novethic et Amadeis ont réalisé en France une enquête approfondie[1] auprès des investisseurs institutionnels eux-mêmes, montrant que ceux-ci sont en train de basculer vers l'ISR : 60 % d'entre eux annoncent leur intention d'y recourir et pour une part souvent très significative de leurs actifs (près d'un cinquième pensent y allouer plus de 10 % de leurs actifs, la moitié entre 2 et 10 %).

Ils ont, en effet, confiance dans la performance financière de l'ISR (5 % d'entre eux pronostiquent des performances inférieures à celles des autres fonds, plus de 10 % anticipent des résultats plus favorables, la plupart d'entre eux s'attendant à une rentabilité proche de la moyenne du marché). Leurs attentes, auparavant surtout centrées sur la dimension éthique, s'orientent davantage vers la dimension financière des produits.

Parallèlement, dans le domaine de l'épargne salariale, la création d'un comité intersyndical spécialisé, qui a labélisé des offres en mai et juin dernier notamment selon leurs caractéristiques socialement responsables, crée un effet de levier important pour ces approches. Cette dynamique va d'ailleurs au-delà du champ de l'épargne salariale dans la mesure où elle contribue à diffuser ces approches dans l'univers des investisseurs institutionnels, aux structures souvent paritaires.

De nombreuses enquêtes ont montré que les épargnants sont eux aussi plus nombreux à s'intéresser aux fonds éthiques avec encore peu de passage à l'acte pour l'instant ! Il est vrai que la conjoncture boursière de l'année 2002 n'a pas été favorable à l'orientation de l'épargne vers les actions, même sous forme d'OPCVM socialement responsables, pourtant construits sur des logiques de rendement à moyen et long terme, en cohérence avec leur approche de la performance financière.

L'INFORMATION SOCIALEMENT RESPONSABLE

La profonde crise de confiance révélée par « l'affaire Enron » touche au cœur de ce qui constitue la dynamique de nos systèmes financiers : un processus complexe de production, de circulation et d'interprétation de l'information sur les acteurs économiques.

Les démarches d'ISR apportent un éclairage intéressant face à cette situation, en mesure de contribuer à instaurer de nouvelles bases de confiance.

Pourtant, alors qu'on en est venu à douter même des données comptables certifiées et du *reporting* financier cadré par de nombreuses normes, comment vouloir prendre en compte une évaluation de dimensions sociales, environnementales et sociétales, sans référentiel établi et dont les méthodes restent peu stabilisées ?

En France, l'actualité de l'année 2002 montre au contraire que des étapes décisives peuvent être franchies et apporter de nouvelles dimensions aux observateurs et aux analystes des sociétés et de leur valorisation. La création de Vigeo, puis l'arrivée de Core Ratings, que complètent les développements de l'américain Innovest ou les travaux d'autres acteurs, y compris ceux d'analystes spécialisés de grands *asset managers,* témoignent d'une évolution majeure sur deux axes de l'analyse des fondamentaux de la performance future des entreprises.

Le premier axe correspond à ce qui tend à devenir le référentiel de « bonne gestion » pour la grande entreprise du XXIème siècle : par un regard élargi à l'ensemble de ses relations avec son environnement et de ses impacts, le management se voit confronté à des champs nouveaux d'exigence.

Selon une approche désormais reconnue, ces derniers consistent à prendre en compte les effets induits par l'activité de l'entreprise sur l'environnement naturel, sur ses propres ressources humaines, sur les zones dans lesquelles elle est implantée, mais aussi sur ses clients, ses fournisseurs, sans oublier évidemment les préoccupations de gouvernance et de relations aux actionnaires... Il s'agit surtout de conduire les politiques qui intègrent ces différents enjeux et d'en tirer parti au service de la performance globale de l'entreprise. Les travaux de différents acteurs, notamment parmi les agences de *rating* sociétal anglo-saxonnes ou nordiques, montrent en effet qu'on trouve, dans ces nouveaux référentiels de la gestion d'entreprises, des explications au décalage croissant entre la valorisation boursière et les actifs les plus tangibles. Ces diverses pratiques de responsabilité seraient ainsi à l'origine de « l'alpha » qui va constituer le ferment de la performance à long terme, par la consolidation d'actifs immatériels, que ces nouvelles formes de *rating* s'efforcent de mesurer par de multiples indicateurs. Nicole Notat, avec Vigeo et ses nouveaux développements méthodologiques pour proposer des audits approfondis sur ces critères, ouvre la voie à des progrès importants de la mesure et des anticipations sur ce champ.

Le second axe met l'accent sur le rôle fondamental joué aujourd'hui par la mesure du risque et les efforts de formalisation auxquels les acteurs financiers sont conduits pour y faire face. Les notes des agences de *rating* financier et le suspens quant à leur évolution donnent à la vie financière son parfum d'examen permanent, auquel les acteurs sont tenus de se soumettre. Mais la démarche est en passe d'être élargie à un champ plus vaste. Parce que les effets systémiques rendent d'autant plus sensibles les grandes organisations, il devient déterminant de progresser dans la mesure du risque environnemental (impact des accidents écologiques, des campagnes d'opinion, des remises en cause par de nouvelles normes...), du risque social (conflits du travail, dénonciation d'atteintes aux droits de l'homme ou des conditions de travail chez de lointains sous-traitants, nouvelles dimensions de la responsabilité juridique...), des risques en matière de sécurité des produits ou des processus... Le niveau relatif d'exposition à ces risques va devenir un indicateur des impacts potentiels sur la valorisation de l'entreprise, ce que se propose de noter Core Ratings, mais que d'autres acteurs intègrent eux aussi dans leur évaluation sociétale.

Cet axe du risque social et environnemental comme celui qui met l'accent sur la responsabilité élargie de l'entreprise par une gestion durable visant le moyen et le long terme prennent leur sens parce que notre société est devenue plus sensible à ces dimensions. La multiplication de procès, particulièrement aux États-Unis, intentés aux entreprises pour qu'elles réparent les préjudices dont ceux qui les attaquent estiment qu'elles sont responsables, illustre cette tendance et représente aujourd'hui un poids réel sur la trésorerie des entreprises dans certains secteurs. Par exemple, le coût de l'amiante pour la France seule est estimé entre 8 et 10 milliards d'euros d'ici à 2020 dont une grande partie est à la charge des employeurs des victimes de maladies liées à l'amiante. De la même façon, dans ce calcul de risque, les industriels qui anticipent un durcissement des législations environnementales disposeront d'un avantage concurrentiel que mesurent financièrement des agences spécialisées comme l'américaine Innovest.

Il est en revanche plus compliqué de mesurer l'impact de l'atteinte à l'image d'une entreprise que provoque une pollution accidentelle ou la dénonciation publique des conditions de travail en vigueur chez un de ses sous-traitants.

Mais une action concertée des riverains et des collectivités locales dans le cas de l'environnement, voire des consommateurs, des salariés et des syndicats dans le domaine social, peuvent provoquer une crise majeure pour la ou les multinationale(s) concernée(s) dans la mesure où leurs protestations sont relayées par des organisations non gouvernementales (ONG) et des médias. Il est aujourd'hui impossible de mesurer le coût financier direct de ce type de crise. En revanche, une entreprise qui met tout en œuvre pour s'en prémunir, en faisant des efforts pour contrôler le respect du droit international du travail par les sous-traitants ou en adoptant des démarches novatrices dans le domaine des ressources humaines, peut miser sur une valorisation à long terme de sa marque mondiale, surtout si ses consommateurs y sont sensibles et ses salariés attentifs. Les évolutions sociologiques et l'accent plus ou moins fortement mis sur telle ou telle dimension de la responsabilité des entreprises ne sont donc pas neutres pour ces évaluations d'un nouveau genre.

Ce circuit de l'information sur la responsabilité sociétale met donc en jeu à la fois l'entreprise et ses parties prenantes. Mais dans tous les cas, ces démarches ne peuvent exister sans un accès à l'information, une grille de lecture de cette information et des dispositifs pour la vérifier. Or, des progrès importants sont désormais possibles en la matière par la prise de conscience des entreprises, leur construction des premières étapes de *reporting* adaptées et l'émergence de référentiels auxquels contribuent l'ensemble des acteurs concernés, à l'image des lignes directrices de la Global Reporting Initiative (GRI).

Ces approches convergent pour apporter au marché des instruments novateurs, qui rendent possibles des démarches d'investisseur construites sur la recherche d'une performance à la fois plus solide et plus durable, par un regard élargi sur les finalités des entreprises. Elles constituent ainsi un renouveau significatif du processus d'information à l'œuvre dans la dynamique financière caractéristique de notre système économique.

DE NOUVEAUX OUTILS D'INFORMATION

Le développement de la responsabilité sociale et environnementale des entreprises trouve son « effet de levier financier » dans la prise en compte de ces aspects par une communauté d'investisseurs dits socialement responsables, intéressés par cette nouvelle approche.

Plus nombreux aux États-Unis, en Angleterre et en Europe du Nord qu'en France, ils gèrent leurs fonds en fonction de critères « développement durable » en suivant attentivement la politique pratiquée dans ce domaine par les entreprises dans lesquelles ils ont investi. Cela passe par des questionnaires spécifiques envoyés aux directions, mais aussi par un activisme actionnarial qui les conduit à voter, ou même à déposer, des résolutions en assemblées générales destinées à favoriser une meilleure prise en compte du développement durable.

Aux États-Unis, c'est un mode d'intervention qu'ont adopté en particulier les communautés religieuses. Une résolution encourageant la compagnie Exxon Mobil à introduire les énergies renouvelables dans son offre a obtenu, par exemple, 20 % des voix à l'assemblée générale de la compagnie, en mai 2002. Pour le groupe hôtelier Marriot, c'est une motion déposée par le syndicat AFL-CIO qui l'a finalement conduit à se retirer de Birmanie.

Ce type de pratique n'a, pour l'instant, pas cours en France. Les sociétés de gestion proposant des fonds éthiques ne sont pas, par nature, dans la même position d'acteur engagé qu'une congrégation religieuse, un syndicat ou une ONG. Elles s'efforcent aujourd'hui de mettre en place une offre crédible pour la communauté financière française qui dispose encore d'assez peu d'informations sur toutes ces questions. Le caractère récent des fonds socialement responsables et de la notation des entreprises sur ces critères implique que l'on dispose de peu de recul pour analyser leurs performances et donc leurs éventuelles surperformances.

Les outils mis à disposition des financiers comme les indices spécifiques, consacrés à un univers de valeurs sélectionnées pour leur responsabilité sociétale, sont eux aussi très récents. Le Dow Jones Sustainibility Index, premier indice du genre sur un univers « monde », a été créé en 1999. Le FTSE4Good et l'Aspi Eurozone existent, eux, depuis 2001. Tous trois, issus d'un partenariat avec une agence de notation spécialisée et des émetteurs d'indices boursiers traditionnels, retiennent des entreprises dont la politique de responsabilité sociale et environnementale est bien notée par les agences en question.

Même si les comparatifs sont rendus difficiles, puisque les méthodes de sélection des valeurs figurant dans l'indice sont de nature différente, les investisseurs regardent avec attention de quelle façon ils résistent à la crise des marchés actuels.

Les résultats sont assez encourageants pour renforcer la crédibilité de l'ISR.

Ces investissements doivent aussi trouver une crédibilité par la transparence sur leur *reporting* qui leur est, en quelque sorte, imposée par nature.

Observateurs privilégiés de ce marché, il nous a paru important de contribuer à développer à ce niveau-là aussi une information permettant de comparer les qualités propres à chacun des fonds éthiques, vis-à-vis desquels le soupçon de n'y voir que des produits « marketing » a souvent été émis. C'est ce qui a poussé Novethic à créer un *rating* de ces fonds, appuyé sur une méthodologie appropriée[2]. Celle-ci permet de mesurer la qualité socialement responsable des fonds (sources d'information sur les entreprises, sélectivité, processus de gestion, compétences ISR de la société de gestion) que complète un indicateur de l'engagement du gérant (utilisation des droits d'actionnaires, relations aux sociétés du portefeuille en prenant en compte les critères de responsabilité sociétale...).

Les fonds qui obtiennent le meilleur *rating* selon cette approche sont gérés par des acteurs spécialisés (Storebrand Investment ou Branics) ou impliqués depuis longtemps dans l'ISR (Meeschaert et Macif Gestion qui a déjà bénéficié du « label » du Comité intersyndical de l'épargne salariale - CIES). Suivent des sociétés de gestion « généralistes », telles que CDC IXIS AM, UBS, Robeco, Crédit lyonnais AM ou Dexia.

Au-delà de cette évaluation des qualités des caractéristiques socialement responsable des fonds, il est intéressant d'observer leurs performances. L'analyse manque bien sûr de recul, car le marché français des fonds ISR est encore en plein développement : parmi les quarante fonds analysés, créés depuis au moins un an, plus des trois quarts ont moins de trois ans d'historique, et 70 % d'entre eux disposent d'un encours inférieur à 15 millions d'euros.

On peut néanmoins constater que les performances obtenues par les fonds dans les cinq classes d'actifs couvertes par le panorama réalisé (actions France, actions Euro, actions Europe, actions Monde et Gestion diversifiée) sont globalement meilleures que celle des fonds « traditionnels ». Sur la période octobre 2001/septembre 2002, les fonds ISR « actions Euro », par exemple, surperforment de 1,08 % la médiane Europerformance des « Sicav actions Euro », avec un niveau de volatilité sensiblement identique. Cette surperformance est même de 3 % pour la classe France...

Mais pour une société de gestion, construire ce type de fonds socialement responsables suppose des efforts importants : investir dans une recherche spécifique, acquérir et intégrer des notations des valeurs issues d'agences spécialisées, recruter ou former des équipes dédiées, mettre en place un processus de gestion adapté, participer à des réflexions de place, exercer ses droits de vote, tout cela représente des coûts de gestion qui restent encore peu amortis car les encours demeurent modestes. Ceux-ci sont de l'ordre de 2,4 milliards d'euros fin 2002.

Dans ce contexte, l'observation de l'offre d'OPCVM ouverts disponibles sur le marché français, appuyée par cette analyse des caractéristiques des produits, montre un accroissement significatif de leurs qualités et une professionnalisation des démarches de gestion de fonds socialement responsables. C'est d'abord le résultat d'une courbe d'apprentissage croissante des gérants, car pour des produits globalement récents, chaque année représente une progression importante dans l'expérience accumulée. Cela résulte aussi des effets d'une information de plus en plus riche sur les entreprises, qui permet de construire des fonds dans de meilleures conditions. Une sélection « éthique » sur un vaste univers d'entreprises (des centaines de valeurs européennes par exemple) donne en effet la possibilité d'être plus fortement sélectif dans l'application des critères de responsabilité sociétale, tout en conservant un nombre de valeurs suffisant pour effectuer une gestion financière équilibrée et performante.

Par ailleurs, de nouveaux acteurs prennent place sur ce marché, notamment des gestionnaires étrangers ayant développé ce type d'approche depuis plusieurs années. Ils proposent maintenant leurs produits en France, pendant que les *asset managers* français étoffent leurs équipes d'analystes et de gérants spécialisés dans l'ISR. Au total, l'offre s'est diversifiée et professionnalisée, et commence à mieux répondre aux besoins des investisseurs. Pour autant, les sociétés de gestion qui proposent ces fonds ouverts, ou dédiés, restent globalement plutôt timides dans l'information fournie aux souscripteurs sur les caractéristiques socialement responsables de leur offre et la mise en valeur de la spécificité de ces démarches. En ce qui concerne la distribution en direction des particuliers notamment, il est encore généralement très difficile pour un épargnant de trouver auprès de son conseiller financier habituel des informations et des arguments pertinents sur ces produits, ce qui freine grandement leur diffusion.

UNE CRÉDIBILITÉ RENFORCÉE

S'il faut tirer un bilan de l'évolution de l'investissement socialement responsable en 2002, le constat est d'abord celui d'une crédibilité renforcée. Après l'effet de mode dans les médias en 2001, ils peuvent tirer parti désormais d'un environnement plus mûr, principalement quant à l'information sur les indicateurs de responsabilité sociale et environnementale des grandes entreprises. Ils sortent aussi de l'approche marginale dans laquelle ils étaient cantonnés, pour accéder au statut de tendance durable de la gestion d'actifs.

NOTES

1. *Investissement socialement responsable - État des lieux et perspectives du marché institutionnel français,* Novethic-Amadeis, mai 2002.

2. *Panorama des fonds d'investissement socialement responsable,* réalisé en partenariat avec Amadeis, qui présente à la fois ce *rating* ISR et une analyse de la performance et du risque des fonds ouverts proposés sur le marché français.

FONDATIONS ET POUVOIRS PUBLICS EN FRANCE : ENTRE COMPLÉMENTARITÉ ET INCOMPRÉHENSION

JÉRÔME KOHLER*

Lorsque l'on parle des fondations en France, il est d'usage de rappeler le poids de l'histoire, de l'organisation politique et des mentalités : méfiance jacobine face aux biens de mainmortes ; monopole de l'intérêt général longtemps détenu par l'État ; des sentiments philanthropiques moins exacerbés que chez nos voisins anglo-saxons. Si ces facteurs sont vrais, ils restent insuffisants pour rendre compte d'une situation originale où cohabitent plusieurs logiques de l'intérêt général portées notamment par les pouvoirs publics et les fondations. En France, ces acteurs pourraient développer des modes d'action complémentaires en raison de la présence constante des pouvoirs publics tout au long de la vie des fondations, et jouer des effets de levier des interventions de ces dernières. Ce n'est pas toujours le cas, et la complexité du statut juridique et fiscal des fondations est un des freins à leur développement. Par ailleurs, leur impact socio-économique est difficilement mesuré et mesurable en faisant un outil souvent ignoré.

De nombreux facteurs à ce manque de complémentarité - confinant parfois à l'ignorance ou à la méfiance - sont aussi à chercher du côté des fondations elles-mêmes souvent très atomisées et sans coordination. Des évolutions du secteur portées par les fondations elles-mêmes devraient permettre de réduire les facteurs de blocages et d'établir un nouveau type de relation avec les pouvoirs publics.

* Chercheur-associé à HEC Montréal, maître de conférences à l'IEP de Paris, consultant en mécénat et fondations.

Encadré

Quelques chiffres

Début 2002, on compte environ :
- 486 fondations reconnues d'utilité publique, dont 3 sont créées par des entreprises ;
- 65 fondations d'entreprises ;
- 530 fondations placées sous égide de la Fondation de France, dont 57 sont créées par des entreprises ;
- 1 000 fondations placées sous l'égide de l'Institut de France, dont 3 sont créées par des entreprises. Une large proportion de ces fondations (non quantifiée) est inactive aujourd'hui.

Source : chiffres 2002 de l'Observatoire de la générosité de la Fondation de France.

FONDATIONS, POUVOIRS PUBLICS : UNE COMPLÉMENTARITÉ NATURELLE CONTREDITE DANS LES FAITS

Une complémentarité théoriquement idéale

La fondation comme acteur du changement

Théoriquement, fondations et pouvoirs publics poursuivent le même but : l'intérêt général avec des moyens certes différents mais, *a priori*, sans écart majeur sur les objectifs. Cette vision est confortée tant par la définition des fondations que par le processus qui entoure leur création, et enfin, par le régime d'utilité publique qui les régit et les fait bénéficier d'exonérations fiscales (cf. annexe).

Les fondations disposent de moyens financiers et humains bien moindres que les pouvoirs publics. Mais, dans de nombreux cas, elles sont de fonctionnement plus souples et peuvent mener des programmes d'action expérimentaux plus facilement que les pouvoirs publics, les fondations choisissant ainsi théoriquement la façon la plus efficace d'atteindre leurs objectifs. Il s'agit de trouver l'effet de levier le plus favorable et efficace au vu du changement social désiré. Pour faire advenir ce changement, les fondations partent de postulats sur les facteurs d'évolution de la société :
- si c'est la formation, elles vont intervenir dans le domaine de l'éducation, notamment par des bourses ;
- si ce sont des actions innovantes, elles vont subventionner les associations qui les mènent ;
- si ce sont des actions exemplaires, elles vont aider à leur essaimage ;
- si ce sont les mouvements militants, elles vont soutenir les associations de

défense des Droits de l'homme, antiraciste… ;
- si c'est la recherche, elles vont subventionner les laboratoires ou les chercheurs ;
- si ce sont les idées, elles vont mener une activité de recherche, d'édition, de communication ;
- si ce sont les politiques publiques, elles vont favoriser les activités de *lobbying* ou de réflexion conjointe.

La fondation comme éclaireuse des politiques publiques

Ce rôle des fondations s'inscrit dans un cercle vertueux :
- émergence (ou identification) d'un problème particulier (santé des adolescents par exemple) avec des débuts de réponses sur le terrain (associations de parents) ;
- fondation défricheuse : elle repère le problème et finance des projets ;
- elle fait émerger des solutions innovantes ;
- elle valide des solutions par la réplication et l'essaimage ;
- elle présente les résultats aux pouvoirs publics (colloques, actions pilotes)
- elle permet ainsi la mise en place d'une politique publique s'appuyant sur des têtes de réseau associatives et des associations locales.

La fondation a alors joué son rôle d'amélioration du bien-être social en profitant de sa souplesse pour mener des actions ciblées avec des moyens limités pour atteindre l'effet de levier souhaité : la prise en charge par la collectivité qui dispose alors d'un spectre de réponses déjà expérimentées et validées. Ce schéma fonctionne, comme le montre la construction d'une maison d'adolescents à l'hôpital du Val de Grâce, suite au travail sur la santé des adolescents de la Fondation des hôpitaux de Paris, le développement du métier de médiateur culturel, suite au travail expérimental de la Fondation de France, la prise en compte des difficultés posées par l'euro aux personnes défavorisées grâce au travail mené par la Fondation caisse d'épargne.

Une complémentarité souvent ignorée dans les faits

Le principe de subsidiarité

La fondation est souvent perçue par les pouvoirs publics comme subsidiaire à son action et non complémentaire.

Paradoxalement, l'on peut assister à une inversion du phénomène dans de nombreux pays où l'État initie des projets incitant ensuite des partenaires privés et, tout particulièrement, les fondations à les financer et/ou à les mettre en œuvre[1]. L'Italie a ainsi imposé aux fondations de consacrer une partie de leurs dépenses au développement local, et le budget des fondations est même parfois consolidé avec celui de leur ministère de tutelle permettant de masquer un désengagement de l'État. La France a, de la même façon, mis en place une Fondation du patrimoine portée par le ministère de la Culture et financée, parfois à contrecoeur, par des entreprises. Cette fondation, qui a bénéficié d'une création législative, a néanmoins souligné les limites d'un tel exercice, ayant encore beaucoup de difficultés à fonctionner cinq ans après sa naissance. L'analyse entre l'encouragement du mécénat (tout particulièrement de la structure des fondations) par les pouvoirs publics et les politiques publiques dans ces mêmes secteurs (culture, patrimoine, recherche) souligne la corrélation entre l'intérêt pour les fondations et la baisse des crédits publics ou, au contraire, la mise en place d'une politique publique ambitieuse sans la totalité du budget nécessaire pour l'assumer.

Ce principe de subsidiarité a de nombreux effets pervers :
- il nie l'indépendance et l'autonomie des fondations ;
- il assèche les fonds privés pour les canaliser dans le cadre d'une politique publique au détriment de projets issus de la société civile ;
- il induit un système de *stop and go* de la capacité d'action des fondations, lié à la couleur politique du gouvernement ou à ses besoins budgétaires, allant à l'encontre de la stabilité du système dont les fondations ont besoin pour mener des actions pérennes.

Une utilité limitée

Les actions des fondations, tout en étant reconnue d'utilité publique (RUP), peuvent avoir une utilité sociale limitée, et loin des préoccupations des pouvoirs publics.

Par ailleurs, il faut souligner que le terme « idéal » mérite de nombreux correctifs, en ce qui concerne les fondations elles-mêmes. En effet, si l'on recense environ 2 000 fondations en France (pour 48 000 aux États-Unis), plus de la moitié sont ce qu'on surnomme des *kids and cats*, tournées vers des causes simples (animaux, enfants) portées par des associations souvent riches (SPA) ou inactives. L'action de la fondation se limitant souvent à faire une subvention annuelle.

Ici, le phénomène de redistribution financière au service du bien-être social est limité à sa plus simple expression et ne rencontre les pouvoirs publics qu'en cas de contrôle sur les associations aidées. Il est à noter que ce sont les fondations d'entreprises ou les fondations sous égide de la Fondation de France notamment qui, en dépit de leur nombre assez faible, semblent le plus directement en prise avec les problèmes sociétaux.

En second lieu, pour reprendre certaines comparaisons avec les fondations américaines, l'objet et le mode d'intervention de nombreuses fondations françaises soulignent la difficulté pour le fondateur à :
- avoir une vision réellement à long terme de l'action de la fondation dans le temps ;
- concilier son action philanthropique avec les besoins de la société ;
- tenir compte de l'évolution de la société et du rôle de l'État.

Quel rôle peut jouer aujourd'hui une fondation dont l'objet est « d'offrir un asile pour de jeunes garçons catholiques pauvres, infirmes et incurables » ou « donner à la jeune fille une formation culturelle, morale et professionnelle, qui lui permette de remplir, dans le milieu dans lequel elle est appelée à vivre, son rôle de ménagère, de mère de famille, de conseillère et d'aide du chef d'entreprise ».

Rares sont les fondations françaises, hors les fondations d'entreprises et les fondations abritées depuis quelques années, qui se donnent une réelle capacité à contribuer à l'intérêt général de manière pérenne en :

- permettant de faire évoluer leur objet en fonction des besoins nouveaux apparus ;
- prévoyant de renouveler leur conseil d'administration en tenant compte du vieillissement des membres ;
- en s'entourant d'une expertise sur le champ d'intervention de la fondation.

Cette nécessaire évolution a été prise en compte plus tôt aux États-Unis. Certains fondateurs, comme Carnegie, Ford, Rockefeller, laissent des fortunes tellement considérables qu'il est indispensable de prévoir l'adaptation de l'objet ou des moyens de la fondation à des besoins à naître. De plus, les grands fondateurs du début du XXème siècle sont imprégnés d'une vision sociale qui marque profondément leur action et qui peut être assimilée à une expression modernisée du sentiment religieux[2]. Aujourd'hui encore, de nombreux philanthropes se considèrent comme les simples dépositaires de leur fortune qu'ils doivent rendre à la société[3]. Sans aller jusqu'à la boutade du milliardaire John T. MacArthur qui déclara à l'inauguration de sa fondation « J'ai trouvé le moyen de faire fortune, à eux de trouver comment le dépenser ! », la plupart des contrats ou des testaments créant des fondations aux États-Unis prévoient soit une évolution possible dans le temps en laissant les membres futurs du conseil d'administration décider alors des orientations à prendre, soit un objet suffisamment large pour intégrer les évolutions possibles de la société. La Robert Wood Johnson (fondateur de Johnson and Johnson) Foundation a ainsi pour objet d'améliorer la santé et le système de soins américain.

D'autres solutions ont pu être mises en place pour répondre spécifiquement ou marginalement à ce problème. Dans le premier cas, certains fondateurs ont prévu que leur fondation n'aurait qu'une durée de vie limitée, comme la Fondation Peabody créée en 1867 pour cinquante ans avec pour objet de favoriser l'éducation des Noirs américains dans le sud des États-Unis. Dans le second cas, les fondations communautaires offrent aux différents fondateurs la possibilité de s'associer à des fonds collectifs et évolutifs.

La capacité financière des fondations

Il règne aujourd'hui sur les moyens financiers dont disposent les fondations un véritable manque d'informations confinant à l'opacité.

En termes de dotations

Tout d'abord, une partie d'entre elles vivent partiellement ou totalement des revenus de leur dotation (c'est le cas, notamment, des fondations reconnues d'utilité publique et des fondations sous égide « avec capital »). Le montant de cette dotation n'est pas toujours public (à l'exception des fondations qui font aussi appel à la générosité du public, qui publient l'intégralité de leurs comptes). La Fondation de France dispose ainsi d'une dotation d'environ deux milliards de francs dont les revenus lui permettent d'assurer à la fois son fonctionnement et ses programmes d'activité propres (alimentés, par ailleurs, par les dons et les legs non affectés ou « fléchés » vers les programmes développés par la Fondation de France elle-même). D'autre part, nombreuses sont les fondations qui ont une dotation composée de biens à la valeur fluctuante (tableaux notamment) ou non générateurs de revenus (patrimoine immobilier utilisé pour les activités de la fondation, école d'infirmières, siège administratif, orphelinat...).

Enfin, les fondations d'entreprises ont-elles aussi l'obligation d'immobiliser une dotation (limitée à 140 000 euros) considérée comme une garantie bloquée en cas de désengagement de l'entreprise.

En termes de flux financiers

Une partie de ces flux est obligatoire pour respecter le statut de fondation. Il faut que celle-ci dépense 50 000 euros par an les trois premières années pour les fondations sous égide (33 000 euros par an sur cinq ans pour les fondations d'entreprises). Là encore, l'information est peu accessible et prend souvent pour origine la fondation elle-même qui valorise souvent son investissement financier, mais aussi les aides en nature qu'elle peut offrir (locaux, billets d'avion, mise à disposition de personnel, don de matériels usagés...) ;

D'autre part, ces flux sont soumis à de nombreux aléas qui en font une ressource à la fois rare et instable. Les dons collectés varient selon le climat économique et l'impact d'événements exceptionnels (explosion de l'usine AZF, inondations, famines) qui drainent alors la masse disponible vers des causes philanthropiques précises, mais ponctuelles.

Les subventions publiques sont clairement liées aux objectifs gouvernementaux (aujourd'hui une translation s'effectue du secteur de la solidarité vers celui de la sécurité - prévention de la délinquance, amélioration des quartiers difficiles...), tandis que les aides apportées par les entreprises sont contraintes par le climat économique, la situation particulière de l'entreprise (cf. les fermetures de la Fondation Elf, du Crédit lyonnais, et la prévision de fermeture de la fondation Vivendi Universal, qui était pourtant un des acteurs majeurs de la création de services à domicile avec un budget de plus de 5 millions d'euros par an), ainsi que par la politique de communication de l'entreprise qui peut souhaiter ralentir ses efforts en certaines périodes.

Leur impact socio-économique

Aujourd'hui, une seule consolidation est faite au niveau des entreprises dans le répertoire annuel de l'Admical (Association pour le développement du mécénat industriel et commercial) compilant les données de plus de 1 000 entreprises mécènes en France. Ces chiffres concernent l'ensemble des actions de mécénat (auxquelles sont souvent intégrées les actions de partenariat).

La masse financière consacrée au mécénat par les entreprises est de plus de 300 millions d'euros dont plus de 180 millions d'euros pour le secteur culturel au sens large, 100 millions d'euros pour le secteur de la solidarité et 20 millions d'euros pour les actions liées à l'environnement, ces deux derniers secteurs ayant tendance à croître année après année. Ces chiffres[4] sont à rapprocher des dons faits par les particuliers (toutes structures confondues, les fondations en représentant un pourcentage inférieur à 10 %) qui représentaient, en 2000, plus de 1 milliard d'euros. Ainsi, le pourcentage minimum des foyers imposables qui ne déclarent aucun don était de 76,32 % en 2000, en constante progression depuis quatre années.

Dès lors, il est difficile de mesurer l'impact socio-économique des fondations. Certaines d'entre elles étant les uniques intervenants de leur secteur (recherche sur certaines maladies orphelines) ont un impact certain, malgré des montants d'intervention qui peuvent être aussi faibles que 20 000 euros, distribués sous forme de bourse de recherche par exemple. D'autres, comme la Fondation France Télécom pour la musique vocale ou comme la Fondation Vivendi Universal, la Fondation caisse d'épargne ou la Fondation EDF contre l'exclusion dans le secteur de la solidarité, sont des acteurs incontournables et permettent à de nombreux projets associatifs de voir le jour ou d'être bouclés avec des budgets d'activité qui vont de 2 à 12 millions d'euros. Néanmoins, leur rôle ne se mesure pas seulement en termes de dons financiers, mais aussi en capacité d'expertise, en accompagnement, en ingénierie sociale, ainsi qu'en termes immatériels : l'engagement de ces fondations donnant souvent aux projets un « sceau » de sérieux, comme c'est le cas de la Fondation de France, sceau qui permet de générer d'autres aides.

Cependant, ceci ne doit pas occulter la relative opacité déjà mentionnée du secteur des fondations et de leurs moyens d'intervention, les exemples cités soulignant d'autant le caractère attractif des quelques fondations ayant mis en place une stratégie d'intervention claire et bien communiquée.

DES SOLUTIONS POUR UNE PLUS GRANDE EFFICACITÉ

Les améliorations à apporter au système français des fondations

Un certain consensus

L'amélioration du régime juridique et fiscal des fondations, comme le souligne l'étude du Conseil d'État[5] passe :
- par des procédures de création simplifiée, raccourcie et aux réponses motivées ;
- par une remise à plat du système de présence de plusieurs représentants de l'État au profit d'un seul, et par la mise en place d'un correspondant fondation dans chaque ministère ;
- par l'abaissement de la dotation initiale au profit d'un examen au cas par cas de la corrélation entre l'objet de la fondation et ses moyens ;
- par la mise en place de fondations au capital fongible ;
- par l'amélioration des procédures en cas de legs au profit d'une fondation ou pour en créer une ;
- par l'harmonisation des différents points concernant les fondations RUP, les fondations abritées et les fondations d'entreprises.

Ces différents éléments, dont la traduction législative et réglementaire n'est pas encore faite, vont, de manière évidente, améliorer la possibilité pour une personne morale ou physique de créer sa fondation.

Des améliorations de la fiscalité

Cependant, la fondation se traduisant toujours par un engagement financier souvent important fait par les catégories les plus fortunées de la population, il conviendrait d'accompagner cette amélioration du processus de création par des dispositions fiscales adaptées au profil des fondateurs par :
- la capacité de donner une part substantielle du capital d'une société ;
- l'augmentation du pourcentage déductible du revenu imposable ;
- la capacité de report sur plusieurs années pour la partie des dons dépassant ce pourcentage ;
- l'amélioration du processus d'évaluation de certains biens (tableaux, immeubles) en cas de donations.

Des voies encore à explorer

Des voies sont encore à explorer :
- la mise en place, sur le modèle des fondations communautaires, de fondations régionales permettant de développer le mécénat de proximité et collectif sur des projets d'intérêt local ;
- même si cela apparaît parfois comme un serpent de mer, l'idée d'un statut de fondation européenne reste toujours d'actualité même si, de manière plus opérationnelle, on pourrait imaginer que le statut de fonda-tion obtenu dans un pays permette d'exercer et de collecter dans un autre pays à condition d'y participer ;
- effectivement à la poursuite de l'intérêt général.

Les facteurs de blocage

Favoriser le développement des fondations en France relève aussi pour ces dernières de l'introspection. Les pouvoirs publics, même omniprésents, ne constituent pas toujours un frein. L'identification de plusieurs enjeux de développement pour les fondations permet de souligner le rôle des fondations elles-mêmes dans l'évolution du secteur entraînant une redistribution entre public et privé.

Faire évoluer les mentalités

Nous avons présenté les fondations comme si ces dernières étaient des structures inertes, sans histoire. Or, derrière chaque fondation, il y a un fondateur avec une volonté philanthropique issue de son histoire personnelle, parfois heureuse (succès dans les affaires), souvent malheureuse (perte d'un proche, absence d'enfants, maladie...). Cet acte philanthropique est un engagement financier lourd et complexe (les procédures de création peuvent prendre plus d'un an). Néanmoins, il convient de souligner une approche de la philanthropie très différente en France et dans les pays anglo-saxons à majorité protestante. En effet, pour reprendre l'analyse weberienne sur l'éthique protestante et l'esprit du capitalisme, la fortune et ses attributs (dont les fondations) sont autant de moyens de souligner la prédestination des individus, tout en leur rappelant le caractère temporel de leurs actions. La fondation apparaît alors comme l'outil permettant d'atteindre un certain ascétisme (abandon de toute la fortune accumulée) et de souligner que le fondateur se considère comme le simple dépositaire d'une fortune qu'il a le devoir de redistribuer au profit de l'intérêt général.

La richesse, dans un pays catholique, ne fait pas naître cette notion de dette envers la société et les moins favorisés. La philanthropie est souvent une forme améliorée du denier du culte, la fondation étant considérée comme un véhicule fiscal utile (d'où la nécessité d'améliorer le régime fiscal). C'est un frein certain qui connaît cependant une évolution avec l'émergence de problèmes de société largement médiatisés : montée des exclusions sociales, dégradation de l'environnement, manque de moyens pour conserver le patrimoine artistique...

Or, il est frappant de constater que si les problèmes sont médiatisés, pratiquement aucune information n'est faite sur les outils offerts (dont les fondations) aux riches donateurs, aux entreprises pour tenter de répondre à leur niveau, et de la façon qui leur paraît pertinente, à ces problèmes. Cette information est souvent disparate et donnée par des tiers « intéressés » (associations et fondations RUP, notaires, banquiers).

Un des enjeux des politiques publiques en matière de fondation pourrait donc être de promouvoir l'information de manière « neutre » autour de toutes les questions que peut se poser un fondateur. Cette information pourrait être complétée par des conseils d'experts soit réunis au sein de structures bénévoles, soit intervenant comme conseil rémunéré auprès du seul fondateur, favorisant un choix éclairé en termes de structures, d'objets et de modes de fonctionnement. De nombreuses structures similaires existent aujourd'hui aux États-Unis, et elles ont permis de donner un nouveau souffle à la philanthropie.

Développer les systèmes de contrôle et d'autorégulation

Un autre enjeu du développement des fondations est de maintenir le grand prestige et la confiance dont elles bénéficient aux yeux du public. Elles ont été moins frappées que les associations par le scandale de l'ARC. La mise en place d'un système d'autorégulation (non coercitif) par les associations et les fondations qui font appel à la générosité du public, rassemblées au sein du Comité de la charte, donne un label recherché. Par ailleurs, à l'instar des fondations américaines, les comptes des fondations françaises (bénéficiant de dons du public) sont audités et certifiés, et le rapport annuel mis à la disposition publique.

Néanmoins, cet autocontrôle est loin de couvrir l'ensemble des fondations, notamment les fondations qui ne font pas appel à la générosité du public. Il existe, certes, des dispositifs de contrôle par les pouvoirs publics (voire de coercition par le retrait de la reconnaissance d'utilité publique), mais plutôt que de les renforcer, un système souple d'appréciation par des fondations de même nature pourrait se développer. Un point important de renforcement de la confiance serait de se pencher sur la gouvernance de l'ensemble des fondations, afin d'éviter les conflits d'intérêts, les procédures de décisions invalides, le non-renouvellement des conseils d'administration, le contrôle des frais de fonctionnement. Cette gouvernance et la volonté de rendre compte de l'utilisation des sommes reçues, mise en œuvre par les fondations elles-mêmes, sont leur meilleur rempart contre une intervention des pouvoirs publics.

Structurer le secteur

Le secteur des fondations apparaît aujourd'hui comme très atomisé, manifestant une grande difficulté à parler d'une voix commune aux pouvoirs publics sur les sujets qui les concernent. Les deux tentatives faites par les pouvoirs publics de doter le secteur d'un organe représentatif (Conseil supérieur du mécénat et Conseil national des fondations) se sont soldées par un échec. Le Centre français des fondations, mis très récemment en place par une dizaine de fondations sur le modèle du National Council of Foundations américain, devra se doter de moyens d'information, de réflexion et de *lobbying* auprès des pouvoirs publics, et refuse d'être cantonné à un rôle marginal.

Il faut, en effet, souligner que la prise en main de leur destin par les fondations elles-mêmes n'est pas naturelle dans l'environnement français.

Pour preuve :
- la loi sur les fondations et le mécénat d'entreprise a été élaborée sous la pression des entreprises, les fondations abritantes se préoccupant du statut des fondations sous égide au dernier moment ;
- le rapport le plus complet et les propositions les plus innovantes en matière de statuts des fondations sont issus du Conseil d'État lui-même.

La recherche sur la philanthropie, le mécénat et les fondations

Enfin, toute personne qui effectue une étude, tout fondateur à la recherche d'informations, tout professionnel du secteur qui souhaite comparer ou valider son action, ne peuvent qu'aboutir au même constat : la recherche universitaire sur les fondations est très limitée, la documentation est rare et parcellaire, souvent cantonnée aux aspects juridiques et fiscaux ou à l'analyse des modèles étrangers. Une politique de recherche et de valorisation de celle-ci par des publications et des colloques, soutenue par les institutions publiques et les fondations privées, permettrait de sortir d'un face à face méfiant entre pouvoirs publics et fondations pour établir les bases d'une vraie complémentarité.

Nous sommes seulement au début d'un processus. Si se pose, à juste titre, la question des relations entre les pouvoirs publics et les fondations, et de l'amélioration du statut juridique et fiscal de ces dernières, les interrogations portent ainsi sur :
- leur capacité à faire progresser le bien-être social avec le maximum d'efficacité et le minimum de moyens ;
- la difficulté de mesurer l'efficacité et l'innovation en termes sociaux et non plus économiques : comment différencier et mesurer une création d'emplois et une action de soins palliatifs ;
- les conditions dans lesquelles les fondations rendent des comptes en toute transparence auprès de l'ensemble des *stakeholders* : donateurs, héritiers, pouvoirs publics, associations bénéficiaires et grand public.

ANNEXE

Aspects juridiques des fondations

Définition

La définition des fondations[6] généralement admise au niveau européen est la suivante :
- organisation sans membres ou adhérents : elle repose sur une volonté initiale qui se maintient dans le temps grâce au mode d'administration de la fondation et grâce à une dotation financière ;
- structure privée, même si elle peut recevoir des fonds publics ;
- entité qui s'administre elle-même ;
- à but non lucratif ;
- au service de l'intérêt général ;
- en France, la loi du 23 juillet 1987 modifiée sur le développement du mécénat en son article 18 définit la fondation comme « l'acte par lequel une ou plusieurs personnes physiques ou morales décident l'affectation irrévocable de biens, de droits ou de ressources à la réalisation d'une œuvre d'intérêt général et à but non lucratif ».

Cette définition, large, permet au Conseil d'État[7] de souligner que la fondation est une des formes permettant de « socialiser » la fortune privée à des fins d'intérêt général.

Le processus de création

En le simplifiant, le processus valorise la prévalence de l'intérêt général à tout moment. À partir d'un modèle de statut élaboré de manière jurisprudentielle, le fondateur dépose sa demande auprès du ministère de l'Intérieur qui, après avis du Conseil d'État et des ministères concernés par l'objet de la fondation, se livre à une appréciation largement discrétionnaire portant sur plusieurs éléments principaux :
- les buts poursuivis sont-ils d'intérêt général ? (art. 39 du CGI : philanthropique, éducatif, social, humanitaire, sportif, familial, culturel ou concourant à la mise en valeur du patrimoine artistique, à la défense de l'environnement naturel ou à la diffusion de la culture, de la langue et des connaissances scientifiques françaises) ;
- l'importance de la dotation, fixée à 762 000 euros, permet-elle un revenu suffisant et durable pour poursuivre les activités que se fixe la fondation ? D'autres ressources pourront-elles être générées ?
- la dotation initiale, est-elle à 80 % d'origine privée ?
- la structure envisagée, est-elle conforme aux statuts types ?
- le conseil d'administration, est-il bien composé de trois collèges représentant respectivement le fondateur, les représentants de l'administration et des personnalités choisies en fonction de leur compétence dans le secteur d'intervention de la fondation ?

ANNEXE (suite)

Aspects juridiques des fondations (suite)

Un équilibre subtil est recherché entre la volonté du fondateur, l'équilibre économique de son projet et la capacité de ce dernier à participer effectivement à l'intérêt général.

La reconnaissance d'utilité publique

La reconnaissance d'utilité publique par décret en Conseil d'État donne la personnalité morale à la fondation et lui permet de bénéficier de tous les avantages fiscaux liés à ce statut. Il s'agit bien d'une sorte de reconnaissance du droit à intervenir dans le domaine de l'intérêt général, moyennant l'abandon d'un certain nombre de taxes et de déductions fiscales au profit du fondateur ou du donateur. L'utilité publique est théoriquement garantie au cours de la vie de la fondation par la présence des représentants de l'État au conseil d'administration de la fondation et par les contrôles effectués par les corps d'inspection.

Les fondations d'entreprises et les fondations sous égide, reconnues récemment, bénéficient d'un régime plus souple

Ces deux types de fondations sont soumis à des régimes légèrement différents :
- les fondations d'entreprises, déclarées en préfecture, doivent, elles aussi, poursuivre des buts d'intérêt général et être sans but lucratif, mais financées uniquement par les entreprises qui les ont créées ; ne faisant pas appel à la générosité du public et ne bénéficiant pas des mêmes avantages fiscaux que les fondations RUP, elles peuvent intervenir avec des montants inférieurs (150 000 euros sur cinq ans) et avec un moindre contrôle de l'État ;
- les fondations sous égide, sans personnalité juridique, sont, de fait, soumises au contrôle de la fondation qui les abrite (six aujourd'hui en France), elle-même RUP. La fondation abritante effectue alors le même processus d'appréciation que le ministère de l'Intérieur avec plus de souplesse sur les moyens financiers (la fondation abritante permettant une économie d'échelle par la gestion collective de moyens) et la composition du conseil d'administration.

NOTES

1. Anheier H., *Visions and Roles of Private Foundations in a United Europe, Working paper*, 1999.

2. Harrisson S. et Andrews F.-E., *American Foundations for Social Welfare*, New York, Russel Sage Foundation, 1946.

3. Prewitt K., 2001, *The Foundation Mission : Purpose, Practice, Public Pressures in Foundations in Europe*, Bertelsmann Foundation, The Directory of Social Change.

4. Étude de Jacques Mallet sur les dons 1996/2000 pour l'Observatoire de la générosité.

5. Conseil d'État, *Rendre plus attractif le droit des fondations*, La Documentation française, 1997.

6. Salamon L.-M. et Anheier H.-K., *Defining the Nonprofit Sector - A Cross National Analysis*, Manchester University Press, 1997.

7. Conseil d'État, *idem*.

BIBLIOGRAPHIE

ABÉLÈS M., 2001, *Les nouveaux riches*, Odile Jacob.
FISCHER M., 2000, *Ethical Decision Making in Fund Raising*, John Wiley and Sons Inc.
PRINCE R. et FILE K., 1994, *The Seven Faces of Philanthropy*, Jossey-Bass.
VOLKER THEN, SCHLUTER A. et WALKENHORST P., 2001, *Foundations in Europe*, Bertelsmann Foundation.

PHILANTHROPIE AUX USA : UNE NOUVELLE QUERELLE DES ANCIENS ET DES MODERNES

MARC ABÉLÈS*

Les chiffres dont nous disposons sur la philanthropie à la fin du XXème siècle permettent de mesurer le poids de ce secteur dans la société américaine. On constate ainsi que les dons caritatifs ont atteint, en 1999, 190 milliards de dollars, l'équivalent d'un tiers du budget fédéral, soit 2 % du revenu intérieur des USA. Cela représente le niveau le plus élevé depuis vingt-huit ans. Précisons que les USA ont produit 2,5 millions de millionnaires et 267 milliardaires. Mais l'activité caritative et le bénévolat concernent toutes les couches de la population. D'après une étude du Johns Hopkins Comparative Nonprofit Sector Project, alors que 13 % des Allemands et 19 % des Français consacrent de leur temps à des activités civiques, 49 % des Américains le font. De même, 73 % des Américains ont donné de l'argent cette année, contre 43 % des Français et 44 % des Allemands[1].

On ne s'étonnera donc pas qu'en 1998, presque 47 000 fondations aient été recensées par la Fondation Center Statistical Services ; leurs biens estimés s'élèvent à 385 millions de dollars[2]. Elles ont reçu plus de 22 millions de dollars de dons cette année-là. Il existe aujourd'hui quatre différents types de fondations aux États-Unis :

- les fondations indépendantes créées par des individus et des familles. Elles sont dotées d'un fonds permanent, et attribuent des subventions en utilisant le revenu de leurs investissements ;
- les fondations d'entreprise (*corporate foundations*) : seules, quelques-unes sont largement dotées. Les fonds que la plupart reçoivent chaque année, et qu'elles ont à charge de distribuer, sont issus des profits de l'entreprise. Leur dotation équivaut seulement à un ou deux ans de dotation annuelle ;
- les fondations communautaires (*community foundations*) : il s'agit là d'organismes voués aux *public charities* qui relèvent du Tax Reform Act de 1969, et sont assujettis à des règles différentes de celles dont relèvent les fondations privées. En particulier, les dons qui leur sont faits bénéficient

---

* Directeur de recherche au CNRS, Laboratoire d'anthropologie des institutions et des organisations sociales.

des déductions fiscales les plus importantes ;

- les *operating foundations* : il s'agit de fondations indépendantes qui constituent une catégorie spécifique. Ces fondations privées ont pour particularité d'exécuter elles-mêmes leur programme et de ne pas financer, pour ce faire, d'autres institutions. C'est le cas du Paul Getty Trust qui a son propre musée, ou de la Russell Sage Foundation qui réalise elle-même les activités éditoriales qu'elle finance. En 1969, le Tax Reform Act a distingué cette catégorie de fondations en leur donnant un statut fiscal plus favorable : on compte environ 3 000 organisations de ce type. Mais la grande majorité des fondations privées sont des non *operating* qui préfèrent confier, aux organisations à but non lucratif, le soin de réaliser les projets qu'elles financent.

Si l'on considère l'ensemble de la philanthropie, il est clair que les fondations privées, « familiales », se taillent la part du lion. Aujourd'hui, elles sont plus de 41 000, leurs ressources représentent plus de 80 % des ressources globales, et leurs dons dépassent les deux tiers de ce qui est redistribué chaque année. Dans le classement des fondations américaines les mieux dotées, les dix premières sont des fondations familiales ; les fondations communautaires et d'entreprises arrivent loin derrière. De Rockefeller à Bill Gates en passant par Henry Ford et William Kellogg, il n'est pas un grand magnat américain qui n'ait cherché à laisser son empreinte par fondation interposée. Celles-ci sont devenues des organisations fortement structurées, et elles ont sécrété une élite de grands managers entourés d'experts choisis parmi les universitaires les plus renommés. Mais elles restent, pour la plupart, sous le contrôle des familles de leurs créateurs.

L'APPROCHE TRADITIONNELLE DE LA PHILANTHROPIE

Lorsque l'on s'interroge sur ce phénomène, on doit considérer la diversité des expériences. Le tiers secteur aux États-Unis a connu une histoire complexe. L'extraordinaire explosion industrielle de la fin du siècle dernier, les fortunes qui se constituèrent alors, la volonté de limiter l'emprise de l'État sur la société contribuèrent à dessiner un espace où la philanthropie put conquérir une légitimité et se développer rapidement. Par la suite, avant que ne s'impose, sous l'influence de Roosevelt - et pour près d'un demi-siècle -, le Welfare State, l'idée d'un secteur autonome, faisant appel à l'initiative privée, à l'argent des riches et au bénévolat, s'était frayée un chemin. L'individualisme progressiste et l'associationnisme, notions chères à Hoover, profilaient la possibilité d'un partenariat efficace entre les différents niveaux de gouvernement (fédéral, étatique et local) et les organisations à but non lucratif. La piste était tracée, et la politique fiscale vint stimuler la montée en puissance de la philanthropie. Ce n'est pas un hasard ; les années noires qui suivirent la crise de 1929 virent aussi émerger de nouvelles fondations. La possibilité d'utiliser à bon escient le système pour obtenir des réductions d'impôts et pour régler des successions en conservant dans la famille une part des actifs des sociétés a, sans aucun doute, fortement contribué à l'engouement pour les entreprises caritatives.

Pour terre à terre qu'elles puissent paraître, ces motivations sont très présentes dans le premier cercle de la philanthropie. Elles ne rendent pas compte, cependant, à elles seules du fait que la philanthropie est liée à un système de pensée dans lequel le questionnement sur l'argent et l'accumulation monétaire jouent un rôle fondamental. S'agit-il d'en conclure que les Américains sont plus que nous autres continentaux « obsédés par l'argent » ? Ce stéréotype est certes bien ancré, mais il déforme la réalité plus qu'il n'aide à la comprendre. Si l'on envisage l'histoire des États-Unis, en se gardant de toute évaluation rétrospective, il est intéressant de constater que, par le jeu des circonstances, ce peuple s'est trouvé confronté à la question de l'enrichissement avec une particulière violence. La découverte de l'or californien, l'industrialisation rapide font de la richesse une préoccupation essentielle. Il ne s'agit pas seulement de « faire » de l'argent, mais de déterminer la place qu'on assigne à la richesse dans l'ensemble du dispositif social.

Ajoutons que ce questionnement s'inscrit dans un contexte où le puritanisme est au centre des croyances et des valeurs. Or, dans cette perspective, l'argent est une notion pour le moins ambivalente. D'une part, le fait de participer à la vie économique, de produire de la richesse, apparaît comme une dimension positive. L'argent n'est autre que la rémunération de l'initiative et du travail. Faire fortune est un objectif respectable. D'autre part, il n'en plane pas moins une constante suspicion à l'égard de l'accumulation monétaire. D'où vient cet argent ? N'est-il pas le fruit de pratiques et de manipulations suspectes ? C'est le thème de l'argent souillé (*tainted money*) que les façades monumentales des banques et le secret des coffres-forts ne suffisent pas à rendre respectable. L'autre critique récurrente porte sur la violence de l'enrichissement. Le voici synonyme de démesure (« l'argent coule à flot »), au point qu'il n'est plus possible d'endiguer l'hémorragie. Les nouveaux riches ne sont-ils pas des apprentis sorciers, incapables de maîtriser l'avalanche qu'ils ont suscitée ?

Ayant à traiter avec cette ambivalence, les Américains n'ont cessé d'osciller entre une vision quasi romanesque de l'enrichissement qu'illustre l'attrait pour les *success stories*, surtout si, comme on dit, la réalité dépasse la fiction et la violence dénonciatrice cherchant à démasquer les prédateurs du capitalisme. Quand l'on cherche à comprendre l'essor de la philanthropie, il faut toujours avoir à l'esprit cette ambivalence constitutive, car l'entreprise caritative est partie intégrante du même système de pensée. Elle se présente comme une réponse à la violence de l'enrichissement, un moyen de surmonter les contradictions qu'il induit. C'est que la philanthropie introduit deux éléments nouveaux : le don et la raison. Ce qu'on a appelé « charité scientifique » me semble représenter la quintessence de cette démarche.

Il y a d'abord l'acte de donner qui, du moins en apparence, vient s'inscrire en rupture avec une logique marquée par la captation, le profit et l'accumulation. Le don est posé comme une forme de renoncement, il est synonyme de désintéressement. En ce sens, il y a, inhérente à cet acte, la dimension du sacrifice, une volonté de rompre avec les contingences et les contraintes matérielles de l'économie. La religion, en tant que rapport à des valeurs transcendantes, est ici bien présente. Une autre dimension du don est la non-réciprocité. Le donateur n'attend aucune contrepartie de la part de ceux qui font l'objet de ses bienfaits. On ne manquera pas d'en conclure que le don est un acte altruiste. Mais attention ! Il ne faudrait pas occulter l'essentiel, c'est-à-dire le fait qu'en donnant on se place en rupture par rapport à la logique de l'échange et du marché. Dans le cas des capitalistes philanthropes, cet acte revêt un relief particulier. C'est grâce au marché que l'argent s'est mis à couler à flot, et le don est le seul moyen d'éviter d'être soi-même noyé sous la richesse. Dans la représentation ambivalente propre au puritanisme, l'excès de celle-ci est porteur de malédiction. D'où la nécessité de détourner ce flot, de désamorcer l'accumulation, en un mot de dépenser son argent.

De ce point de vue, on peut soutenir, même si cela semble quelque peu paradoxal, que l'acte charitable n'est qu'une manière comme une autre de « jeter l'argent par les fenêtres ». Dans les deux cas, on perçoit la même propension à détourner l'argent hors du circuit de l'échange, le même délire de la dépense. Somptuaire ou éthique, la dépense devient un biais pour surmonter l'ambivalence de la monnaie, pour rompre le cercle terrifiant de la reproduction capitaliste. Voilà qui donne un sens à l'initiative philanthropique bien mieux que toutes les interprétations où l'on met en avant des motifs d'intérêts (liés à la fiscalité) ou des motivations psychologiques. Donner plus, toujours plus, aligner les millions : à cet égard, l'obsession d'afficher les chiffres est révélatrice. Ce ne sont pas seulement les fortunes des grands *businessmen* qui sont rendues publiques par les médias (voir les fameux classements dans les magazines *Forbes* ou *Fortune*), on y trouve aussi un classement des fondations qui portent leur nom.

Donner, c'est donner à voir qu'on donne. Les monuments publics abondent de plaques célébrant les donateurs. Ces inscriptions ont une valeur aussi haute que celles qui commémorent. Faire une donation, créer une fondation, sont ainsi conçus comme un moyen privilégié de laisser son empreinte. Il y a une dimension irréductiblement personnelle dans l'acte de donner, comme l'ont bien montré les anthropologues à propos des sociétés éloignées. À ce titre, on notera la place à part qui revient au mécénat dans la philanthropie américaine. Tous les grands fondateurs ont tous été attachés à doter des musées, à constituer de grandes collections, à parier aussi sur des artistes contemporains.

Dans le mécénat, viennent s'imbriquer deux éléments distincts : la représentation somptuaire, anti-utilitariste du don, et la notion de prestige associée à une dépense. Mais l'on est ici au plus près de la dépense excentrique. La philanthropie ne se définit plus seulement comme détournement des processus d'échange et d'accumulation, mais plus encore comme transgression des principes mêmes d'économie sur lesquels le donateur a assis sa propre fortune. Ce qui guette le donateur, c'est l'*hubris*, la démesure. Comme on le voit, même sous les espèces de la philanthropie, on retrouve la question du bon ou du mauvais usage de la richesse.

Mais l'originalité de la philanthropie américaine, par rapport à d'autres sociétés qui ont développé des traditions caritatives, c'est qu'elle se veut sous le signe de la raison, exigence en apparence contradictoire avec des pratiques qu'on place en général sous le signe de la sensibilité et de la compassion. En prônant la *scientific charity*, les premiers fondateurs ont mis l'accent sur la rationalité. D'où leur acharnement à distinguer avec insistance la charité qui se veut une action directe sur la pauvreté, et la philanthropie qui travaille, elle, à modifier les causes de cette situation. Sans cesse revient l'idée que la philanthropie ne consiste pas à faire l'aumône aux pauvres, mais à financer une réflexion qui aboutira à une meilleure compréhension des maux qui frappent la société - pauvreté, maladie, guerre. Il s'agit de traiter le mal à sa racine, et il ne sert à rien de distribuer inconsidérément les dollars par millions.

C'est pourquoi les fondations ont subventionné les recherches et les études, au point que bien des grands programmes scientifiques ont dû leur essor aux choix effectués par les experts et les dirigeants de ces organisations. De même, le refus de devenir l'auxiliaire du pouvoir central, en se substituant aux administrations compétentes pour financer et mettre en œuvre les politiques sociales, s'explique par cette fidélité au projet initial.

LA NOUVELLE PHILANTHROPIE

Dans les années 1990, on a assisté à l'émergence de la *new philanthropy* parmi les nouveaux riches de la Silicon Valley et de Seattle[3]. Ceux qui se réclament de la nouvelle philanthropie ont pour mot d'ordre l'engagement et l'efficacité. Selon les jeunes fondateurs de Silicon Valley, le capitalisme doit s'immiscer dans toutes les régions de l'activité humaine. Dans sa variante la plus moderne, la Net-économie, il a montré toute sa capacité d'innovation. Pourquoi devrait-il s'absenter du social, un domaine où, là encore, il peut donner la pleine mesure de son efficacité ? D'où l'idée de la *venture philanthropy* à l'image du *venture capitalism* qui a fait ses preuves dans toute la région.

Les nouveaux philanthropes soulignent le contraste qui existe entre l'approche caractéristique du *venture capitalism* à l'égard des entreprises qu'il finance et celle de la philanthropie traditionnelle envers les organisations qu'elle soutient. Le contraste est flagrant entre les deux perspectives, qu'il s'agisse du rôle accordé à la prise de risques, de l'accent mis sur la mesure des performances, sur la nature des relations avec l'organisation financée et de la stratégie de sortie.

D'habitude, on considère que le secteur *nonprofit* est radicalement différent du *business*, et qu'on ne peut le gérer selon les mêmes méthodes. Mais, selon les nouveaux philanthropes, il n'y a aucune raison de ne pas appliquer, dans ce secteur, des méthodes qui ont révélé leur efficacité dans le cadre du capitalisme le plus moderne. Pour améliorer le secteur non lucratif, il faut aussi savoir prendre des risques. Les fondations doivent entretenir, avec les organisations qu'elles financent, le même genre de relations que les « capital risqueurs » envers les start-up qu'ils soutiennent. Qu'il s'agisse du mode de management de ces organisations, de leur capacité à établir des stratégies, du suivi des résultats obtenus, les fondateurs peuvent apporter une plus-value significative. C'est même une condition essentielle pour redynamiser un secteur qui risque de s'enliser dans ses propres routines. S'y conformer pour orienter l'activité des fondations, c'est se donner les plus sûrs moyens de la réussite.

L'idée qu'on puisse développer un style de philanthropie à l'image du capital-risque a immédiatement séduit les nouveaux entrepreneurs. L'association des deux termes *venture* et *philanthropy* a produit un effet quasi magique à Seattle et dans la Silicon Valley.

Elle a la valeur d'un défi : non seulement nous sommes les meilleurs pour faire de l'argent (*making money*), mais nous allons vous montrer que nous sommes aussi les meilleurs pour faire le bien. Et cet objectif sera obtenu en suivant les principes les plus modernes du capitalisme. L'expression *venture philanthropy* fait florès dans les principaux foyers de la nouvelle économie, notamment à Seattle et dans la Silicon Valley. Pour comprendre cet engouement, il faut aussi prendre en compte une donnée moins apparente, mais qui relève de l'affirmation identitaire.

À bien des égards, c'est une véritable querelle des anciens et des modernes qui se déroule sur le terrain de l'action caritative. À travers leurs discours, on voit se dessiner un hybride d'un genre inédit - appelons-le social-capitalisme - conjuguant les impératifs de l'entreprise et le souci de l'intérêt communautaire. Au-delà des cas particuliers, ce qui intéresse les nouveaux philanthropes, c'est la possibilité de mettre en évidence un *social return on investment* et de se donner les instruments qui permettent de le mesurer. Il est clair que cette notion qui a trait à la rentabilité sociale de l'investissement philanthropique sera, dans la décennie à venir, l'objet de discussions et de controverses dans les milieux du tiers secteur, qu'il s'agisse des *nonprofit* ou des fondations proprement dites.

Cette démarche est inséparable d'une évolution en profondeur de l'esprit du capitalisme[4]. C'est là que réside la différence essentielle entre leur attitude et celle des philanthropes traditionnels. Les nouveaux millionnaires mettent l'accent sur la nécessité d'un engagement direct, qu'il s'agisse d'une participation à des actions bénévoles ou du suivi actif des associations qu'ils subventionnent. Ils veulent substituer à la philanthropie du carnet de chèques un investissement humain : donner son temps et pas seulement son argent. Ce qui est en jeu, au-delà des mots et des intentions proclamées, c'est une représentation du rapport entre l'individu et la communauté. Dans cette perspective, la philanthropie ne saurait s'identifier à une forme de mécénat. Les nouveaux philanthropes ne souhaitent pas intervenir dans le domaine de l'art. Ce genre de dépense leur paraît improductif, reflet d'une quête égoïste de reconnaissance et de prestige. La priorité doit aller à toute action de nature à améliorer la communauté et à remédier à l'inégalité des chances. L'éducation, le travail social, seront donc les domaines d'élection de la philanthropie. Au premier abord, cette orientation peut surprendre, dans un monde où l'individualisme est une valeur essentielle. Comment des hommes et des femmes, pour qui la réussite est affaire singulière et qui se proclament libertariens, en sont-ils venus à développer un intérêt pour la société ? Ou plutôt pour la communauté : la nuance est de taille. En effet, la communauté, c'est d'abord la localité où l'on travaille et où l'on vit.

Les *high-techers* ont pris conscience du danger qu'il y aurait à laisser s'approfondir les clivages sociaux. Ils ont beau vivre la majeure partie de leur temps dans leur *cubicle* ou dans leurs résidences protégées, l'existence alentour de zones défavorisées ne leur a pas échappé, de même que les potentialités de main-d'œuvre qu'offrirait une population formée aux technologies modernes. Dans l'esprit des nouveaux philanthropes, améliorer la communauté est d'abord l'affaire des individus. Là intervient l'esprit libertarien qui anime les entrepreneurs de la Silicon Valley. Il n'est pas question de s'en remettre à une autorité publique, qu'elle soit centrale ou locale. La dénégation du politique est ici totale. Pour les technolibertariens, toute forme d'État, nationale ou locale, est désormais un anachronisme. Le salut ne peut venir que de l'initiative et de l'engagement privé. Comme on le voit, la nouvelle économie ne répugne pas à renforcer la communauté. Mieux : elle ne cesse de proclamer cet objectif. Mais l'on récuse toute intervention publique, disqualifiée comme bureaucratique et inefficiente. Y a-t-il paradoxe à se proclamer libertarien et marxiste ? Moins qu'il n'y paraît, si l'on voit en Marx le pourfendeur de l'État et si l'on considère avoir atteint le même but avec des moyens légèrement différents...

N'existe-t-il aucune forme de régulation, dans l'univers siliconien, autre que le marché et son fonctionnement impitoyable ? Ici intervient un paramètre important : l'exigence éthique. Dans l'esprit du capitalisme nouveau, l'homme est bon, et tout doit être fait pour qu'il exerce sa liberté dans des conditions optimales. Prospérité rime avec convivialité, accès à l'information et respect d'autrui. Toute une culture d'entreprise s'ordonne autour de l'affirmation de ces valeurs d'humanisme et de transparence. Aussi bien à l'intérieur de l'entreprise qu'à l'extérieur, le discours éthique se trouve mobilisé. À l'intérieur, pour maintenir la cohésion de l'entreprise et éviter des dérives propres à perturber le bon fonctionnement du marché : d'où la propension des entreprises à se doter de spécialistes de l'éthique. À l'extérieur de l'entreprise, il s'agit de neutraliser les effets de la fracture numérique. Le projet philanthropique s'inscrit dans cet objectif. On ne s'étonnera pas que des firmes encouragent leurs employés à des actions bénévoles, ou que ces derniers contribuent de leurs propres deniers au renforcement de la communauté. Ce pilotage éthique de l'action n'est cependant pas sans incidence sur les formes qu'emprunte cette dernière. À la différence des philanthropes traditionnels attachés à ce que leur nom soit associé à leurs bienfaits, on voit ici des hommes et des femmes créer ensemble une fondation dont on ne retiendra que les initiales. Le succès de SVP, dans différents États, est tout à fait caractéristique. On a affaire ici à un partenariat à l'image des sociétés de capital-risque.

Ce n'est pas par hasard si les deux termes, partenariat et risque, figurent dans l'intitulé. La philanthropie est, en effet, pensée par ses protagonistes comme un prolongement éthique du capitalisme. Non seulement les financiers et les entrepreneurs doivent se conformer dans leur propre action à un code déontologique, mais il leur incombe, dans le même souci éthique, de se préoccuper de l'environnement sociétal. D'où leur intérêt pour le tiers secteur qui les amène à subventionner les associations actives dans le champ de l'éducation et de la réinsertion. Ce faisant, ils ne semblent guère se distinguer de la philanthropie traditionnelle qui a de longue date investi ces domaines. Leur originalité tient avant tout à l'approche qu'ils adoptent et qui peut se résumer en une maxime simple : investir dans le non-profit selon les méthodes du capital-risque. Derrière cette formule, c'est tout le rapport entre l'économique et le social qui est en cause.

UN NOUVEAU RAPPORT ENTRE L'ÉCONOMIQUE ET LE SOCIAL

Traditionnellement, entreprises et affaires sociales relèvent de traitements bien distincts, qui reflètent deux types d'orientation spécifiques. Dans un cas, c'est le marché qui dicte ses lois, dans l'autre c'est le bien public qui motive les actions. Les grands magnats n'ont jamais cherché à amalgamer les deux domaines : capitalistes d'une main, ils se voulaient charitables de l'autre. Pour les nouveaux riches de la Silicon Valley, la distinction n'est plus valable. Capitaliste je suis quand je fais du profit avec ma start-up, capitaliste je reste quand je finance le tiers secteur ! Telle serait à peu près leur antienne. Le concept d'entreprise sociale élaboré par les idéologues de la nouvelle économie vise à surmonter le clivage entre sphère du profit et non-profit, et à légitimer l'utilisation des techniques du capital-risque dans un camp où jusqu'alors la notion de rentabilité n'avait aucun sens.

C'est ainsi qu'est apparue la *venture philanthropy* : philanthropie et risque, l'association des deux termes aurait de quoi faire avaler leur cigare aux grands fondateurs d'antan. Hérésie ? Coup médiatique sans lendemain ? Force est de reconnaître que les initiatives californiennes ont eu au moins le mérite de susciter un débat au sein de tiers secteurs sur les stratégies de financement et leur impact effectif. L'idée d'un social capitalisme fait son chemin. Le capitaliste « socialement responsable » ne doit avoir aucun état d'âme à traiter la philanthropie comme un investissement destiné à engendrer des résultats mesurables. La question du retour sur investissement devient centrale : il importe de mesurer les performances effectives des associations et de quantifier les résultats obtenus dans un domaine jusqu'alors rétif à ce genre d'évaluation. L'esprit qui anime le capitalisme *high-tech* doit pénétrer des domaines qui lui furent longtemps imperméables. Comme les acteurs économiques, les universitaires des grandes *Business Schools* participent à ce mouvement. Quel que soit le destin des innovations préconisées dans ce milieu, ce qui est sûr, c'est que quelque chose a bougé non seulement dans le monde du non-profit, mais aussi dans le rapport des riches à leur propre argent et leur compulsion à donner.

En ce qui concerne le tiers secteur, il est clair que l'influence du modèle du capital-risque suscite des initiatives nouvelles, même au sein des fondations ayant pignon sur rue. Le milieu associatif est amené à adapter ses modes de gestion aux nouvelles exigences du business philanthropique. Pour ce qui a trait au don, c'est la dimension de la dépense improductive qui semble se dissoudre. On a vu à quel point elle était présente dans les comportements des grands fondateurs et dans leur souci d'apparaître comme de véritables mécènes. En introduisant l'exigence de retour sur investissement, les *high-techers* n'ont-ils pas dévoyé l'acte de donner ? En le traitant comme un investissement, ils le réintègrent dans une logique de l'échange axée sur le profit.

La philanthropie risque peu d'apparaître ainsi comme un avatar singulièrement pervers de la théorie maussienne. En effet, ce n'est plus une contrepartie qu'on attend du don, mais plus prosaïquement un rendement. Les valeurs de gratuité et de bénévolat perdent leur signification initiale. L'intention éthique affirmée par les nouveaux fondateurs se concrétise dans des opérations dont on cherche à maîtriser les différents paramètres, quitte à éliminer les initiatives jugées non rentables. Si marginales puissent-elles apparaître dans le large domaine de la philanthropie, ces expérimentations n'en sont pas moins significatives. Elles correspondent à la volonté de faire prévaloir une dynamique de la performance au sein du tiers secteur et d'y acclimater les méthodes du capital-risque.

Cette approche ne reflète-t-elle pas jusqu'à la caricature les ambitions du microcosme de la Silicon Valley ? Et pourtant, elle rejoint aussi, à n'en pas douter, des questions que se posent aujourd'hui les acteurs de ce que nous nommons, en France, l'économie solidaire. Car le traitement de la « nouvelle question sociale » passe par une redéfinition des rapports entre État et société civile. Les divers dispositifs d'insertion créés pour faire face au dramatique problème du chômage ont abouti à modifier le profil traditionnel de l'État-providence en contribuant à créer ce que Pierre Rosanvallon nomme un espace économique intermédiaire. Cette question, suscitée par l'incapacité du modèle étatiste post-keynésien à faire preuve d'inventivité, a conduit à prôner une « économie solidaire basée sur des hybridations entre marché, redistribution et réciprocité », dans le cadre d'une culture associative revitalisée. On voit peu à peu émerger, en France, un nouveau secteur économique axé sur la prestation de service, et une offre de proximité. Ce secteur combine des ressources publiques et des ressources privées.

Se pose alors la question de l'efficacité, des performances, de cette économie solidaire. Nous sommes moins loin qu'il n'y paraît des préoccupations qui animent la *venture philanthropy.* N'y aurait-il pas une sorte de convergence entre le social capitalisme, qui anime les initiatives des nouveaux millionnaires, et l'orientation qu'ont progressivement empruntée nos politiques sociales au nom de la réconciliation du socialisme et du marché ? On s'est souvent polarisé sur l'opposition entre les deux approches relevant d'histoires politiques et culturelles différentes, l'une faisant fond sur l'initiative individuelle, l'autre sur la toute-puissance de l'État. Mais ce qui est en cause ici, c'est le rapport entre la sphère du social et celle du marché. Si, aux États-Unis, des économistes tentent d'élaborer un concept d'entreprise sociale ; si, en France, les experts en politique sociale encouragent l'émergence d'une économie solidaire ; cela reflète, dans les deux cas, la difficulté pour le capitalisme contemporain de prendre en charge, par les méthodes traditionnelles d'assistance, les problèmes sociaux qu'il suscite.

Notes

1. Le revenu des ménages consacré à la philanthropie représente 5,2 % pour les revenus inférieurs à 10 000 dollars, 3,3 % pour les revenus entre 10 000 et 20 000 dollars, 2,2 % pour les revenus entre 20 000 et 30 000 dollars, 2,1 % pour les revenus entre 30 000 et 40 000 dollars, 2,1 % pour les revenus entre 40 000 et 50 000 dollars, 2,2 % pour les revenus entre 50 000 et 75 000 dollars, pour les revenus entre 75 000 et 100 000 dollars, 2,2 % pour les revenus de plus de 100 000 dollars, ce qui tend à prouver que ce sont les plus pauvres qui donnent proportionnellement le plus.

2. À comparer avec les chiffres de 1969 : 22 000 fondations avec des ressources de 20,5 milliards et effectuant annuellement des dons de 1,5 milliard.

3. Abélès M., *Les nouveaux riches. Un ethnologue dans la Silicon Valley*, Odile Jacob, 2002.

4. Cf. Boltanski L., Chiapello E., *Le nouvel esprit du capitalisme*, Gallimard, 2000.

LE FINANCEMENT DES PROJETS D'ÉCONOMIE LOCALE ET SOCIALE : UNE SPÉCIFICITÉ DES CAISSES D'ÉPARGNE

NICOLE MOREAU*
STÉPHANE COSTE**

La loi du 25 juin 1999[1] a permis aux caisses d'épargne de passer d'un statut *sui generis* au statut coopératif. La notion d'intérêt général, affirmée dès le premier article du texte législatif, est un aspect significatif de la définition du statut coopératif des caisses d'épargne. Poursuivant la tradition d'engagement du réseau, l'instauration des projets d'économie locale et sociale (PELS) fut l'occasion de compléter le dispositif d'intérêt général, financée par une nouvelle catégorie d'allocation du résultat de l'entreprise, exemple unique dans le secteur des banques coopératives françaises.

Après deux années de mise en œuvre des PELS par les caisses d'épargne, il est possible de dresser un premier bilan de l'application de ce nouveau dispositif d'engagement en faveur de l'intérêt général institué par le législateur.

UNE DÉMARCHE HISTORIQUE DANS L'INTÉRÊT GÉNÉRAL

La création même de la Caisse d'épargne de Paris en 1818 était liée à une volonté d'engagement des philanthropes à l'origine du mouvement[2]. Face aux risques de déracinement social, d'inadaptation économique et de paupérisme, liés à l'avènement de l'économie de marché et à la révolution industrielle, la création des caisses d'épargne tendait à prémunir les individus contre deux dangers :
- le retour à une démarche de charité restaurant les liens d'obédience entre riches et pauvres ;
- l'évolution vers une gestion étatique des besoins.

En mettant en avant les vertus de l'épargne et la pédagogie de l'argent, les fondateurs des caisses d'épargne ont

* Présidente de la Fédération nationale des caisses d'épargne.
** Chargé d'études à la Fédération nationale des caisses d'épargne.

mis le développement de l'individu au centre de leur philosophie. Ce choix de responsabilisation, grâce au conseil et à l'encouragement, a permis de réunir les conditions de l'indépendance par la création de ressources pour l'avenir. Cette même option a toujours guidé la politique d'engagement social et civique des caisses d'épargne.

De plus, les caisses d'épargne ont logiquement inscrit leur démarche en faveur de l'intérêt général sur leurs territoires. La nature décentralisée du réseau des caisses d'épargne a permis le développement d'un ancrage géographique fort, tant au niveau commercial que sur le plan des missions d'intérêt général.

Enfin, les caisses ont toujours été les opérateurs de leur engagement envers leur communauté, s'impliquant au-delà du financement. Mobilisant des ressources importantes tout au long de leur histoire, les structures locales ont souvent aussi assuré le rôle de maître d'ouvrage. De nombreux exemples concrets, tels les bains-douches municipaux ou les jardins ouvriers, témoignent de l'implication continue des caisses d'épargne sur leur territoire.

LA LOI DE RÉFORME DU 25 JUIN 1999

Le texte législatif relatif à l'épargne et à la sécurité financière, en grande partie consacré à la réforme du statut des caisses d'épargne, marque une double originalité au sein du secteur bancaire coopératif français.

En premier lieu parce que les caisses d'épargne sont un exemple unique d'antériorité du statut coopératif sur le fonctionnement coopératif. En effet, la logique de la coopération exige normalement qu'une entreprise naisse coopérative plutôt qu'elle ne le devienne. Daniel Duet[3] a démontré à quel point cette modification de statut était légitime, en raison de la proximité du modèle bancaire des caisses d'épargne avec les caractéristiques des entreprises coopératives. C'est le cas notamment sur le plan de la finalité (développer le service aux personnes plutôt que la valorisation maximale des capitaux) et de l'activité (associer des personnes pour gérer une activité). Les similitudes de vocation entre caisses d'épargne et banques mutualistes étaient donc nombreuses, en particulier pour renforcer l'autonomie financière des classes populaires, mais aussi pour financer des activités économiques peu attrayantes pour les établissements financiers classiques.

De ce point de vue, les caisses d'épargne se sont naturellement intégrées dans le monde des banques coopératives françaises[4], qui fait partie du secteur de l'économie sociale[5].

Mais la loi de réforme des caisses d'épargne a aussi institué une innovation majeure dans le secteur coopératif, en intégrant, dans la définition du statut, l'accomplissement de missions d'intérêt général[6]. La volonté du législateur a été d'autant plus fortement exprimée que cet aspect est l'objet du premier article de la loi : « Le réseau des caisses d'épargne remplit des missions d'intérêt général. Il participe à la mise en œuvre des principes de solidarité et de lutte contre les exclusions. Il a en particulier pour objet la promotion et la collecte de l'épargne ainsi que le développement de la prévoyance, pour satisfaire notamment les besoins collectifs et familiaux. Il contribue à la protection de l'épargne populaire, à la collecte des fonds destinés au financement du logement social, à l'amélioration du développement économique local et régional, particulièrement dans le domaine de l'emploi et de la formation, et à la lutte contre l'exclusion bancaire et financière de tous les acteurs de la vie économique, sociale et environnementale grâce, en particulier, aux fonds collectés sur le livret A dont la spécificité est maintenue »[7].

Le législateur a, de fait, institué une nouvelle forme d'allocation du résultat de l'entreprise. Le résultat après impôts d'une entreprise coopérative connaît habituellement trois destinations : le versement aux réserves légales et statutaires, les intérêts servis aux parts sociales (forme de dividende aux sociétaires propriétaires de l'entreprise) et les mises en réserve qui permettent d'assurer la solvabilité et le développement futur de l'entreprise. Dans le cas des caisses d'épargne, les parlementaires ont créé une quatrième utilisation statutaire des bénéfices de l'entreprise : le financement des PELS. Les règles régissant le calcul des sommes destinées au nouveau dispositif d'intérêt général ont été fixées par la loi[8]. Le financement des PELS est ainsi lié à la réalisation de bénéfices par les caisses d'épargne, le législateur ayant veillé, en fixant les sommes destinées à l'intérêt général, à ne pas nuire au développement de l'entreprise, ni à léser les sociétaires.

De même, le législateur a fixé le cadre général du champ d'application des PELS : « Les missions définies à l'article 1 de la présente loi ainsi que les projets d'économie locale et sociale doivent présenter à la fois un intérêt en termes de développement local ou d'aménagement du territoire ou de protection de l'environnement et un intérêt en termes de développement social ou d'emploi. Chaque caisse d'épargne et de prévoyance tient compte des orientations définies par la Fédération nationale des caisses d'épargne et de prévoyance pour le choix des PELS sur son ressort territorial ou pour apporter sa contribution à des actions régionales ou nationales entreprises par le réseau. Les PELS financés par les caisses d'épargne et de prévoyance font l'objet d'une annexe détaillée au rapport annuel de la Caisse nationale des caisses d'épargne et de prévoyance »[9].

La loi confie ainsi à la Fédération nationale des caisses d'épargne, instance née de la loi de réforme, la mission de définir les orientations nationales du dispositif[10]. La Caisse nationale des caisses d'épargne intervient dans ce processus pour fixer les modalités de mise en œuvre. Le choix des projets financés est en revanche du ressort de chaque caisse d'épargne.

INTERPRÉTER LA LOI POUR DÉFINIR LES ORIENTATIONS DES PELS

La mise en place des PELS a été effective en 2001, première année complète d'exercice du dispositif. Avant cela, un certain nombre d'étapes ont été nécessaires, aussi bien au niveau de la Fédération nationale, de la Caisse nationale, qu'à celui des caisses d'épargne elles-mêmes, car c'est bien les conditions d'exercice d'un nouveau métier qui devaient être réunies.

La Fédération nationale des caisses d'épargne a, en premier lieu, entamé une réflexion sur la nature même des projets d'économie locale et sociale. Ainsi, le terme « projet » renvoie à un objectif plutôt qu'à une structure ; celui « d'économie » fait référence à une activité (à créer ou à développer) plutôt qu'à la notion d'assistance ; l'adjectif « locale » a été interprété sous l'angle du territoire de chaque caisse d'épargne plutôt que de zones indéterminées, à l'échelle du pays, voire hors de France ; le dernier adjectif « sociale » ayant été compris comme référence à des populations cibles cohérentes avec les domaines d'intervention contenus dans la loi et précisés par la Fédération.

Par ailleurs, il a été clairement affirmé que la mise en œuvre des PELS devait intervenir en suivant une éthique exemplaire. Dès décembre 2000, trois règles ont été édictées :
- ne pas soutenir de PELS pouvant apparaître comme une contrepartie aux relations commerciales ;
- ne pas financer de PELS assimilables à des prestations ou dépenses relevant du fonctionnement des caisses d'épargne ;
- ne pas exiger du bénéficiaire d'un PELS qu'il communique de manière commerciale sur les caisses d'épargne.

Enfin, la Fédération a proposé des orientations thématiques en tenant compte des métiers et de l'histoire des caisses d'épargne. Ces orientations s'articulent ainsi autour de deux domaines principaux :
- la solidarité dans le domaine bancaire ;
- la solidarité par l'engagement social et civique.

La solidarité dans le domaine bancaire est directement liée à l'activité des caisses d'épargne. Le principe général est d'accompagner les initiatives qui ne trouvent pas de financement dans les circuits bancaires classiques. Le champ de l'économie sociale et la micro-création - secteur qui a un impact grandissant en termes d'insertion et de création d'emplois - sont un axe prioritaire pour le déploiement des PELS. C'est pourquoi la création d'entreprises - par le soutien aux créateurs comme aux accompagnateurs - est au centre de deux grands types de PELS :
- favoriser le financement et l'insertion bancaire du créateur d'entreprises ;
- soutenir les professionnels de l'accompagnement.

La solidarité par l'engagement social et civique est un domaine volontairement plus large, afin de permettre aux caisses d'épargne de répondre plus efficacement aux spécificités de leur territoire. Ces interventions ont vocation à apporter une contribution originale au renforcement de la cohésion sociale, dans le cadre de six sphères d'initiative :
- renforcer la maîtrise des savoirs de base, dont les services bancaires ;
- favoriser l'autonomie des personnes âgées ou malades ou handicapées ;
- privilégier l'insertion par l'emploi ;
- satisfaire les besoins fondamentaux ;
- encourager l'insertion culturelle et sportive ;
- favoriser la cohésion sociale par la préservation du patrimoine naturel ou culturel.

Dans le champ de ces orientations, chaque caisse d'épargne décide des projets qu'elle souhaite soutenir.

DEUX ANS DE MISE EN ŒUVRE DES PELS

Les caisses d'épargne ont d'abord su relever le défi de créer une communauté de l'intérêt général au sein du réseau. Dans chacune des trente-trois banques coopératives a été ouvert un poste de responsable intérêt général, dont le titulaire est à la fois l'acteur-clé de la mise en œuvre des PELS sur le terrain et le correspondant des organes centraux du groupe (Fédération nationale des caisses d'épargne et Caisse nationale des caisses d'épargne) dans le domaine de l'intérêt général.

Le profil de ces collaborateurs est très varié et, bien que le dispositif ait été conçu pour ne pas générer de ruptures avec les engagements traditionnels du groupe, il a fallu définir et faire reconnaître une fonction transversale spécifique, souvent rattachée au plus haut niveau hiérarchique. De l'analyse et de la qualification des projets jusqu'à leur sélection, leur mode de financement et leur suivi, la gestion des PELS révèle une complexité qui rend nécessaire des qualifications étendues.

Des efforts importants de formation ont été déployés pour créer, au sein de cette catégorie de collaborateurs, une véritable culture de l'intérêt général et de l'économie sociale.

Pour la première année d'exercice (2001), le montant des PELS engagés par les caisses d'épargne s'est élevé à 20,3 millions d'euros. Ainsi, 952 projets ont été soutenus, en grande majorité portés par des associations, qui confirment leur dynamisme et leur capacité d'innovation dans ce domaine.

Suivant la progression du résultat des caisses d'épargne, environ 23 millions d'euros ont été engagés au titre des PELS pour l'année 2002.

La nature des projets financés est très diverse, mais l'aide à la création d'entreprises et le soutien aux organismes d'accompagnement des micro-créateurs ont été privilégiés (cf. tableau). Les deux tiers de l'enveloppe pour 2001 ont, en effet, été consacrés au développement de l'emploi.

Dans ce domaine, le groupe Caisse d'épargne a signé des accords nationaux avec les quatre grands réseaux d'accompagnement : l'Association pour le droit à l'initiative économique (Adie)[11], France active, les Boutiques de gestion et France initiative réseau. Ces conventions sont ensuite déclinées à l'échelle des territoires de caisses.

De même, des procédures de gestion du dispositif ont été mises en place, mais chaque caisse d'épargne élabore sa propre stratégie. Son engagement doit correspondre au mieux aux attentes de son territoire, mais aussi aux perspectives exprimées par les administrateurs représentants des sociétaires de l'établissement.

En effet, si la décision de financement relève du directoire, il est considéré comme souhaitable et bénéfique d'associer les représentants des sociétaires aux activités dans le domaine de l'intérêt général. Ils sont encouragés à s'engager dans le processus de sélection et de suivi des projets (notamment sous

Tableau
Répartition 2001 des PELS selon leur orientation thématique

Soutenir et accompagner les créateurs d'entreprises	27 %
Soutenir les opérateurs qui accompagnent les créateurs	18 %
Aider à l'insertion par la formation et l'emploi	20 %
Favoriser l'autonomie des personnes âgées, malades ou handicapées	13 %
Satisfaire les besoins fondamentaux	9 %
Contribuer à l'information sur les services bancaires et la création d'entreprises	4 %
Encourager l'insertion par les activités culturelles ou sportives	3 %
Favoriser l'insertion par la valorisation du patrimoine naturel ou culturel	3 %
Faciliter l'acquisition des savoirs de base	2 %

Source : *Nos clés pour la solidarité. Bilan 2001 des PELS,* caisse d'épargne, mars 2002. Les orientations ont été légèrement ajustées pour 2002, compte tenu des expériences de la première année d'exercice et afin d'éviter les ambiguïtés des intitulés.

forme de bénévolat) : proposition de projets à examiner ; association au processus de sélection ; implication dans le suivi des projets...

De plus, la participation des sociétaires, des administrateurs et des conseils d'orientation et de surveillance au déploiement des PELS est, à juste titre, considérée comme un levier d'intégration du nouveau statut des caisses d'épargne. L'intérêt général est une des ressources d'acculturation au statut coopératif, et les PELS offrent aux administrateurs une dimension d'implication leur révélant leurs responsabilités et participant à la définition de leur rôle.

DES DÉFIS À RELEVER

Les caisses d'épargne, accompagnées par la Fédération nationale des caisses d'épargne et la Caisse nationale des caisses d'épargne, ouvrent aujourd'hui une phase d'évaluation des PELS. Il s'agit de mesurer l'impact réel des projets soutenus, au-delà des éléments statistiques déjà disponibles. Les premiers résultats ne sont souvent perceptibles que six mois à un an après le financement et la mise en place des projets. Un premier bilan devrait être disponible au cours du second trimestre 2003.

Mesurer l'impact des PELS répond ainsi à un objectif d'information des publics (sociétaires, politiques, société civile) qui s'interrogent légitimement sur l'application de la loi de juin 1999. Mais, cette étude est également l'instrument permettant de dynamiser la mobilisation des collaborateurs et des administrateurs des caisses d'épargne dans le domaine de l'intérêt général, et devra aussi compléter l'expertise interne qui nourrira la réflexion en termes d'orientations annuelles, de procédures, de critères de sélection des projets... L'intégration de critères d'évaluation dans le processus de sélection

Encadré

L'implication des administrateurs de la Caisse d'épargne Provence-Alpes-Corse-Réunion en matière de PELS

« À la Caisse d'épargne Provence-Alpes-Corse-Réunion (PACR), nous avons souhaité que les administrateurs soient impliqués en amont des PELS, c'est-à-dire aussi bien dans le repérage du projet que dans son analyse, sa sélection et son suivi. Au départ, ce sont les administrateurs des sociétés locales d'épargne[12] qui rencontrent les associations porteuses de projets. Ils réalisent ainsi les premières analyses de ces projets. Ces administrateurs remontent ensuite un certain nombre d'informations. Puis, un comité consultatif composé de membres du conseil d'orientation et de surveillance étudie les dossiers et rend un avis qui, en principe, est suivi par le directoire. Une fois le dossier validé par ce même directoire, les présidents des sociétés locales d'épargne sont encore impliqués, puisque ce sont eux qui signent les conventions partenariales passées avec ces associations. Après la remise du chèque - autre moment important du dispositif -, les administrateurs ont également la mission difficile de suivre le bon déroulement du projet, et surtout de vérifier la bonne utilisation des fonds octroyés.

En matière de crédit, les administrateurs sont, pour la plupart, membres des conseils d'administration des organismes d'accompagnement, que ce soit l'Adie ou les plates-formes d'initiative locale. Au sein de ces conseils d'administration, ils représentent la Caisse d'épargne. Les membres des comités d'agrément, quant à eux, sont plutôt les chargés d'affaires. De cette manière, chaque compétence est à sa place. (...)

Je crois qu'au sein de la Caisse d'épargne PACR, les administrateurs (...) sont déjà convaincus (de l'intérêt du dispositif). Ils ont en effet la volonté d'être de véritables ambassadeurs de la Caisse d'épargne. Ils sont extrêmement attachés aux valeurs que nous défendons depuis le début.

En participant à ces projets d'économie locale et sociale, ils affirment nos valeurs. C'est la connaissance qu'ils ont de leur territoire - du tissu socio-économique et des besoins du territoire - qui nous permet à nous, caisses d'épargne, de jouer concrètement notre rôle d'acteur du développement économique et de la cohésion sociale. Ils nous permettent de sélectionner les bons projets. Ils nous permettent de déterminer les vrais besoins. Ils nouent également des liens privilégiés avec les organismes d'accompagnement des créateurs de micro-entreprises. Or, c'est cette proximité qui est nécessaire au développement des projets d'économie locale et sociale, et surtout qui contribue à leur succès »[13].

Stéphanie Fournier, responsable intérêt général,
Caisse d'épargne Provence-Alpes-Corse-Réunion

des PELS ouvre la voie d'une plus grande efficacité du dispositif et d'une plus forte adéquation entre attentes sociales et finalité du financement.

Les caisses d'épargne doivent aussi s'attacher à développer une culture interne de l'intérêt général parmi leurs collaborateurs. Cet engagement au service du plus grand nombre permet de réunir tous les collaborateurs autour de valeurs qui subliment la gestion d'une entreprise. Le dispositif des PELS est un outil d'autant plus légitime qu'il intègre parfaitement la philosophie des activités des caisses d'épargne : développement local, ancrage territorial, ouverture au plus grand nombre.

Clôturant le congrès national des caisses d'épargne, Jean-Louis Borloo, ministre délégué à la Ville, s'adressait aux administrateurs et dirigeants du groupe Caisse d'épargne en octobre dernier : « (...) vous avez pris un autre chemin en tentant de conjuguer la performance avec le sens de la vie, l'intérêt général et la cohésion sociale. Alors que la performance devenait synonyme de modernité, vous avez introduit, dans le système, une donnée absolument unique. Grâce à vous, la cohésion sociale est devenue moderne. Vous avez transformé les contraintes de la loi de 1999 en atouts concurrentiels. Beaucoup plus qu'une concession de la performance à l'honneur, c'est la réconciliation du sens de la vie et de la performance »[14].

Aujourd'hui, les PELS peuvent, en effet, être considérés par les caisses d'épargne comme une chance historique, un dispositif s'inscrivant idéalement dans le corps de valeurs du groupe.

Notes

1. Loi 99-532 du 25 juin 1999 relative à l'épargne et à la sécurité financière (codifiée dans le Code monétaire et financier aux articles L. 512-85 à L. 512-104).

2. Cf. Daniel Duet, *Les caisses d'épargne,* Presses universitaires de France, 7ème édition, juin 2001.

3. Daniel Duet, *Le destin coopératif des caisses d'épargne. Éléments pour une critique des conceptions étatistes de la situation historique des caisses d'épargne françaises* in Les cahiers pour l'histoire de l'épargne, *L'économie sociale et le modèle bancaire coopératif aujourd'hui,* n° 2, juin 2000, pp. 119-148.

4. Naziha Boukhorssa et Nicole Moreau, *Les caisses d'épargne : un nouvel acteur dans le monde coopératif* in Revue d'économie financière, n° 67, 2002, pp. 249-259.

5. « L'économie sociale se définit comme l'ensemble des coopératives, des mutuelles et des associations exerçant une activité économique, mais suivant des principes de fonctionnement très distincts de ceux de l'économie marchande. En effet, ces structures sont fondées sur le principe de la libre adhésion des individus et naissent d'une association de personnes, non de capitaux, qui exercent collectivement la propriété de leur patrimoine. Leur mode de gestion est démocratique (un sociétaire, une voix) (...) », *Le journal de l'action sociale,* septembre 2000.

6. Les autres entreprises coopératives disposent de cette option et sont libres de destiner ces sommes disponibles « sous forme de subvention soit à d'autres coopératives ou unions de coopératives, soit à des œuvres d'intérêt général ou professionnel », loi 47-1775 du 10 septembre 1947 portant sur le statut de la coopération, article 16 modifié par la loi 92-643 du 13 juillet 1992, article 11.

7. Loi 99-532 du 25 juin 1999 relative à l'épargne et à la sécurité financière, article 1 (article L. 512-85 du Code monétaire et financier).

8. « Les sommes disponibles après imputation sur le résultat net comptable des versements aux réserves légales et statutaires sont réparties par l'assemblée générale entre l'intérêt servi aux parts sociales, les distributions opérées conformément aux articles 11 bis, 18 et 19 nonies de la loi 47-1775 du 10 septembre 1947 précitée, les mises en réserve et les affectations au financement de PELS. Les sommes mises en réserve doivent représenter au minimum le tiers des sommes disponibles telles que définies au présent article. Cette proportion peut toutefois être augmentée sur décision de la Caisse nationale des caisses d'épargne et de prévoyance, au vu de la situation financière de la caisse d'épargne et de prévoyance dont il s'agit. Les sommes affectées au financement des PELS ne peuvent excéder, pour chaque caisse d'épargne et de prévoyance, le montant total de l'intérêt servi aux parts sociales et des distributions effectuées conformément aux articles 11 bis, 18 et 19 nonies de la loi 47-1175 du 10 septembre 1947 précitée, ni être inférieures au tiers des sommes disponibles après la mise en service », loi 99-532 du 25 juin 1999 relative à l'épargne et à la sécurité financière, article 6 (article L. 512-91 du Code monétaire et financier).

9. Loi 99-532 du 25 juin 1999 relative à l'épargne et à la sécurité financière, article 6.

10. Loi 99-532 du 25 juin 1999 relative à l'épargne et à la sécurité financière, chapitre V, article 15 (article L. 512-99 du Code monétaire et financier).

11. Cf. Marie-Claire Dalo et Alexandrine Lapoutte, caisse d'épargne et Adie, *Une configuration partenariale innovatrice* in Recma, n° 286, novembre 2002, pp. 23-35.

12. Cf. à propos des sociétés locales d'épargne (SLE), Naziha Boukhorssa et Nicole Moreau, *Les caisses d'épargne : un nouvel acteur dans le monde coopératif*, in Revue d'économie financière, n° 67, 2002, pp. 255-256.

13. Congrès national des caisses d'épargne, Paris, 17 octobre 2002.

14. Congrès national des caisses d'épargne, Paris, 18 octobre 2002.

FINANCE : ENTRE CONFIANCE ET EXCLUSION

PAUL H. DEMBINSKI*
JEAN-MICHEL BONVIN*

LA FINANCE : LA PROMESSE D'UN AVENIR RADIEUX

La puissance séductrice de la finance repose sur la promesse convoyée par le contrat financier d'un avenir radieux, fait d'abondance et de plénitude pour chacune des parties prenantes. La finance tire sa puissance du fait qu'elle lie - au sens formel du terme - le présent et le futur, jusqu'à donner parfois l'impression de rendre le futur tributaire du présent par une quasi-subordination. Dans l'imaginaire socio-politique de la fin du XXème siècle, la finance a été l'exemple même d'un jeu à somme positive, d'une situation *win-win.* C'est parce qu'elle se propose de résoudre les tensions et les conflits avant même qu'ils ne bloquent le présent, que la finance a fait recette - au sens propre et figuré - durant les deux dernières décennies du XXème siècle. Pourtant, la vision radieuse de la finance n'est qu'une partie de la vérité, la face sombre de la finance est faite de désillusions et de promesses non tenues ; elle peut être résumée par le mot « dette ».

Les décennies des années 1980 et 1990 ont été certainement celles de la finance triomphante. La logique financière, avec son cortège d'institutions et de pratiques, a été très largement vue comme la panacée capable de résoudre l'essentiel des problèmes du monde. La promesse financière a séduit en offrant une issue possible au défi récurrent du développement, une solution aux questions de sécurité sociale, et aussi un instrument de lutte contre l'exclusion, tant au sein des pays riches que dans les régions dites en développement. Si les deux dernières décennies du XXème siècle ont été surtout celles de la séduction financière, les premières décennies du XXIème siècle risquent d'être celles de la désillusion et des promesses déçues.

L'objectif de ce texte est d'examiner

* Observatoire de la finance, professeurs à l'université de Fribourg.

avec quelques détails la nature du contrat financier, des diverses manières dont il intègre la dimension de la confiance, et son rapport au lien social en général, mais tout particulièrement dans le cadre de la microfinance. En concentrant l'attention sur le cas de la microfinance, il est possible de montrer que le rapport entre le lien social et le contrat financier n'est pas dépourvu d'ambiguïté.

LE CONTRAT FINANCIER : ENTRE TRANSACTION ET RELATION

Les conditions d'une relation financière sont réunies quand il y a rencontre entre un acteur disposant d'un avoir monétaire et un autre porteur de potentiel susceptible de faire fructifier cet avoir. La richesse de la rencontre vient du fait qu'elle ouvre des horizons totalement nouveaux devant chacun des deux protagonistes. Sans elle, la fructification de l'avoir grâce au potentiel n'aurait pas lieu et, *a fortiori*, aucun des protagonistes n'aurait part au fruit. Il ne s'agit pas ici d'analyser toute la panoplie des contrats financiers, mais uniquement de souligner que, quelle que soit la complexité technique de ceux-ci, ils portent toujours sur les modalités de la répartition entre les parties des risques, des responsabilités et des rémunérations liés à la fructification à venir de l'avoir présent. Aussi, du point de vue d'un acteur individuel, deux possibilités d'entrée dans la finance existent : soit il dispose d'un avoir qu'il veut faire fructifier ; soit il est porteur de potentiel qu'il cherche à réaliser.

Dans la perspective d'un acteur particulier, les deux voies d'entrée dans la finance diffèrent profondément de par les conséquences et le degré d'implication qu'elles comportent. En effet, quand l'entrée dans la finance se fait par un avoir, l'implication de l'acteur se limite à la sphère de l'avoir matériel et quantifiable alors que dans le cas de l'entrée par le potentiel, c'est l'être même de l'acteur qui se trouve impliqué. De cette manière, apparaît une caractéristique fondamentale de la finance qui n'est pas assez souvent relevée, à savoir sa capacité de lier, au moyen de la promesse d'un avenir radieux, l'être des uns à l'avoir des autres. Au cas où la promesse s'avère déçue, l'être des uns peut parfois se trouver subordonné aux exigences de l'avoir des autres.

Dans le monde contemporain, l'essentiel des « rencontres » entre les détenteurs d'avoirs et les porteurs de potentiels se fait par l'intermédiaire des professionnels - qu'il s'agisse de banques et d'institutions assimilées ou de marchés. Aussi, la pratique contemporaine a remplacé le contrat traditionnel, mettant face à face deux acteurs identifiables, par deux contrats complémentaires, chacun d'entre eux liant soit le détenteur de l'avoir, soit le porteur du potentiel à l'institution d'intermédiation. Grâce à ce découplage, les intermédiaires peuvent s'adonner en permanence à l'évaluation des contrats et à leur réallocation continue. Dans le bruit des transactions sans cesse recommencées, les considérations liées à l'être et à l'avoir des protagonistes disparaissent de l'horizon pour se fondre dans les seules considérations de rentabilité.

Ainsi par définition, chaque contrat financier s'inscrit dans la durée et lie, pendant un temps défini à l'avance, des acteurs, dont au moins un est identifiable. Par exemple, dans le cas d'un titre négociable - action ou obligation -, l'identité de l'émetteur ou du débiteur ultime ne change pas, même si de nombreux créanciers peuvent se succéder au cours de la durée de vie du titre. Ainsi, en dernière analyse et au-delà des transactions entre intermédiaires ou professionnels spécialisés, le contrat financier établit une relation durable entre, d'un côté, tantôt l'être, tantôt l'avoir d'un acteur individuel et, de l'autre, l'ensemble des institutions financières. En fait, l'utilisation du terme de « relation » pour qualifier le contrat financier est discutable puisque, en dernière analyse, il porte sur un échange qui - au moment où il se noue - se veut équivalent. La seule différence entre un tel échange et une transaction normale, c'est-à-dire instantanée, tient au fait que les prestations prévues de part et d'autre ont lieu dans une certaine durée.

La distinction entre la transaction, l'échange et la relation dépasse, par conséquent, la seule dimension temporelle pour englober deux autres aspects, à savoir l'identité des acteurs et l'objet du rapport. Ainsi, la transaction est un transfert instantané de prestations jugées équivalentes (au sens économique) entre parties dont l'identité n'a aucun impact sur le contenu de la transaction. L'échange, comme mentionné plus haut, suppose des prestations réciproques mais non simultanées qui, dans leur intégralité, sont considérées comme équivalentes par le contrat. Puisqu'il implique la durée, un contrat d'échange suppose des obligations réciproques et exige donc qu'au moins une partie en soit identifiée. La relation s'inscrit également dans la durée, elle suppose l'identité des deux parties et un rapport pluridimensionnel qu'il est impossible de ramener à une question d'équivalence des prestations ; elle se déroule en dehors d'un cadre contractuel à proprement parler. La relation s'invente à chaque étape, par opposition à l'échange dont le cadre est posé par avance. La transaction et l'échange sont des rapports exclusivement économiques, toute autre considération en est totalement absente. Il en va différemment de la relation où les dimensions sociale, personnelle, affective, politique et économique peuvent parfaitement coexister.

Aussi tranchante que soit la terminologie proposée plus haut, il y a des raisons pour penser que la transaction idéale - celle qui est au cœur de la théorie économique - n'est pas aussi fréquente qu'il apparaît de prime abord. En effet, la transaction dans la réalité est moins autosuffisante que la définition théorique veut bien le laisser penser. Si l'achat d'une boîte de conserve générique dans un magasin sans nom et sans adresse significative peut être considéré comme un exemple de transaction anonyme, il ne peut voir le jour que parce qu'on a recours à un instrument monétaire dont le referentiel dépasse la transaction elle-même. Aussi, à y regarder de plus près - et les spécialistes de marketing l'avaient compris avant la lettre -, l'essentiel des transactions, qui nous paraissent autonomes, sont en fait adossées à des relations plus larges et plus ouvertes où elles puisent leurs racines. La même observation vaut pour l'échange et, plus largement, pour l'ensemble des rapports spécifiquement économiques ou financiers.

Les précisions terminologiques apportées plus haut ont l'avantage de mettre en lumière la question centrale à l'analyse du rapport entre le lien social et la finance. Elle consiste à savoir si le financier, et plus généralement l'économique, se construisent à l'aide de rapports spécifiques tels que la transaction et l'échange qui sont autonomes par rapport aux relations sociales - interpersonnelles et institutionnelles -, ou bien si ces transactions et ces échanges s'enracinent en dernière analyse - de manière plus ou moins occulte - dans un tissu de relations sociales dont ils tirent leur existence et dont ils restent tributaires. Dans ce cas, la transaction ne serait plus cette réalité autonome - analysée par l'économiste -, mais la pointe d'un iceberg qui n'existe que parce qu'elle est enracinée dans la masse invisible de la relation. Du coup, le rapport entre finance et lien social deviendrait plus complexe.

LA FINANCE : ENTRE CONFIANCE ET EXCLUSION

Pour que la rencontre entre détenteur d'avoir et porteur de projets puisse se concrétiser en un contrat financier, il faut qu'un certain nombre de conditions soient réunies, notamment que l'incertitude, dont est porteur tout contrat impliquant l'avenir, soit compensée par un mélange de confiance et de garanties. L'asymétrie entre le détenteur de l'avoir et le porteur de potentiel correspond à celle qui s'établit entre un jeune au seuil de la vie professionnelle, qui se trouve de ce fait au sommet de son potentiel économique, et celui qui est sur le point de quitter l'activité économique, ayant utilisé son potentiel et l'ayant transformé avec plus ou moins de bonheur en avoir. Aussi, au niveau macroéconomique, le contrat financier est une des composantes des relations intergénérationnelles qui ne sauraient cependant se réduire à cette seule dimension. Toutefois, la référence au rapport entre jeunes et vieux permet de retrouver la dualité mentionnée plus haut entre l'être et l'avoir des partenaires. En effet, si la compensation de l'incertitude - nécessaire à la conclusion du contrat financier - se fait par la garantie, la dimension de l'avoir domine, alors que le recours à la confiance implique l'existence et donc l'être des partenaires.

La mise en rapport des détenteurs d'avoirs avec les porteurs de potentiel est une activité aux résultats aléatoires. En effet, pour qu'il y ait contrat financier, il faut qu'un terrain d'entente entre les partenaires soit trouvé, aussi bien en termes de prestations réciproques que d'éléments externes, qui sont le niveau de garantie et de confiance. Définie de la sorte, l'activité financière ne concerne donc que les acteurs ayant trouvé la contrepartie sans laquelle le contrat ne saurait avoir lieu. Il est clair qu'en cas d'appréciation du potentiel, là où, par définition, il ne saurait être question de garanties matérielles, la question de la confiance devient fondamentale. Or, la confiance est un élément externe au contrat économique, elle relève de la relation - intermédiée ou non - qui peut exister entre les acteurs. En l'absence de cette relation porteuse de confiance, le contrat financier ne peut pas avoir lieu.

C'est parce qu'elle n'est pas ouverte à tous les acteurs que la finance est souvent qualifiée de productrice d'exclusion. En effet, les acteurs sans potentiel, sans avoirs, sans garanties, et incapables de susciter de la confiance, ne pourront - sauf situation extraordinaire - entrer dans le jeu financier. En conséquence, leur potentiel ne pourra jamais fructifier. Cette question se pose en termes d'être et de devenir matériel et humain, tout autant qu'elle se pose en termes d'avoir matériel. C'est parce qu'elle touche l'être et le devenir des personnes que la finance est mentionnée par certains dans le contexte des droits humains économiques et sociaux. Le droit au crédit apparaît alors comme le droit de chacun d'être gratifié de la confiance en son potentiel économique. Là encore, à l'instar d'un contrat financier normal bâti sur la confiance, le contrat de crédit s'inscrirait dans une logique sociale - juridique en l'occurrence - qui le dépasse, et dont il reste tributaire.

Le cas de la microfinance illustre clairement que sa puissance d'inclusion dans le monde économique découle de l'existence d'un tissu épais de relations sociales. Ceci confirme l'hypothèse articulée plus haut que la finance reste tributaire du lien social, alors que le rapport inverse - qui verrait la finance créatrice de lien social - reste à démontrer.

LA MICROFINANCE : UN NOUVEAU CONTRAT SOCIAL ?

Au niveau mondial, la potentialité de la microfinance est présentée comme immense : en garantissant l'accès au crédit aux quelque trois milliards de personnes qui en sont actuellement exclues, elle pourrait contribuer à l'intégration sociale à l'échelon mondial. Aussi, il convient de soumettre à l'analyse les processus de constitution des programmes de microfinance.

Conformément à la logique financière, qui est totalement assumée et revendiquée par de nombreux tenants de la microfinance, une institution financière n'a aucune raison de faire confiance naturellement dans la capacité financière des plus démunis d'une société. Si le système de microfinance peut fonctionner, ce n'est pas en raison de la générosité des organismes financiers, mais parce que ceux-ci donnent foi au potentiel économique des emprunteurs en se basant sur l'existence d'un tissu dense de relations sociales, qui s'en porte explicitement ou implicitement garant. D'une certaine manière, la microfinance prend la place de la finance familiale ou de proximité, dont l'efficacité a été détruite par les grandes institutions financières conventionnelles. L'économique, c'est-à-dire le financier, et le communautaire ont ici partie liée : les partenaires communautaires mettent en commun leurs ressources, afin d'assurer un revenu permettant la survie physique des membres de la collectivité. Le financement relève, dès lors, de la solidarité qui relie les membres du groupe. Les exemples sont ici multiples, ils vont des tontines africaines aux systèmes basés sur la pression exercée par les pairs (*peer pressure* au fondement notamment de la Grameen Bank), ou encore, dans les pays du Nord, sur la mobilisation des liens de solidarité déjà existants enracinés dans des communautés régionales[1] ou idéologiques[2]. Dans chacun de ces exemples, le pacte social financier passe par un sentiment d'appartenance à une communauté ou une collectivité qui va à l'encontre de l'individualisme patrimonial tel que le définit André Orléan. Les relations ne sont pas contractuelles au sens strict, mais elles s'enracinent dans un terreau communautaire qui permet à la relation financière de s'épanouir. Les taux de remboursement pratiqués peuvent être plus bas et donc plus accessibles pour les débiteurs, lesquels seront également incités à rembourser plus vite, afin de ne pas abuser de la confiance accordée par les autres membres de la communauté. Bref, si la microfinance crée de l'intégration sociale, ce n'est pas à partir d'un individualisme patrimonial strict, mais en contribuant à reconstituer le tissu social qui se délitait ou, le plus souvent, en s'appuyant sur les dimensions communautaires encore vivaces, alors même que les conditions économiques s'avèrent très difficiles. Dans les pays du Nord comme dans les pays en voie de développement, cet apport du capital social s'avère primordial sous de multiples points de vue, dans la mesure où il apporte les clients, les fournisseurs, les idées et l'argent. De ce fait, les expériences de microfinance se signalent par la présence de caractéristiques communes : tout d'abord, la présence de finalités métafinancières qui ne se résument pas au simple souci de la plus grande rentabilité possible à court terme ; ensuite, la confiance enracinée dans un lien social (qui peut emprunter des formes très diverses : national, régional, idéologique...) qui préexiste au moins dans une mesure minimale ; la prise en charge des coûts d'accompagnement proportionnellement très significatifs par des garanties externes telles que des subventions publiques (à l'exemple de la conversion des programmes sociaux en allocations de création d'entreprises dans certains pays industrialisés), ou encore le bénévolat.

La microfinance s'attache à mobiliser des leviers traditionnellement caractéristiques de la citoyenneté, afin de dépasser les limites de la transaction financière « hors sol » en connectant la finance non pas à un individu propriétaire d'actions, rationnel et égoïste, mais à un individu ancré dans une communauté. Telle est peut-être la leçon principale de la microfinance : la finance laissée à elle-même ne produit pas de l'intégration sociale, elle doit s'appuyer pour cela sur d'autres formes de lien social qu'elle s'avère bien incapable de générer par elle-même. L'originalité de la microfinance n'est donc pas dans l'exacerbation de la logique financière, mais dans son couplage avec d'autres formes d'intégration sociale dans le dessein de combiner l'accès au crédit et son usage responsable.

LES INCOHÉRENCES DE L'UTOPIE FINANCIÈRE

La finance ne peut créer *ex nihilo* du lien social, mais elle peut contribuer à le renforcer en incitant les membres de la collectivité à une attitude de responsabilité active qui s'inscrit en décalage avec le comportement passif promu par la logique de la dépendance. Cette conclusion a une portée significative :

elle montre que l'ambition de la finance de créer du lien social est illusoire. La vision d'une démocratie d'actionnaires, qui est aussi convoyée par les courants actuels d'investissement éthique, ne peut pas fonctionner si elle n'est pas soutenue par un pacte social qui lui préexiste. Loin de constituer un nouveau pacte social, la finance repose sur un pacte social préexistant, afin de pouvoir remplir son programme ambitieux d'intégration sociale. Si la finance peut contribuer à renforcer le lien social, elle ne peut le générer par elle-même. De fait, les relations personnelles et durables caractéristiques de la finance sont déterminées par la logique de rentabilité propre au système financier, laquelle se situe en décalage avec le vécu concret des personnes concernées et s'avère donc incapable de garantir leur intégration sociale. Le succès de la microfinance ne dépend donc pas de la simple rentabilité financière, mais de son aptitude à se nourrir des sentiments d'appartenance existants. La grande force de ces programmes consiste dans leur capacité à ancrer la logique financière dans le monde vécu, et à s'appuyer sur une conception de l'individu, pris dans un tissu de solidarités et capable de responsabilité, qui s'avère plus conforme au réel que l'individu maximisateur du système financier formel. Il va cependant de soi que cela implique des sacrifices en termes de taux de retour sur investissement. La négation de cette finalité sociale au profit de la référence au seul intérêt bien compris des investisseurs, qui placent leur argent dans ce type de projets, peut, certes, contribuer à mobiliser des bonnes volontés qui risqueraient autrement de se montrer par trop réticentes à un placement trop peu rémunérateur à leur goût. Au-delà de l'argument publicitaire, il convient cependant de reconnaître que de tels projets ont un coût en termes de rentabilité financière. Leur efficacité doit donc, sans doute, se mesurer non pas par comparaison aux résultats des marchés financiers (même si ceux-ci sont très aléatoires depuis plusieurs mois), mais par rapport aux programmes de politiques d'intégration sociale traditionnelle.

Notes

1. Cf. Herrikoa au Pays basque.
2. Cf. Goldrausch et ses liens avec le courant féministe à Berlin.

MICROFINANCE : QUELLE INTERVENTION PUBLIQUE ?

BERND BALKENHOL*
ISABELLE GUÉRIN**

Bon nombre de projets d'entreprise ont une plus-value sociale évidente, soit parce qu'ils permettent à des personnes exclues de l'emploi salarié d'exercer une activité rémunérée, soit parce qu'ils répondent à des besoins non satisfaits par le « marché », en particulier dans le domaine des services de proximité. Toutefois, dans la mesure où ils sortent des critères d'évaluation classiques, ces projets ont beaucoup de mal à trouver une source de financement externe, élément pourtant essentiel à leur création et à leur pérennité. Il existe un « creux bancaire » auquel ni l'État, ni le « marché » n'ont réussi à apporter une réponse. La microfinance a précisément pour ambition de combler cette lacune, en proposant d'aider des personnes exclues du système bancaire à accéder à un financement et par là même à créer leur propre emploi.

Après s'être fortement développée dans les pays du Sud, la microfinance[1] est désormais aussi présente dans les pays du Nord. Au cours des deux dernières décennies, tant en Amérique du Nord qu'en Europe, l'offre de microfinance s'est fortement élargie et renforcée. Tous les pays n'en sont toutefois pas au même stade. Aux Pays-Bas et en Allemagne, par exemple, la microfinance fait ses premiers pas. Les restrictions des législations bancaires et le rôle prépondérant de l'État dans la prise en charge des problèmes de pauvreté expliquent en très grande partie cette situation. En revanche, dans les pays anglo-saxons (plus particulièrement aux États-Unis) et au Québec ainsi qu'en France, la microfinance est déjà considérablement développée. La France fait partie des pays où l'offre est la plus riche, à la fois en diversité et en quantité (cf. annexe). Dans tous ces pays, le temps de l'expérimentation est révolu. Aujourd'hui, on assiste à une volonté de professionnaliser le domaine, au travers d'organi-

* Directeur de l'unité finance et solidarité du Bureau international du travail.
** Économiste, chargée de recherche à l'Institut de recherche pour le développement (Laboratoire population environnement développement).

sations intermédiaires qui jouent un rôle triple de coordination, d'évaluation et de *lobbying*. La pérennisation et l'institutionnalisation de ce type d'expérience sont désormais un enjeu majeur, ce qui soulève la question de l'articulation avec les autorités publiques. Dans quelle mesure l'intervention publique en faveur de la microfinance est-elle justifiée, et si oui, quelles formes cette intervention doit-elle prendre ? Reprenant les résultats d'un programme de recherche récent, piloté par le Bureau international du travail (BIT)[2] et mené dans plusieurs pays européens et en Amérique du Nord, cet article propose d'apporter quelques éléments de réponse à ces deux questions.

L'INTERVENTION PUBLIQUE EST-ELLE JUSTIFIÉE ?

La réponse à cette question est loin de faire l'unanimité. Ses partisans s'appuient sur deux types d'argument. C'est, tout d'abord, une question d'efficacité. L'intervention publique est justifiée si les « imperfections » d'une régulation strictement marchande empêchent des entreprises tout à fait viables de participer au dynamisme économique, l'équilibre ainsi atteint étant considéré comme « sous-optimal ». Elle se justifie également dès lors qu'elle entraîne des externalités positives, c'est-à-dire que les bénéfices collectifs suscités par son intervention sont supérieurs aux bénéfices privés. C'est, ensuite, une question d'équité et de justice sociale. Dès lors que l'accès au financement est inégal et exclut certaines catégories de populations, alors les autorités publiques sont appelées à rétablir l'égalité des opportunités. Inversement, l'intervention publique peut susciter la méfiance ; celle des défenseurs du *welfare* (inciter les chômeurs et d'autres personnes marginalisées à se lancer dans l'aventure entrepreneuriale, n'est-ce pas encourager la création de sous-emplois et décharger la collectivité de toute responsabilité ?) comme celle des partisans d'une régulation par le marché (subventionner la création d'entreprises, même pour des chômeurs, n'est-ce pas provoquer une distorsion du « marché » ?). L'inefficacité et l'inertie des modes d'intervention publique sont également dénoncées : coûteux, ils sont incapables de s'adresser à ceux qui en ont réellement besoin et de s'adapter aux aléas de la conjoncture. La prolifération de dispositifs de toutes sortes, souvent sans réelle coordination, est un argument supplémentaire. En Allemagne, par exemple, on recense, en 2000, près de 3 500 dispositifs d'aide à la création d'entreprises.

Les résultats du programme de recherche piloté par le BIT ne peuvent que plaider en faveur d'une intervention publique. Le « creux bancaire » existe bel et bien, et les établissements bancaires sont incapables de répondre à cette demande de financement de la part des très petites entreprises. Non seulement ce creux bancaire entrave le dynamisme économique : certaines entreprises ne se créent pas faute de financement, bon nombre de celles qui se créent sont obligées de fermer leurs portes faute d'accès à un financement adapté. Mais, plus encore, il génère un certain nombre de coûts qui sont autant individuels que collectifs (le coût du chômage pour la collectivité et le coût des organismes visant à lutter contre cette forme d'exclusion). Le second résultat est que la microfinance est une réponse efficace à ce creux bancaire. Même si on manque encore d'études d'impact précises et d'indicateurs communs permettant de procéder à des comparaisons, les données disponibles montrent suffisamment que la microfinance remplit une mission d'intérêt général. Premièrement, elle joue un rôle de prévention face à des projets excessivement risqués. Deuxièmement, elle permet de créer des emplois durables, de qualité, pour des personnes en situation de forte marginalisation et à un coût raisonnable, que ce soit de manière directe (auto-emploi) ou indirecte (retour au salariat)[3]. L'expérience de la création renforce l'employabilité des personnes. Il reste à savoir quelles formes cette intervention doit revêtir, afin d'être la plus efficiente possible et d'éviter autant les effets d'aubaine et de concurrence déloyale que la création de sous-emplois. Faut-il mettre en place des programmes entièrement publics, et si oui, à quel niveau l'action publique est-elle la plus efficace : à un niveau national, ou au contraire à un niveau local et décentralisé ? Faut-il au contraire déléguer ou se contenter de mesures d'incitation ? Faut-il mettre en place de nouvelles réglementations ? Répondre à ces questions exige de bien déterminer les responsabilités des uns et des autres, de s'interroger sur l'efficacité des différents scénarios et d'identifier les organismes les mieux à même de pallier ce creux bancaire. L'analyse des différents dispositifs et organismes qui font preuve d'une certaine efficacité montre que l'intervention publique ne peut être pensée qu'en termes de complémentarité et de subsidiarité avec le privé, qu'il s'agisse du « marché » ou de toutes les formes d'action collective de type associatif. En d'autres mots, la légitimité et la pertinence de l'intervention publique ne relève ni d'un État tutélaire, ni d'un État absent, mais d'un État partenaire, non pas celui qui « fait » mais qui « fait faire ».

L'INTERVENTION PUBLIQUE : « FAIRE » OU « FAIRE FAIRE » ?

Commençons par un premier constat : même si la société civile est à l'origine de l'émergence de la microfinance, à travers des groupes de militants de filiations diverses, il n'en reste pas moins que l'intervention des autorités publiques est irréfutable dans le développement des initiatives, dans leurs formes et dans leur ampleur. Cette intervention publique (cf. schéma ci-après) se joue à différents niveaux (créateurs, organismes de microfinance, établissements bancaires, particuliers épargnants) et prend diverses formes (soutien budgétaire, incitation, réglementation, coordination). Il est difficile d'affirmer que telle ou telle modalité d'intervention est « supérieure » à une autre : non seulement leurs objectifs sont différents, mais les résultats dépendent étroitement de la manière dont elles sont mises en œuvre. En revanche, il est possible, pour chacune d'entre elles, de mettre l'accent sur les conditions de leur efficacité.

Schéma
Les différentes modalités de l'intervention publique

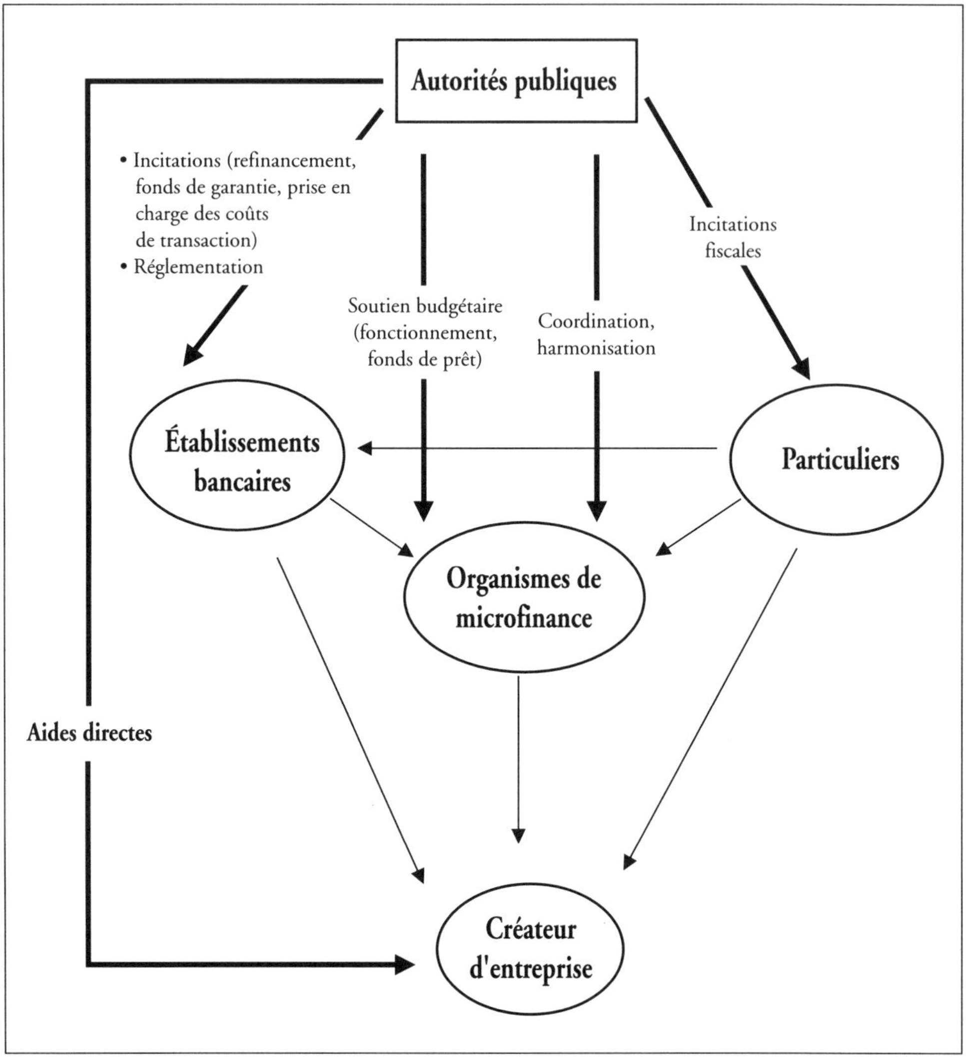

METTRE EN PLACE DES PROGRAMMES PUBLICS DESTINÉS AUX CHÔMEURS

Au cours des deux dernières décennies, la persistance du chômage, les résultats mitigés des politiques d'aide à l'emploi et les volontés de restriction des dépenses publiques ont encouragé la mise en place de politiques d'activation des dépenses passives. L'incitation à la création d'entreprises en fait partie, et la plupart des pays se sont engagés dans cette voie[4]. Faciliter le passage progressif du non-emploi à la création d'activité, en autorisant les chômeurs à percevoir leurs allocations au cours des premiers mois, voire des premières années, est déjà un premier pas (soit sous la forme d'une prime totalisant l'ensemble des droits, soit sous la forme d'allocations mensuelles, soit encore sous la forme d'une avance remboursable, comme aux Pays-Bas). Il est difficile de donner une vision exhaustive et précise des mesures en vigueur dans chaque pays, dans la mesure où elles évoluent en permanence[5]. Nous nous limiterons à deux constats. D'une part, le maintien des prestations sociales joue un rôle décisif. Non seulement c'est souvent la seule source de revenu pendant les premiers mois de la création, mais plus encore, c'est l'unique moyen de bénéficier d'une protection sociale.

D'autre part, les dispositifs publics qui prévoient de l'accompagnement ne fonctionnent qu'en lien étroit avec des organisations spécialisées dans ce domaine (qu'il s'agisse d'organisations publiques décentralisées ou d'organisations privées) et capables d'établir des relations de proximité avec les créateurs. Citons l'exemple de l'Irlande, où la complémentarité entre le programme national (Back to Work Allowance et Area Allowance) et les organismes de proximité, notamment les Area Based Partnership Companies, est très forte et explique en partie le succès de ce programme. En France, les politiques publiques d'aide à la création d'entreprises par les chômeurs ont récemment évolué en ce sens : alors que la prime ACCRE[6] était gérée de manière centralisée, par des services publics peu sensibilisés à la problématique de la création d'entreprises, l'octroi et le suivi de la prime EDEN[7] sont désormais délégués à des organismes spécialisés, tant dans le domaine de la microfinance que dans celui de l'accompagnement à l'entrepreneuriat. Cette délégation est fort louable, puisqu'elle traduit une prise de conscience du rôle décisif de l'accompagnement dans la pérennité des entreprises créées et reconnaît l'expertise et le professionnalisme des organismes spécialisés. Néanmoins, ce principe de délégation ne peut être effectif que si les organismes, qui ont en charge cette délégation, bénéficient de moyens adéquats ; or, pour l'instant, il semblerait que ce soit loin d'être le cas.

LE FINANCEMENT DE LA MISE EN PLACE DE NOUVELLES FORMES DE CONTRACTUALISATION

Quel que soit le statut des organismes de microfinance, on observe une très forte dépendance à l'égard des fonds publics. Contrairement aux expériences de microfinance des pays du Sud, l'échelle d'intervention et le coût de l'accompagnement rendent l'autonomie financière difficilement envisageable, sinon impossible. Compte tenu du rôle décisif de l'accompagnement, à la fois en ce qui concerne la prévention (c'est-à-dire décourager la création d'entreprises trop risquées) et la survie des entreprises créées, ce soutien public est parfaitement légitime. La pérennité financière des organismes se mesure davantage en termes de stabilité et de diversification des sources de financement que d'autonomie financière. Or, la précarité et la versatilité des soutiens publics sont un problème récurrent, dénoncé dans tous les pays. Pour des raisons de lisibilité de l'action politique, le financement de la nouveauté est souvent privilégié ; les politiques publiques ont tendance à modifier leurs priorités (actions, public cible) au gré de phénomènes conjoncturels. Ces effets de mode sont difficilement compatibles avec l'élaboration de politiques et de stratégies de long terme. Dans tous les pays, les organismes souffrent d'un déficit de reconnaissance et revendiquent une relation avec les autorités publiques qui soit davantage contractuelle. Plus qu'une image de laboratoire d'innovation, ils demandent à devenir un ferment crédible de propositions globales et politiques. La procédure d'appel d'offre, employée récemment en France pour l'attribution des primes EDEN, est un moyen d'avancer dans cette voie, même si elle est parfois difficile à mettre en œuvre, étant donné la lourdeur des formalités exigées. L'absence de transparence et d'indicateurs communs d'évaluation ne facilite pas la construction de relations équilibrées.

LA MISE EN PLACE DE FONDS DE PRÊT : L'EFFET DE LEVIER DES FONDS PUBLICS

La pertinence des fonds de prêt entièrement publics - pratique relativement répandue au cours des décennies 1970 et 1980, consistant à octroyer des prêts à conditions avantageuses - est de plus en plus remise en question : inefficacité du point de vue du dynamisme économique local (concurrence déloyale à l'égard d'entreprises existantes), faible pérennité financière et, enfin, inefficacité vis-à-vis des emprunteurs (difficulté à s'adresser à ceux qui en ont réellement besoin, aucun apprentissage de la relation bancaire).

L'intérêt de l'implication publique réside dans l'effet de levier qu'elle est susceptible de susciter, en incitant d'autres partenaires à s'associer : l'État abonde le fonds à condition qu'une somme équivalente soit mobilisée auprès d'autres acteurs locaux. C'est le cas notamment du Feder (fonds européen de développement régional) : dans le cadre de son objectif 2, le Feder propose d'abonder des fonds à la condition que les acteurs locaux participent également. Au-delà de l'effet de levier proprement dit, le fait d'associer différents partenaires autorise généralement un meilleur arbitrage, même minimal, entre mission d'intérêt général et impératif de rentabilité financière. Le fonctionnement partenarial offre des garanties, tant financières que politiques, que l'État ne peut offrir à lui seul. Lorsque les fonds ainsi mobilisés font office de fonds de garantie, l'effet de levier est encore plus important. En France, la Caisse des dépôts et consignations (CDC) soutient activement, depuis quelques années, les fonds territoriaux de prêts, en misant sur ce double effet de levier (mobilisation des acteurs locaux et couplage avec un prêt bancaire). En moyenne, 1 euro fourni par la CDC permet d'obtenir 4 euros de prêt bancaire. Citons également l'exemple de Developing Strathcycle, un organisme de microfinance écossais : 1 euro fourni par les collectivités locales permet d'obtenir 8 euros de prêt bancaire[8]. Un danger mérite toutefois d'être évoqué, auquel il est nécessaire d'accorder une attention permanente : le fait que le couplage avec un prêt bancaire incite les organismes de microfinance à adopter les mêmes mécanismes de sélection que les établissements bancaires.

Lorsque les organismes de microfinance ont le statut de société financière, le soutien public peut également prendre la forme d'une prise de participation. Bon nombre de sociétés financières spécialisées dans la microfinance ou le financement de l'économie sociale n'auraient pu voir le jour sans une participation publique. C'est le cas, en France, de la Caisse solidaire du Nord-Pas-de-Calais, dont un tiers du capital initial provient de fonds publics.

INCITER LES PARTICULIERS À INVESTIR : LA FISCALITÉ COMME MODE DE PARTAGE COLLECTIF DES RISQUES

De manière plus indirecte, l'État peut intervenir sous la forme d'incitations fiscales. Cette forme d'intervention explique en grande partie la forte implication des fondations aux États-Unis et celle des syndicats au Québec. En Europe, on peut citer l'exemple du programme néerlandais « Tante Agathe » qui propose, depuis 1996, différents aménagements fiscaux pour les particuliers désirant investir en capital dans de nouvelles entreprises. Plus de 161,5 millions d'euros de prêts ou de prises de participation ont été financés de cette manière, en 1999. Notons qu'en France, sous la pression du collectif Finansol, des efforts récents ont été faits, avec tout d'abord la reconnaissance de la notion d'entreprise solidaire dans la loi sur l'épargne salariale[9] puis la mise en place d'une déduction fiscale de 25 % des participations prises par les contribuables dans des entreprises solidaires (loi de finances 2002)[10].

FAVORISER L'IMPLICATION BANCAIRE : INCITER SANS SE SUBSTITUER

L'intervention publique peut également viser à faciliter l'accès au crédit bancaire : de manière simplement incitative - c'est la formule la plus courante - ou de manière réglementaire comme aux États-Unis (Community Reinvestment Act)[11].

Faciliter le refinancement des établissements bancaires, assumer une partie des risques ou des coûts de transaction sont des modalités d'intervention possible. Toute la difficulté consiste à mettre en place un système d'incitation qui garantisse une implication effective de la banque.

Entre les années 1960 et 1980, plusieurs fonds de garantie publics ont été mis en place en faveur des petites et moyennes entreprises : par exemple, le fonds de garantie du Small Business Loan Act au Canada en 1961, le Small Firms Loan Guarantee Scheme au Royaume-Uni en 1981, la Société française de garantie des financements des PME en 1982 (Sofaris). Toutes les enquêtes montrent que ces fonds s'adressent peu aux très petites entreprises. Ce constat a incité certains pays à mettre en place des fonds de garantie spécifiquement destinés à ce type d'entreprise, soit un fonds de garantie destiné directement aux créateurs, soit un fonds de garantie destiné aux intermédiaires financiers spécialisés dans le soutien aux microentreprises (Phoenix Fund, au Royaume-Uni). D'une part, ces fonds permettent à l'entreprise d'avoir un réel partenaire bancaire ; et, d'autre part, ils sont un moyen d'associer différents acteurs pour partager les risques.

L'efficacité des fonds de garantie est toutefois soumise à plusieurs conditions :

- les procédures de déblocage des prêts sont souvent longues. En Irlande, le Back to Work Allowance Guarantee Scheme, mis en place au cours des années 1990 à destination des chômeurs créateurs, est beaucoup trop centralisé pour être efficace (entre 10 et 50 garanties par an)[12]. On peut faire le même constat, en France, au sujet du fonds de garantie pour l'initiative des femmes ; le délai explique en large partie sa faible popularité (quelques dizaines de garanties par an) ;
- le fonds de garantie ne garantit en rien une implication effective des banques.

Soit l'effet incitatif est jugé insuffisant puisqu'il ne résout pas le problème des coûts de transaction ; d'où l'intérêt d'un couplage fonds de garantie/prise en charge des coûts d'instruction de dossier. C'est le cas du dispositif allemand DtA-Startgeld. Les banques sont incitées à offrir des prêts inférieurs à 50 000 euros à travers un *package* : une subvention de 500 euros destinée à couvrir les coûts de transaction, une garantie à hauteur de 80 % du prêt, et un dédommagement de 1 % du montant de la garantie payée par l'emprunteur. En 2000, un total de 8 060 prêts a été octroyé, d'un montant moyen de 30 000 euros[13].

Soit l'effet incitatif joue de manière excessive, et c'est le cas lorsque la garantie couvre la totalité des risques. Le concours de la banque se limite à de la simple gestion de liquidité ; elle ne prend la peine ni de procéder à une analyse du risque, ni de réagir en cas de problème de remboursement. Outre les effets d'aubaine (c'est-à-dire le fait de s'adresser à des personnes qui n'en ont pas besoin), on court le danger d'encourager l'emprunteur à se lancer dans des projets inconsidérés. C'est pourquoi la couverture totale des risques est de moins en moins fréquente. Conditionner l'octroi de la garantie à un prêt bancaire classique est également un moyen de s'assurer d'une implication minimale de l'établissement bancaire ; c'est le cas du dispositif français PCE (prêt à la création d'entreprises). Au cours des dernières années, des partenariats entre organismes de microfinance et établissements bancaires ont été établis, et un certain nombre de « bonnes pratiques » existent. On assiste de toute évidence à un processus d'apprentissage réciproque entre les deux milieux, et ce processus est fort louable dans la mesure où les créateurs d'entreprises, comme les organismes de microfinance, ont besoin du milieu bancaire pour assurer la pérennité de leur activité. Deux risques de dérive méritent toutefois d'être mentionnés : une dérive de « marchandisation » de la microfinance, le partenariat incitant les organismes de microfinance à se plier aux exigences bancaires, nous l'avons mentionné précédemment ; une dérive de désengagement des établissements bancaires, encouragés à déléguer encore davantage une partie de leurs activités sur les organismes de microfinance. En France, l'amendement récent de la loi bancaire, qui autorise désormais les associations spécialisées dans le crédit à but social à emprunter pour reprêter, exige d'autant plus que l'on prête attention à ces deux risques de dérive[14]. Si elle ouvre de nouvelles perspectives et témoigne d'une réelle reconnaissance de la spécificité des organismes de microfinance, elle est également susceptible de segmenter davantage les publics et de conduire à des « banques de pauvres ».

DES MESURES À DÉVELOPPER

Susciter la mise en place d'une coordination et d'une « gouvernance locale » est également un moyen pour la puissance publique d'intervenir et d'encourager les dynamiques locales. Ce rôle de coordination territoriale semble toutefois trop souvent négligé alors que l'inscription des organismes dans une dynamique de développement local est décisive. L'absence d'harmonisation et de concertation entre les acteurs pose des problèmes de cohérence entre les différentes actions menées. Elle pose également des problèmes de lisibilité : quel organisme, pour quels services, et à quel public ? Ce défaut de lisibilité handicape le créateur, pour qui la recherche d'aide s'avère être un véritable « parcours du combattant ». Il entrave également la qualité des relations établies avec les bailleurs de fonds et les établissements bancaires susceptibles de s'impliquer, rendus perplexes face à la prolifération d'organismes de toutes sortes.

La question de l'évaluation est également incontournable. Trop souvent encore, les pratiques d'évaluation ne sont destinées qu'à négocier auprès des bailleurs de fonds des financements supplémentaires. Elles privilégient, par conséquent, les résultats obtenus (nombre de créations d'entreprises, nombre d'emplois créés...) au détriment d'études plus qualitatives sur l'adéquation des moyens aux objectifs poursuivis. En outre, il existe encore peu de critères d'évaluation communs aux organismes de microfinance, ce qui rend les comparaisons difficiles. L'évaluation est pourtant décisive pour l'avenir de la microfinance. Elle doit permettre aux bailleurs de fonds potentiels de légitimer leur choix (autorités publiques, mais aussi épargnants et établissements bancaires) et aux organismes de microfinance d'améliorer la qualité et l'efficacité des services fournis. Elle doit permettre également de construire des relations plus transparentes et plus équilibrées entre opérateurs et bailleurs de fonds. Cette évaluation ne peut résulter que d'une réflexion collective et d'un débat public sur ces questions. Les États-Unis et la France ont commencé à se lancer dans cette voie, ces initiatives mériteraient d'être renforcées et élargies à d'autres pays.

La microfinance se justifie aussi bien sur le plan de l'efficacité économique (compte tenu du dynamisme des petites entreprises dans le tissu entrepreneurial) que sur le plan de l'équité sociale (en contribuant à la résorption des inégalités et à la démocratisation du droit à l'initiative). Il reste qu'un certain nombre de blocages et de problèmes subsistent. Leur résolution dépend de la qualité du partenariat que les organismes de microfinance parviendront à établir avec les autorités publiques (entendue au sens large, y compris dans ses formes décentralisées ou fédérales), ainsi qu'avec les établissements bancaires.

En aucun cas, il ne s'agit de se substituer à l'intervention publique, au prétexte que celle-ci serait trop éloignée de la « réalité du terrain » et ne donnerait, en conséquence, des résultats probants dans la lutte contre l'exclusion financière. Certes, les organismes de microfinance, de par leur ancrage territorial et leur fonctionnement de proximité, ont une certaine capacité à déceler les besoins réels et à offrir des réponses appropriées. Toutefois, cette délégation n'est effective et légitime que si elle s'accompagne de moyens adéquats. Insistons bien sur ce point : il ne s'agit pas de remplacer les actions publiques mais bel et bien de les compléter en en modifiant les modalités d'intervention par un ancrage territorial de proximité. Cette complémentarité ne pourra être effective qu'à condition de reposer sur des relations d'égalité et non pas de dépendance, voire de hiérarchie, comme le sont aujourd'hui, pour une grande part, les pratiques de subventionnement public de la microfinance. À juste titre, les promoteurs de la microfinance sont donc nombreux à revendiquer davantage de contractualisation. La microfinance n'a pas non plus vocation à se substituer à l'action des établissements bancaires. Elle ne doit pas conduire à affranchir les établissements bancaires de toute responsabilité dans le domaine de l'exclusion financière. Ne serait-il pas contradictoire de subventionner des expériences qui, en se développant, accroissent le problème contre lequel elles sont supposées lutter ? En définitive, la pérennisation de la microfinance ne peut être pensée ni en termes strictement marchands (l'autonomie financière est impossible), ni comme relais des instances publiques. Elle s'inscrit dans une autre perspective, celle de l'économie plurielle, au sens d'un partage des compétences et des responsabilités entre marchés, milieux associatifs et pouvoirs publics. Toute la difficulté consiste à s'entendre clairement sur la répartition des responsabilités et des compétences, à construire des relations équilibrées respectant l'autonomie et l'indépendance de chacun. Si ce partage est difficile à établir, au-delà bien sûr des divergences d'intérêt, de cultures, de stratégies, c'est en partie faute de transparence : d'où la nécessité d'encourager une meilleure connaissance, tant des problèmes d'exclusion financière que des bonnes pratiques de lutte contre ces formes d'exclusion.

ANNEXE

Les principaux organismes de microfinance en matière de prêt et de garantie en France et la dépendance à l'égard des fonds publics

Organisme et date de création	Type de concours financier et montant	Public cible	Niveau d'activité (données 2000)	Origine privée des fonds (données 2000)
Adie association loi 1901 (1988)	Prêts d'un montant maximum de 4 600 € Durée 3 à 5 ans Montant moyen : 2 836 €	Créateurs exclus du système bancaire, en situation précaire (chômage, RMI) et créateurs de leur propre emploi	Environ 3 000 prêts Montant total : 9,15 M€ 21 antennes régionales, plus de 50 antennes locales	Non connu
Fonds France active Société financière FA (1988)	Prêts bancaires *via* un fonds de garantie Éventuellement prêts personnels ou avances remboursables Montant du prêt moyen garanti : 17 380 €, 11 067 € pour les microentreprises	Créateurs exclus du système bancaire, en situation précaire Entreprises solidaires Structures d'insertion par l'activité économique	242 garanties bancaires Montant total garanti : 4,27 M€ 32 fonds territoriaux	40 % (essentiellement fonds communs de placement, Sicav éthiques...)
Plate-forme d'initiative locale Association loi 1901 (1985)	Prêts d'honneur (sans garantie, sans intérêts) entre 3 000 et 7 500 € (exceptionnellement jusqu'à 40 000 €) Durée variable Montant moyen : 7 317 €	Toute entreprise n'ayant pas accès à un prêt bancaire Défini en fonction du territoire	4 600 prêts Montant total : 32,32 M€ 228 plates-formes	20 % (essentiellement mécénat d'entreprise)
NEF Société financière (1987)	Montant moyen : 38 112 €	Projets « respectueux de l'homme et de l'environnement »	Environ 120 prêts Montant total : 4,57 M€	Financement uniquement privé (mobilisation d'épargne)
Caisse solidaire du Nord-Pas-de-Calais Société financière (1996)	Prêts entre 4 500 € et 22 000 € Durée variable Montant moyen : 10 671 €	Microentreprises en création et en premier développement Projets agricoles (notamment agriculture biologique, pluriactivité) Associations à but non lucratif qui luttent contre l'exclusion sociale	165 prêts Montant total : 2,52 M€	53,7 % (mobilisation d'épargne)

Source : Guérin I., Ferraton C., *La microfinance et la création d'entreprises par les chômeurs. La situation française,* rapport pour le BIT et le secrétariat d'État à l'Économie solidaire, Centre Walras, Lumiris, mars 2002. Pour un bilan de l'offre de capital-risque solidaire en France, voir Taupin-Lucas M.-T., *L'épargne solidaire dans les pays de l'Union européenne : une pluralité de formes et de logiques* in Servet J.-M., Guérin I. (eds), 2002, *op. cit.,* pp. 356-377.

NOTES

1. Dans ce texte, la microfinance désigne l'ensemble des services financiers parabancaires (crédit, garantie ou prise de participation) de faible montant. Le seuil généralement retenu est de 15 000 euros.

2. Ce programme s'intitulait « La création d'entreprises par les chômeurs : le rôle de la microfinance ». Il portait sur l'Allemagne, le Canada, les États-Unis, la France, l'Irlande, les Pays-Bas et le Royaume-Uni, et a été mené de 1998 à 2001. Il a donné lieu à une trentaine de rapports, disponibles sur le site Web du BIT (www.ilo.org). Ce texte s'appuie principalement sur deux rapports de synthèse : Balkenhol, B., *From Unemployment to Self-Employment - The Role of Micro-Finance,* ILO, 2001. Guérin, I., *La microfinance et la création d'entreprises par les chômeurs. La situation dans quelques pays européens et en Amérique du Nord,* rapport pour le BIT et le secrétariat d'État à l'Économie solidaire, Centre Walras, Lumiris, mars 2002.

3. Pour plus de détails sur ce point, voir Guérin I., 2002, *op. cit.* p. 43 *sq.*

4. La France est probablement pionnière dans ce domaine en instaurant, en 1977, l'aide aux chômeurs créateurs ou repreneurs d'entreprises (ACCRE), réservée d'abord aux cadres puis étendue progressivement à toutes les catégories de chômeurs. Le Royaume-Uni suit, en 1983, avec le Enterprise Allowance Scheme (EAS), remplacé ensuite par le Business Start-Up Scheme.

5. En général, dans le sens d'un renforcement, à l'exception de la France qui a supprimé, en 1997, la prime ACCRE. Certes, la prime EDEN (encouragement pour le développement d'entreprises nouvelles), introduite en 1999, offre un substitut, mais d'un point de vue quantitatif, l'objectif est beaucoup moins ambitieux (5 000 bénéficiaires contre près de 85 000 pour l'ACCRE en 1995).

6. Aide aux chômeurs créateurs ou repreneurs d'entreprises.

7. Encouragement pour le développement d'entreprises nouvelles.

8. New Economic Foundation et *alii,* 2001, p. 29.

9. Article 19 de la loi du 19 février 2001.

10. Sur ce point, voir Rouillé d'Orfeuil H., *Économie, le réveil des citoyens. Les alternatives à la mondialisation libérale,* La Découverte (coll. Alternatives économiques), 2002.

11. Pour une description détaillée de la loi, voir par exemple Servet T. *Le Community Reinvestment Act : une contribution américaine à la lutte contre l'exclusion financière et ses limites* in Servet J.-M, Vallat D. (eds), *Exclusion et liens financiers,* rapport du Centre Walras 2001, Économica, pp. 153-156. Voir également Evers J., *Les précédents en termes de réorientation sociétale du secteur financier : les lois américaines, un exemple à suivre ?* in Servet J.-M., Guérin I. (eds), *Exclusion et liens financiers,* rapport du Centre Walras 2002, Économica, pp. 498-501. Les deux auteurs montrent que cette loi offre les moyens d'agir, mais n'assure en rien les résultats obtenus : le CRA doit être considéré comme un « outil » à la disposition de la population pour faire pression sur les établissements bancaires. Pour une application de la loi dans le contexte français, voir Servet J.-M., *La microfinance et la lutte contre l'exclusion financière en France,* in Rapport moral sur l'argent dans le monde 2001, Association d'économie financière, 2001, pp. 207-214.

12. New Economic Foundation, Evers and Jung, Fondazione Choros, Inaise, *Finance for Local Development. New Solutions for Public-Private Action,* rapport pour la Commission Européenne, DG emploi et affaires sociales, 2001.

13. New Economic Foundation et *alii,* 2001, *op. cit.*

14. Loi du 15 mai 2001. Voir sur ce point Servet J.-M., 2001, *op. cit.*

La lutte contre l'exclusion dans les banques

Georges GLOUKOVIEZOFF*
Isabelle GUÉRIN**

Alors que l'usage de services bancaires et financiers fait désormais partie de toute vie sociale, accéder à ce type de service et maîtriser leur utilisation devient de plus en plus difficile. De toute évidence, les phénomènes de concentration et les exigences croissantes de compétitivité amorcés depuis le début des années 1980 se sont traduits par une montée de l'exclusion bancaire, celle-ci étant entendue comme difficulté d'accès mais aussi d'usage de l'ensemble des services bancaires et financiers nécessaires à une vie sociale « normale ». Les normes en matière de besoins bancaires et financiers sont relatives à une société donnée à un moment donné. Si elles se limitaient à la possession d'un compte bancaire au cours des années 1970, il n'en est plus de même aujourd'hui. Désormais, les difficultés liées à ces besoins sociaux concernent, uniquement ou simultanément : l'accès et l'usage d'un compte ; l'accès et l'usage de certains moyens de paiement ou de règlement ; l'accès à certaines formes de prêts et financements ; la capacité à constituer et à préserver son épargne ; et, enfin, la possibilité de s'assurer contre les risques de l'existence.

Dénoncer l'indifférence absolue à l'égard de cette forme d'exclusion serait excessif. En France, en particulier, diverses mesures législatives et réglementaires ont été prises au cours des vingt dernières années. La procédure de droit au compte de 1984 a été réaffirmée et précisée par la loi de lutte contre les exclusions de juillet 1998. Le droit d'accès aux moyens de paiement scripturaux a été établi par le service bancaire de base du décret de février 2001, et les conditions de l'interdiction bancaire (pénalité libératoire, frais bancaires, durée de l'interdiction) ont été assouplies par deux lois récentes (la loi dite de nouvelle régulation économique - NRE - de mai et la loi dite « Murcef » de décembre 2001). L'insaisissabilité des ressources, après

* Chercheur, Centre Walras, université Lumière Lyon 2.
** Économiste, chargée de recherche à l'Institut de recherche pour le développement, Laboratoire population environnement développement.

avoir été annoncée par la loi de lutte contre les exclusions, a été fixée par décret, en septembre 2002. Enfin, le traitement des situations de surendettement des particuliers a connu une évolution constante, avec pour objectif d'adapter la procédure aux changements de nature de ce phénomène, notamment le passage d'un surendettement qualifié « d'actif » à un surendettement considéré comme « passif » (lié à l'insuffisance de revenus des personnes). Ces différentes mesures représentent une avancée incontestable, notamment si l'on compare la situation française aux autres pays européens[1]. Mais, s'en tenir à des dispositions législatives et réglementaires reste encore largement insuffisant, principalement pour deux raisons. D'une part, toute la difficulté provient de la manière dont les personnes prennent conscience de leurs droits et parviennent à les faire valoir. D'autre part, la qualité de la relation bancaire revêt une importance primordiale. C'est pourquoi la médiation est susceptible de jouer un rôle décisif en matière de lutte contre l'exclusion bancaire. Bien évidemment, elle n'a pas vocation à résoudre tous les problèmes et doit être couplée à d'autres mesures, mais elle peut tout au moins en apaiser certains. Cet article[2] propose de décrire quelques expériences innovantes dans ce domaine et qui méritent d'être mieux connues.

LA PROBLÉMATIQUE DE L'EXCLUSION BANCAIRE

L'exclusion bancaire ne se limite pas à une simple question de droits. Lorsque l'on se penche sur le vécu et sur les pratiques des personnes, on se rend compte à quel point cette forme d'exclusion est un phénomène à la fois mouvant et multiforme. Mouvant, dans la mesure où, comme toute forme d'exclusion, il s'agit d'un processus et non d'un état, avec un basculement parfois instantané. Pensons, par exemple, à la rapidité des procédures d'interdiction bancaire, souvent point de départ de toute une série d'exclusions qui se cumulent et se renforcent. Cette forme d'exclusion est en même temps multiforme, au sens où elle résulte de difficultés économiques et matérielles, certes, mais aussi de handicaps d'ordre cognitif, social, émotionnel, psychologique ou encore relationnel. Face à la complexité de l'environnement bancaire, il faut déjà être capable de trouver l'information et de la comprendre. Face à l'aspect souvent personnalisé des offres commerciales, il faut ensuite être en mesure de négocier et de faire valoir ses droits. Maîtriser les outils bancaires et financiers exige donc un véritable savoir-faire, à composante tant cognitive que sociale. Or, une forte proportion de personnes, et en particulier les personnes pauvres, en sont dépourvues. Dès que l'on prend la peine de décomposer les difficultés rencontrées, alors la notion de médiation bancaire prend tout son sens. Elle a deux rôles à jouer : rendre l'information accessible et compréhensible ; rétablir le dialogue entre les clients et leur banquier.

Rendre l'information accessible et compréhensible

On n'imagine pas à quel point le vocabulaire bancaire et financier est source d'incompréhension pour une large partie de la population. Donnons quelques exemples. Bon nombre de personnes confondent les notions de débit et de crédit. D'autres ne savent pas à quoi correspond un taux d'intérêt, et sont donc incapables de calculer le coût d'un prêt. D'autres encore ne comprennent pas la signification du terme « découvert » ou encore les implications du compte joint. D'aucuns argueront de la « mauvaise foi » des clients et de l'aptitude de certains à jouer les nigauds pour justifier d'éventuelles défaillances de gestion. Si ce cas de figure n'est pas à exclure, nul ne peut contester l'extraordinaire complexité de l'offre bancaire, son caractère souvent illisible. Nul ne contestera non plus l'ampleur du décalage culturel entre le langage bancaire - un véritable langage d'experts - et le monde vécu d'une large partie - si ce n'est la majorité - de la clientèle[3].

Les difficultés d'accès à l'information concernent également les textes législatifs relatifs aux droits en matière de services bancaires et financiers. Non seulement les textes sont, ici encore, d'une complexité telle que seuls les experts y ont accès, mais plus encore, ils sont très mal diffusés. Ce problème ne touche pas seulement les clients. Rares sont les guichetiers ou les conseillers financiers qui connaissent avec précision les droits de la clientèle. Quant aux travailleurs sociaux, ils ne sont parfois guère mieux armés que leur public pour assumer leur mission d'accompagnement budgétaire[4] ; celle-ci s'avère être une tâche extrêmement délicate, faute de compétences suffisantes dans le domaine bancaire.

Rétablir la relation entre les personnes et leur établissement bancaire

La plupart des services bancaires et financiers ne s'achètent pas : ils se négocient. De la même manière qu'une relation bancaire de qualité conditionne l'accès à certains biens ou services, une relation dégradée ou rompue est au cœur des processus d'exclusion. Il faut bien sûr reconnaître la diversité des situations. Entre cette mère de famille qui pose ses enfants sur le comptoir du guichet de La Poste, refusant de bouger si le guichetier refuse de céder à ses revendications, et celle qui reste terrée chez elle et qui consulte son compte par minitel car elle « craint » son banquier, on constate que les relations établies entre les personnes pauvres et leur établissement bancaire sont très variées[5]. Certaines personnes manifestent une forte capacité à instrumentaliser la relation en jonglant avec les différents produits et services proposés, tandis que d'autres, au contraire, se sentent sous l'emprise du banquier ou de l'institution ; ce sentiment de méfiance et de dépossession s'exprime, dans certains cas, par une véritable « hantise » du banquier puis par des comportements de fuite, ce qui renforce les difficultés d'anticipation auxquelles les personnes sont déjà confrontées (éviter de prévenir en cas de problème, laisser les problèmes s'accumuler). Combien de personnes décrivent leur humiliation lorsqu'elles vont demander timidement l'état de leur compte et que le guichetier leur annonce un découvert en précisant « qu'il faudrait songer à arranger ça ». L'une d'entre elles raconte qu'un jour de forte affluence, elle s'est sentie comme une « pestiférée ». Un conseil un peu déplacé (« Faites donc attention ! »), une remarque désobligeante (« Mais qu'est-ce que vous achetez ? »), un simple regard inquisiteur ou compatissant alourdissent fortement un vécu déjà difficile à supporter. D'autres travaux rejoignent ce constat. Parmi les personnes reçues par le Secours catholique, celles qui manifestent de fortes difficultés financières expriment leur désarroi face à l'absence d'amabilité et de prévenance que leur témoigne fréquemment le personnel bancaire[6]. Dans d'autres cas encore, la relation est conflictuelle, ce qui contribue également à aggraver les difficultés de gestion, certaines personnes étant amenées, plus ou moins explicitement, à refuser de faire leurs comptes ou de rembourser leurs crédits pour exprimer leur mécontentement.

Instrumentalisation voire conflit pour certains ; sentiment de « sujétion » et de « dépossession » pour d'autres ; entre ces deux extrêmes, il existe quand même une voie médiane sur laquelle il convient d'insister : la construction de relations de confiance et de proximité. Il est frappant de constater à quel point ce type de relation peut résoudre certaines difficultés. Une relation bancaire de qualité, c'est-à-dire fondée sur des engagements réciproques, permet de régulariser plus rapidement une situation de chèques impayés et d'éviter le cumul des frais de découvert ; d'anticiper en cas de gestion trop tendue et de trouver une solution de crédit appropriée. L'instauration d'une meilleure transparence et la construction de relations de proximité autorisent une relation plus équilibrée et évitent des attitudes de repli. Le rôle capital de la confiance est d'ailleurs l'une des conclusions d'une étude réalisée par le Credoc au sujet des interdits bancaires : face aux déficits de renseignement et d'anticipation, face au sentiment de stigmatisation ressenti par les personnes vivant une période de difficulté financière, « le contact personnel entre le banquier et son client paraissent être le meilleur moyen de diffusion de l'information et de sa compréhension »[7]. D'où la nécessité de s'interroger sur les moyens d'améliorer la qualité de la relation entre banques et personnes en difficulté.

EXCLUSION BANCAIRE ET MÉDIATION : ÉTAT DES LIEUX

Aujourd'hui, bon nombre d'établissements bancaires ont mis en place un médiateur, mais celui-ci s'occupe généralement peu de cas d'exclusion bancaire. Avec la loi Murcef, promulguée en décembre 2001 et qui devrait être effective en 2003, le recours à la médiation devrait se généraliser, mais ici encore la loi n'a pas pour ambition explicite de lutter contre l'exclusion bancaire[8]. Au début des années 1990, un établissement bancaire français menace de clôturer les comptes considérés comme peu rentables, provoquant une très forte réaction de la part des autorités publiques et des associations de consommateurs. Craignant de se voir imposer une loi réglementant les conditions d'accès à ces services, l'Association française des banques (transformée récemment en Fédération des banques françaises) décide alors de mettre en place « la charte des services bancaires de base », adoptée le 9 juin en 1992 dans le cadre du comité consultatif du Conseil national du crédit. Elle met en avant le devoir des établissements de crédit signataires « d'offrir des services bancaires de base à tous, à des conditions qui en permettent l'accès aux plus modestes », et préconise la mise en place d'un certain nombre de pratiques et de moyens, sans remettre en cause la liberté contractuelle qui existe entre la banque et le client. Le caractère uniquement volontaire de cette charte s'est malheureusement traduit par une relative inefficacité[9].

Si le tableau brossé n'incite guère à l'optimisme, des expériences tout à fait novatrices, initiées aussi bien par des travailleurs sociaux, des banquiers ou des médiateurs de la République, laissent entrevoir des perspectives plus prometteuses.

Trois exemples de pratiques de médiation bancaire

Tous les dispositifs de médiation rencontrés partagent un but commun : améliorer la relation entre les personnes en difficulté et leur établissement bancaire ainsi qu'avec l'ensemble des créanciers avec lesquels les relations posent problème. Au-delà de cette visée très générale, certains dispositifs mettent l'accent sur la prévention, tandis que d'autres se consacrent à la résolution des difficultés à travers un accompagnement et une médiation intensifs. Certains dispositifs s'adressent uniquement à un public en difficulté, tandis que d'autres visent également la sensibilisation et l'information des travailleurs sociaux et des institutions financières. Ces différents objectifs ne sont pas incompatibles, mais ils impliquent nécessairement des choix dans la mesure où il est difficile de les poursuivre tous simultanément. Les trois dispositifs suivants (les Points passerelles, l'Espace médiation bancaire du Gers et les Points d'information et de médiation multiservices) illustrent cette diversité de pratiques.

Les Points passerelles, une médiation « globale et professionnalisée »

Le dispositif des Points passerelles[10] est né à l'initiative d'un ancien assistant du médiateur de la République. Convaincu de l'importance de la qualité de la relation bancaire, il propose à la Caisse régionale du crédit agricole du Nord-Est d'élargir la fonction de médiateur aux questions bancaires. L'institution financière accepte de financer une structure associative qui offre gratuitement de l'accueil personnalisé et, si besoin est, l'intervention d'un médiateur visant à rétablir le dialogue avec l'ensemble des créanciers. Sa spécificité réside dans une véritable professionnalisation de la médiation au service de l'exclusion bancaire. Cette professionnalisation suppose une approche globale : partant du constat que les problèmes bancaires sont systématiquement liés à des problèmes sociaux, familiaux... (soit ils sont à l'origine, soit ils en découlent), le médiateur propose systématiquement de traiter l'ensemble, soit directement, soit en lien avec les institutions compétentes. Cette démarche suppose des moyens humains conséquents. Ici en l'occurrence, chaque espace d'accueil est animé par deux assistants-médiateurs ; intervient ensuite un médiateur professionnel, disposant d'un réseau relationnel vaste et d'un certain charisme qui facilitent la résolution des litiges. Pour le Crédit agricole, principal financeur de l'opération jusqu'à présent, l'objectif est double : prolonger sa vocation mutualiste et « réparer » les dommages d'un traitement standardisé des clients et donc excluant, mais aussi « solvabiliser » des clients qui, dans l'avenir, pourront s'avérer rentables.

L'Espace médiation bancaire du Gers : une médiation « personnelle, préventive et pédagogique »

L'Espace médiation bancaire du Gers[11] a été initié par un groupe de travailleuses sociales. Persuadées elles aussi de l'importance de la qualité de la relation bancaire, elles ont réussi à convaincre le Conseil général du département, principal financeur de l'opération avec la Caisse des dépôts et consignations, de l'intérêt de la médiation ; elles ont réussi également à convaincre des banquiers, étroitement associés à l'élaboration du dispositif. Celui-ci est donc le fruit d'un partenariat complètement inédit, qui montre que le dialogue est bel et bien possible entre ces deux univers trop souvent cloisonnés. Au-delà d'une médiation au quotidien proposée aux familles qui le souhaitent, l'Espace médiation s'est donné pour mission de « dynamiser le partenariat entre univers social et financier pour prévenir les risques liés à l'usage de l'argent ». Cette mission est poursuivie à travers des réunions de sensibilisation et de communication, visant autant à prévenir les pauvres des dangers de la consommation qu'à aviser les banquiers de leurs devoirs[12]. Expliquer et diffuser la loi de lutte contre les exclusions est déjà une priorité. Inciter le milieu bancaire à innover et à créer des services plus adaptés à la clientèle modeste est également un objectif visé ; une étude sur la faisabilité de la délivrance de petites coupures par les distributeurs bancaires est, par exemple, en cours.

Les Points d'information et de médiation multiservices : une médiation « prévention »

Les Points d'information et de médiation multiservices (PIMMS) sont le fruit d'une volonté collective. Ils ont été créés par plusieurs grandes entreprises semi-publiques (EDF-GDF, France Télécom, Générale des eaux, La Poste, SNCF et sociétés locales de transports en commun), avec comme objectif de faciliter l'accès aux services des entreprises partenaires, et proposent pour cela un guichet unique. Les PIMMS ne visent pas spécifiquement la lutte contre l'exclusion bancaire et financière. Il s'agit d'abord et avant tout d'un dispositif d'accueil et d'information, proposant éventuellement de la médiation avec certains créanciers. Néanmoins, son mode de fonctionnement lui permet de jouer un rôle de prévention, rôle que les dispositifs précédents ont beaucoup plus de mal à exercer. Une implantation au cœur des quartiers défavorisés, une échelle d'intervention limitée au quartier et une forte implication dans la vie locale permettent de toucher un public très défavorisé et de repérer les difficultés.

Quels résultats ?

Après quelques années d'existence (les trois dispositifs décrits sont nés à la fin des années 1990), le bilan s'avère plutôt positif. On observe que la médiation facilite l'accès aux services bancaires et financiers de base et permet aux personnes de mieux maîtriser leur usage ; elle joue également un rôle décisif en matière de résolution de difficultés, parfois de prévention. Elle permet, par exemple, d'éviter l'interdiction bancaire ou d'accélérer la procédure de levée de l'interdiction par un rétablissement plus rapide des moyens de paiement. Elle permet également d'éviter la procédure de surendettement (grâce à un premier réaménagement des dettes en cours ou à un resserrement du budget) ; pour les personnes déjà engagées dans la procédure, dont on sait à quel point elle est complexe, la médiation aide la personne à maîtriser les différentes étapes, souvent en collaboration avec les travailleurs sociaux. La médiation permet également d'éviter l'expulsion du logement ou encore les saisies d'huissier. Dans la plupart des cas, rétablir le dialogue entre la personne et ses créanciers et négocier des rééchelonnements de dette ou des remises gracieuses suffisent à dénouer des situations pensées jusque-là comme inextricables. Dans certains cas, le simple fait de renseigner les personnes sur leurs droits offre déjà une issue.

Les conditions d'efficacité

Un ancrage territorial fort est une première condition. Les travailleurs sociaux et certains bénévoles du milieu associatif sont déjà impliqués dans l'accompagnement budgétaire des personnes : un partenariat étroit permettant d'agir en complémentarité et en aucun cas en concurrence est donc indispensable. Une capacité à établir des relations de confiance avec le public est également incontournable. Construire de telles relations exige une proximité à la fois géographique, sociale et culturelle : il faut être capable de parler le même langage que le public. Cela exige également du temps, puisque la confiance est nécessairement le fruit d'un apprentissage mutuel. Enfin, le professionnalisme des médiateurs conditionne l'issue de la médiation. Celle-ci ne s'improvise pas. Elle suppose la maîtrise de la réglementation bancaire, dont on a vu à quel point elle est affaire d'expert. Elle suppose également une bonne connaissance des milieux bancaires et sociaux ainsi que des principes de la médiation (impartialité, équité, neutralité). Elle suppose, enfin, une aptitude à l'écoute et au dialogue, ainsi qu'une certaine aisance relationnelle.

Comme tout processus d'exclusion, l'exclusion bancaire et financière relève d'une responsabilité collective impliquant aussi bien les autorités publiques et les établissements bancaires que les organismes sociaux spécialisés et la société civile. Même s'il reste à faire des études plus précises sur l'impact des dispositifs décrits ici, il semble que le concept est particulièrement novateur et apporte des réponses nouvelles à la question de l'exclusion bancaire, en misant précisément sur une responsabilité partagée. La reproductibilité de ces dispositifs, pour l'instant très locaux, est un enjeu pour l'avenir, et certaines mesures vont déjà dans ce sens. Le concept des Points passerelles a été repris par une collectivité locale, et un projet d'essaimage dans d'autres caisses régionales du Crédit agricole est en cours d'élaboration. Celui de l'Espace médiation bancaire, avec le soutien de la Caisse des dépôts et consignations, va être étendu au cours de l'année 2003 dans d'autres départements de la région Midi-Pyrénées et répliqué dans d'autres régions françaises. Les premiers PIMMS ont vu le jour dans l'agglomération lyonnaise, un essaimage est déjà en cours sur l'ensemble du territoire.

La médiation bancaire, nous l'évoquions en introduction, n'a de sens qu'en complément d'autres mesures qui s'avèrent tout autant nécessaires. Améliorer la diffusion et la compréhension des textes législatifs et réglementaires est une première priorité. Diverses mesures ont été prises au cours des deux dernières décennies en faveur de la lutte contre l'exclusion bancaire des particuliers, mais la complexité des textes et leur faible diffusion empêchent leur réelle mise en application. Développer le crédit solidaire à la consommation fait également partie des mesures prioritaires. Il ne s'agit pas d'encourager la consommation, mais d'éviter que des personnes exclues du crédit à la consommation soient obligées, pour faire face aux aléas de la vie quotidienne, de contracter des crédits très onéreux[13]. Encourager cette forme de crédit doit donc permettre de lutter contre le surendettement. Or, à l'heure actuelle, très peu d'initiatives vont dans ce sens[14]. Former les travailleurs sociaux aux mécanismes bancaires et à la problématique de l'exclusion bancaire serait également nécessaire. À l'heure actuelle, leur mission d'accompagnement budgétaire des personnes est difficile à assumer faute de connaissances suffisantes dans le domaine bancaire. Enfin, il semble essentiel d'inciter les institutions financières (établissements bancaires et sociétés de crédit) à exercer une responsabilité sociale digne de ce nom. Si l'implication du milieu bancaire commence à émerger dans le domaine de la lutte contre l'exclusion bancaire des microentreprises, par le biais notamment de mesures en faveur de la microfinance[15], force est de constater que, dans celui de la lutte contre l'exclusion bancaire des particuliers, à l'exception de certaines mesures encore timides et très localisées[15], tout reste encore à faire.

NOTES

1. Sur une comparaison de la législation française en matière de lutte contre l'exclusion bancaire avec d'autres pays européens, voir par exemple Gloukoviezoff G., 2002, *Droit au compte, service bancaire de base et traitement du surendettement : premiers pas d'une perspective européenne* in Servet J.-M., Guérin I. (eds), *Exclusion et liens financiers,* rapport du Centre Walras 2002, Économica, pp. 191-199.

2. Cet article reprend certains éléments d'une recherche-action menée pour la Caisse des dépôts et consignations en 2002. Guérin I., Gloukoviezoff G., *Recherche-action pour améliorer les relations entre les*

organismes financiers et les personnes en difficulté, rapport pour la Caisse des dépôts et consignations, Centre Walras, Lumiris, 3 tomes + annexes, mai 2002.

3. Sur les pratiques « excluantes » des établissements bancaires, voir Gloukoviezoff G., 2001, *L'exclusion bancaire et financière des particuliers : du droit à l'accès à l'autonomie,* mémoire de DEA, université Lumière Lyon 2, p. 233. Voir également Gloukoviezoff G., 2002, *Des pratiques bancaires source d'exclusion* in Servet J.-M., Guérin I. (eds), *op. cit.,* pp. 216-233.

4. Mission qui incombe en particulier aux conseillères en économie sociale et familiale et, dans une moindre mesure, aux assistantes sociales.

5. Ces observations sont issues d'enquêtes de terrain réalisées dans le cadre d'une thèse de doctorat. Guérin I., 2000, *Pratiques monétaires et financières des femmes en situation de précarité. Entre autonomie et dépendance,* université Lumière Lyon 2, 627 p. Voir également Guérin I., 2000, *Pratiques budgétaires des bénéficiaires de minima sociaux : capacités cognitives, vécu émotionnel de l'assistance et qualité des relations bancaires,* Revue d'économie financière, n° 58, pp. 29-46 ; Guérin I.,2002, *Difficultés de gestion au quotidien : une analyse des pratiques des acteurs* in Servet J.-M., Guérin I. (eds), *op. cit.,* pp. 200-215.

6. Guéneau Ch., 2000, *Les besoins des personnes fragiles en matière de service bancaire,* Revue d'économie financière, n° 58, pp. 47-56.

7. Le Quéau P., Salon D., 2000, *Les interdits de chéquier,* Revue d'économie financière, n° 58, pp. 97-112.

8. Sur ce point, voir Gloukoviezoff G., Guérin I., 2002, *Étude sur la médiation bancaire. Éléments de réflexion en vue de la mise en place de médiateurs bancaires dans le cadre de la loi Murcef,* rapport pour la Caisse des dépôts et consignations et le Conseil national du crédit et du titre, Centre Walras, Lumiris, novembre 2002, ainsi que l'article dans le présent ouvrage.

9. Voir par exemple l'enquête réalisée en 1999 par la Confédération syndicale des conditions de vie auprès de 120 agences bancaires réparties sur 32 départements (Mader R.-C., 2000, *Les modalités de l'exclusion bancaire et l'expérience française du service bancaire de base,* Revue d'économie financière, n° 58, pp. 113-116).

10. Pour plus de détails sur ce dispositif, voir Bougaeff S.,2002, *Les Points passerelles* in Servet J.-M., Guérin I. (eds), *op. cit.,* pp. 247-255.

11. Pour plus de détails sur ce dispositif, voir Espace médiation bancaire, 2002, *L'Espace médiation bancaire : l'expérience d'une collectivité territoriale, le Conseil général du Gers* in Servet J.-M., Guérin I. (eds), *op. cit.,* pp. 255-260.

12. En matière de formation et d'information, un autre dispositif mérite d'être cité, celui de l'Association finances et pédagogies créée dans les années 1960 par les caisses d'épargne. Sur ce point, voir Fazekas Ch., Bryon M.-V., 2002, *Finances et pédagogies : prévenir les difficultés financières* in Servet J.-M., Guérin I. (eds), *op. cit.,* pp. 233-236.

13. Une étude du Crep montre qu'une part non négligeable de la population est exclue du crédit bancaire à la consommation (parmi les ménages considérés comme modestes, 43 % d'entre eux n'ont pas accès au crédit bancaire). Le seul moyen d'accéder au crédit consiste à recourir aux sociétés de crédit et au découvert bancaire (Richard S., 2000, *Les comportements financiers des personnes à faible revenu,* Revue d'économie financière, n° 58, pp. 65-78). D'après l'enquête du Crédoc réalisée en 1998, cette absence de marge de manœuvre est la première cause des interdictions bancaires des personnes ayant été amenées à recourir au découvert bancaire (Le Quéau et Salon, 2000, *op. cit.*).

14. Citons par exemple le projet de la Caisse solidaire de la ville de Besançon.

15. Sur ce point, voir par exemple Guérin I., 2002, *Établissements bancaires et développement durable : la lutte contre l'exclusion bancaire et financière des micro-entreprises en Europe et en Amérique du Nord* in *Les enjeux du développement durable et les stratégies des acteurs : la place des entreprises,* Karthala/Unesco.

16. L'initiative de la Caisse régionale du crédit agricole du Nord-Est en est un exemple. Citons également diverses mesures prises par certaines fédérations du Crédit mutuel. Sur ce point, voir Rousseau A., *Une banque et ses « cas difficiles » : l'exemple du Crédit mutuel* in Servet J.-M., Guérin I. (eds), *op. cit.,* pp. 237-243. Sur l'expérience précise de la fédération Dauphiné-Vivarais, voir Haute D., 2002, *Sociétaires en difficulté : une réponse mutualiste* in Servet J.-M., Guérin I. (eds), *op. cit.,* pp. 237-242. Citons, enfin, les initiatives de certains crédits municipaux, en particulier ceux de la ville de Nantes et de Paris.

La médiation bancaire ou comment concilier une meilleure prise en compte des litiges et un accroissement de la performance économique

Georges GLOUKOVIEZOFF*

La question d'une médiation bancaire en France, déjà évoquée par de nombreux acteurs depuis plusieurs années, est désormais à l'ordre du jour par le biais législatif. La loi n° 2001-1168 du 11 décembre 2001, portant sur les mesures urgentes de réformes à caractère économique et financier (Murcef), oblige en effet les établissements de crédit à désigner un ou plusieurs médiateurs. L'article 13, visant à améliorer les relations entre les banques et leur clientèle, met en place de manière obligatoire ce niveau intermédiaire de résolution des conflits dont l'objet est de proposer une solution alternative à un contentieux judiciaire. Toutefois, la possibilité de recours au juge demeure possible à tout moment et met un terme à la procédure de médiation. Comment un processus de médiation pourrait-il être imposé par la loi, et de quels enjeux cette loi est-elle porteuse ? À ces deux questions, cet article propose quelques éclairages et éléments de réponse.

L'intérêt de la médiation, « l'esprit » de la médiation ou encore son « essence », reposent précisément sur le caractère volontaire de la démarche. Par définition, la médiation est un processus par lequel un tiers neutre (le médiateur) propose aux deux parties une solution (souvent formalisée sous forme d'avis) en se prononçant à la fois en droit et en équité ; le recours au principe d'équité permet de rendre compte des particularités de la situation, particularités que le droit est incapable de saisir.

Si l'encadrement législatif s'annonce *a priori* incompatible avec l'idée même de médiation, la loi est formulée de manière suffisamment floue et imprécise pour qu'elle se présente, non pas comme une contrainte, mais comme une véritable opportunité que les établissements de crédit peuvent saisir. Les enjeux sont décisifs : l'expérience de secteurs voisins du secteur bancaire, en particulier celui de l'assurance, ainsi que des expériences

* Chercheur, Centre Walras, université Lumière Lyon.

étrangères, notamment celles du Royaume-Uni et de la Belgique, montrent que la médiation n'est pas incompatible avec des exigences de rentabilité et de compétitivité. Bien au contraire, elle peut en être le moteur. En conciliant performance économique et équité, elle se présente comme un véritable outil au service de ce qu'il est convenu d'appeler aujourd'hui le « développement durable ».

LES APPORTS DE LA MÉDIATION

Commençons par un premier point : à qui la médiation est-elle susceptible de profiter ?

Du côté des clients, la médiation bancaire est un moyen d'étendre les droits des consommateurs : à travers elle, ils disposent désormais d'un service gratuit qui se propose de faciliter le règlement de litiges les opposant à l'entreprise. La médiation offre des solutions à des litiges portant sur de faibles montants et pour lesquels le recours à la justice se révélerait beaucoup trop coûteux. Enfin, elle permet de rétablir l'équilibre entre client et banque dans la mesure où le médiateur traite les deux parties de façon identique et que l'établissement n'est plus à la fois juge et partie.

Du côté des établissements de crédit, la médiation est un facteur d'accroissement de la performance économique des entreprises pour plusieurs raisons. En individualisant la résolution des conflits, la médiation peut permettre d'éviter des conflits collectifs, coûteux pour l'entreprise non seulement en termes financiers mais plus encore en termes d'image. Le caractère confidentiel de la procédure laisse le temps à l'entreprise de prendre les dispositions nécessaires pour résoudre les difficultés posées avant que d'autres consommateurs ne se manifestent, évitant ainsi des conflits en cascade. Lorsque les litiges portent sur un grand nombre de contrats, cette opportunité peut s'avérer particulièrement avantageuse, si ce n'est salutaire. L'expérience montre également que les entreprises sont demandeuses d'avis formalisés, qu'elles utilisent ensuite comme outils pédagogiques de communication interne afin d'inciter leurs propres services à adapter et à ajuster les procédures de contractualisation ainsi que les modes de traitement de litige. Utilisée comme un signal d'alerte ou de veille, la médiation favorise donc l'innovation et la compétitivité de l'entreprise.

Offrir aux consommateurs un service de résolution des conflits indépendant est également un moyen de fidélisation de la clientèle. Exprimer une volonté de désamorcer des situations de conflits est, de toute évidence, un signe de considération et de respect envers le client. En mettant à disposition ce type de service, l'entreprise admet le bien-fondé d'une partie des plaintes des clients et la légitimité d'une démarche de revendication ; en acceptant de faire appel à un tiers, elle convient de ses propres limites et, à travers le principe de l'équité, elle reconnaît la singularité des situations personnelles.

Si la médiation comporte donc diverses vertus, aussi bien pour les clients que pour les entreprises, la proclamer ne garantit en rien son efficacité. Encore faut-il que sa mise en œuvre respecte certaines conditions minimales. L'expérience de médiateurs financiers déjà en place doit pouvoir permettre de préciser leur contenu.

LES ENSEIGNEMENTS DES MÉDIATEURS FINANCIERS EXISTANTS

La loi Murcef et ses implications

La loi Murcef précise un certain nombre de points (mise en place d'un comité de la médiation, délai du médiateur pour statuer, obligation de confidentialité, gratuité de la procédure, modalités d'information en direction des clients, et délimitation des champs d'intervention du médiateur), mais elle laisse au comité de la médiation - prévu par la loi - et aux établissements de crédit la charge de définir les aspects non traités. Ce flou juridique laisse aux entreprises une certaine marge de manœuvre et leur permet de s'impliquer fortement dans la mise en place des dispositifs de médiation.

Quatre principaux thèmes sont sujets à interprétation et méritent une attention particulière :
- l'indépendance du médiateur ;
- les conditions d'efficacité du dispositif de médiation ;
- les suites données aux avis du médiateur ;
- son champ d'intervention.

À travers l'analyse d'expériences de médiation ayant déjà quelques années d'existence, il est possible, non pas d'imaginer le meilleur dispositif possible, mais tout au moins de présenter les avantages et les inconvénients des différentes options retenues, tant pour les clients que pour les entreprises. L'analyse a porté sur les médiateurs français du milieu bancaire et financier : médiateurs de l'Association des sociétés financières (ASF), de la Société générale, de la Commission des opérations de Bourse (COB), de la Fédération française des sociétés d'assurances (FFSA), du Groupement des entreprises mutuelles d'assurances (Gema). Contrairement au cas étudié ici, ces médiateurs ne sont pas le fruit de la contrainte du législateur : ils ont tous été nommés à l'issue d'une démarche entièrement volontaire. Si cette différence notable interdit toute transposition, il est quand même possible de procéder à des comparaisons et à des rapprochements. Deux expériences étrangères de médiateurs nationaux ont également fait l'objet d'une analyse : le Financial Ombudsman Service au Royaume-Uni, et l'*ombudsman* pour les clients du secteur bancaire et des sociétés de Bourse en Belgique. L'éclairage étranger a permis d'enrichir la réflexion et d'apporter des éléments nouveaux même si, ici encore, la diversité des contextes - l'inaccessibilité du système judiciaire au Royaume-Uni, qui fait de la médiation une véritable alternative, et la longue tradition de médiation propre à la Belgique - limite l'exercice de comparaison et exclut toute analogie.

L'indépendance du médiateur

La loi Murcef fournit peu d'éléments à ce sujet, si ce n'est que le comité de la médiation est le garant de l'indépendance du ou des médiateurs. Elle précise simplement que les médiateurs sont choisis en fonction de leur compétence et de leur impartialité. Quels enseignements peut-on tirer des expériences existantes ? Tous les dispositifs de médiation étudiés[1] évoquent ces deux qualités, sans pour autant s'être basés sur des critères précis qu'il semble, de toute façon, vain de chercher à définir compte tenu de la dimension foncièrement subjective des qualités recherchées. Le choix s'est essentiellement porté sur des personnalités généralement extérieures à l'institution[2], incontestées et reconnues au sein du milieu dont elles ont une pratique ancienne.

S'il semble difficile d'imaginer des critères de sélection plus précis que ce que suggère la loi, deux éléments peuvent néanmoins contribuer à garantir l'indépendance du médiateur :
- les modalités de nomination du médiateur ;
- s'il s'agit d'un médiateur d'entreprises, ou d'un médiateur d'une fédération.

Modalités de nomination du médiateur

Aucune procédure formelle ne peut garantir l'indépendance du médiateur. Celle-ci repose sur la personnalité et les pratiques du médiateur choisi, mais aussi et surtout sur la perception qu'en ont les clients ainsi que les associations qui les représentent.

Comment s'assurer que la médiation n'est pas un service de traitement des réclamations bis, sorte de coquille vide dont le rôle se limiterait finalement à un outil de marketing supplémentaire au profit de l'entreprise ? Ce risque est d'autant plus marqué et d'autant plus craint et anticipé par les associations de consommateurs lorsqu'au départ, les entreprises en question se sont montrées réticentes à une démarche de médiation. Un mode de nomination paritaire, associant établissements de crédit et associations de consommateurs, est un moyen d'éviter ce biais et de favoriser l'instauration d'un climat de confiance. C'est le choix qu'ont fait les médiateurs de l'ASF, de la FFSA et du *ombudsman* britannique.

Médiateur d'entreprises ou d'une fédération

Deux options sont possibles : un médiateur rattaché à une seule entreprise (exemple du médiateur de la Société générale, du Crédit lyonnais[3], ou des entreprises d'assurances qui n'ont pas recours aux médiateurs de la FFSA et du Gema) ; un médiateur de type « fédératif », au sens où il est mis à la disposition de plusieurs entreprises par une association professionnelle, celle-ci étant financée par les cotisations des entreprises membres.

Lorsque l'option est de type fédératif, on observe que l'issue de la médiation profite davantage au client. Les décisions sont totalement ou partiellement en faveur des clients (qualifié de « requérant ») dans une proportion qui est relativement stable et qui oscille entre 40 et 50 %, alors que ce même chiffre varie de 24 à 55 % pour les médiateurs d'entreprises.

Même si elle ne saurait suffire à la démonstration, la proportion de dossiers favorables au client peut néan-

Tableau
Chiffres de l'activité de 2001

	Médiateurs de type « fédératif »						Médiateurs d'entreprises		
	ASF	FFSA	Gema	COB	FOS	*Ombudsman* belge	Société générale	Crédit lyonnais*	Médiateurs d'entreprises d'assurances**
Requérant totalement satisfait	-	30,9 %	13,28 %	-	-	-	24 %	8 %	-
Requérant partiellement satisfait	-	19,1 %	32,74 %	-	-	-	31 %	16 %	-
Total	38,25 %	50 %	46,02 %	-	47-50 %	45-50 %	55 %	24 %	26 %

* Les chiffres du médiateur du Crédit lyonnais sont issus du rapport d'activité 2000, avant l'arrivée de l'actuel médiateur. Il est à noter que le taux de satisfaction des attentes du requérant était de 38 % en 1999 et de 48 % en 1998.

** Les chiffres concernant les structures de médiation d'entreprises d'assurances sont fournis par le rapport 2001 du médiateur de la FFSA au sein de la note de bas de page 54 page 17. Il s'agit d'une moyenne concernant l'ensemble des médiateurs d'entreprises d'assurances.

moins s'interpréter comme un indicateur d'indépendance du médiateur. Et même si le nombre réduit de cas empêche toute généralisation, les chiffres mentionnés semblent indiquer que l'option fédérative facilite l'indépendance.

L'efficacité du dispositif de médiation

Comment garantir l'efficacité du dispositif ? Du côté des clients, l'efficacité de la médiation se mesure en termes de facilité d'accès à la procédure et d'optimisation du mode de résolution des litiges ; la coopération avec l'environnement semble être une condition clef. Du côté des entreprises, l'efficacité sur le long terme se mesure en termes d'amélioration de leur propre fonctionnement. Ici aussi, une coopération étroite médiateur/entreprise semble le meilleur moyen d'y parvenir, couplée avec des mécanismes incitatifs permettant d'éviter les comportements opportunistes et la tentation d'une vision limitée au court terme.

La coopération avec l'environnement

Permettre aux requérants de se faire représenter *via* des associations de consommateurs pour faire valoir leur demande garantit l'accessibilité de la procédure de médiation[4] et facilite son déroulement. En apportant des conseils et des explications complémentaires aux clients, l'implication des associations de consommateurs favorise le règlement des litiges, et d'ailleurs toutes les expériences de médiation étudiées ont prévu cette possibilité. Dans le cas bancaire, ce type de coopération semble d'autant plus nécessaire que les associations de consommateurs ont déjà exprimé leur souhait de jouer ce rôle.

Au-delà des associations de consommateurs, l'expérience montre que la coopération avec l'ensemble de l'environnement (autres médiateurs, experts, entreprises...) est un gage d'efficacité. Deux cas de figure rendent la coopération d'autant plus incontournable. Le premier est celui des litiges transfrontaliers ; notons qu'un réseau explicitement destiné à faciliter ce type de coopération existe déjà ; il s'agit du réseau Fin-net. Le second concerne les litiges impliquant deux secteurs d'activité (par exemple, le secteur de l'assurance et celui du crédit). Il s'agit davantage de conseils échangés que d'un véritable traitement en partenariat du dossier, car deux médiateurs ne peuvent être simultanément saisis.

La coopération médiateur/entreprise

La médiation, nous l'évoquions plus haut, doit être comprise comme un moyen d'améliorer la compétitivité de l'entreprise et comme un facteur d'innovation. Même si la médiation suppose l'indépendance du médiateur à l'égard de l'entreprise, celle-ci peut tirer profit de l'activité du médiateur pour améliorer ses produits, ses procédures contractuelles ainsi que son service de traitement des réclamations. Inversement, l'existence d'un service de médiation peut amener l'entreprise à se décharger de ses responsabilités. Il semble donc nécessaire de prévoir des garde-fous et des mécanismes incitatifs.

L'obligation d'épuisement des voies de recours internes avant la saisine du médiateur et un mode de financement « responsabilisant » (lorsqu'il s'agit d'une structure fédérative) sont deux exemples de mécanismes incitatifs.

L'obligation d'épuisement des voies de recours internes

Selon ce principe, le médiateur intervient seulement lorsque l'entreprise a fait preuve de son incapacité à traiter le problème en interne. Ce principe permet d'éviter que les entreprises ne délèguent le traitement des réclamations de leur clientèle à la structure de médiation et, simultanément, il oblige ces mêmes entreprises à améliorer leur propre service de traitement des réclamations, particulièrement en favorisant la prise en compte interne des déficiences qui ont pu conduire à la naissance du litige.

Imposer à l'entreprise un délai maximal de réponse renforce d'autant le caractère incitatif. C'est l'option retenue par le médiateur de l'ASF et de l'*ombudsman* britannique, qui exigent un délai maximal de l'ordre de deux mois Dans le cas contraire, certaines entreprises peuvent avoir tendance, délibérément ou non, à repousser l'échéance de réponse, ralentissant ainsi la procédure[5].

Le mode de financement des structures fédératives

Le risque de « déresponsabilisation » de l'entreprise est d'autant plus prononcé lorsque la structure de médiation est de type fédératif. Le principe de mutualisation des coûts ouvre la voie à des comportements de « passager clandestin ». Tout dépend toutefois des modalités de financement et de la manière dont est fixé le montant des cotisations des entreprises adhérentes.

Les médiateurs français étudiés ont opté pour une cotisation d'un montant fixe et identique pour tous les adhérents, quelle que soit l'intensité avec laquelle ils ont recours au service de médiation. Pour l'*ombudsman* belge, les entreprises membres cotisent au prorata du nombre de dossiers où elles sont impliquées. Quant au Financial Ombudsman Service, il combine les deux principes : la cotisation comporte un montant fixe minimal et un montant variable qui dépend à la fois de la taille de l'entreprise et du nombre de dossiers impliquant l'entreprise.

L'intérêt de la démarche britannique est double :
- le principe mutualiste assure l'implication de l'ensemble des entreprises ;
- le principe « pollueur payeur » encourage les entreprises à améliorer leurs services, leurs contrats et leur traitement interne des réclamations.

Notons que dans le cas britannique, le rôle incitatif du Financial Ombudsman Service ne se limite pas aux entreprises individuelles : l'*ombudsman* britannique est en rapport avec les autorités de régulation des différents secteurs (banque, assurance, investissement) à qui il fait part de ses observations et de ses suggestions d'amélioration. Il joue un rôle véritablement politique.

Les suites données à l'avis du médiateur

Quelle portée donner aux avis de la médiation ? Doivent-ils être contraignants ou au contraire n'avoir de valeur qu'indicative ? La loi Murcef reste muette sur ce point. Pour toutes les structures de médiation étudiées, les avis ne s'imposent pas aux particuliers qui peuvent donc saisir la justice s'ils ne s'estiment pas satisfaits de la solution proposée. Pour trois d'entre elles - Société générale, Gema et Financial Ombudsman Service - les avis rendus s'imposent aux entreprises[6]. Les entreprises ont volontairement spécifié qu'elles renonçaient à leur droit de contester les décisions rendues par le médiateur.

Lorsque les avis ont ce caractère contraignant, il reste à savoir qui contrôle la bonne exécution de l'avis rendu. Dès lors que les entreprises ont volontairement accepté de se soumettre aux décisions du médiateur, on peut supposer qu'elles respecteront les décisions prises. C'est le pari qu'ont fait la Société générale et le Gema ; ni l'une, ni l'autre n'ont prévu de système particulier de vérification. Le Financial Ombudsman Service, en revanche, délègue ce rôle à l'autorité de régulation, la Financial Services Authority (FSA).

Si le caractère contraignant des avis peut s'avérer nécessaire lorsque les entreprises font preuve d'une certaine réticence, l'expérience montre que dans certaines situations, les avis sont suivis en l'absence de toute mesure contraignante. C'est le cas, par exemple, du médiateur de la FFSA : 92 % des avis rendus ont été suivis par les entreprises, alors qu'ils n'y sont absolument pas contraints.

Il convient enfin de souligner l'utilité des avis, qui va bien au-delà de la résolution ponctuelle de tel ou tel litige. Trois dimensions retiennent notre attention :

- les avis peuvent être utilisés dans les procédures ultérieures à la médiation. Cette dimension est très présente pour les *ombudsmen* britanniques et belges dont les avis sont parfois repris, à l'instar d'une jurisprudence par les tribunaux. Cette possibilité n'est pas exclue par la loi Murcef ; néanmoins, elle soumet cette possibilité à certaines conditions, en précisant que « les constatations et les déclarations que le médiateur recueille ne peuvent être ni produites, ni invoquées dans la suite de la procédure sans l'accord des parties » ;
- les avis peuvent être utilisés comme des outils pédagogiques. Nous l'avons vu plus haut, cet usage des avis au sein de l'entreprise est une pratique courante, qui contribue à l'amélioration des procédures contractuelles et des modes de traitement des litiges ;
- les avis et leur portée peuvent être utilisés comme des signaux de responsabilité sociale de l'entreprise.

Mettre en place un dispositif de médiation est déjà un signe de respect de la clientèle. Doter ce dispositif d'un pouvoir contraignant à l'égard de l'entreprise est un pas supplémentaire dans cette voie.

La portée des avis, on le voit, cristallise à elle-seule la majorité des enjeux de la médiation, qu'il s'agisse de l'efficacité des modes de résolution des litiges, de l'amélioration de l'efficience interne des entreprises ou de l'affichage d'une certaine forme de responsabilité sociale. La loi Murcef étant silencieuse sur ce domaine, ce sont les établissements de crédit qui auront à déterminer volontairement quelle doit être la portée des avis.

Le champ d'intervention du médiateur

La loi Murcef circonscrit de manière relativement précise les champs d'intervention du médiateur : seuls les litiges concernant la convention de compte, l'interdiction de vente de produits liés et l'interdiction de vente avec primes sont susceptibles de faire l'objet d'une procédure de médiation. L'analyse des pratiques existantes semble indiquer que cette délimitation est probablement trop restreinte et que les établissements bancaires auraient tout à gagner à l'élargir, en particulier en incluant les problèmes de remboursement et d'excès d'endettement.

Aucun des médiateurs actuellement en place n'a, dans ses prérogatives, ce type de litige. Pourtant en pratique, tous y sont confrontés et sont contraints, dans leur grande majorité, à rejeter ces dossiers. Certains prennent toutefois la liberté d'intervenir, en particulier dans des situations nécessitant un réaménagement de dette ; ils insistent sur le fait que leur intervention vise, non pas à empiéter sur celle des commissions départementales de surendettement, mais au contraire à la compléter.

Il y a fort à parier que les futurs médiateurs prévus par la loi Murcef seront, eux aussi, confrontés à des problèmes de ce type. Prendre acte de cette réalité en élargissant leur champ d'intervention aurait deux avantages.

Tout d'abord, cela permettrait d'améliorer l'efficacité des réponses apportées aux difficultés financières rencontrées par une partie de la clientèle des établissements de crédit. Des procédures réglementaires existent déjà, mais leur mise en application se heurte à une insuffisance de moyens, en particulier concernant l'accompagnement des personnes, et à un défaut de concertation et de coordination des différents acteurs impliqués. Il ne s'agit pas de donner pour mission aux médiateurs de résoudre les difficultés des personnes en situation de fragilité financière ; leur fonction se limiterait à jouer un rôle d'interlocuteur privilégié auprès des assistantes sociales, des conseillères en économie sociale et familiale, ainsi que de l'ensemble des structures de médiation de proximité qui ont pour but l'accompagnement de ces personnes[7].

Par ailleurs, impliquer les médiateurs dans le domaine des difficultés financières est de toute évidence un moyen d'affirmer la responsabilité sociale des établissements de crédit. Le surendettement a un coût, qui est autant individuel que collectif. Il n'y a aucune raison pour que ce coût soit pris en charge uniquement par les autorités publiques, comme c'est le cas jusqu'à présent. Les situations qui conduisent au surendettement, on le sait, résultent d'une conjonction de facteurs. La responsabilité des consommateurs, considérés comme négligents ou imprudents, n'est désormais plus autant incriminée. On reconnaît désormais que l'insuffisance de pouvoir d'achat est un facteur souvent prépondérant. La responsabilité des établissements financiers, en revanche, est rarement pointée du doigt, si ce n'est par les associations de consommateurs. Or de toute évidence, leurs pratiques sont parties prenantes du processus, ne serait-ce qu'en raison de l'illisibilité de l'offre, de l'absence de mesures préventives ou encore de l'insuffisance de mesures prévues pour rompre les contrats.

En étendant volontairement le champ de compétence des médiateurs à ce domaine, les établissements financiers auraient l'opportunité d'améliorer fortement leur image, sans pour autant que la structure de médiation en soit fortement modifiée et alourdie.

De ce détour par des pratiques de médiation déjà en vigueur, se dégagent les principaux enseignements suivants. Aucune procédure formelle n'est en mesure de garantir l'indépendance du médiateur, en revanche un mode de nomination paritaire associant établissements bancaires et associations de consommateurs et une structure fédérative sont deux éléments susceptibles d'y contribuer. Concernant l'efficacité de la médiation, une coopération forte avec l'environnement et une coopération étroite médiateur/entreprise semblent le meilleur moyen d'y parvenir, tant du point de vue des clients (facilité d'accès à la procédure, optimisation des modes de résolution des litiges) que du point de vue des entreprises, la médiation apparaissant comme un outil d'ajustement des relations clients. Il semble également nécessaire de prévoir des mécanismes incitatifs, tant pour décourager les comportements opportunistes que pour amener les entreprises à faire évoluer leurs propres pratiques. Enfin, opter pour l'émission d'avis formalisés et qui plus est s'imposant à l'entreprise, est une façon de leur conférer davantage de portée. Non pas pour alourdir le caractère contraignant du dispositif, mais dans le but de lui donner davantage de légitimité. Ici encore, toutes les parties sont gagnantes.

Si les leçons de l'expérience offrent donc quelques pistes pour penser au mieux le cadre d'intervention des futurs médiateurs bancaires prévus par la loi Murcef, il reste que l'implication volontaire des entreprises demeure le gage principal de succès. Elles ont tout intérêt à s'engager dans un processus de médiation dans la mesure où celui-ci, nous avons longuement insisté sur ce point, peut leur permettre d'innover et de mieux répondre aux attentes de leurs clients. Par ailleurs, dans un contexte où les exigences en matière de développement durable se font de plus en plus fortes, et où les entreprises doivent désormais faire preuve de leur respect de normes sociétales et environnementales minimales, le recours à des procédures de médiation semble d'autant plus incontournable. En conciliant performance économique et respect des droits des usagers et en favorisant le dialogue entre les différentes parties prenantes de l'entreprise, la médiation est au cœur d'une démarche de développement durable. Il est d'ailleurs probable que, dans un avenir proche, la médiation fera partie des indicateurs de notation éthique.

Arguer d'une procédure de médiation est toutefois insuffisant ; il semble d'ores et déjà souhaitable d'imaginer des indicateurs d'efficience de la médiation, à la fois fiables et mesurables. Contentons-nous pour finir de proposer quelques pistes :

- l'importance du nombre de dossiers reçus par la structure de médiation par rapport au nombre de dossiers traités par le service relation clientèle ;
- la durée moyenne de traitement des dossiers ;
- un indicateur d'indépendance (par exemple, un taux de satisfaction des attentes des requérants supérieur à 40 %) ;
- l'utilisation du dispositif de médiation de la part des établissements en tant que requérant.

Notes

1. À l'exception de l'*ombudsman* du Financial Ombudsman Service britannique dont la structure est trop différente sur ce point pour permettre une comparaison.

2. À l'exception du médiateur de la COB.

3. Il est à noter que le médiateur du Crédit lyonnais n'a pas souhaité participer à l'étude dont est issu cet article, estimant être entré en fonction depuis trop peu de temps.

4. Le médiateur de la FFSA a fortement insisté sur ce point.

5. Ce comportement a été évoqué notamment par les médiateurs de l'ASF et de la COB.

6. Dans le cas du Financial Ombudsman Service, les avis engagent les entreprises à hauteur de 150 000 euros.

7. Pour plus d'informations concernant la « médiation de proximité », voir Gloukoviezoff G., Guérin I., *La médiation bancaire en France. Éléments de réflexion et bonnes pratiques européennes*, rapport pour la Caisse des dépôts et consignations et le Conseil national du crédit et du titre, Centre Walras, Lumiris, novembre 2002, ainsi que l'article dans le présent ouvrage.

Bon de commande

à envoyer accompagné du règlement à :

Association d'économie financière
282, Bd Saint-Germain, 75007 Paris

Tél. : (33) 01 40 49 91 33
ou (33) 01 58 50 95 10 (à partir de mars 2003)
Fax : (33) 01 40 49 91 04
ou (33) 01 58 50 05 17 (à partir de mars 2003)
E-mail : rapport_moral@club-internet.fr
www.aef.asso.fr

Qté	Année	Désignation	Prix Unit. TTC	Prix Total TTC
......	1994	*Rapport moral sur l'argent dans le monde*	30,49 €	....
......	1995	*Rapport moral sur l'argent dans le monde*	38,11 €	....
......	1996	*Rapport moral sur l'argent dans le monde*	38,11 €	....
......	1997	*Rapport moral sur l'argent dans le monde*	38,11 €	....
......	1998	*Rapport moral sur l'argent dans le monde*	38,11 €	....
......	1999	*Rapport moral sur l'argent dans le monde*	33,54 €	....
......	2000	*Rapport moral sur l'argent dans le monde*	33,54 €	....
......	2001	*Rapport moral sur l'argent dans le monde*	35 €	....
......	2002	*Rapport moral sur l'argent dans le monde*	30 €	....
......		La collection comprenant les années de 1994 à 2002 (soit 50 % de réduction)	157,50 €	....

Mode de paiement par :

❐ chèque bancaire à l'ordre de AEF, uniquement pour la France

❐ virement bancaire, France et étranger (coordonnées bancaires transmises sur demande)

❐ mandat, France et étranger

Le port est compris.

Nom : ....

Fonction : ....

Société : ....

Adresse : ....

Code postal : .... Ville : ....

Pays : ....

Date : **Signature :**

Bon de commande

Autres ouvrages publiés par l'AEF

à envoyer accompagné du règlement à :

Association d'économie financière
282, Bd Saint-Germain, 75007 Paris

Tél. : (33) 01 40 49 91 33
ou (33) 01 58 50 95 10 (à partir de mars 2003)
Fax : (33) 01 40 49 91 04
ou (33) 01 58 50 05 17 (à partir de mars 2003)

Nom : ....

Fonction : ....

Société : ....

Adresse : ....

....

Code postal : .... Ville : ....

Pays : ....

Prix total TTC : €

Mode de paiement par :

❒ chèque bancaire à l'ordre de AEF, uniquement pour la France

❒ virement bancaire, France et étranger (coordonnées bancaires transmises sur demande)

❒ mandat, France et étranger

Le port est compris.

Date : **Signature :**

Pour plus d'informations sur les ouvrages de l'AEF,
consultez son site Internet :
www.aef.asso.fr

BON DE COMMANDE

Autres ouvrages publiés par l'AEF

COLLECTION FINANCE ET SOCIÉTÉ

Le droit du délit d'initié en Europe (1994)
❒ C. Ducouloux-Favard et J. Azour. 33,54 €

Les défaillances bancaires (1995)
❒ Sous la direction de C. Galvada, par F. Dion et C. Thiérache. 33,54 €

Épargne et liens sociaux (1995)
❒ Sous la direction de J.-M. Servet. 38,11 €

Déontologie et droit des activités financières au Royaume-Uni (1996)
❒ Sous la direction de A. Pezard par B. Boisseau et C. Sayag. 42,69 €

Droit et déontologie des activités financières en France (1997)
❒ A. Pezard, G. Éliet. 38,11€

Droit et déontologie des activités financières : comparaison internationale (1997)
❒ A. Pezard, G. Éliet (édition française). 38,11 €
❒ A. Pezard, G. Éliet (édition anglaise). 38,11 €

Droit et déontologie des activités financières en Allemagne (1998)
❒ A. Pezard et J.-P. Rageade. 42,69 €

Corporate governance in American and French law (1997)
❒ J. Fanto et A. Pezard (édition anglaise). 33,54 €

Gouvernement d'entreprise, dimension juridique, méthode, responsabilités (1997)
❒ Sous la direction de H. Ploix. 42,69 €

Corporate governance : les perspectives internationales (1997)
❒ Sous la direction de A. Pezard et J.-M. Thiveaud. 42,69 €

La construction sociale de la confiance (1997)
❒ Sous la direction de P. Bernoux et J.-M. Servet. 42,69 €

Pratiques et contrôle de la corruption (1997)
❒ Sous la direction de J. Cartier-Bresson. 38,11 €

L'argent illicite et les affaires (1997)
❒ S. Rouquié. 42,69 €

Exclusion et liens financiers (1997)
❒ Rapport 1997. 30,49 €

COLLECTION BIBLIOTHÈQUE D'ÉCONOMIE FINANCIÈRE

Les gages du temps : une histoire des fonds de pension américains (1996)
❒ S. Sass. 27,44 €

Le système de retraite américain - les fonds de pension (1997)
❒ G. Férone. 30,49 €

Les marchés financiers américains (1995)
❒ A. Mérieux et C. Marchand. 27,44 €

Réforme et avenir des retraites : l'enseignement de l'exemple japonais (1999)
❒ J.-F. Estienne. 20 €

Les institutions d'épargne en Europe et en France : le secteur public et mutualiste (2002)
❒ Paul Mentré et Antoine Mérieux. 28 €

Imprimerie du Lion
90700 Châtenois-les-Forges
ISBN : 2-911144-73-2
Dépôt légal : janvier 2003
N° imprimeur : E3011217